D0596081

ŒUVRES COMPLÈTES
DE MOLIÈRE

II

*Du même auteur
dans la même collection*

MOLIÈRE

ŒUVRES COMPLÈTES
II

Chronologie, introduction et notices
par
Georges Mongrédien

GF Flammarion

© 1965, by GARNIER-FLAMMARION, Paris.
ISBN : 978-2-0807-0041-4

CHRONOLOGIE SOMMAIRE
DE LA VIE ET DE L'ŒUVRE
DE MOLIÈRE

1622 (15 janvier) : Baptême, à Saint-Eustache, de Jean-Baptiste Poquelin, fils du tapissier Jean Poquelin.

1631-1639 : Études au collège de Clermont (actuel lycée Louis-le-Grand).

1637 : J.-B. Poquelin prête serment comme survivancier de la charge de tapissier du roi.

1640 : Études de droit.

1643 (6 janvier) : J.-B. Poquelin renonce à la charge de tapissier du roi.
(30 juin) : Avec Madeleine Béjart et quelques amis, J.-B. Poquelin constitue la troupe de l'*Illustre Théâtre*.
(octobre) : L'*Illustre Théâtre* joue à Rouen.

1644 (janvier) : Ouverture de l'*Illustre Théâtre*, à Paris, rue Mazarine. Échec.

1645 : L'*Illustre Théâtre* s'installe au Port Saint-Paul (au n° 32 actuel du quai des Célestins). Nouvel échec de la troupe, emprunts divers.
(août) : Molière est mis en prison pour dettes au Châtelet. Il engage sa garde-robe. Avec les débris de sa troupe, il part pour la province ; il est recueilli par la troupe du duc d'Épernon.

1645-1658 : Molière prend la tête de la troupe, qui remporte de vifs succès dans l'Ouest, le Sud-Ouest et dans la vallée du Rhône.

1655 : Création de *l'Étourdi* à Lyon.

1656 (décembre) : Création du *Dépit amoureux* à Béziers.

1658 (24 octobre) : Molière et sa troupe débutent au Louvre devant le roi.
(2 novembre) : La troupe, protégée par Monsieur,

frère du roi, débute au théâtre du Petit-Bourbon. Vif
succès.

1659 (18 novembre) : Première représentation des *Précieuses ridicules*. Gros succès.

1660 (28 mai) : Première de *Sganarelle ou le Cocu imaginaire*. Succès.
(11 octobre) : La troupe de Monsieur s'installe au théâtre
du Palais-Royal, construit par le cardinal de Richelieu.

1661 (4 février) : Première de *Dom Garcie de Navarre*.
Échec.
(24 juin) : Première de *l'École des maris*. Succès.
(17 août) : Première des *Fâcheux*, pour Foucquet, au
château de Vaux-le-Vicomte.

1662 (20 février) : Mariage à Saint-Germain-l'Auxerrois
de Molière avec Armande Béjart, fille ou sœur (?) de
Madeleine.
(26 décembre) : Première de *l'École des femmes*. Succès
et scandale. Premières attaques des dévots.

1663 (17 mars) : Pension de 1 000 livres accordée par
Louis XIV à Molière.
(1er juin) : Première de *la Critique de l'École des femmes*.

1664 (19 janvier) : Naissance du premier fils de Molière,
Louis, mort le 10 novembre 1664. Parrain et marraine :
Louis XIV et Madame.
(29 janvier) : Première du *Mariage forcé* au Louvre.
(8 mai) : Première de la *Princesse d'Élide*, à Versailles.
(12 mai) : Première des trois premiers actes de *Tartuffe*
à Versailles. La pièce est interdite.

1665 (15 février) : Première de *Dom Juan*. La pièce est
retirée à Pâques.
(3 août) : Naissance d'Esprit-Madeleine, fille de Molière.
Morte en 1733.
(14 août) : La Troupe de Monsieur devient Troupe du
Roi. Pension annuelle de 6 000 livres.
(14 septembre) : Première de *l'Amour médecin* à Versailles.

1666 (janvier-février) : Grave maladie de Molière.
(4 juin) : Première du *Misanthrope*. Demi-succès.
(6 août) : Première du *Médecin malgré lui*.

1667 (14 février) : Première du *Sicilien ou l'Amour peintre*,
à Saint-Germain.
(5 août) : Représentation de *Tartuffe* en cinq actes au
Palais-Royal. Nouvelle interdiction de la pièce.

1668 (13 février) : Première d'*Amphitryon*.

(18 juillet) : Première de *George Dandin*, à Versailles.

(9 septembre) : Première de *l'Avare*.

1669 (5 février) : Première représentation publique autorisée de *Tartuffe*. Immense succès.

(25 février) : Mort du père de Molière.

(7 octobre) : Première de *Monsieur de Pourceaugnac*, à Chambord.

1670 (4 février) : Première des *Amants magnifiques*, à Saint-Germain.

(14 octobre) : Première du *Bourgeois gentilhomme*, à Chambord.

1671 (17 janvier) : Première de *Psyché*, aux Tuileries.

(14 mai) : Première des *Fourberies de Scapin*.

(2 août) : Première de *la Comtesse d'Escarbagnas*, à Saint-Germain.

1672 (17 février) : Mort de Madeleine Béjart.

(11 mars) : Première des *Femmes savantes*.

(15 septembre) : Naissance de Pierre-Jean-Baptiste-Armand, fils de Molière, mort le 10 octobre 1672.

1673 (10 février) : Première du *Malade imaginaire*.

(17 février) : Mort de Molière, rue de Richelieu, à 10 heures du soir.

(21 février) : Obsèques nocturnes de Molière au cimetière Saint-Joseph.

(mai-juin) : Fusion de la troupe de Molière et de celle du Marais.

De cette fusion naît la troupe de l'Hôtel Guénégaud.

1680 (18 août) : Fusion des troupes de l'Hôtel de Bourgogne et de l'Hôtel Guénégaud, par ordre du roi. Fondation de la Comédie-Française.

INTRODUCTION

Le théâtre comique de Molière est, en qualité, sans commune mesure avec celui de ses prédécesseurs, de ses contemporains et de ses successeurs immédiats. C'est le privilège du génie. Mais il n'est pas sans intérêt de préciser en quoi il en diffère, pour le mettre à sa vraie place dans la littérature dramatique du Grand Siècle.

La comédie française du XVIIe siècle, qui va chercher ses sources d'inspiration dans la comédie italienne et peut-être encore davantage dans la comédie espagnole, est essentiellement une comédie romanesque, aux péripéties multiples et inattendues, dont l'intrigue souvent compliquée est le seul ressort comique. Le public ne lui demande qu'un divertissement, qu'une série de surprises et de retournements de situation propres à déchaîner le rire. C'est d'ailleurs ce que Molière a commencé par faire lui-même dans ses farces et dans ses deux premières comédies jouées en province, l'Étourdi et le Dépit amoureux. Ce jeu comique entraîne dans son tourbillon des personnages encore stéréotypés, les couples d'amoureux, les valets, les servantes, le vieillard, le pédant, le matamore, etc.

Or, à la même époque, la tragédie, au contraire, repose sur un jeu complexe de sentiments humains, plus ou moins subtilement analysés, dont le heurt crée la crise dramatique et amène le dénouement : amour, haine, jalousie, amour maternel, sentiment de l'honneur, passion de la gloire, désir de vengeance, patriotisme, volonté de puissance. Dans son cadre historique ou légendaire, la tragédie est à base de psychologie et repose sur l'étude de l'homme.

Ce souci de vérité psychologique, ce ressort tout humain de la tragédie sont alors étrangers à la comédie, qui se contente de personnages simples placés dans une situation comique. Sans doute, quelques auteurs inséreront dans leurs comédies des types de personnages nouveaux, empruntés à la société contemporaine. Le premier, Cyrano de Bergerac mettra en scène un paysan patoisant dans *le Pédant joué* ; Chappuzeau prendra pour cadre de son *Cercle des femmes* un salon féminin à la mode ; à différentes reprises on verra apparaître le type du gentilhomme campagnard, petit hobereau sans fortune et ignorant des usages du beau monde, dont la Cour et la Ville se moquent volontiers ; mais cela ne fera que quelques types de personnages supplémentaires mêlés à une intrigue, qui reste l'objet même du divertissement.

Il faut avoir lu un certain nombre de ces comédies contemporaines de Molière pour comprendre et apprécier tout ce qu'il apporte de nouveau. Celui que ses contemporains appelaient « le Contemplateur » est un merveilleux observateur de la nature humaine. Un de ses ennemis, qui deviendra un ami quand Molière aura joué ses pièces, Donneau de Visé, écrit de lui : « C'est un dangereux personnage ; il y en a qui ne vont point sans leurs mains ; mais on peut dire de lui qu'il ne va point sans ses yeux ni sans ses oreilles. »

De la même manière que l'auteur tragique, mais avec des fins différentes, il étudiera la psychologie de ses personnages, et le jeu de leurs sentiments deviendra à son tour le ressort de la comédie et de ses péripéties. Attentif aux problèmes sociaux de son époque, notamment ceux que pose la société bourgeoise, il placera ceux dont il veut peindre les travers, les ridicules ou les vices au milieu de parents et d'amis, eux-mêmes fortement caractérisés, vivants et vrais, et dont l'ensemble, autour du héros principal, constituera un milieu social naturel aux aspects divers, où les personnages s'opposeront les uns aux autres et réagiront les uns sur les autres. C'est ainsi que, par son observation pénétrante de l'homme et de la société, Molière innovera en créant une grande comédie, à la fois étude de caractères et étude de mœurs, à base de psychologie humaine et qu'il élèvera au niveau moral de la tragédie. L'intrigue, au lieu de lui fournir un point de départ conventionnel, sera au contraire l'aboutissement et le développement naturel d'une situation créée par la psychologie des personnages ; son but sera atteint lorsqu'il les aura peints, souvent d'après nature, avec vérité ; et souvent les dénouements — ces dénouements qui lui furent reprochés — ne seront à leur tour qu'un procédé conventionnel et facile pour dénouer une situation dramatique.

Voilà, nous semble-t-il, ce que Molière a apporté de plus important et de plus original dans ses comédies, et qui aboutit à une véritable transformation d'un genre littéraire, dont le mécanisme, immuable avant lui, se sclérosait avec le temps. Certains contemporains furent d'ailleurs conscients de cette transformation profonde du genre comique, tels Boileau ou La Fontaine qui écrivait, après la représentation des *Fâcheux* à Vaux :

> *Et maintenant il ne faut pas*
> *Quitter la nature d'un pas.*

Dans cette comédie nouvelle qu'il a créée, comme Corneille a créé la grande tragédie classique, Molière a mis une diversité qui atteste l'ampleur de son génie. Il avait commencé par pratiquer la farce, qui lui assura ses premiers succès en province, puis à Paris. Il continua à lui rester fidèle, même dans ses grandes comédies, où il ne rougit pas de la mêler à l'étude de mœurs. Il en fait aussi un élément important de ses comédies-ballets où il la mêle cette fois au prestige de la musique et de la danse. La comédie-ballet est d'ailleurs une création originale de Molière, née du succès des *Fâcheux*. Avec *Amphitryon*, où il se montre le seul rival à opposer dans le maniement du vers libre à La Fontaine, il offre encore une formule nouvelle et originale, celle de la comédie précieuse et poétique. Enfin, avec ses grandes comédies, il nous offre une admirable galerie de personnages toujours vivants, Tartuffe, Alceste, Harpagon, Dom Juan, Philaminte, en même temps qu'une évocation du milieu dans lequel ils évoluent. En substituant la vérité au romanesque de la comédie traditionnelle, il nous apporte un témoignage irremplaçable sur la société de son temps.

Ce théâtre comique, à base d'observation, reste imprégné de l'actualité de son temps. Dès ses débuts à Paris, Molière s'attaque à un problème littéraire et social fort à la mode, la préciosité; puis, avec *l'École des maris* et *l'École des femmes*, au problème de l'éducation des filles; avec *Tartuffe* et *Dom Juan*, c'est le problème religieux. Parfois Molière met en scène des personnages contemporains, à peine transposés; tout le monde a reconnu Daquin et les médecins de la cour dans les caricatures bouffonnes des docteurs de *l'Amour médecin*, de même que Ménage et l'abbé Cotin dans les personnages de Vadius et de Trissotin. Les témoignages des contemporains prouvent qu'ils cherchaient toujours à découvrir le personnage original qui lui avait servi de modèle pour ses grandes créations ; ils ont désigné, à tort ou à raison, les « originaux » des Précieuses, de Tartuffe, de Dom Juan, d'Alceste, de M. Jourdain, de M. de Pourceaugnac, des Femmes savantes. Les spectateurs du XVIIe siècle voyaient dans les comédies de Molière des pièces à « clef ». Mais ce ne sont pourtant pas de simples copies que Molière nous offre ; sans doute s'est-il inspiré de différents modèles, mais ses observations, passées par le creuset de son génie, ont abouti à des créations originales et d'une éternelle vérité.

Comme il arrive toujours en pareil cas, les créatures nées du génie d'un auteur finissent par lui échapper, et conservent, après lui, leur vie propre. C'est pourquoi, depuis trois cents ans, chaque génération s'est forgé son Tartuffe, son Alceste, son Dom Juan, selon ses propres conceptions de la vie et des problèmes qu'elle pose. On a pu jouer *le Misanthrope* en costumes modernes ; nos spectateurs, sous ce nouveau déguisement, ont parfaitement reconnu Alceste pour un des leurs, parce qu'il reste toujours vrai et humain.

De cette large peinture de la société contemporaine que Molière a brossée en y insérant un certain nombre de personnages hors série, peut-on tirer une morale, la morale de Molière ? Cela ne paraît pas impossible. D'une lecture complète de son œuvre et d'une méditation sérieuse sur ses intentions, on peut, nous semble-t-il, tirer cette conclusion que la morale de Molière est fondée sur une confiance totale en la nature humaine. Cette nature humaine dont tous nos grands classiques, dramaturges, moralistes, essayistes, romanciers et philosophes ont fait leur principal sujet d'étude, certains ont voulu la rabaisser et parfois même la condamner. On ne trouve aucune trace de cette sévérité dans l'œuvre de Molière. Pour lui, la nature humaine est bonne ; il croit à la liberté et à la vertu de l'homme ; il croit aux forces vives de l'Amour, qu'il a traduites si heureusement dans tant de couples d'amoureux, sincères, passionnés, appelés au bonheur terrestre. Et si l'homme est naturellement bon, la société, qui est sa création et le reflète, ne peut qu'être bonne aussi. A condition de rester soumis à la règle de la juste mesure, aux lois du bon sens, d'échapper à l'empire des passions pernicieuses, l'homme peut et doit faire son bonheur sur la terre. Cette conception du juste milieu, du bon sens inné chez la plupart des hommes, idée cartésienne, imprègne tout l'idéal classique, fait de mesure et d'équilibre. C'est elle que l'on retrouve dans l'œuvre de Molière, parfois diffuse, parfois formellement exprimée par ses « raisonneurs », Ariste, Cléante ou Philinte. Pour eux, comme pour Molière, il faut se soumettre aux mœurs du temps, aux coutumes, adopter les costumes et les habitudes de nos contemporains.

Conception morale toute faite de sagesse, de modération, rejetant tous les excès, même ceux de la vertu, pour ne pas déséquilibrer un milieu social favorable, normalement, au développement et à l'épanouissement de la personnalité humaine. Morale optimiste donc en définitive, mais non morale « petit bourgeois » de je ne sais quelle médiocrité acceptée par faiblesse ou routine, qu'on lui a parfois prêtée à tort.

Lorsqu'on a pris conscience des conceptions morales de Molière et de leurs fondements, on comprend que pour lui, les êtres qui, dominés par leurs ridicules, leurs travers ou leurs vices, s'opposent à cette société harmonieuse, la troublent par leurs extravagances, doivent être cloués au pilori. D'abord parce qu'ils apparaissent ridicules aux yeux du spectateur moyen, doué de bon sens (on sait quelle confiance aussi Molière accordait aux jugements du parterre), en rompant un équilibre social favorable, en rendant malheureux leurs parents et leurs amis, et qu'ainsi ils fournissent de bons sujets de comédie; mais Molière pense aussi qu'il faut dénoncer et corriger ces extravagants, conformément à la mission de la comédie — *castigat ridendo mores* — pour que la société retrouve son équilibre et son bon fonctionnement.

Tous les grands personnages de Molière, qu'ils agissent sous l'effet d'une noble indignation, comme Alceste, de préjugés bourgeois comme Orgon, de vices honteux comme Harpagon et Tartuffe, ou d'un simple dérèglement d'esprit comme M. Jourdain ou Philaminte, apparaissent comme des asociaux, des hommes qui, sous l'influence de leurs passions, s'écartent du bon sens général, de la voie commune, s'opposent à une société bien équilibrée et doivent donc être corrigés ou éliminés.

Telle est, nous semble-t-il, la morale sociale qui se dégage de l'œuvre de Molière. Son génie, à base d'observation humaine, a fait que ses personnages ne se limitent pas à figurer des symboles; Harpagon et Tartuffe ne sont pas des images conventionnelles de l'Avarice ou de l'Hypocrisie; l'un est un avare, l'autre un hypocrite, parfaitement personnalisé, caractérisé, présenté dans un milieu social déterminé, auquel il s'oppose. Et c'est parce que ces personnages sont profondément vrais, d'une vérité humaine, parce que leurs passions sont décrites et analysées dans leurs effets, dans les réactions des autres personnages, qu'il leur arrive souvent, et peut-être à l'insu de leur créateur, de rester comiques et de côtoyer la tragédie.

Par-delà cette morale de Molière, que nous venons d'esquisser, peut-on discerner, dans son œuvre, une philosophie de la vie, qui serait la sienne ? L'entreprise, déclarée chimérique par les uns, a été tentée par d'autres, plus hardis. Mais Molière n'est pas un philosophe, ni la comédie un traité dogmatique ou didactique. Il nous semble sage de nous en tenir plus modestement à ce que cet auteur-acteur, accablé de travail quotidien, nous a livré de ses idées sur quelques problèmes de son temps.

Car il apparaît à l'évidence que son théâtre, dont nous avons déjà dit combien il était enraciné dans l'actualité de son temps, soulève des problèmes littéraires, sociaux et même religieux, ce qui était à l'époque, pour un auteur comique, une grande audace.

Sur son art même d'auteur comique, Molière donne une nouvelle preuve de sa soumission au sens commun en déclarant que les fameuses règles formulées par les théoriciens depuis Aristote jusqu'à ses contemporains se réduisent en définitive à des conseils de bons sens et que la grande règle, formulée aussi par Racine et par La Fontaine, est tout simplement de plaire aux honnêtes gens sans s'embarrasser de la fausse science de l'École, qu'il a moquée à travers ses philosophes, ses médecins, ses pédants. Contre l'enseignement sclérosé de l'École, il est pour la science des « gens de maintenant » et défendra leurs découvertes, telle la circulation du sang, contre l'ignorance et l'obstination de l'enseignement officiel. Sa position intellectuelle apparaît donc comme celle d'un humaniste éclairé, qui n'ignore rien des enseignements du passé, mais qui, opposé de toutes ses forces à l'obscurantisme, garde son regard lucide fixé sur l'avenir, sur un avenir dans lequel il a foi et qu'il croit sincèrement devoir être meilleur que le passé.

Du point de vue social, nous l'avons déjà dit, il se soumet encore au bon sens général, attaque les préjugés bourgeois, fondés sur la vanité et l'intérêt, défend la liberté de l'amour, se faisant ainsi, sur ce point, l'allié des précieuses et prenant une position audacieuse pour son époque conformiste.

Reste enfin le problème religieux, le plus difficile et le

plus délicat ; on sait quels scandales Molière a causés en le portant à la scène dans *Tartuffe* et dans *Dom Juan*, et quelles persécutions il s'est attirées pour l'avoir évoqué. Sur ses sentiments personnels à cet égard, nous ne sommes pas renseignés ; nous savons seulement qu'il vivait en bon chrétien et qu'il faisait régulièrement ses pâques. Encore faut-il signaler que ses principaux amis, Chapelle, Bernier, Mignard ou La Mothe Le Vayer entre autres, appartenaient au milieu « libertin », où il paraît se sentir lui-même très à l'aise ; mais dans ce XVIIe siècle tout chrétien, c'est sûrement commettre un anachronisme que d'imaginer un Molière penseur matérialiste, antireligieux ou athée.

Cependant c'est un fait qu'il a attaqué l'hypocrisie, les faux dévots, et qu'il a été dénoncé publiquement comme impie et athée. Les contemporains ont naturellement, comme pour ses autres personnages, cherché les originaux du *Tartuffe* ; plusieurs noms, bien oubliés aujourd'hui, ont été prononcés. Depuis lors les historiens se sont acharnés sur ce problème, cherchant ses victimes réelles parmi les membres de la Compagnie du Saint-Sacrement, parmi les jésuites ou parmi les jansénistes. Il est probable que Molière a rencontré des hypocrites dans divers groupements religieux, parmi tous ceux qui prêchaient un rigorisme excessif et, couverts par le manteau de la religion, servaient surtout leurs propres intérêts.

C'est contre ces abus, ces excès de la religion tels que certains la pratiquaient, ou voulaient l'imposer aux autres, qu'il lutte, pour le maintien d'une religion modérée, humaine, adaptée aux conventions mondaines et respectueuse de la liberté humaine. Là encore, on retrouve son double souci de sauvegarder la valeur humaine et de maintenir la religion dans des limites sociales acceptables. C'est parce que le rigorisme et l'hypocrisie sont des éléments de déséquilibre de la société, d'étouffement et d'oppression de l'homme, qu'il les condamne. Ce faisant, il reste, sur ce plan-là, comme sur les autres, fidèle à ses conceptions morales. Il entend laisser sa place légitime à la religion, mais refuse de lui sacrifier la vie.

Ainsi ses conceptions morales et ses idées nous semblent-elles se rejoindre et relever, les unes comme les autres, de cet esprit de modération qui doit rester celui de l'honnête homme et que Molière a répandu dans une œuvre aussi riche que diverse, et qui continue, pour l'enseignement des générations, à être jouée sans cesse dans le monde entier.

L'ÉCOLE DES FEMMES

NOTICE

SUR

L'ÉCOLE DES FEMMES

L'année 1662 est une des plus heureuses de la vie de Molière. Le succès de *l'École des Maris* a consolidé sa position dans la vie théâtrale parisienne, celui des *Fâcheux* lui a valu la faveur du roi; sur le plan personnel enfin, il connut une grande joie en épousant, au mois de février, Armande Béjart; ce fut, de sa part au moins, un vrai mariage d'amour. Armande avait vingt ans et Molière quarante; il avait participé depuis longtemps à son éducation et la tendresse que lui avait inspirée l'enfant s'était peu à peu transformée en un amour exigeant et bientôt jaloux.

C'est donc dans les meilleures conditions qu'il entreprit une nouvelle comédie. Tout naturellement il chercha à exploiter la veine et le succès de *l'École des Maris*, en lui donnant un pendant avec *l'École des Femmes*, où l'on retrouve le même thème, et sans doute les mêmes préoccupations personnelles, c'est-à-dire le problème de l'éducation des filles et du mariage bourgeois.

Mais cette fois il voulut revenir à la grande comédie en cinq actes et donna ainsi son premier grand chef-d'œuvre. *L'École des Femmes* fut créée au Palais-Royal le 26 décembre 1662. La pièce eut le succès qu'elle méritait : 31 représentations avant Pâques, 43 pendant la saison suivante, sans compter des « visites » chez le roi, chez Colbert, chez le duc de Richelieu. A Sganarelle, qui tient encore beaucoup d'un masque à l'italienne, d'un bouffon de farce, il substituait Arnolphe, un « barbon », comique encore sans doute, mais qui est un être de chair, ridicule et même odieux par certains côtés, mais dont la souffrance est encore capable d'émouvoir. On sait par des témoignages contemporains que Molière, qui jouait le rôle, en soulignait l'aspect comique par des mimiques expres-

sives; c'est aussi ce que faisait Jouvet qui ressuscita la
pièce en 1936 et lui ouvrit une nouvelle carrière; mais
plus d'une fois le visage humain apparaît derrière le
masque.

Avec la création d'Agnès, Molière portait à son plus
haut point de perfection le type de la jeune fille, qu'il
avait déjà ébauché dans de précédentes comédies. D'une
enfant étouffée par une éducation tyrannique, égoïste et
aveugle, sortait, comme une fleur qui s'épanouit, une
ravissante jeune fille d'une innocence transparente, mais
à qui l'amour ne tardait pas à donner de l'esprit et qui,
prenant conscience d'elle-même, de son cœur et de ses
désirs, défendait résolument son droit à la vie et finissait
par l'emporter sur son tuteur. *L'École des Femmes* est un
véritable hymne à la jeunesse et à l'amour.

Pour originale qu'elle soit, la comédie n'en a pas moins
de nombreuses sources livresques : on y a relevé des sou-
venirs certains de Straparole, de Cervantès, de Calderon,
de Lope de Vega, de Machiavel, de Brantôme, de Bois-
robert, de *l'École des Cocus* de Dorimond, et surtout de
Scarron, auteur d'une *Précaution inutile* qui fournit certainement à Molière le point de départ de son intrigue.

La nouvelle comédie de Molière valut à son auteur une
nouvelle faveur de Louis XIV; il fut couché sur la liste
des pensions royales pour la somme de 1 000 livres
« comme excellent poète comique ». Il exprima sa grati-
tude au maître dans le charmant *Remercîment au Roi*.

Mais le succès et la faveur ne tardèrent pas à éveiller
la jalousie des rivaux; les tracas qui accompagnèrent pour
leur auteur *les Précieuses ridicules* n'avaient encore été que
coups d'épingle; la querelle de *l'École des Femmes* est
la première cabale sérieuse montée contre lui par les ennemis de Molière et marque le début des longues luttes
qu'il aura à soutenir.

L'attaque fut menée par la troupe concurrente de
l'Hôtel de Bourgogne, qui souffrait des succès de Molière
au Palais-Royal. Les comédiens royaux entraînèrent avec
eux quelques écrivains, soutenus par le grand Corneille
auquel Molière avait, dans sa comédie, repris un vers de
Sertorius, et par son frère Thomas, dont il avait raillé, en
passant, les prétentions nobiliaires. Les marquis d'abord,
les dévots ensuite soutinrent la cabale et y participèrent.

Dès la première représentation l'attaque se déclencha;
le gazetier Loret parle de cette « pièce qu'en tous lieux
on fronde » et Boileau de la « censure » de « mille jaloux

esprits »; l'affaire devait se développer pendant l'année 1663 tout entière. Les adversaires de Molière lui reprochaient d'avoir donné avec l'*École des Femmes* une seconde version de l'*École des Maris* ; ils dénonçaient ses plagiats, les artifices évidents de l'intrigue, les récits multipliés, le dénouement 'postiche; mais tout cela n'était encore que querelle de pédants; sensibles à ce que la pièce, du point de vue de la morale sociale de l'époque, avait de révolutionnaire, dans son plaidoyer pour l'émancipation des filles, les dévots attaquèrent Molière sur ce terrain beaucoup plus dangereux; on s'offusqua de la fameuse équivoque du *Le* (acte II, scène V); on voulut voir dans le « sermon » d'Arnolphe et dans les maximes du mariage (acte III, scène II) une parodie des pratiques de la religion. L'accusation, très évidemment mal fondée sur ce point, pouvait mener très loin; elle préfigurait déjà les attaques prochaines contre *le Tartuffe*.

C'est un jeune auteur, futur fondateur du *Mercure galant*, Donneau de Visé, qui ouvrit le feu le 9 février 1663 avec une *Lettre sur les affaires du théâtre*, consacrée à Molière, où il mêlait adroitement éloges, critiques et insinuations. Dès le 17 mars, Molière publiait *l'École des Femmes* avec une dédicace à Henriette d'Angleterre, belle-sœur du roi, tandis que dans la Préface il annonçait sa prochaine *Critique*, par laquelle il entendait répliquer à ses accusateurs. Celle-ci fut jouée le 1er juin et publiée le 7 août. Molière eut l'habileté de la dédier à la reine mère Anne d'Autriche, dont la piété était aussi connue que son goût pour les spectacles et qui constituait pour lui la meilleure des cautions. Presque le même jour, Donneau de Visé revenait à la charge, cette fois à visage découvert. Pas la moindre trace d'éloges dans *Zélinde, ou la Véritable Critique de la Critique*, comédie dont on ignore si elle fut représentée avant sa publication. Cette fois, c'était une charge à fond où tous les chefs d'accusation étaient repris, sur le plan littéraire aussi bien que moral. Donneau de Visé, assez vilainement, y excitait les marquis et les pédants à se joindre à lui pour faire taire celui qui les avait souvent joués.

Un autre jeune auteur dramatique, Boursault, qui semble bien avoir été soutenu par les deux frères Corneille, prit la relève de Donneau de Visé en faisant jouer à l'Hôtel de Bourgogne, au mois d'octobre, le *Portrait du Peintre*, publié le mois suivant. Aux critiques déjà formulées, Boursault ajoutait de malveillantes insinuations

sur la vie privée de Molière et ses prétendus déboires
conjugaux. Molière passa alors à la contre-attaque en
représentant, avec l'autorisation du roi, *l'Impromptu de
Versailles*. Dans cette charmante comédie, il réglait à la
fois leur compte aux comédiens de l'Hôtel de Bourgogne,
dont il offrait de savoureuses imitations, et à Boursault,
à qui il abandonnait ses pièces et son jeu de comédien, mais
à qui il interdisait les critiques sur certaines « matières »,
c'est-à-dire sur sa vie privée. Après cette réponse péremp-
toire et sans réplique, Molière, beau joueur, négligea de
faire imprimer sa pièce, qui ne parut qu'après sa mort,
dans l'édition de 1682.

Durement étrillé, publiquement et en présence du roi,
Boursault se tint coi. Auteurs jaloux et dévots, ayant jeté
leur venin, crurent prudent de rentrer leurs griffes et de
cesser leurs attaques, tout en guettant soigneusement la
prochaine occasion, qui n'allait guère tarder, de reprendre
la lutte contre cet auteur dramatique qui, autant par son
talent que par sa hardiesse, leur paraissait un dangereux
esprit et un rival redoutable.

Mais les comédiens de l'Hôtel de Bourgogne ne pouvaient laisser passer sans réponse les cruelles parodies par
lesquelles Molière avait dénoncé leur jeu emphatique et
grandiloquent et qui risquaient fort de les desservir auprès
d'un public qu'ils disputaient âprement au théâtre du
Palais-Royal. L'un d'eux, le gros Montfleury, qui avait
déjà manifesté sa haine jalouse contre Molière en présentant au roi une requête où Molière était accusé d'avoir
« épousé la fille et d'avoir autrefois couché avec la mère »,
chargea son fils d'apporter sa réplique à l'auteur de *l'Impromptu de Versailles*. Le fils Montfleury le fit dans une
petite comédie à qui le duc d'Enghien, fils du Grand
Condé et assez hostile à Molière, ouvrit les portes de
l'Hôtel de Condé. Ainsi naquit *l'Impromptu de l'Hôtel de
Condé*, bientôt repris à l'Hôtel de Bourgogne, et publié
en janvier 1664. Cette comédie, adroitement rimée, menée
avec verve, est incontestablement, du point de vue littéraire, la meilleure de toutes celles qui furent alors écrites
contre Molière et son *École des Femmes*. L'auteur y faisait
preuve d'esprit et se gardait soigneusement de toute
attaque personnelle contre Molière. Porte-parole de la
troupe rivale, il se contentait de prendre la défense des
comédiens royaux.

La querelle elle-même était alors terminée, mais les
échos s'en prolongèrent encore quelque temps. En no-

vembre, Charles Robinet, futur gazetier, publiait un *Panégyrique de l'École des Femmes ou Conversation comique sur les œuvres de Molière*. En dépit de son titre et d'une apparente impartialité, ce petit livre était nettement défavorable à Molière.

Le théâtre du Marais, cependant étranger aux querelles des deux autres troupes, voulut du moins profiter de l'actualité. Un de ses acteurs-auteurs, Chevalier, fort prudemment d'ailleurs, évoque l'affaire dans ses *Amours de Calotin*, comédie jouée en janvier et publiée en février 1664. Enfin, le 17 mars, un certain Philippe de la Croix publiait *la Guerre comique ou la Défense de l'École des Femmes*. C'est un plaidoyer sincère et intelligent, sans réticences ni arrière-pensées, en faveur de l'œuvre de Molière.

Ainsi cette querelle théâtrale s'éteignait à la veille de *Tartuffe*, qui allait être l'occasion d'une nouvelle offensive contre Molière. A l'issue de la bataille, celui-ci pouvait faire le point de la situation avec satisfaction. Il avait eu le dernier mot contre ses ennemis, en grande partie grâce à l'appui du roi, qui lui resta fidèle et qui répondit aux attaques dont il était l'objet en le pensionnant et en acceptant le parrainage de son premier fils. Cette attitude avait de quoi faire réfléchir les plus acharnés de ses ennemis. Enfin, comme toujours, le scandale public que dénonçaient certains servit l'œuvre. Pendant une année entière le public parisien, marquant les coups dans cette guerre comique, avait été tenu en haleine. Le succès de la pièce atteste que tout le monde voulait la voir avant de prendre parti. L'incident fut certainement favorable à la troupe du Palais-Royal, déjà solidement établie à Paris, mais qui devenait, comme au temps des *Précieuses ridicules*, la troupe à la mode, critiquée, attaquée par les uns, défendue par les autres, et pour tous centre d'intérêt, de discussions et de querelles.

Mais *l'École des Femmes* n'avait pas besoin de tous ces débats pour apparaître aux vrais connaisseurs comme un chef-d'œuvre. Le public d'aujourd'hui, qui a oublié ces mesquines attaques, lui conserve son admiration et continue à l'applaudir.

LA CRITIQUE

DE

L'ÉCOLE DES FEMMES

COMÉDIE

REPRÉSENTÉE POUR LA PREMIÈRE FOIS
A PARIS, SUR LE THÉATRE DU PALAIS-ROYAL
LE VENDREDI Ier JUIN 1663

PAR LA

TROUPE DE MONSIEUR, FRÈRE UNIQUE DU ROI

A MADAME

MADAME,

Je suis le plus embarrassé homme du monde, lorsqu'il me faut dédier un livre, et je me trouve si peu fait au style d'épître dédicatoire, que je ne sais pas où sortir de celle-ci. Un autre auteur, qui serait en ma place, trouverait d'abord cent belles choses à dire de VOTRE ALTESSE ROYALE, sur ce titre de *l'École des femmes*, et l'offre qu'il vous en ferait. Mais, pour moi, MADAME, je vous avoue mon faible. Je ne sais point cet art de trouver des rapports entre des choses si peu proportionnées; et, quelques belles lumières que mes confrères les auteurs me donnent tous les jours sur de pareils sujets, je ne vois point ce que VOTRE ALTESSE ROYALE pourrait avoir à démêler avec la comédie que je lui présente. On n'est pas en peine, sans doute, comment il faut faire pour vous louer. La matière, MADAME, ne saute que trop aux yeux; et, de quelque côté qu'on vous regarde, on rencontre gloire sur gloire, et qualités sur qualités. Vous en avez, MADAME, du côté du rang et de la naissance, qui vous font respecter de toute la terre. Vous en avez du côté des grâces, et de l'esprit, et du corps, qui vous font admirer de toutes les personnes qui vous voient. Vous en avez du côté de l'âme, qui, si l'on ose parler ainsi, vous font aimer de tous ceux qui ont l'honneur d'approcher de vous : je veux dire cette douceur pleine de charmes dont vous daignez tempérer la fierté des grands titres que vous portez; cette bonté tout obligeante, cette affabilité généreuse que vous faites paraître pour tout le monde. Et ce sont particulièrement ces dernières pour qui je suis, et dont je sens fort bien que je ne me pourrai taire quelque jour. Mais encore une fois, MADAME, je ne sais point le biais de faire entrer ici des vérités si éclatantes; et ce sont choses, à mon avis, et d'une trop vaste étendue et d'un mérite trop élevé, pour les vouloir renfermer dans une épître et les mêler avec des bagatelles. Tout bien considéré, MADAME, je ne vois rien à faire ici pour moi que de vous dédier simplement ma comédie, et de vous assurer, avec tout le respect qu'il m'est possible, que je suis,

De VOTRE ALTESSE ROYALE,

MADAME,

Le très humble, très obéissant,
et très obligé serviteur,

MOLIÈRE.

PRÉFACE

Bien des gens ont frondé d'abord cette comédie; mais les rieurs ont été pour elle, et tout le mal qu'on en a pu dire n'a pu faire qu'elle n'ait eu un succès dont je me contente.

Je sais qu'on attend de moi dans cette impression quelque préface qui réponde aux censeurs et rende raison de mon ouvrage; et sans doute que je suis assez redevable à toutes les personnes qui lui ont donné leur approbation, pour me croire obligé de défendre leur jugement contre celui des autres; mais il se trouve qu'une grande partie des choses que j'aurais à dire sur ce sujet est déjà dans une dissertation que j'ai faite en dialogue, et dont je ne sais encore ce que je ferai.

L'idée de ce dialogue, ou, si l'on veut, de cette petite comédie, me vint après les deux ou trois premières représentations de ma pièce.

Je la dis, cette idée, dans une maison où je me trouvai un soir, et d'abord une personne de qualité, dont l'esprit est assez connu dans le monde, et qui me fait l'honneur de m'aimer, trouva le projet assez à son gré, non seulement pour me solliciter d'y mettre la main, mais encore pour l'y mettre lui-même; et je fus étonné que deux jours après il me montra toute l'affaire exécutée d'une manière à la vérité beaucoup plus galante et plus spirituelle que je ne puis faire, mais où je trouvai des choses trop avantageuses pour moi; et j'eus peur que, si je produisais cet ouvrage sur notre théâtre, on ne m'accusât d'avoir mendié les louanges qu'on m'y donnait. Cependant cela m'empêcha, par quelque considération, d'achever ce que j'avais commencé. Mais tant de gens me pressent tous les jours de le faire, que je ne sais ce qui en sera; et cette incertitude est cause que je ne mets point dans cette préface ce qu'on verra dans la *Critique*, en cas que je me résolve à la faire paraître. S'il faut que cela soit, je le dis encore, ce sera seulement pour venger le public du chagrin délicat de certaines gens; car, pour moi, je m'en tiens assez vengé par la réussite de ma comédie; et je souhaite que toutes celles que je pourrai faire soient traitées par eux comme celle-ci, pourvu que le reste soit de même.

PERSONNAGES

ARNOLPHE, autrement M. DE LA SOUCHE.
AGNÈS, jeune fille innocente, élevée par Arnolphe.
HORACE, amant d'Agnès.
ALAIN, paysan, valet d'Arnolphe.
GEORGETTE, paysanne, servante d'Arnolphe.
CHRYSALDE, ami d'Arnolphe.
ENRIQUE, beau-frère de Chrysalde.
ORONTE, père d'Horace et grand ami d'Arnolphe.

La scène est dans une place de ville.

ACTE PREMIER

SCÈNE I

CHRYSALDE, ARNOLPHE

CHRYSALDE

Vous venez, dites-vous, pour lui donner la main ?

ARNOLPHE

Oui, je veux terminer la chose dans demain.

CHRYSALDE

Nous sommes ici seuls ; et l'on peut, ce me semble,
Sans craindre d'être ouïs, y discourir ensemble :
Voulez-vous qu'en ami je vous ouvre mon cœur ?   5
Votre dessein pour vous me fait trembler de peur ;
Et de quelque façon que vous tourniez l'affaire,
Prendre femme est à vous un coup bien téméraire.

ARNOLPHE

Il est vrai, notre ami. Peut-être que chez vous
Vous trouvez des sujets de craindre pour chez nous ;   10
Et votre front, je crois, veut que du mariage
Les cornes soient partout l'infaillible apanage.

CHRYSALDE

Ce sont coups du hasard, dont on n'est point garant,
Et bien sot, ce me semble, est le soin qu'on en prend.
Mais quand je crains pour vous, c'est cette raillerie   15
Dont cent pauvres maris ont souffert la furie ;
Car enfin vous savez qu'il n'est grands ni petits
Que de votre critique on ait vus garantis ;
Car vos plus grands plaisirs sont, partout où vous êtes,
De faire cent éclats des intrigues secrètes...   20

ARNOLPHE

Fort bien : est-il au monde une autre ville aussi
Où l'on ait des maris si patients qu'ici ?
Est-ce qu'on n'en voit pas, de toutes les espèces,
Qui sont accommodés chez eux de toutes pièces ?
L'un amasse du bien, dont sa femme fait part   25
A ceux qui prennent soin de le faire cornard ;
L'autre un peu plus heureux, mais non pas moins infâme,
Voit faire tous les jours des présents à sa femme,
Et d'aucun soin jaloux n'a l'esprit combattu,
Parce qu'elle lui dit que c'est pour sa vertu.   30
L'un fait beaucoup de bruit qui ne lui sert de guère ;
L'autre en toute douceur laisse aller les affaires,
Et voyant arriver chez lui le damoiseau,
Prend fort honnêtement ses gants et son manteau.
L'une de son galant, en adroite femelle,   35
Fait fausse confidence à son époux fidèle,
Qui dort en sûreté sur un pareil appas,
Et le plaint, ce galant, des soins qu'il ne perd pas ;
L'autre, pour se purger de sa magnificence,
Dit qu'elle gagne au jeu l'argent qu'elle dépense ;   40
Et le mari benêt, sans songer à quel jeu,
Sur les gains qu'elle fait rend des grâces à Dieu.
Enfin, ce sont partout des sujets de satire ;
Et comme spectateur ne puis-je pas en rire ?
Puis-je pas de nos sots... ?

CHRYSALDE

                                Oui ; mais qui rit d'autrui   45
Doit craindre qu'en revanche on rie aussi de lui.
J'entends parler le monde ; et des gens se délassent
A venir débiter les choses qui se passent ;
Mais, quoi que l'on divulgue aux endroits où je suis,
Jamais on ne m'a vu triompher de ces bruits.   50
J'y suis assez modeste ; et, bien qu'aux occurrences
Je puisse condamner certaines tolérances,
Que mon dessein ne soit de souffrir nullement
Ce que d'aucuns maris souffrent paisiblement,
Pourtant je n'ai jamais affecté de le dire ;   55
Car enfin il faut craindre un revers de satire,
Et l'on ne doit jamais jurer sur de tels cas
De ce qu'on pourra faire, ou bien ne faire pas.
Ainsi, quand à mon front, par un sort qui tout mène,
Il serait arrivé quelque disgrâce humaine,   60

Après mon procédé, je suis presque certain
Qu'on se contentera de s'en rire sous main;
Et peut-être qu'encor j'aurai cet avantage,
Que quelques bonnes gens diront que c'est dommage;
Mais de vous, cher compère, il en est autrement : 65
Je vous le dis encor, vous risquez diablement.
Comme sur les maris accusés de souffrance
De tout temps votre langue a daubé d'importance,
Qu'on vous a vu contre eux un diable déchaîné,
Vous devez marcher droit pour n'être point berné; 70
Et s'il faut que sur vous on ait la moindre prise,
Gare qu'aux carrefours on ne vous tympanise,
Et...

ARNOLPHE

Mon Dieu, notre ami, ne vous tourmentez point :
Bien huppé qui pourra m'attraper sur ce point.
Je sais les tours rusés et les subtiles trames 75
Dont pour nous en planter savent user les femmes,
Et comme on est dupé par leurs dextérités.
Contre cet incident j'ai pris mes sûretés;
Et celle que j'épouse a toute l'innocence
Qui peut sauver mon front de maligne influence. 80

CHRYSALDE

Et que prétendez-vous qu'une sotte, en un mot...

ARNOLPHE

Épouser une sotte est pour n'être point sot.
Je crois, en bon chrétien, votre moitié fort sage;
Mais une femme habile est un mauvais présage;
Et je sais ce qu'il coûte à de certaines gens 85
Pour avoir pris les leurs avec trop de talents.
Moi, j'irais me charger d'une spirituelle
Qui ne parlerait rien que cercle et que ruelle,
Qui de prose et de vers ferait de doux écrits,
Et que visiteraient marquis et beaux esprits, 90
Tandis que, sous le nom du mari de Madame,
Je serais comme un saint que pas un ne réclame ?
Non, non, je ne veux point d'un esprit qui soit haut;
Et femme qui compose en sait plus qu'il ne faut.
Je prétends que la mienne, en clartés peu sublime, 95
Même ne sache pas ce que c'est qu'une rime;
Et s'il faut qu'avec elle on joue au corbillon
Et qu'on vienne à lui dire à son tour : « Qu'y met-on ? »
Je veux qu'elle réponde : « Une tarte à la crème »;
En un mot, qu'elle soit d'une ignorance extrême; 100

Et c'est assez pour elle, à vous en bien parler,
De savoir prier Dieu, m'aimer, coudre et filer.

CHRYSALDE

Une femme stupide est donc votre marotte ?

ARNOLPHE

Tant, que j'aimerais mieux une laide bien sotte
Qu'une femme fort belle avec beaucoup d'esprit.   105

CHRYSALDE

L'esprit et la beauté...

ARNOLPHE

                    L'honnêteté suffit.

CHRYSALDE

Mais comment voulez-vous, après tout, qu'une bête
Puisse jamais savoir ce que c'est qu'être honnête ?
Outre qu'il est assez ennuyeux, que je crois,
D'avoir toute sa vie une bête avec soi,   110
Pensez-vous le bien prendre, et que sur votre idée
La sûreté d'un front puisse être bien fondée ?
Une femme d'esprit peut trahir son devoir ;
Mais il faut pour le moins qu'elle ose le vouloir ;
Et la stupide au sien peut manquer d'ordinaire,   115
Sans en avoir l'envie et sans penser le faire.

ARNOLPHE

A ce bel argument, à ce discours profond,
Ce que Pantagruel à Panurge répond :
Pressez-moi de me joindre à femme autre que sotte,
Prêchez, patrocinez jusqu'à la Pentecôte ;   120
Vous serez ébahi, quand vous serez au bout,
Que vous ne m'aurez rien persuadé du tout.

CHRYSALDE

Je ne vous dis plus mot.

ARNOLPHE

                    Chacun a sa méthode.
En femme, comme en tout, je veux suivre ma mode.
Je me vois riche assez pour pouvoir, que je crois,   125
Choisir une moitié qui tienne tout de moi,
Et de qui la soumise et pleine dépendance
N'ait à me reprocher aucun bien ni naissance.

Un air doux et posé, parmi d'autres enfants,
S'inspira de l'amour pour elle dès quatre ans;   130
Sa mère se trouvant de pauvreté pressée,
De la lui demander il me vint la pensée;
Et la bonne paysanne, apprenant mon désir,
A s'ôter cette charge eut beaucoup de plaisir.
Dans un petit couvent, loin de toute pratique,   135
Je la fis élever selon ma politique,
C'est-à-dire ordonnant quels soins on emploirait
Pour la rendre idiote autant qu'il se pourrait.
Dieu merci, le succès a suivi mon attente :
Et grande, je l'ai vue à tel point innocente,   140
Que j'ai béni le Ciel d'avoir trouvé mon fait,
Pour me faire une femme au gré de mon souhait.
Je l'ai donc retirée; et comme ma demeure
A cent sortes de monde est ouverte à toute heure,
Je l'ai mise à l'écart, comme il faut tout prévoir,   145
Dans cette autre maison où nul ne me vient voir;
Et pour ne point gâter sa bonté naturelle,
Je n'y tiens que des gens tout aussi simples qu'elle.
Vous me direz : Pourquoi cette narration ?
C'est pour vous rendre instruit de ma précaution.   150
Le résultat de tout est qu'en ami fidèle
Ce soir je vous invite à souper avec elle;
Je veux que vous puissiez un peu l'examiner,
Et voir si de mon choix on me doit condamner.

CHRYSALDE

J'y consens.

ARNOLPHE

            Vous pourrez, dans cette conférence,   155
Juger de sa personne et de son innocence.

CHRYSALDE

Pour cet article-là, ce que vous m'avez dit
Ne peut...

ARNOLPHE

            La vérité passe encor mon récit.
Dans ses simplicités à tous coups je l'admire,
Et parfois elle en dit je pâme de rire.   160
L'autre jour (pourrait-on se le persuader?),
Elle était fort en peine, et me vint demander,
Avec une innocence à nulle autre pareille,
Si les enfants qu'on fait se faisaient par l'oreille.

CHRYSALDE

Je me réjouis fort, seigneur Arnolphe...

ARNOLPHE

Bon!   165
Me voulez-vous toujours appeler de ce nom ?

CHRYSALDE

Ah! malgré que j'en aie, il me vient à la bouche,
Et jamais je ne songe à Monsieur de la Souche.
Qui diable vous a fait aussi vous aviser,
A quarante et deux ans, de vous débaptiser,   170
Et d'un vieux tronc pourri de votre métairie
Vous faire dans le monde un nom de seigneurie ?

ARNOLPHE

Outre que la maison par ce nom se connaît,
La Souche plus qu'Arnolphe à mes oreilles plaît.

CHRYSALDE

Quel abus de quitter le vrai nom de ses pères   175
Pour en vouloir prendre un bâti sur des chimères!
De la plupart des gens c'est la démangeaison;
Et, sans vous embrasser dans la comparaison,
Je sais un paysan qu'on appelait Gros-Pierre,
Qui n'ayant pour tout bien qu'un seul quartier de terre,
Y fit tout à l'entour faire un fossé bourbeux,   [180
Et de Monsieur de l'Isle en prit le nom pompeux.

ARNOLPHE

Vous pourriez vous passer d'exemples de la sorte.
Mais enfin de la Souche est le nom que je porte :
J'y vois de la raison, j'y trouve des appas;   185
Et m'appeler de l'autre est ne m'obliger pas.

CHRYSALDE

Cependant la plupart ont peine à s'y soumettre,
Et je vois même encor des adresses de lettre...

ARNOLPHE

Je le souffre aisément de qui n'est pas instruit;
Mais vous...

CHRYSALDE

Soit : là-dessus nous n'aurons point de bruit.
Et je prendrai le soin d'accoutumer ma bouche   [190
A ne plus vous nommer que Monsieur de la Souche.

ARNOLPHE

Adieu. Je frappe ici pour donner le bonjour,
Et dire seulement que je suis de retour.

CHRYSALDE, *s'en allant.*

Ma foi, je le tiens fou de toutes les manières.   195

ARNOLPHE

Il est un peu blessé sur certaines matières.
Chose étrange de voir comme avec passion
Un chacun est chaussé de son opinion !
Holà !

SCÈNE II

ALAIN, GEORGETTE, ARNOLPHE

ALAIN

Qui heurte ?

ARNOLPHE

Ouvrez. On aura, que je pense,
Grande joie à me voir après dix jours d'absence.   200

ALAIN

Qui va là ?

ARNOLPHE

Moi.

ALAIN

Georgette !

GEORGETTE

Hé bien ?

ALAIN

Ouvre là-bas.

GEORGETTE

Vas-y, toi.

ALAIN

Vas-y, toi.

GEORGETTE

Ma foi, je n'irai pas.

ALAIN

Je n'irai pas aussi.

ARNOLPHE

Belle cérémonie
Pour me laisser dehors ! Holà ho, je vous prie.

GEORGETTE

Qui frappe ?

ARNOLPHE

Votre maître.

GEORGETTE

Alain !

ALAIN

Quoi ?

GEORGETTE

C'est Monsieur. 205

Ouvre vite.

ALAIN

Ouvre, toi.

GEORGETTE

Je souffle notre feu.

ALAIN

J'empêche, peur du chat, que mon moineau ne sorte.

ARNOLPHE

Quiconque de vous deux n'ouvrira pas la porte
N'aura point à manger de plus de quatre jours.
Ha !

GEORGETTE

Par quelle raison y venir, quand j'y cours ?   210

ALAIN

Pourquoi plutôt que moi ? Le plaisant strodagème !

GEORGETTE

Ote-toi donc de là.

ALAIN

Non, ôte-toi, toi-même.

GEORGETTE

Je veux ouvrir la porte.

ALAIN

Et je veux l'ouvrir, moi.

GEORGETTE

Tu ne l'ouvriras pas.

ALAIN

Ni toi non plus.

GEORGETTE

Ni toi.

ARNOLPHE

Il faut que j'aie ici l'âme bien patiente!   215

ALAIN

Au moins, c'est moi, Monsieur.

GEORGETTE

Je suis votre servante,

C'est moi.

ALAIN

Sans le respect de Monsieur que voilà,

Je te...

ARNOLPHE, *recevant un coup d'Alain.*

Peste!

ALAIN

Pardon.

ARNOLPHE

Voyez ce lourdaud-là!

ALAIN

C'est elle aussi, Monsieur...

ARNOLPHE

Que tous deux on se taise,

Songez à me répondre, et laissons la fadaise.   220
Hé bien, Alain, comment se porte-t-on ici ?

ALAIN

Monsieur, nous nous... Monsieur, nous nous por... Dieu
Nous nous...   [merci,

Arnolphe ôte par trois fois le chapeau de dessus
la tête d'Alain.

ARNOLPHE

Qui vous apprend, impertinente bête,

A parler devant moi le chapeau sur la tête ?

ALAIN

Vous faites bien, j'ai tort.

ARNOLPHE, *à Alain.*

Faites descendre Agnès.   225

ARNOLPHE, *à Georgette.*

Lorsque je m'en allai, fut-elle triste après ?

GEORGETTE

Triste ? Non.

ARNOLPHE

　　　　　Non ?

GEORGETTE

　　　　Si fait.

ARNOLPHE

　　　　　　Pourquoi donc... ?

GEORGETTE

　　　　　　　　　　　　　Oui, je meure,
Elle vous croyait voir de retour à toute heure ;
Et nous n'oyions jamais passer devant chez nous
Cheval, âne, ou mulet, qu'elle ne prît pour vous.   230

SCÈNE III

AGNÈS, ALAIN, GEORGETTE, ARNOLPHE

ARNOLPHE

La besogne à la main ! C'est un bon témoignage.
Hé bien ! Agnès, je suis de retour du voyage :
En êtes-vous bien aise ?

AGNÈS

　　　　　　　Oui, Monsieur, Dieu merci.

ARNOLPHE

Et moi de vous revoir je suis bien aise aussi.
Vous vous êtes toujours, comme on voit, bien portée ?
　　　　　　　　　　　　　　　　　　　　[235
AGNÈS

Hors les puces, qui m'ont la nuit inquiétée.

ARNOLPHE

Ah ! vous aurez dans peu quelqu'un pour les chasser.

AGNÈS

Vous me ferez plaisir.

ARNOLPHE

　　　　　　　Je le puis bien penser.
Que faites-vous donc là ?

AGNÈS

Je me fais des cornettes.

Vos chemises de nuit et vos coiffes sont faites.   240

ARNOLPHE

Ha! voilà qui va bien. Allez, montez là-haut :
Ne vous ennuyez point, je reviendrai tantôt,
Et je vous parlerai d'affaires importantes.

Tous étant rentrés.

Héroïnes du temps, Mesdames les savantes,
Pousseuses de tendresse et de beaux sentiments,   245
Je défie à la fois tous vos vers, vos romans,
Vos lettres, billets doux, toute votre science
De valoir cette honnête et pudique ignorance.

SCÈNE IV

HORACE, ARNOLPHE

ARNOLPHE

Ce n'est point par le bien qu'il faut être ébloui;
Et pourvu que l'honneur soit... Que vois-je ? Est-ce ?...

[Oui. 250

Je me trompe. Nenni. Si fait. Non, c'est lui-même.
Hor...

HORACE

Seigneur Ar...

ARNOLPHE

Horace!

HORACE

Arnolphe.

ARNOLPHE

Ah! joie extrême!

Et depuis quand ici ?

HORACE

Depuis neuf jours.

ARNOLPHE

Vraiment ?

HORACE

Je fus d'abord chez vous, mais inutilement.

ARNOLPHE

J'étais à la campagne.

HORACE

Oui, depuis deux journées.   255

ARNOLPHE

Oh! comme les enfants croissent en peu d'années!
J'admire de le voir au point où le voilà,
Après que je l'ai vu pas plus grand que cela.

HORACE

Vous voyez.

ARNOLPHE

Mais, de grâce. Oronte votre père,
Mon bon et cher ami, que j'estime et révère,   260
Que fait-il? que dit-il? est-il toujours gaillard?
A tout ce qui le touche, il sait que je prends part :
Nous ne nous sommes vus depuis quatre ans ensemble.

HORACE

Ni, qui plus est, écrit l'un à l'autre, me semble.
Il est, seigneur Arnolphe, encor plus gai que nous,   265
Et j'avais de sa part une lettre pour vous;
Mais, depuis, par une autre, il m'apprend sa venue,
Et la raison encor ne m'en est pas connue.
Savez-vous qui peut être un de vos citoyens
Qui retourne en ces lieux avec beaucoup de biens   270
Qu'il s'est en quatorze ans acquis dans l'Amérique?

ARNOLPHE

Non. Vous a-t-on point dit comme on le nomme?

HORACE

Enrique.

ARNOLPHE

Non.

HORACE

Mon père m'en parle, et qu'il est revenu
Comme s'il devait m'être entièrement connu,
Et m'écrit qu'en chemin ensemble ils se vont mettre 275
Pour un fait important que ne dit point sa lettre.

ARNOLPHE

J'aurai certainement grande joie à le voir,
Et pour le régaler je ferai mon pouvoir.

Après avoir lu la lettre.

Il faut pour des amis des lettres moins civiles,
Et tous ces compliments sont choses inutiles.   280
Sans qu'il prît le souci de m'en écrire rien,
Vous pouvez librement disposer de mon bien.

HORACE

Je suis homme à saisir les gens par leurs paroles,
Et j'ai présentement besoin de cent pistoles.

ARNOLPHE

Ma foi, c'est m'obliger que d'en user ainsi,   285
Et je me réjouis de les avoir ici.
Gardez aussi la bourse.

HORACE

Il faut...

ARNOLPHE

Laissons ce style.
Hé bien! comment encor trouvez-vous cette ville?

HORACE

Nombreuse en citoyens, superbe en bâtiments;
Et j'en crois merveilleux les divertissements.   290

ARNOLPHE

Chacun a ses plaisirs qu'il se fait à sa guise;
Mais pour ceux que du nom de galants on baptise,
Ils ont en ce pays de quoi se contenter,
Car les femmes y sont faites à coqueter :
On trouve d'humeur douce et la brune et la blonde,   295
Et les maris aussi les plus bénins du monde;
C'est un plaisir de prince; et des tours que je vois
Je me donne souvent la comédie à moi.
Peut-être en avez-vous déjà féru quelqu'une.
Vous est-il point encore arrivé de fortune?   300
Les gens faits comme vous font plus que les écus,
Et vous êtes de taille à faire des cocus.

HORACE

A ne vous rien cacher de la vérité pure,
J'ai d'amour en ces lieux eu certaine aventure,
Et l'amitié m'oblige à vous en faire part.   305

ARNOLPHE

Bon! voici de nouveau quelque conte gaillard;
Et ce sera de quoi mettre sur mes tablettes.

HORACE

Mais, de grâce, qu'au moins ces choses soient secrètes.

ARNOLPHE

Oh!

HORACE

Vous n'ignorez pas qu'en ces occasions
Un secret éventé rompt nos prétentions.   310
Je vous avouerai donc avec pleine franchise
Qu'ici d'une beauté mon âme s'est éprise.
Mes petits soins d'abord ont eu tant de succès,
Que je me suis chez elle ouvert un doux accès;
Et sans trop me vanter ni lui faire une injure,   315
Mes affaires y sont en fort bonne posture.

ARNOLPHE, *riant*.

Et c'est ?

HORACE, *lui montrant le logis d'Agnès*.

Un jeune objet qui loge en ce logis
Dont vous voyez d'ici que les murs sont rougis;
Simple, à la vérité, par l'erreur sans seconde
D'un homme qui la cache au commerce du monde,   320
Mais qui, dans l'ignorance où l'on veut l'asservir,
Fait briller des attraits capables de ravir;
Un air tout engageant, je ne sais quoi de tendre,
Dont il n'est point de cœur qui se puisse défendre.
Mais peut-être il n'est pas que vous n'ayez bien vu   325
Ce jeune astre d'amour de tant d'attraits pourvu :
C'est Agnès qu'on l'appelle.

ARNOLPHE, *à part*.

Ah! je crève!

HORACE

Pour l'homme,
C'est, je crois, de la Zousse ou Souche qu'on le nomme :
Je ne me suis pas fort arrêté sur le nom :
Riche, à ce qu'on m'a dit, mais des plus sensés, non; 330
Et l'on m'en a parlé comme d'un ridicule.
Le connaissez-vous point ?

ARNOLPHE, *à part*.

La fâcheuse pilu!e!

HORACE

Eh! vous ne dites mot ?

ARNOLPHE

Eh! oui, je le connois.

HORACE

C'est un fou, n'est-ce pas ?

ARNOLPHE

Eh...

HORACE

Qu'en dites-vous ? quoi ?
Eh ? c'est-à-dire oui ? Jaloux à faire rire ?   335
Sot ? Je vois qu'il en est ce que l'on m'a pu dire.
Enfin l'aimable Agnès a su m'assujettir.
C'est un joli bijou, pour ne point vous mentir;
Et ce serait péché qu'une beauté si rare
Fût laissée au pouvoir de cet homme bizarre.   340
Pour moi, tous mes efforts, tous mes vœux les plus doux
Vont à m'en rendre maître en dépit du jaloux;
Et l'argent que de vous j'emprunte avec franchise
N'est que pour mettre à bout cette juste entreprise.
Vous savez mieux que moi, quels que soient nos efforts,
Que l'argent est la clef de tous les grands ressorts,   [345
Et que ce doux métal qui frappe tant de têtes,
En amour, comme en guerre, avance les conquêtes.
Vous me semblez chagrin : serait-ce qu'en effet
Vous désapprouveriez le dessein que j'ai fait ?   350

ARNOLPHE

Non, c'est que je songeais...

HORACE

Cet entretien vous lasse :
Adieu. J'irai chez vous tantôt vous rendre grâce.

ARNOLPHE

Ah! faut-il...!

HORACE, *revenant*.

Derechef, veuillez être discret,
Et n'allez pas, de grâce, éventer mon secret.

ARNOLPHE

Que je sens dans mon âme...!

HORACE, *revenant*.

Et surtout à mon père,   355
Qui s'en ferait peut-être un sujet de colère.

ARNOLPHE, *croyant qu'il revient encore.*

Oh!... Oh! que j'ai souffert durant cet entretien!
Jamais trouble d'esprit ne fut égal au mien.
Avec quelle imprudence et quelle hâte extrême
Il m'est venu conter cette affaire à moi-même!   360
Bien que mon autre nom le tienne dans l'erreur,
Étourdi montra-t-il jamais tant de fureur ?
Mais ayant tant souffert, je devais me contraindre
Jusques à m'éclaircir de ce que je dois craindre,
A pousser jusqu'au bout son caquet indiscret,   365
Et savoir pleinement leur commerce secret.
Tâchons à le rejoindre : il n'est pas loin, je pense.
Tirons-en de ce fait l'entière confidence.
Je tremble du malheur qui m'en peut arriver,
Et l'on cherche souvent plus qu'on ne veut trouver.   370

ACTE II

SCÈNE I

ARNOLPHE

Il m'est, lorsque j'y pense, avantageux sans doute
D'avoir perdu mes pas et pu manquer sa route;
Car enfin de mon cœur le trouble impérieux
N'eût pu se renfermer tout entier à ses yeux :
Il eût fait éclater l'ennui qui me dévore,   375
Et je ne voudrais pas qu'il sût ce qu'il ignore.
Mais je ne suis pas homme à gober le morceau,
Et laisser un champ libre aux vœux du damoiseau :
J'en veux rompre le cours et, sans tarder, apprendre
Jusqu'où l'intelligence entre eux a pu s'étendre.   380
J'y prends pour mon honneur un notable intérêt :
Je la regarde en femme, aux termes qu'elle en est;
Elle n'a pu faillir sans me couvrir de honte,
Et tout ce qu'elle a fait enfin est sur mon compte.
Éloignement fatal! voyage malheureux!   385

Frappant à la porte.

SCÈNE II

ALAIN, GEORGETTE, ARNOLPHE

ALAIN

Ah! Monsieur, cette fois...

ARNOLPHE

Paix. Venez çà tous deux.
Passez là, passez là. Venez là, venez, dis-je.

GEORGETTE

Ah! vous me faites peur, et tout mon sang se fige.

ARNOLPHE

C'est donc ainsi qu'absent vous m'avez obéi ?
Et tous deux de concert vous m'avez donc trahi ?   390

GEORGETTE

Eh! ne me mangez pas, Monsieur, je vous conjure.

ALAIN, *à part.*

Quelque chien enragé l'a mordu, je m'assure.

ARNOLPHE

Ouf! Je ne puis parler, tant je suis prévenu :
Je suffoque, et voudrais me pouvoir mettre nu.
Vous avez donc souffert, ô canaille maudite,   395
Qu'un homme soit venu ?... Tu veux prendre la fuite !
Il faut que sur-le-champ... Si tu bouges...! Je veux
Que vous me disiez... Euh! Oui, je veux que tous deux...
Quiconque remuera, par la mort! je l'assomme.
Comment est-ce que chez moi s'est introduit cet homme ?
Eh! parlez, dépêchez, vite, promptement, tôt,   [400
Sans rêver. Veut-on dire ?

ALAIN ET GEORGETTE

Ah! Ah!

GEORGETTE

Le cœur me faut.

ALAIN

Je meurs.

ARNOLPHE

Je suis en eau : prenons un peu d'haleine;
Il faut que je m'évente, et que je me promène.
Aurais-je deviné quand je l'ai vu petit   405
Qu'il croîtrait pour cela ? Ciel! que mon cœur pâtit !
Je pense qu'il vaut mieux que de sa propre bouche
Je tire avec douceur l'affaire qui me touche.
Tâchons de modérer notre ressentiment.
Patience, mon cœur, doucement, doucement.   410
Levez-vous, et rentrant, faites qu'Agnès descende.
Arrêtez. Sa surprise en deviendrait moins grande :
Du chagrin qui me trouble ils iraient l'avertir,
Et moi-même je veux l'aller faire sortir.
Que l'on m'attende ici.

SCÈNE III

ALAIN, GEORGETTE

GEORGETTE

Mon Dieu! qu'il est terrible! 415
Ses regards m'ont fait peur, mais une peur horrible;
Et jamais je ne vis un plus hideux chrétien.

ALAIN

Ce Monsieur l'a fâché : je te le disais bien.

GEORGETTE

Mais que diantre est-ce là, qu'avec tant de rudesse
Il nous fait au logis garder notre maîtresse ?   420
D'où vient qu'à tout le monde il veut tant la cacher,
Et qu'il ne saurait voir personne en approcher ?

ALAIN

C'est que cette action le met en jalousie.

GEORGETTE

Mais d'où vient qu'il est pris de cette fantaisie ?

ALAIN

Cela vient... cela vient de ce qu'il est jaloux.   425

GEORGETTE

Oui; mais pourquoi l'est-il ? et pourquoi ce courroux?

ALAIN

C'est que la jalousie.. entends-tu bien, Georgette,
Est une chose... là... qui fait qu'on s'inquiète...
Et qui chasse les gens d'autour d'une maison.
Je m'en vais te bailler une comparaison,   430
Afin de concevoir la chose davantage.
Dis-moi, n'est-il pas vrai, quand tu tiens ton potage,
Que si quelque affamé venait pour en manger,
Tu serais en colère, et voudrais le charger ?

GEORGETTE

Oui, je comprends cela.

ALAIN

                    C'est justement tout comme :   435
La femme est en effet le potage de l'homme;
Et quand un homme voit d'autres hommes parfois
Qui veulent dans sa soupe aller tremper leurs doigts,
Il en montre aussitôt une colère extrême.

GEORGETTE

Oui; mais pourquoi chacun n'en fait-il pas de même, 440
Et que nous en voyons qui paraissent joyeux
Lorsque leurs femmes sont avec les biaux Monsieux.

ALAIN

C'est que chacun n'a pas cette amitié goulue
Qui n'en veut que pour soi.

GEORGETTE

                    Si je n'ai la berlue,
Je le vois qui revient.

ALAIN

                    Tes yeux sont bons, c'est lui.   445

GEORGETTE

Vois comme il est chagrin.

ALAIN

                    C'est qu'il a de l'ennui.

SCÈNE IV

ARNOLPHE, AGNÈS, ALAIN, GEORGETTE

ARNOLPHE

Un certain Grec disait à l'empereur Auguste,
Comme une instruction utile autant que juste,
Que lorsqu'une aventure en colère nous met,
Nous devons, avant tout, dire notre alphabet,   450
Afin que dans ce temps la bile se tempère,
Et qu'on ne fasse rien que l'on ne doive faire.
J'ai suivi sa leçon sur le sujet d'Agnès,
Et je la fais venir en ce lieu tout exprès,
Sous prétexte d'y faire un tour de promenade,   455
Afin que les soupçons de mon esprit malade
Puissent sur le discours la mettre adroitement,
Et lui sondant le cœur, s'éclaircir doucement.
Venez, Agnès. Rentrez.

SCÈNE V

ARNOLPHE, AGNÈS

ARNOLPHE

La promenade est belle.

AGNÈS

Fort belle.

ARNOLPHE

Le beau jour !

AGNÈS

Fort beau.

ARNOLPHE

Quelle nouvelle ?   460

AGNÈS

Le petit chat est mort.

ARNOLPHE

C'est dommage ; mais quoi ?
Nous sommes tous mortels, et chacun est pour soi.
Lorsque j'étais aux champs, n'a-t-il point fait de pluie ?

AGNÈS

Non.

ARNOLPHE

Vous ennuyait-il ?

AGNÈS

Jamais je ne m'ennuie.

ARNOLPHE

Qu'avez-vous fait encor ces neuf ou dix jours-ci ?   465

AGNÈS

Six chemises, je pense, et six coiffes aussi.

ARNOLPHE, *ayant un peu rêvé.*

Le monde, chère Agnès, est une étrange chose.
Voyez la médisance, et comme chacun cause :
Quelques voisins m'ont dit qu'un jeune homme inconnu
Était en mon absence à la maison venu,   470
Que vous aviez souffert sa vue et ses harangues ;
Mais je n'ai point pris foi sur ces méchantes langues,
Et j'ai voulu gager que c'était faussement...

AGNÈS

Mon Dieu, ne gagez pas : vous perdriez vraiment.

ARNOLPHE

Quoi ? c'est la vérité qu'un homme... ?

AGNÈS

Chose sûre.   475
Il n'a presque bougé de chez nous, je vous jure.

ARNOLPHE, *à part.*

Cet aveu qu'elle fait avec sincérité
Me marque pour le moins son ingénuité.
Mais il me semble, Agnès, si ma mémoire est bonne,
Que j'avais défendu que vous vissiez personne.   480

AGNÈS

Oui; mais quand je l'ai vu, vous ignorez pourquoi ;
Et vous en auriez fait, sans doute, autant que moi.

ARNOLPHE

Peut-être. Mais enfin contez-moi cette histoire.

AGNÈS

Elle est fort étonnante, et difficile à croire.

J'étais sur le balcon à travailler au frais,   485
Lorsque je vis passer sous les arbres d'auprès
Un jeune homme bien fait, qui rencontrant ma vue,
D'une humble révérence aussitôt me salue :
Moi pour ne point manquer à la civilité,
Je fis la révérence aussi de mon côté.   490
Soudain il me refait une autre révérence :
Moi, j'en refais de même une autre en diligence;
Et lui d'une troisième aussitôt repartant,
D'une troisième aussi j'y repars à l'instant.
Il passe, vient, repasse, et toujours de plus belle   495
Me fait à chaque fois révérence nouvelle;
Et moi, qui tous ces tours fixement regardais,
Nouvelle révérence aussi je lui rendais :
Tant que, si sur ce point la nuit ne fût venue,
Toujours comme cela je me serais tenue,   500
Ne voulant point céder, et recevoir l'ennui
Qu'il me pût estimer moins civile que lui.

ARNOLPHE

Fort bien.

AGNÈS

          Le lendemain, étant sur notre porte,
Une vieille m'aborde, en parlant de la sorte :
« Mon enfant, le bon Dieu puisse-t-il vous bénir,   505
Et dans tous vos attraits longtemps vous maintenir!
Il ne vous a pas faite une belle personne
Afin de mal user des choses qu'il vous donne;
Et vous devez savoir que vous avez blessé
Un cœur qui de s'en plaindre est aujourd'hui forcé. »   510

ARNOLPHE, à part.

Ah! suppôt de Satan! exécrable damnée!

AGNÈS

« Moi, j'ai blessé quelqu'un! fis-je tout étonnée.
— Oui, dit-elle, blessé, mais blessé tout de bon;
Et c'est l'homme qu'hier vous vîtes du balcon.
— Hélas! qui pourrait, dis-je, en avoir été cause ?   515
Sur lui, sans y penser, fis-je choir quelque chose ?
— Non, dit-elle, vos yeux ont fait ce coup fatal,
Et c'est de leurs regards qu'est venu tout son mal.
— Hé! mon Dieu! ma surprise est, fis-je, sans seconde :
Mes yeux ont-ils du mal, pour en donner au monde ?   520
— Oui, fit-elle, vos yeux, pour causer le trépas,
Ma fille, ont un venin que vous ne savez pas.

En un mot, il languit, le pauvre misérable ;
Et s'il faut, poursuivit la vieille charitable,
Que votre cruauté lui refuse un secours,   525
C'est un homme à porter en terre dans deux jours.
— Mon Dieu ! j'en aurais, dis-je, une douleur bien grande.
Mais pour le secourir qu'est-ce qu'il me demande ?
— Mon enfant, me dit-elle, il ne veut obtenir
Que le bien de vous voir et vous entretenir :   530
Vos yeux peuvent eux seuls empêcher sa ruine
Et du mal qu'ils ont fait être la médecine.
— Hélas ! volontiers, dis-je ; et puisqu'il est ainsi,
Il peut, tant qu'il voudra, me venir voir ici. »

ARNOLPHE, *à part.*

Ah ! sorcière maudite, empoisonneuse d'âmes,   535
Puisse l'enfer payer tes charitables trames !

AGNÈS

Voilà comme il me vit, et reçut guérison.
Vous-même, à votre avis, n'ai-je pas eu raison ?
Et pouvais-je, après tout, avoir la conscience
De le laisser mourir faute d'une assistance,   540
Moi qui compatis tant aux gens qu'on fait souffrir
Et ne puis, sans pleurer, voir un poulet mourir ?

ARNOLPHE, *bas.*

Tout cela n'est parti que d'une âme innocente ;
Et j'en dois accuser mon absence imprudente,
Qui sans guide a laissé cette bonté de mœurs   545
Exposée aux aguets des rusés séducteurs.
Je crains que le pendard, dans ses vœux téméraires,
Un peu plus fort que jeu n'ait poussé les affaires.

AGNÈS

Qu'avez-vous ? Vous grondez, ce me semble, un petit ?
Est-ce que c'est mal fait ce que je vous ai dit ?   550

ARNOLPHE

Non. Mais de cette vue apprenez-moi les suites,
Et comme le jeune homme a passé ses visites.

AGNÈS

Hélas ! si vous saviez comme il était ravi,
Comme il perdit son mal sitôt que je le vis,
Le présent qu'il m'a fait d'une belle cassette,   555
Et l'argent qu'en ont eu notre Alain et Georgette,
Vous l'aimeriez sans doute et diriez comme nous...

ARNOLPHE

Oui. Mais que faisait-il étant seul avec vous ?

AGNÈS

Il jurait qu'il m'aimait d'un amour sans seconde,
Et me disait des mots les plus gentils du monde,   560
Des choses que jamais rien ne peut égaler,
Et dont, toutes les fois que je l'entends parler,
La douceur me chatouille et là-dedans remue
Certain je ne sais quoi dont je suis tout émue.

ARNOLPHE

O fâcheux examen d'un mystère fatal,   565
Où l'examinateur souffre seul tout le mal!

A Agnès.

Outre tous ces discours, toutes ces gentillesses,
Ne vous faisait-il point aussi quelques caresses ?

AGNÈS

Oh tant! Il me prenait et les mains et les bras,
Et de me les baiser il n'était jamais las.   570

ARNOLPHE

Ne vous a-t-il point pris, Agnès, quelque autre chose ?

La voyant interdite.

Ouf!

AGNÈS

Hé! il m'a...

ARNOLPHE

Quoi ?

AGNÈS

Pris...

ARNOLPHE

Euh!

AGNÈS

Le...

ARNOLPHE

Plaît-il ?

AGNÈS

Je n'ose,

Et vous vous fâcherez peut-être contre moi.

ARNOLPHE

Non.

AGNÈS

Si fait.

ARNOLPHE

Mon Dieu, non!

AGNÈS

Jurez donc votre foi.

ARNOLPHE

Ma foi, soit.

AGNÈS

Il m'a pris... Vous serez en colère.   575

ARNOLPHE

Non.

AGNÈS

Si.

ARNOLPHE

Non, non, non, non. Diantre, que de mystère!
Qu'est-ce qu'il vous a pris ?

AGNÈS

Il...

ARNOLPHE, *à part.*

Je souffre en damné.

AGNÈS

Il m'a pris le ruban que vous m'aviez donné.
A vous dire le vrai, je n'ai pu m'en défendre.

ARNOLPHE, *reprenant haleine.*

Passe pour le ruban. Mais je voulais apprendre   580
S'il ne vous a rien fait que vous baiser les bras.

AGNÈS

Comment ? est-ce qu'on fait d'autres choses ?

ARNOLPHE

Non pas.

Mais pour guérir du mal qu'il dit qui le possède,
N'a-t-il point exigé de vous d'autre remède ?

AGNÈS

Non. Vous pouvez juger, s'il en eût demandé,   585
Que pour le secourir j'aurais tout accordé.

ARNOLPHE

Grâce aux bontés du Ciel, j'en suis quitte à bon compte;
Si j'y retombe plus, je veux bien qu'on m'affronte.
Chut. De votre innocence, Agnès, c'est un effet.
Je ne vous en dis mot : ce qui s'est fait est fait.   590
Je sais qu'en vous flattant le galant ne désire
Que de vous abuser, et puis après s'en rire.

AGNÈS

Oh! point : il me l'a dit plus de vingt fois à moi.

ARNOLPHE

Ah! vous ne savez pas ce que c'est que sa foi.
Mais enfin apprenez qu'accepter des cassettes,   595
Et de ces beaux blondins écouter les sornettes,
Que se laisser par eux, à force de langueur,
Baiser ainsi les mains et chatouiller le cœur,
Est un péché mortel des plus gros qu'il se fasse.

AGNÈS

Un péché, dites-vous ? Et la raison, de grâce ?   600

ARNOLPHE

La raison ? La raison est l'arrêt prononcé
Que par ces actions le Ciel est courroucé.

AGNÈS

Courroucé! Mais pourquoi faut-il qu'il s'en courrouce ?
C'est une chose, hélas! si plaisante et si douce!
J'admire quelle joie on goûte à tout cela,   605
Et je ne savais point encor ces choses-là.

ARNOLPHE

Oui, c'est un grand plaisir que toutes ces tendresses,
Ces propos si gentils et ces douces caresses;
Mais il faut le goûter en toute honnêteté,
Et qu'en se mariant le crime en soit ôté.   610

AGNÈS

N'est-ce plus un péché lorsque l'on se marie ?

ARNOLPHE

Non.

AGNÈS

Mariez-moi donc promptement, je vous prie.

ARNOLPHE

Si vous le souhaitez, je le souhaite aussi,
Et pour vous marier on me revoit ici.

AGNÈS

Est-il possible ?

ARNOLPHE

Oui.

AGNÈS

Que vous me ferez aise !   615

ARNOLPHE

Oui, je ne doute point que l'hymen ne vous plaise.

AGNÈS

Vous nous voulez, nous deux...

ARNOLPHE

Rien de plus assuré.

AGNÈS

Que, si cela se fait, je vous caresserai !

ARNOLPHE

Hé ! la chose sera de ma part réciproque.

AGNÈS

Je ne reconnais point, pour moi, quand on se moque.
Parlez-vous tout de bon ?   [620

ARNOLPHE

Oui, vous le pourrez voir.

AGNÈS

Nous serons mariés ?

ARNOLPHE

Oui.

AGNÈS

Mais quand ?

ARNOLPHE

Dès ce soir.

AGNÈS, riant.

Dès ce soir ?

ARNOLPHE

Dès ce soir. Cela vous fait donc rire ?

AGNÈS

Oui.

ARNOLPHE

Vous voir bien contente est ce que je désire.

AGNÈS

Hélas! que je vous ai grande obligation,   625
Et qu'avec lui j'aurai de satisfaction!

ARNOLPHE

Avec qui?

AGNÈS

Avec..., là.

ARNOLPHE

Là... : là n'est pas mon compte.
A choisir un mari vous êtes un peu prompte.
C'est un autre, en un mot, que je vous tiens tout prêt,
Et quant au Monsieur, là, je prétends, s'il vous plaît, 630
Dût le mettre au tombeau le mal dont il vous berce,
Qu'avec lui désormais vous rompiez tout commerce;
Que, venant au logis, pour votre compliment
Vous lui fermiez au nez la porte honnêtement,
Et lui jetant, s'il heurte, un grès par la fenêtre,   635
L'obligiez tout de bon à ne plus y paraître.
M'entendez-vous, Agnès? Moi, caché dans un coin,
De votre procédé je serai le témoin.

AGNÈS

Las! il est si bien fait! C'est...

ARNOLPHE

Ah! que de langage!

AGNÈS

Je n'aurai pas le cœur...

ARNOLPHE

Point de bruit davantage.   640
Montez là-haut.

AGNÈS

Mais quoi? voulez-vous...?

ARNOLPHE

C'est assez.
Je suis maître, je parle : allez, obéissez.

ACTE III

SCÈNE I

ARNOLPHE, AGNÈS, ALAIN, GEORGETTE

ARNOLPHE

Oui, tout a bien été, ma joie est sans pareille :
Vous avez là suivi mes ordres à merveille,
Confondu de tout point le blondin séducteur,   645
Et voilà de quoi sert un sage directeur.
Votre innocence, Agnès, avait été surprise.
Voyez sans y penser où vous vous étiez mise :
Vous enfiliez tout droit, sans mon instruction,
Le grand chemin d'enfer et de perdition.   650
De tous ces damoiseaux on sait trop les coutumes :
Ils ont de beaux canons, force rubans et plumes,
Grands cheveux, belles dents, et des propos fort doux;
Mais, comme je vous dis, la griffe est là-dessous;
Et ce sont vrais Satans, dont la gueule altérée   655
De l'honneur féminin cherche à faire curée.
Mais, encore une fois, grâce au soin apporté,
Vous en êtes sortie avec honnêteté.
L'air dont je vous ai vu lui jeter cette pierre,
Qui de tous ses desseins a mis l'espoir par terre,   660
Me confirme encor mieux à ne point différer
Les noces où je dis qu'il vous faut préparer.
Mais, avant toute chose, il est bon de vous faire
Quelque petit discours qui vous soit salutaire.
Un siège au frais ici. Vous, si jamais en rien...   665

GEORGETTE

De toutes vos leçons nous nous souviendrons bien.
Cet autre Monsieur-là nous en faisait accroire;
Mais...

ALAIN

S'il entre jamais, je veux jamais ne boire.
Aussi bien est-ce un sot : il nous a l'autre fois
Donné deux écus d'or qui n'étaient pas de poids.   670

ARNOLPHE

Ayez donc pour souper tout ce que je désire;
Et pour notre contrat, comme je viens de dire.
Faites venir ici, l'un ou l'autre, au retour,
Le notaire qui loge au coin de ce carfour.

SCÈNE II

ARNOLPHE, AGNÈS

ARNOLPHE, *assis.*

Agnès, pour m'écouter, laissez là votre ouvrage.   675
Levez un peu la tête et tournez le visage :
Là, regardez-moi là durant cet entretien,
Et jusqu'au moindre mot imprimez-le-vous bien.
Je vous épouse, Agnès; et cent fois la journée
Vous devez bénir l'heur de votre destinée,   680
Contempler la bassesse où vous avez été,
Et dans le même temps admirer ma bonté,
Qui de ce vil état de pauvre villageoise
Vous fait monter au rang d'honorable bourgeoise
Et jouir de la couche et des embrassements   685
D'un homme qui fuyait tous ces engagements,
Et dont à vingt partis, fort capables de plaire,
Le cœur a refusé l'honneur qu'il vous veut faire.
Vous devez toujours, dis-je, avoir devant les yeux
Le peu que vous étiez sans ce nœud glorieux,   690
Afin que cet objet d'autant mieux vous instruise
A mériter l'état où je vous aurai mise,
A toujours vous connaître, et faire qu'à jamais
Je puisse me louer de l'acte que je fais.
Le mariage, Agnès, n'est pas un badinage :   695
A d'austères devoirs le rang de femme engage,
Et vous n'y montez pas, à ce que je prétends,
Pour être libertine et prendre du bon temps.
Votre sexe n'est là que pour la dépendance :
Du côté de la barbe est la toute-puissance.   700
Bien qu'on soit deux moitiés de la société,
Ces deux moitiés pourtant n'ont point d'égalité :
L'une est moitié suprême et l'autre subalterne;
L'une en tout est soumise à l'autre qui gouverne;
Et ce que le soldat, dans son devoir instruit,   705
Montre d'obéissance au chef qui le conduit,

Le valet à son maître, un enfant à son père,
A son supérieur le moindre petit Frère,
N'approche point encor de la docilité,
Et de l'obéissance, et de l'humilité,   710
Et du profond respect où la femme doit être
Pour son mari, son chef, son seigneur et son maître.
Lorsqu'il jette sur elle un regard sérieux,
Son devoir aussitôt est de baisser les yeux,
Et de n'oser jamais le regarder en face   715
Que quand d'un doux regard il lui veut faire grâce.
C'est ce qu'entendent mal les femmes d'aujourd'hui;
Mais ne vous gâtez pas sur l'exemple d'autrui.
Gardez-vous d'imiter ces coquettes vilaines
Dont par toute la ville on chante les fredaines,   720
Et de vous laisser prendre aux assauts du malin,
C'est-à-dire d'ouïr aucun jeune blondin.
Songez qu'en vous faisant moitié de ma personne,
C'est mon honneur, Agnès, que je vous abandonne;
Que cet honneur est tendre et se blesse de peu;   725
Que sur un tel sujet il ne faut point de jeu;
Et qu'il est aux enfers des chaudières bouillantes
Où l'on plonge à jamais les femmes mal vivantes.
Ce que je vous dis là ne sont pas des chansons;
Et vous devez du cœur dévorer ces leçons.   730
Si votre âme les suit, et fuit d'être coquette,
Elle sera toujours, comme un lis, blanche et nette;
Mais s'il faut qu'à l'honneur elle fasse un faux bond,
Elle deviendra lors noire comme un charbon;
Vous paraîtrez à tous un objet effroyable,   735
Et vous irez un jour, vrai partage du diable,
Bouillir dans les enfers à toute éternité :
Dont vous veuille garder la céleste bonté!
Faites la révérence. Ainsi qu'une novice
Par cœur dans le couvent doit savoir son office,   740
Entrant au mariage il en faut faire autant;
Et voici dans ma poche un écrit important

Il se lève.

Qui vous enseignera l'office de la femme.
J'en ignore l'auteur, mais c'est quelque bonne âme;
Et je veux que ce soit votre unique entretien.   745
Tenez. Voyons un peu si vous le lirez bien.

AGNÈS *lit.*

LES MAXIMES DU MARIAGE

OU *LES DEVOIRS DE LA FEMME MARIÉE,*

AVEC SON EXERCICE JOURNALIER

Ire MAXIME

Celle qu'un lien honnête
Fait entrer au lit d'autrui,
Doit se mettre dans la tête,
Malgré le train d'aujourd'hui,   750
Que l'homme qui la prend, ne la prend que pour lui.

ARNOLPHE

Je vous expliquerai ce que cela veut dire;
Mais pour l'heure présente il ne faut rien que lire.

AGNÈS *poursuit.*

IIe MAXIME

Elle ne se doit parer
Qu'autant que peut désirer
Le mari qui la possède :   755
C'est lui que touche seul le soin de sa beauté;
Et pour rien doit être compté
Que les autres la trouvent laide.

IIIe MAXIME

Loin ces études d'œillades,   760
Ces eaux, ces blancs, ces pommades,
Et mille ingrédients qui font des teints fleuris :
A l'honneur tous les jours ce sont drogues mortelles;
Et les soins de paraître belles
Se prennent peu pour les maris.   765

IVe MAXIME

Sous sa coiffe, en sortant, comme l'honneur l'ordonne,
Il faut que de ses yeux elle étouffe les coups,
Car pour bien plaire à son époux,
Elle ne doit plaire à personne.

Ve MAXIME

Hors ceux dont au mari la visite se rend,   770
La bonne règle défend

De recevoir aucune âme :
Ceux qui, de galante humeur,
N'ont affaire qu'à Madame,
N'accommodent pas Monsieur.   775

VIe MAXIME

Il faut des présents des hommes
Qu'elle se défende bien;
Car dans le siècle où nous sommes,
On ne donne rien pour rien.

VIIe MAXIME

Dans ses meubles, dût-elle en avoir de l'ennui,   780
Il ne faut écritoire, encre, papier, ni plumes :
     Le mari doit, dans les bonnes coutumes,
     Écrire tout ce qui s'écrit chez lui.

VIIIe MAXIME

     Ces sociétés déréglées
     Qu'on nomme belles assemblées   785
Des femmes tous les jours corrompent les esprits :
En bonne politique on les doit interdire;
     Car c'est là que l'on conspire
     Contre les pauvres maris.

IXe MAXIME

Toute femme qui veut à l'honneur se vouer   790
     Doit se défendre de jouer,
     Comme d'une chose funeste :
     Car le jeu, fort décevant,
     Pousse une femme souvent
     A jouer de tout son reste.   795

Xe MAXIME

     Des promenades du temps,
     Ou repas qu'on donne aux champs,
     Il ne faut point qu'elle essaye :
     Selon les prudents cerveaux,
     Le mari, dans ces cadeaux,   800
     Est toujours celui qui paye.

XIe MAXIME...

ARNOLPHE

Vous achèverez seule; et, pas à pas, tantôt
Je vous expliquerai ces choses comme il faut,

Je me suis souvenu d'une petite affaire :
Je n'ai qu'un mot à dire, et ne tarderai guère.   805
Rentrez, et conservez ce livre chèrement.
Si le Notaire vient, qu'il m'attende un moment.

SCÈNE III

ARNOLPHE

Je ne puis faire mieux que d'en faire ma femme.
Ainsi que je voudrai je tournerai cette âme;
Comme un morceau de cire entre mes mains elle est,   810
Et je lui puis donner la forme qui me plaît.
Il s'en est peu fallu que, durant mon absence,
On ne m'ait attrapé par son trop d'innocence;
Mais il vaut beaucoup mieux, à dire vérité,
Que la femme qu'on a pèche de ce côté.   815
De ces sortes d'erreurs le remède est facile :
Toute personne simple aux leçons est docile;
Et si du bon chemin on l'a fait écarter,
Deux mots incontinent l'y peuvent rejeter.
Mais une femme habile est bien une autre bête;   820
Notre sort ne dépend que de sa seule tête;
De ce qu'elle s'y met rien ne la fait gauchir,
Et nos enseignements ne font là que blanchir :
Son bel esprit lui sert à railler nos maximes,
A se faire souvent des vertus de ses crimes,   825
Et trouver, pour venir à ses coupables fins,
Des détours à duper l'adresse des plus fins.
Pour se parer du coup en vain on se fatigue :
Une femme d'esprit est un diable en intrigue;
Et dès que son caprice a prononcé tout bas   830
L'arrêt de notre honneur, il faut passer le pas :
Beaucoup d'honnêtes gens en pourraient bien que dire.
Enfin, mon étourdi n'aura pas lieu d'en rire.
Par son trop de caquet il a ce qu'il lui faut.
Voilà de nos Français l'ordinaire défaut :   835
Dans la possession d'une bonne fortune,
Le secret est toujours ce qui les importune;
Et la vanité sotte a pour eux tant d'appas,
Qu'ils se pendraient plutôt que de ne causer pas.
Oh! que les femmes sont du diable bien tentées,   840
Lorsqu'elles vont choisir ces têtes éventées,

Et que...! Mais le voici... Cachons-nous toujours bien
Et découvrons un peu quel chagrin est le sien.

SCÈNE IV

HORACE, ARNOLPHE

HORACE

Je reviens de chez vous, et le destin me montre
Qu'il n'a pas résolu que je vous y rencontre.   845
Mais j'irai tant de fois, qu'enfin quelque moment...

ARNOLPHE

Hé! mon Dieu, n'entrons point dans ce vain compliment :
Rien ne me fâche tant que ces cérémonies;
Et si l'on m'en croyait, elles seraient bannies.
C'est un maudit usage; et la plupart des gens   850
Y perdent sottement les deux tiers de leur temps.
Mettons donc sans façons. Hé bien! vos amourettes ?
Puis-je, seigneur Horace, apprendre où vous en êtes ?
J'étais tantôt distrait par quelque vision;
Mais depuis là-dessus j'ai fait réflexion :   855
De vos premiers progrès j'admire la vitesse,
Et dans l'événement mon âme s'intéresse.

HORACE

Ma foi, depuis qu'à vous s'est découvert mon cœur,
Il est à mon amour arrivé du malheur.

ARNOLPHE

Oh! oh! comment cela ?

HORACE

                        La fortune cruelle   860
A ramené des champs le patron de la belle.

ARNOLPHE

Quel malheur !

HORACE

                 Et de plus, à mon très grand regret,
Il a su de nous deux le commerce secret.

ARNOLPHE

D'où, diantre, a-t-il sitôt appris cette aventure ?

HORACE

Je ne sais; mais enfin c'est une chose sûre.   865
Je pensais aller rendre, à mon heure à peu près,
Ma petite visite à ses jeunes attraits,
Lorsque, changeant pour moi de ton et de visage,
Et servante et valet m'ont bouché le passage,
Et d'un « Retirez-vous, vous nous importunez »,   870
M'ont assez rudement fermé la porte au nez.

ARNOLPHE

La porte au nez !

HORACE

                    Au nez.

ARNOLPHE

                              La chose est un peu forte.

HORACE

J'ai voulu leur parler au travers de la porte;
Mais à tous mes propos ce qu'ils ont répondu
C'est : « Vous n'entrerez point, Monsieur l'a défendu. » 875

ARNOLPHE

Ils n'ont donc point ouvert ?

HORACE

                              Non. Et de la fenêtre
Agnès m'a confirmé le retour de ce maître,
En me chassant de là d'un ton plein de fierté,
Accompagné d'un grès que sa main a jeté.

ARNOLPHE

Comment d'un grès ?

HORACE

                        D'un grès de taille non petite,   880
Dont on a par ses mains régalé ma visite.

ARNOLPHE

Diantre ! ce ne sont pas des prunes que cela !
Et je trouve fâcheux l'état où vous voilà.

HORACE

Il est vrai, je suis mal par ce retour funeste.

ARNOLPHE

Certes, j'en suis fâché pour vous, je vous proteste.   885

HORACE

Cet homme me rompt tout.

ARNOLPHE

Oui. Mais cela n'est rien,
Et de vous raccrocher vous trouverez moyen.

HORACE

Il faut bien essayer, par quelque intelligence,
De vaincre du jaloux l'exacte vigilance.

ARNOLPHE

Cela vous est facile. Et la fille, après tout,   890
Vous aime.

HORACE

Assurément.

ARNOLPHE

Vous en viendrez à bout.

HORACE

Je l'espère.

ARNOLPHE

Le grès vous a mis en déroute;
Mais cela ne doit pas vous étonner.

HORACE

Sans doute,
Et j'ai compris d'abord que mon homme était là,
Qui, sans se faire voir, conduisait tout cela.   895
Mais ce qui m'a surpris, et qui va vous surprendre,
C'est un autre incident que vous allez entendre;
Un trait hardi qu'a fait cette jeune beauté,
Et qu'on n'attendrait point de sa simplicité.
Il le faut avouer, l'amour est un grand maître :   900
Ce qu'on ne fut jamais il nous enseigne à l'être;
Et souvent de nos mœurs l'absolu changement
Devient, par ses leçons, l'ouvrage d'un moment;
De la nature, en nous, il force les obstacles,
Et ses effets soudains ont de l'air des miracles;   905
D'un avare à l'instant il fait un libéral,
Un vaillant d'un poltron, un civil d'un brutal;
Il rend agile à tout l'âme la plus pesante,
Et donne de l'esprit à la plus innocente.
Oui, ce dernier miracle éclate dans Agnès;   910
Car, tranchant avec moi par ces termes exprès :

« Retirez-vous : mon âme aux visites renonce;
Je sais tous vos discours, et voilà ma réponse »,
Cette pierre ou ce grès dont vous vous étonniez
Avec un mot de lettre est tombée à mes pieds;   915
Et j'admire de voir cette lettre ajustée
Avec le sens des mots et la pierre jetée.
D'une telle action n'êtes-vous pas surpris ?
L'amour sait-il pas l'art d'aiguiser les esprits ?
Et peut-on me nier que ses flammes puissantes   920
Ne fassent dans un cœur des choses étonnantes ?
Que dites-vous du tour et de ce mot d'écrit ?
Euh! n'admirez-vous point cette adresse d'esprit ?
Trouvez-vous pas plaisant de voir quel personnage
A joué mon jaloux dans tout ce badinage ?   925
Dites.

ARNOLPHE

Oui, fort plaisant.

HORACE

Riez-en donc un peu.

Arnolphe rit d'un ris forcé.

Cet homme, gendarmé d'abord contre mon feu,
Qui chez lui se retranche, et de grès fait parade,
Comme si j'y voulais entrer par escalade;
Qui, pour me repousser, dans son bizarre effroi,   930
Anime du dedans tous ses gens contre moi,
Et qu'abuse à ses yeux, par sa machine même,
Celle qu'il veut tenir dans l'ignorance extrême!
Pour moi, je vous l'avoue, encor que son retour
En un grand embarras jette ici mon amour,   935
Je tiens cela plaisant autant qu'on saurait dire,
Je ne puis y songer sans de bon cœur en rire :
Et vous n'en riez pas assez, à mon avis.

ARNOLPHE, *avec un ris forcé.*

Pardonnez-moi, j'en ris tout autant que je puis.

HORACE

Mais il faut qu'en ami je vous montre la lettre.   940
Tout ce que son cœur sent, sa main a su l'y mettre,
Mais en termes touchants et tous pleins de bonté,
De tendresse innocente et d'ingénuité,
De la manière enfin que la pure nature
Exprime de l'amour la première blessure.   945

ARNOLPHE, *bas.*

Voilà, friponne, à quoi l'écriture te sert ;
Et contre mon dessein l'art t'en fut découvert.

HORACE, *lit.*

« Je veux vous écrire, et je suis bien en peine par où je
m'y prendrai. J'ai des pensées que je désirerais que vous
sussiez ; mais je ne sais comment faire pour vous les dire,
et je me défie de mes paroles. Comme je commence à
connaître qu'on m'a toujours tenue dans l'ignorance, j'ai
peur de mettre quelque chose qui ne soit pas bien, et d'en
dire plus que je ne devrais. En vérité, je ne sais ce que vous
m'avez fait ; mais je sens que je suis fâchée à mourir de ce
qu'on me fait faire contre vous, que j'aurai toutes les peines
du monde à me passer de vous, et que je serais bien aise
d'être à vous. Peut-être qu'il y a du mal à dire cela ; mais
enfin je ne puis m'empêcher de le dire, et je voudrais que
cela se pût faire sans qu'il y en eût. On me dit fort que
tous les jeunes hommes sont des trompeurs, qu'il ne les faut
point écouter, et que tout ce que vous me dites n'est que
pour m'abuser ; mais je vous assure que je n'ai pu encore
me figurer cela de vous, et je suis si touchée de vos paroles,
que je ne saurais croire qu'elles soient menteuses. Dites-
moi franchement ce qui en est ; car enfin, comme je suis
sans malice, vous auriez le plus grand tort du monde, si
vous me trompiez ; et je pense que j'en mourrais de déplaisir. »

ARNOLPHE

Hon ! chienne !

HORACE

Qu'avez-vous ?

ARNOLPHE

Moi ? rien. C'est que je tousse.

HORACE

Avez-vous jamais vu d'expression plus douce ?
Malgré les soins maudits d'un injuste pouvoir,   950
Un plus beau naturel peut-il se faire voir ?
Et n'est-ce pas sans doute un crime punissable
De gâter méchamment ce fonds d'âme admirable,
D'avoir dans l'ignorance et la stupidité
Voulu de cet esprit étouffer la clarté ?   955
L'amour a commencé d'en déchirer le voile ;
Et si, par la faveur de quelque bonne étoile,

Je puis, comme j'espère, à ce franc animal,
Ce traître, ce bourreau, ce faquin, ce brutal...

ARNOLPHE

Adieu.

HORACE

    Comment, si vite ?

ARNOLPHE

                    Il m'est dans la pensée,   960
Venu tout maintenant une affaire pressée.

HORACE

Mais ne sauriez-vous point, comme on la tient de près,
Qui dans cette maison pourrait avoir accès ?
J'en use sans scrupule ; et ce n'est pas merveille
Qu'on se puisse, entre amis, servir à la pareille.   965
Je n'ai plus là-dedans que gens pour m'observer ;
Et servante et valet, que je viens de trouver,
N'ont jamais, de quelque air que je m'y sois pu prendre,
Adouci leur rudesse à me vouloir entendre.
J'avais pour de tels coups certaine vieille en main,   970
D'un génie, à vrai dire, au-dessus de l'humain :
Elle m'a dans l'abord servi de bonne sorte ;
Mais depuis quatre jours la pauvre femme est morte.
Ne me pourriez-vous point ouvrir quelque moyen ?

ARNOLPHE

Non, vraiment ; et sans moi vous en trouverez bien.   975

HORACE

Adieu donc. Vous voyez ce que je vous confie.

SCÈNE V

ARNOLPHE

Comme il faut devant lui que je me mortifie !
Quelle peine à cacher mon déplaisir cuisant !
Quoi ? pour une innocente un esprit si présent !
Elle a feint d'être telle à mes yeux, la traîtresse,   980
Ou le diable à son âme a soufflé cette adresse.
Enfin me voilà mort par ce funeste écrit.
Je vois qu'il a, le traître, empaumé son esprit,

Qu'à ma suppression il s'est ancré chez elle;
Et c'est mon désespoir et ma peine mortelle.   985
Je souffre doublement dans le vol de son cœur,
Et l'amour y pâtit aussi bien que l'honneur,
J'enrage de trouver cette place usurpée,
Et j'enrage de voir ma prudence trompée.
Je sais que, pour punir son amour libertin,   990
Je n'ai qu'à laisser faire à son mauvais destin,
Que je serai vengé d'elle par elle-même;
Mais il est bien fâcheux de perdre ce qu'on aime.
Ciel! puisque pour un choix j'ai tant philosophé,
Faut-il de ses appas m'être si fort coiffé!   995
Elle n'a ni parents, ni support, ni richesse;
Elle trahit mes soins, mes bontés, ma tendresse :
Et cependant je l'aime, après ce lâche tour,
Jusqu'à ne me pouvoir passer de cet amour.
Sot, n'as-tu point de honte ? Ah! je crève, j'enrage.   1000
Et je soufflctterais mille fois mon visage.
Je veux entrer un peu, mais seulement pour voir
Quelle est sa contenance après un trait si noir.
Ciel, faites que mon front soit exempt de disgrâce;
Ou bien, s'il est écrit qu'il faille que j'y passe,   1005
Donnez-moi tout au moins, pour de tels accidents,
La constance qu'on voit à de certaines gens!

ACTE IV

SCÈNE I
ARNOLPHE

J'ai peine, je l'avoue, à demeurer en place,
Et de mille soucis mon esprit s'embarrasse,
Pour pouvoir mettre un ordre et dedans et dehors   1010
Qui du godelureau rompe tous les efforts.
De quel œil la traîtresse a soutenu ma vue!
De tout ce qu'elle a fait elle n'est point émue;
Et bien qu'elle me mette à deux doigts du trépas,
On dirait, à la voir, qu'elle n'y touche pas.   1015
Plus en la regardant je la voyais tranquille,
Plus je sentais en moi s'échauffer une bile;

Et ces bouillants transports dont s'enflammait mon cœur
Y semblaient redoubler mon amoureuse ardeur;
J'étais aigri, fâché, désespéré contre elle :   1020
Et cependant jamais je ne la vis si belle,
Jamais ses yeux aux miens n'ont paru si perçants,
Jamais je n'eus pour eux des désirs si pressants;
Et je sens là-dedans qu'il faudra que je crève
Si de mon triste sort la disgrâce s'achève.   1025
Quoi ? j'aurai dirigé son éducation
Avec tant de tendresse et de précaution,
Je l'aurai fait passer chez moi dès son enfance,
Et j'en aurai chéri la plus tendre espérance,
Mon cœur aura bâti sur ses attraits naissants   1030
Et cru la mitonner pour moi durant treize ans,
Afin qu'un jeune fou dont elle s'amourache
Me la vienne enlever jusque sur la moustache,
Lorsqu'elle est avec moi mariée à demi !
Non, parbleu! non, parbleu! Petit sot, mon ami   1035
Vous aurez beau tourner : ou j'y perdrai mes peines,
Ou je rendrai, ma foi, vos espérances vaines,
Et de moi tout à fait vous ne vous rirez point.

SCÈNE II

LE NOTAIRE, ARNOLPHE

LE NOTAIRE

Ah! le voilà! Bonjour. Me voici tout à point.
Pour dresser le contrat que vous souhaitez faire.   1040

ARNOLPHE, *sans le voir*.
Comment faire ?

LE NOTAIRE
Il le faut dans la forme ordinaire.

ARNOLPHE, *sans le voir*.
A mes précautions je veux songer de près.

LE NOTAIRE
Je ne passerai rien contre vos intérêts.

ARNOLPHE, *sans le voir*.
Il se faut garantir de toutes les surprises.

LE NOTAIRE

Suffit qu'entre mes mains vos affaires soient mises. 1045
Il ne vous faudra point, de peur d'être déçu,
Quittancer le contrat que vous n'ayez reçu.

ARNOLPHE, *sans le voir.*

J'ai peur, si je vais faire éclater quelque chose,
Que de cet incident par la ville on ne cause.

LE NOTAIRE

Hé bien! il est aisé d'empêcher cet éclat,   1050
Et l'on peut en secret faire votre contrat.

ARNOLPHE, *sans le voir.*

Mais comment faudra-t-il qu'avec elle j'en sorte ?

LE NOTAIRE

Le douaire se règle au bien qu'on vous apporte.

ARNOLPHE, *sans le voir.*

Je l'aime, et cet amour est mon grand embarras.

LE NOTAIRE

On peut avantager une femme en ce cas.   1055

ARNOLPHE *sans le voir.*

Quel traitement lui faire en pareille aventure ?

LE NOTAIRE

L'ordre est que le futur doit douer la future
Du tiers du dot qu'elle a; mais cet ordre n'est rien,
Et l'on va plus avant lorsque l'on le veut bien.

ARNOLPHE, *sans le voir.*

Si...

LE NOTAIRE, *Arnolphe l'apercevant.*

Pour le préciput, il les regarde ensemble.   1060
Je dis que le futur peut comme bon lui semble
Douer la future.

ARNOLPHE, *l'ayant aperçu.*

Euh ?

LE NOTAIRE

Il peut l'avantager
Lorsqu'il l'aime beaucoup et qu'il veut l'obliger,

Et cela par douaire, ou préfix qu'on appelle,
Qui demeure perdu par le trépas d'icelle,   1065
Ou sans retour, qui va de ladite à ses hoirs,
Ou coutumier, selon les différents vouloirs,
Ou par donation dans le contrat formelle,
Qu'on fait ou pure et simple, ou qu'on fait mutuelle.
Pourquoi hausser le dos ? Est-ce qu'on parle en fat,   1070
Et que l'on ne sait pas les formes d'un contrat ?
Qui me les apprendra ? Personne, je présume.
Sais-je pas qu'étant joints, on est par la Coutume
Communs en meubles, biens immeubles et conquêts,
A moins que par un acte on y renonce exprès ?   1075
Sais-je pas que le tiers du bien de la future
Entre en communauté pour...

ARNOLPHE

                              Oui, c'est chose sûre,
Vous savez tout cela ; mais qui vous en dit mot ?

LE NOTAIRE

Vous, qui me prétendez faire passer pour sot,
En me haussant l'épaule et faisant la grimace.   1080

ARNOLPHE

La peste soit fait l'homme, et sa chienne de face !
Adieu : c'est le moyen de vous faire finir.

LE NOTAIRE

Pour dresser un contrat m'a-t-on pas fait venir ?

ARNOLPHE

Oui, je vous ai mandé ; mais la chose est remise,
Et l'on vous mandera quand l'heure sera prise,   1085
Voyez quel diable d'homme avec son entretien !

LE NOTAIRE

Je pense qu'il en tient ; et je crois penser bien.

SCÈNE III

LE NOTAIRE, ALAIN, GEORGETTE, ARNOLPHE

LE NOTAIRE

M'êtes-vous pas venu quérir pour votre maître ?

ALAIN

Oui.

LE NOTAIRE

J'ignore pour qui vous le pouvez connaître,
Mais allez de ma part lui dire de ce pas   1090
Que c'est un fou fieffé.

GEORGETTE

Nous n'y manquerons pas.

SCÈNE IV

ALAIN, GEORGETTE, ARNOLPHE

ALAIN

Monsieur...

ARNOLPHE

Approchez-vous : vous êtes mes fidèles,
Mes bons, mes vrais amis, et j'en sais des nouvelles.

ALAIN

Le Notaire...

ARNOLPHE

Laissons, c'est pour quelque autre jour.
On veut à mon honneur jouer d'un mauvais tour;   1095
Et quel affront pour vous, mes enfants, pourrait-ce être,
Si l'on avait ôté l'honneur à votre maître!
Vous n'oseriez après paraître en nul endroit,
Et chacun, vous voyant, vous montrerait au doigt.
Donc, puisque autant que moi l'affaire vous regarde, 1100
Il faut de votre part faire une telle garde,
Que ce galant ne puisse en aucune façon...

GEORGETTE

Vous nous avez tantôt montré notre leçon.

ARNOLPHE

Mais à ses beaux discours gardez bien de vous rendre.

ALAIN

Oh! vraiment.

GEORGETTE

Nous savons comme il faut s'en défendre.
[1105

ARNOLPHE

S'il venait doucement : « Alain, mon pauvre cœur,
Par un peu de secours soulage ma langueur. »

ALAIN

Vous êtes un sot.

ARNOLPHE

A Georgette.

Bon. « Georgette, ma mignonne,
Tu me parais si douce et si bonne personne. »

GEORGETTE

Vous êtes un nigaud.

ARNOLPHE

A Alain.

Bon. « Quel mal trouves-tu   1110
Dans un dessein honnête et tout plein de vertu ? »

ALAIN

Vous êtes un fripon.

ARNOLPHE

A Georgette.

Fort bien. « Ma mort est sûre,
Si tu ne prends pitié des peines que j'endure. »

GEORGETTE

Vous êtes un benêt, un impudent.

ARNOLPHE

Fort bien.

« Je ne suis pas un homme à vouloir rien pour rien; 1115
Je sais, quand on me sert, en garder la mémoire;
Cependant, par avance, Alain, voilà pour boire;
Et voilà pour t'avoir, Georgette, un cotillon :

Ils tendent tous deux la main et prennent l'argent.

Ce n'est de mes bienfaits qu'un simple échantillon.
Toute la courtoisie enfin dont je vous presse,   1120
C'est que je puisse voir votre belle maîtresse. »

GEORGETTE, *le poussant.*

A d'autres.

ARNOLPHE

Bon cela.

ALAIN, *le poussant.*

Hors d'ici.

ARNOLPHE

Bon.

GEORGETTE, *le poussant.*

Mais tôt.

ARNOLPHE

Bon. Holà! c'est assez.

GEORGETTE

Fais-je pas comme il faut ?

ALAIN

Est-ce de la façon que vous voulez l'entendre ?

ARNOLPHE

Oui, fort bien, hors l'argent, qu'il ne fallait pas prendre.

[1125

GEORGETTE

Nous ne nous sommes pas souvenus de ce point.

ALAIN

Voulez-vous qu'à l'instant nous recommencions ?

ARNOLPHE

Point :

Suffit. Rentrez tous deux.

ALAIN

Vous n'avez rien qu'à dire.

ARNOLPHE

Non, vous dis-je; rentrez, puisque je le désire.
Je vous laisse l'argent. Allez : je vous rejoins.   1130
Ayez bien l'œil à tout, et secondez mes soins.

SCÈNE V

ARNOLPHE

Je veux, pour espion qui soit d'exacte vue,
Prendre le savetier du coin de notre rue.
Dans la maison toujours je prétends la tenir,
Y faire bonne garde, et surtout en bannir   1135

Vendeuses de ruban, perruquières, coiffeuses,
Faiseuses de mouchoirs, gantières, revendeuses,
Tous ces gens qui sous main travaillent chaque jour
A faire réussir les mystères d'amour.
Enfin j'ai vu le monde et j'en sais les finesses.   1140
Il faudra que mon homme ait de grandes adresses
Si message ou poulet de sa part peut entrer.

SCÈNE VI

HORACE, ARNOLPHE

HORACE

La place m'est heureuse à vous y rencontrer.
Je viens de l'échapper bien belle, je vous jure.
Au sortir d'avec vous, sans prévoir l'aventure,   1145
Seule dans son balcon j'ai vu paraître Agnès,
Qui des arbres prochains prenait un peu le frais.
Après m'avoir fait signe, elle a su faire en sorte,
Descendant au jardin, de m'en ouvrir la porte;
Mais à peine tous deux dans sa chambre étions-nous, 1150
Qu'elle a sur les degrés entendu son jaloux;
Et tout ce qu'elle a pu dans un tel accessoire,
C'est de me renfermer dans une grande armoire.
Il est entré d'abord : je ne le voyais pas,
Mais je l'oyais marcher, sans rien dire, à grands pas 1155
Poussant de temps en temps des soupirs pitoyables,
Et donnant quelquefois de grands coups sur les tables,
Frappant un petit chien qui pour lui s'émouvait,
Et jetant brusquement les hardes qu'il trouvait;
Il a même cassé, d'une main mutinée,   1160
Des vases dont la belle ornait sa cheminée;
Et sans doute il faut bien qu'à ce becque cornu
Du trait qu'elle a joué quelque jour soit venu.
Enfin, après cent tours, ayant de la manière
Sur ce qui n'en peut mais déchargé sa colère,   1165
Mon jaloux inquiet, sans dire son ennui,
Est sorti de la chambre, et moi de mon étui.
Nous n'avons point voulu, de peur du personnage,
Risquer à nous tenir ensemble davantage :
C'était trop hasarder; mais je dois, cette nuit,   1170
Dans sa chambre un peu tard m'introduire sans bruit.

En toussant par trois fois je me ferai connaître ;
Et je dois au signal voir ouvrir la fenêtre,
Dont, avec une échelle, et secondé d'Agnès,
Mon amour tâchera de me gagner l'accès. 1175
Comme à mon seul ami, je veux bien vous l'apprendre :
L'allégresse du cœur s'augmente à la répandre ;
Et goûtât-on cent fois un bonheur trop parfait,
On n'en est pas content, si quelqu'un ne le sait.
Vous prendrez part, je pense, à l'heur de mes affaires. 1180
Adieu. Je vais songer aux choses nécessaires.

SCÈNE VII

ARNOLPHE

Quoi ? l'astre qui s'obstine à me désespérer
Ne me donnera pas le temps de respirer ?
Coup sur coup je verrai, par leur intelligence,
De mes soins vigilants confondre la prudence ? 1185
Et je serai la dupe, en ma maturité,
D'une jeune innocente et d'un jeune éventé ?
En sage philosophe on m'a vu, vingt années,
Contempler des maris les tristes destinées,
Et m'instruire avec soin de tous les accidents 1190
Qui font dans le malheur tomber les plus prudents ;
Des disgrâces d'autrui profitant dans mon âme,
J'ai cherché les moyens, voulant prendre une femme,
De pouvoir garantir mon front de tous affronts,
Et le tirer de pair d'avec les autres fronts. 1195
Pour ce noble dessein, j'ai cru mettre en pratique
Tout ce que peut trouver l'humaine politique ;
Et comme si du sort il était arrêté
Que nul homme ici-bas n'en serait exempté,
Après l'expérience et toutes les lumières 1200
Que j'ai pu m'acquérir sur de telles matières,
Après vingt ans et plus de méditation
Pour me conduire en tout avec précaution,
De tant d'autres maris j'aurais quitté la trace
Pour me trouver après dans la même disgrâce ? 1205
Ah ! bourreau de destin, vous en aurez menti.
De l'objet qu'on poursuit je suis encor nanti ;
Si son cœur m'est volé par ce blondin funeste,
J'empêcherai du moins qu'on s'empare du reste,

Et cette nuit, qu'on prend pour le galant exploit,   1210
Ne se passera pas si doucement qu'on croit.
Ce m'est quelque plaisir, parmi tant de tristesse,
Que l'on me donne avis du piège qu'on me dresse,
Et que cet étourdi, qui veut m'être fatal,
Fasse son confident de son propre rival.   1215

SCÈNE VIII

CHRYSALDE, ARNOLPHE

CHRYSALDE

Hé bien! souperons-nous avant la promenade?

ARNOLPHE

Non, je jeûne ce soir.

CHRYSALDE

               D'où vient cette boutade?

ARNOLPHE

De grâce, excusez-moi : j'ai quelque autre embarras.

CHRYSALDE

Votre hymen résolu ne se fera-t-il pas?

ARNOLPHE

C'est trop s'inquiéter des affaires des autres.   1220

CHRYSALDE

Oh! oh! si brusquement! Quels chagrins sont les vôtres?
Serait-il point, compère, à votre passion
Arrivé quelque peu de tribulation?
Je le jurerais presque à voir votre visage.

ARNOLPHE

Quoi qu'il m'arrive, au moins aurai-je l'avantage   1225
De ne pas ressembler à de certaines gens
Qui souffrent doucement l'approche des galants.

CHRYSALDE

C'est un étrange fait, qu'avec tant de lumières,
Vous vous effarouchiez toujours sur ces matières,
Qu'en cela vous mettiez le souverain bonheur,   1230
Et ne conceviez point au monde d'autre honneur.

Être avare, brutal, fourbe, méchant et lâche,
N'est rien, à votre avis, auprès de cette tache ;
Et, de quelque façon qu'on puisse avoir vécu,
On est homme d'honneur quand on n'est point cocu. 1235
A le bien prendre au fond, pourquoi voulez-vous croire
Que de ce cas fortuit dépende notre gloire,
Et qu'une âme bien née ait à se reprocher
L'injustice d'un mal qu'on ne peut empêcher ?
Pourquoi voulez-vous, dis-je, en prenant une femme, 1240
Qu'on soit digne, à son choix, de louange ou de blâme,
Et qu'on s'aille former un monstre plein d'effroi
De l'affront que nous fait son manquement de foi ?
Mettez-vous dans l'esprit qu'on peut du cocuage
Se faire en galant homme une plus douce image,   1245
Que des coups du hasard aucun n'étant garant,
Cet accident de soi doit être indifférent,
Et qu'enfin tout le mal, quoi que le monde glose,
N'est que dans la façon de recevoir la chose,
Car, pour se bien conduire en ces difficultés,   1250
Il y faut, comme en tout, fuir les extrémités,
N'imiter pas ces gens un peu trop débonnaires
Qui tirent vanité de ces sortes d'affaires,
De leurs femmes toujours vont citant les galants,
En font partout l'éloge, et prônent leurs talents,   1255
Témoignent avec eux d'étroites sympathies,
Sont de tous leurs cadeaux, de toutes leurs parties,
Et font qu'avec raison les gens sont étonnés
De voir leur hardiesse à montrer là leur nez.
Ce procédé, sans doute, est tout à fait blâmable ;   1260
Mais l'autre extrémité n'est pas moins condamnable.
Si je n'approuve pas ces amis des galants,
Je ne suis pas aussi pour ces gens turbulents
Dont l'imprudent chagrin, qui tempête et qui gronde,
Attire au bruit qu'il fait les yeux de tout le monde, 1265
Et qui, par cet éclat, semblent ne pas vouloir
Qu'aucun puisse ignorer ce qu'ils peuvent avoir.
Entre ces deux partis il en est un honnête,
Où dans l'occasion l'homme prudent s'arrête ;
Et quand on le sait prendre, on n'a point à rougir   1270
Du pis dont une femme avec nous puisse agir.
Quoi qu'on en puisse dire enfin, le cocuage
Sous des traits moins affreux aisément s'envisage ;
Et, comme je vous dis, toute l'habileté
Ne va qu'à le savoir tourner du bon côté.   1275

ARNOLPHE

Après ce beau discours, toute la confrérie
Doit un remerciement à Votre Seigneurie;
Et quiconque voudra vous entendre parler
Montrera de la joie à s'y voir enrôler.

CHRYSALDE

Je ne dis pas cela, car c'est ce que je blâme;   1280
Mais, comme c'est le sort qui nous donne une femme,
Je dis que l'on doit faire ainsi qu'au jeu de dés,
Où, s'il ne vous vient pas ce que vous demandez,
Il faut jouer d'adresse, et d'une âme réduite
Corriger le hasard par la bonne conduite.   1285

ARNOLPHE

C'est-à-dire dormir et manger toujours bien,
Et se persuader que tout cela n'est rien.

CHRYSALDE

Vous pensez vous moquer; mais, à ne vous rien feindre,
Dans le monde je vois cent choses plus à craindre
Et dont je me ferais un bien plus grand malheur   1290
Que de cet accident qui vous fait tant de peur.
Pensez-vous qu'à choisir de deux choses prescrites,
Je n'aimasse pas mieux être ce que vous dites,
Que de me voir mari de ces femmes de bien,
Dont la mauvaise humeur fait un procès sur rien,   1295
Ces dragons de vertu, ces honnêtes diablesses,
Se retranchant toujours sur leurs sages prouesses.
Qui, pour un petit tort qu'elles ne nous font pas,
Prennent droit de traiter les gens de haut en bas,
Et veulent, sur le pied de nous être fidèles,   1300
Que nous soyons tenus à tout endurer d'elles?
Encore un coup, compère, apprenez qu'en effet
Le cocuage n'est que ce que l'on le fait,
Qu'on peut le souhaiter pour de certaines causes,
Et qu'il a ses plaisirs comme les autres choses.   1305

ARNOLPHE

Si vous êtes d'humeur à vous en contenter,
Quant à moi, ce n'est pas la mienne d'en tâter;
Et plutôt que subir une telle aventure...

CHRYSALDE

Mon Dieu! ne jurez point, de peur d'être parjure.
Si le sort l'a réglé, vos soins sont superflus,   1310
Et l'on ne prendra pas votre avis là-dessus.

ARNOLPHE

Moi, je serais cocu ?

CHRYSALDE

Vous voilà bien malade !
Mille gens le sont bien, sans vous faire bravade,
Qui de mine, de cœur, de biens et de maison,
Ne feraient avec vous nulle comparaison.   1315

ARNOLPHE

Et moi, je n'en voudrais avec eux faire aucune.
Mais cette raillerie, en un mot, m'importune :
Brisons là, s'il vous plaît.

CHRYSALDE

Vous êtes en courroux.
Nous en saurons la cause. Adieu. Souvenez-vous,
Quoi que sur ce sujet votre honneur vous inspire,   1320
Que c'est être à demi ce que l'on vient de dire,
Que de vouloir jurer qu'on ne le sera pas.

ARNOLPHE

Moi, je le jure encore, et je vais de ce pas
Contre cet accident trouver un bon remède.

SCÈNE IX

ALAIN, GEORGETTE, ARNOLPHE

ARNOLPHE

Mes amis, c'est ici que j'implore votre aide.   1325
Je suis édifié de votre affection ;
Mais il faut qu'elle éclate en cette occasion ;
Et si vous m'y servez selon ma confiance,
Vous êtes assurés de votre récompense.
L'homme que vous savez (n'en faites point de bruit) 1330
Veut, comme je l'ai su, m'attraper cette nuit,
Dans la chambre d'Agnès entrer par escalade ;
Mais il lui faut nous trois dresser une embuscade.
Je veux que vous preniez chacun un bon bâton,
Et, quand il sera près du dernier échelon   1335
(Car dans le temps qu'il faut j'ouvrirai la fenêtre),
Que tous deux, à l'envi, vous me chargiez ce traître,

Mais d'un air dont son dos garde le souvenir,
Et qui lui puisse apprendre à n'y plus revenir :
Sans me nommer pourtant en aucune manière,   1340
Ni faire aucun semblant que je serai derrière.
Aurez-vous bien l'esprit de servir mon courroux ?

ALAIN

S'il ne tient qu'à frapper, Monsieur, tout est à nous :
Vous verrez, quand je bats, si j'y vais de main morte.

GEORGETTE

La mienne, quoique aux yeux elle n'est pas si forte,   1345
N'en quitte pas sa part à le bien étriller.

ARNOLPHE

Rentrez donc; et surtout gardez de babiller.
Voilà pour le prochain une leçon utile;
Et si tous les maris qui sont en cette ville
De leurs femmes ainsi recevaient le galant,   1350
Le nombre des cocus ne serait pas si grand.

ACTE V

SCÈNE I

ALAIN, GEORGETTE, ARNOLPHE

ARNOLPHE

Traîtres, qu'avez-vous fait par cette violence ?

ALAIN

Nous vous avons rendu, Monsieur, obéissance.

ARNOLPHE

De cette excuse en vain vous voulez vous armer :
L'ordre était de le battre, et non de l'assommer;   1355
Et c'était sur le dos, et non pas sur la tête,
Que j'avais commandé qu'on fît choir la tempête.
Ciel! dans quel accident me jette ici le sort !
Et que puis-je résoudre à voir cet homme mort ?
Rentrez dans la maison, et gardez de rien dire   1360
De cet ordre innocent que j'ai pu vous prescrire.

Le jour s'en va paraître, et je vais consulter
Comment dans ce malheur je me dois comporter.
Hélas! que deviendrai-je ? et que dira le père,
Lorsque inopinément il saura cette affaire ?   1365

SCÈNE II

HORACE, ARNOLPHE

HORACE

Il faut que j'aille un peu reconnaître qui c'est.

ARNOLPHE

Eût-on jamais prévu... Qui va là, s'il vous plaît ?

HORACE

C'est vous, Seigneur Arnolphe ?

ARNOLPHE

              Oui. Mais vous ?...

HORACE

                      C'est Horace.
Je m'en allais chez vous, vous prier d'une grâce.
Vous sortez bien matin !

ARNOLPHE, *bas.*

            Quelle confusion !   1370
Est-ce un enchantement ? est-ce une illusion ?

HORACE

J'étais, à dire vrai, dans une grande peine,
Et je bénis du Ciel la bonté souveraine
Qui fait qu'à point nommé je vous rencontre ainsi.
Je viens vous avertir que tout a réussi,   1375
Et même beaucoup plus que je n'eusse osé dire,
Et par un incident qui devait tout détruire.
Je ne sais point par où l'on a pu soupçonner
Cette assignation qu'on m'avait su donner ;
Mais, étant sur le point d'atteindre à la fenêtre,   1380
J'ai, contre mon espoir, vu quelques gens paraître,
Qui, sur moi brusquement levant chacun le bras,
M'ont fait manquer le pied et tomber jusqu'en bas.
Et ma chute, aux dépens de quelque meurtrissure,
De vingt coups de bâton m'a sauvé l'aventure.   1385

Ces gens-là, dont était, je pense, mon jaloux,
Ont imputé ma chute à l'effort de leurs coups;
Et, comme la douleur, un assez long espace,
M'a fait sans remuer demeurer sur la place,
Ils ont cru tout de bon qu'ils m'avaient assommé,   1390
Et chacun d'eux s'en est aussitôt alarmé.
J'entendais tout leur bruit dans le profond silence;
L'un l'autre ils s'accusaient de cette violence;
Et sans lumière aucune, en querellant le sort,
Sont venus doucement tâter si j'étais mort :   1395
Je vous laisse à penser si, dans la nuit obscure,
J'ai d'un vrai trépassé su tenir la figure.
Ils se sont retirés avec beaucoup d'effroi;
Et comme je songeais à me retirer, moi,
De cette feinte mort la jeune Agnès émue   1400
Avec empressement est devers moi venue;
Car les discours qu'entre eux ces gens avaient tenus
Jusques à son oreille étaient d'abord venus,
Et pendant tout ce trouble étant moins observée,
Du logis aisément elle s'était sauvée;   1405
Mais me trouvant sans mal, elle a fait éclater
Un transport difficile à bien représenter.
Que vous dirai-je ? Enfin cette aimable personne
A suivi les conseils que son amour lui donne,
N'a plus voulu songer à retourner chez soi,   1410
Et de tout son destin s'est commise à ma foi.
Considérez un peu, par ce trait d'innocence,
Où l'expose d'un fou la haute impertinence,
Et quels fâcheux périls elle pourrait courir,
Si j'étais maintenant homme à la moins chérir.   1415
Mais d'un trop pur amour mon âme est embrasée;
J'aimerais mieux mourir que l'avoir abusée;
Je lui vois des appas dignes d'un autre sort,
Et rien ne m'en saurait séparer que la mort.
Je prévois là-dessus l'emportement d'un père;   1420
Mais nous prendrons le temps d'apaiser sa colère.
A des charmes si doux je me laisse emporter,
Et dans la vie enfin il se faut contenter.
Ce que je veux de vous, sous un secret fidèle,
C'est que je puisse mettre en vos mains cette belle,   1425
Que dans votre maison, en faveur de mes feux,
Vous lui donniez retraite au moins un jour ou deux.
Outre qu'aux yeux du monde il faut cacher sa fuite,
Et qu'on en pourra faire une exacte poursuite,
Vous savez qu'une fille aussi de sa façon   1430

Donne avec un jeune homme un étrange soupçon ;
Et comme c'est à vous, sûr de votre prudence,
Que j'ai fait des mes feux entière confidence,
C'est à vous seul aussi, comme ami généreux,
Que je puis confier ce dépôt amoureux.   1435

ARNOLPHE

Je suis, n'en doutez point, tout à votre service.

HORACE

Vous voulez bien me rendre un si charmant office ?

ARNOLPHE

Très volontiers, vous dis-je ; et je me sens ravir
De cette occasion que j'ai de vous servir,
Je rends grâces au Ciel de ce qu'il me l'envoie,   1440
Et n'ai jamais rien fait avec si grande joie.

HORACE

Que je suis redevable à toutes vos bontés !
J'avais de votre part craint des difficultés ;
Mais vous êtes du monde, et dans votre sagesse
Vous savez excuser le feu de la jeunesse.   1445
Un de mes gens la garde au coin de ce détour.

ARNOLPHE

Mais comment ferons-nous ? car il fait un peu jour ;
Si je la prends ici, l'on me verra peut-être ;
Et s'il faut que chez moi vous veniez à paraître,
Des valets causeront. Pour jouer au plus sûr,   1450
Il faut me l'amener dans un lieu plus obscur.
Mon allée est commode, et je l'y vais attendre.

HORACE

Ce sont précautions qu'il est fort bon de prendre.
Pour moi, je ne ferai que vous la mettre en main,
Et chez moi, sans éclat, je retourne soudain.   1455

ARNOLPHE, seul.

Ah ! fortune, ce trait d'aventure propice
Répare tous les maux que m'a faits ton caprice !

                    Il s'enveloppe le nez de son manteau.

SCÈNE III

AGNÈS, ARNOLPHE, HORACE

HORACE

Ne soyez point en peine où je vais vous mener :
C'est un logement sûr que je vous fais donner.
Vous loger avec moi, ce serait tout détruire :   1460
Entrez dans cette porte et laissez-vous conduire.

Arnolphe lui prend la main sans qu'elle le reconnaisse.

AGNÈS

Pourquoi me quittez-vous ?

HORACE

       Chère Agnès, il le faut.

AGNÈS

Songez donc, je vous prie, à revenir bientôt.

HORACE

J'en suis assez pressé par ma flamme amoureuse.

AGNÈS

Quand je ne vous vois point, je ne suis point joyeuse.   1465

HORACE

Hors de votre présence, on me voit triste aussi.

AGNÈS

Hélas ! s'il était vrai, vous resteriez ici.

HORACE

Quoi ? vous pourriez douter de mon amour extrême !

AGNÈS

Non, vous ne m'aimez pas autant que je vous aime.

Arnolphe la tire.

Ah ! l'on me tire trop.

HORACE

       C'est qu'il est dangereux,   1470
Chère Agnès, qu'en ce lieu nous soyons vus tous deux;
Et le parfait ami de qui la main vous presse
Suit le zèle prudent qui pour nous l'intéresse.

AGNÈS

Mais suivre un inconnu que...

HORACE

N'appréhendez rien :
Entre de telles mains vous ne serez que bien.   1475

AGNÈS

Je me trouverais mieux entre celles d'Horace.

HORACE

Et j'aurais....

AGNÈS, *à celui qui la tient.*
Attendez.

HORACE

Adieu : le jour me chasse.

AGNÈS

Quand vous verrai-je donc ?

HORACE

Bientôt. Assurément.

AGNÈS

Que je vais m'ennuyer jusques à ce moment !

HORACE

Grâce au Ciel, mon bonheur n'est plus en concurrence, 1480
Et je puis maintenant dormir en assurance.

SCÈNE IV

ARNOLPHE, AGNÈS

ARNOLPHE, *le nez dans son manteau.*
Venez, ce n'est pas là que je vous logerai,
Et votre gîte ailleurs est par moi préparé :
Je prétends en lieu sûr mettre votre personne.
Me connaissez-vous ?

AGNÈS, *le reconnaissant.*
Hay !

ARNOLPHE

Mon visage, friponne,   1485

Dans cette occasion rend vos sens effrayés,
Et c'est à contre-cœur qu'ici vous me voyez.
Je trouble en ses projets l'amour qui vous possède.

Agnès regarde si elle ne verra point Horace.

N'appelez point des yeux le galant à votre aide :
Il est trop éloigné pour vous donner secours.   1490
Ah! ah! si jeune encor, vous jouez de ces tours!
Votre simplicité, qui semble sans pareille,
Demande si l'on fait les enfants par l'oreille;
Et vous savez donner des rendez-vous la nuit,
Et pour suivre un galant vous évader sans bruit!   1495
Tudieu! comme avec lui votre langue cajole!
Il faut qu'on vous ait mise à quelque bonne école.
Qui diantre tout d'un coup vous en a tant appris ?
Vous ne craignez donc plus de trouver des esprits ?
Et ce galant, la nuit, vous a donc enhardie ?   1500
Ah! coquine, en venir à cette perfidie ?
Malgré tous mes bienfaits former un tel dessein!
Petit serpent que j'ai réchauffé dans mon sein,
Et qui, dès qu'il se sent, par une humeur ingrate,
Cherche à faire du mal à celui qui le flatte!   1505

ARNOLPHE

Pourquoi me criez-vous ?

ARNOLPHE

                              J'ai grand tort en effet!

AGNÈS

Je n'entends point de mal dans tout ce que j'ai fait.

ARNOLPHE

Suivre un galant n'est pas une action infâme ?

AGNÈS

C'est un homme qui dit qu'il me veut pour sa femme;
J'ai suivi vos leçons, et vous m'avez prêché   1510
Qu'il se faut marier pour ôter le péché.

ARNOLPHE

Oui. Mais pour femme, moi je prétendais vous prendre;
Et je vous l'avais fait, me semble, assez entendre.

AGNÈS

Oui. Mais, à vous parler franchement entre nous,
Il est plus pour cela selon mon goût que vous.   1515

Chez vous le mariage est fâcheux et pénible,
Et vos discours en font une image terrible;
Mais, las! il le fait, lui, si rempli de plaisirs,
Que de se marier il donne des désirs.

ARNOLPHE

Ah! c'est que vous l'aimez, traîtresse!

AGNÈS

Oui, je l'aime. 1520

ARNOLPHE

Et vous avez le front de le dire à moi-même!

AGNÈS

Et pourquoi, s'il est vrai, ne le dirais-je pas?

ARNOLPHE

Le deviez-vous aimer, impertinente?

AGNÈS

Hélas!

Est-ce que j'en puis mais? Lui seul en est la cause;
Et je n'y songeais pas lorsque se fit la chose.   1525

ARNOLPHE

Mais il fallait chasser cet amoureux désir.

AGNÈS

Le moyen de chasser ce qui fait du plaisir?

ARNOLPHE

Et ne saviez-vous pas que c'était me déplaire?

AGNÈS

Moi? point du tout. Quel mal cela vous peut-il faire?

ARNOLPHE

Il est vrai, j'ai sujet d'en être réjoui.   1530
Vous ne m'aimez donc pas, à ce compte?

AGNÈS

Vous?

ARNOLPHE

Oui.

AGNÈS

Hélas! non.

ARNOLPHE

Comment, non!

AGNÈS

Voulez-vous que je mente ?

ARNOLPHE

Pourquoi ne m'aimer pas, Madame l'impudente ?

AGNÈS

Mon Dieu, ce n'est pas moi que vous devez blâmer :
Que ne vous êtes-vous, comme lui, fait aimer ?   1535
Je ne vous en ai pas empêché, que je pense.

ARNOLPHE

Je me suis efforcé de toute ma puissance;
Mais les soins que j'ai pris, je les ai perdus tous.

AGNÈS

Vraiment, il en sait donc là-dessus plus que vous;
Car à se faire aimer il n'a point eu de peine.   1540

ARNOLPHE

Voyez comme raisonne et répond la vilaine!
Peste! une précieuse en dirait-elle plus ?
Ah! je l'ai mal connue; ou, ma foi! là-dessus
Une sotte en sait plus que le plus habile homme.
Puisque en raisonnement votre esprit se consomme,   1545
La belle raisonneuse, est-ce qu'un si long temps
Je vous aurai pour lui nourrie à mes dépens ?

AGNÈS

Non. Il vous rendra tout jusques au dernier double.

ARNOLPHE

Elle a de certains mots où mon dépit redouble.
Me rendra-t-il, coquine, avec tout son pouvoir,   1550
Les obligations que vous pouvez m'avoir ?

AGNÈS

Je ne vous en ai pas d'aussi grandes qu'on pense.

ARNOLPHE

N'est-ce rien que les soins d'élever votre enfance ?

AGNÈS

Vous avez là-dedans bien opéré vraiment,
Et m'avez fait en tout instruire joliment!   1555
Croit-on que je me flatte, et qu'enfin, dans ma tête,
Je ne juge pas bien que je suis une bête ?

Moi-même, j'en ai honte; et, dans l'âge où je suis,
Je ne veux plus passer pour sotte, si je puis.

ARNOLPHE

Vous fuyez l'ignorance, et voulez, quoi qu'il coûte,   1560
Apprendre du blondin quelque chose ?

AGNÈS

                              Sans doute.
C'est de lui que je sais ce que je puis savoir :
Et beaucoup plus qu'à vous je pense lui devoir.

ARNOLPHE

Je ne sais qui me tient qu'avec une gourmade
Ma main de ce discours ne venge la bravade.   1565
J'enrage quand je vois sa piquante froideur,
Et quelques coups de poing satisferaient mon cœur.

AGNÈS

Hélas! vous le pouvez, si cela peut vous plaire.

ARNOLPHE

Ce mot et ce regard désarme ma colère,
Et produit un retour de tendresse de cœur,   1570
Qui de son action m'efface la noirceur.
Chose étrange d'aimer, et que pour ces traîtresses
Les hommes soient sujets à de telles faiblesses !
Tout le monde connaît leur imperfection :
Ce n'est qu'extravagance et qu'indiscrétion;   1575
Leur esprit est méchant, et leur âme fragile;
Il n'est rien de plus faible et de plus imbécile,
Rien de plus infidèle : et malgré tout cela,
Dans le monde on fait tout pour ces animaux-là.
Hé bien! faisons la paix. Va, petite traîtresse,   1580
Je te pardonne tout et te rends ma tendresse.
Considère par là l'amour que j'ai pour toi,
Et me voyant si bon, en revanche aime-moi.

AGNÈS

Du meilleur de mon cœur je voudrais vous complaire :
Que me coûterait-il, si je le pouvais faire ?   1585

ARNOLPHE

Mon pauvre petit bec, tu le peux, si tu veux.

                                        Il fait un soupir.

Écoute seulement ce soupir amoureux,

Vois ce regard mourant, contemple ma personne,
Et quitte ce morveux et l'amour qu'il te donne.
C'est quelque sort qu'il faut qu'il ait jeté sur toi,   1590
Et tu seras cent fois plus heureuse avec moi.
Ta forte passion est d'être brave et leste :
Tu le seras toujours, va, je te le proteste,
Sans cesse, nuit et jour, je te caresserai,
Je te bouchonnerai, baiserai, mangerai ;   1595
Tout comme tu voudras, tu pourras te conduire :
Je ne m'explique point, et cela, c'est tout dire.

A part.

Jusqu'où la passion peut-elle faire aller !
Enfin à mon amour rien ne peut s'égaler :
Quelle preuve veux-tu que je t'en donne, ingrate ?   1600
Me veux-tu voir pleurer ? Veux-tu que je me batte ?
Veux-tu que je m'arrache un côté de cheveux ?
Veux-tu que je me tue ? Oui, dis si tu le veux :
Je suis tout prêt, cruelle, à te prouver ma flamme.

AGNÈS

Tenez, tous vos discours ne me touchent point l'âme : 1605
Horace avec deux mots en ferait plus que vous.

ARNOLPHE

Ah ! c'est trop me braver, trop pousser mon courroux.
Je suivrai mon dessein, bête trop indocile.
Et vous dénicherez à l'instant de la ville.
Vous rebutez mes vœux et me mettez à bout ;   1610
Mais un cul de couvent me vengera de tout.

SCÈNE V

ALAIN, ARNOLPHE

ALAIN

Je ne sais ce que c'est, Monsieur, mais il me semble
Qu'Agnès et le corps mort s'en sont allés ensemble.

ARNOLPHE

La voici. Dans ma chambre allez me la nicher :
Ce ne sera pas là qu'il la viendra chercher ;   1615
Et puis c'est seulement pour une demie-heure :
Je vais, pour lui donner une sûre demeure,

Trouver une voiture. Enfermez-vous des mieux,
Et surtout gardez-vous de la quitter des yeux.
Peut-être que son âme, étant dépaysée,   1620
Pourra de cet amour être désabusée.

SCÈNE VI

ARNOLPHE, HORACE

HORACE

Ah! je viens vous trouver, accablé de douleur.
Le Ciel, Seigneur Arnolphe, a conclu mon malheur;
Et par un trait fatal d'une injustice extrême,
On me veut arracher de la beauté que j'aime.   1625
Pour arriver ici mon père a pris le frais;
J'ai trouvé qu'il mettait pied à terre ici près;
Et la cause, en un mot, d'une telle venue,
Qui, comme je le disais, ne m'était pas connue,
C'est qu'il m'a marié sans m'en récrire rien,   1630
Et qu'il vient en ces lieux célébrer ce lien.
Jugez, en prenant part à mon inquiétude,
S'il pouvait m'arriver un contre-temps plus rude.
Cet Enrique, dont hier je m'informais à vous,
Cause tout le malheur dont je ressens les coups;   1635
Il vient avec mon père achever ma ruine,
Et c'est sa fille unique à qui l'on me destine.
J'ai, dès leurs premiers mots, pensé m'évanouir;
Et d'abord, sans vouloir plus longtemps les ouïr,
Mon père ayant parlé de vous rendre visite,   1640
L'esprit plein de frayeur je l'ai devancé vite.
De grâce, gardez-vous de lui rien découvrir
De mon engagement qui le pourrait aigrir;
Et tâchez, comme en vous il prend grande créance,
De le dissuader de cette autre alliance.   1645

ARNOLPHE

Oui-da.

HORACE

Conseillez-lui de différer un peu,
Et rendez, mon ami, ce service à mon feu.

ARNOLPHE

Je n'y manquerai pas.

HORACE

C'est en vous que j'espère.

ARNOLPHE

Fort bien.

HORACE

Et je vous tiens mon véritable père.
Dites-lui que mon âge... Ah! je le vois venir :   1650
Écoutez les raisons que je vous puis fournir.

Ils demeurent en un coin du théâtre.

SCÈNE VII

ENRIQUE, ORONTE, CHRYSALDE
HORACE, ARNOLPHE

ENRIQUE, *à Chrysalde.*

Aussitôt qu'à mes yeux je vous ai vu paraître,
Quand on ne m'eût rien dit, j'aurais su vous connaître.
Je vous vois tous les traits de cette aimable sœur
Dont l'hymen autrefois m'avait fait possesseur;   1655
Et je serais heureux si la Parque cruelle
M'eût laissé ramener cette épouse fidèle,
Pour jouir avec moi des sensibles douceurs
De revoir tous les siens après nos longs malheurs.
Mais puisque du destin la fatale puissance   1660
Nous prive pour jamais de sa chère présence,
Tâchons de nous résoudre, et de nous contenter
Du seul fruit amoureux qui m'en est pu rester.
Il vous touche de près; et, sans votre suffrage,
J'aurais tort de vouloir disposer de ce gage.   1665
Le choix du fils d'Oronte est glorieux de soi;
Mais il faut que ce choix vous plaise comme à moi.

CHRYSALDE

C'est de mon jugement avoir mauvaise estime
Que douter si j'approuve un choix si légitime.

ARNOLPHE, *à Horace.*

Oui, je vais vous servir de la bonne façon.   1670

HORACE

Gardez, encore un coup...

ARNOLPHE
N'ayez aucun soupçon.

ORONTE, *à Arnolphe.*
Ah! que cette embrassade est pleine de tendresse!

ARNOLPHE
Que je sens à vous voir une grande allégresse!

ORONTE
Je suis ici venu...

ARNOLPHE
Sans m'en faire récit
Je sais ce qui vous mène.

ORONTE
On vous l'a déjà dit.   1675

ARNOLPHE
Oui.

ORONTE
Tant mieux.

ARNOLPHE
Votre fils à cet hymen résiste,
Et son cœur prévenu n'y voit rien que de triste :
Il m'a même prié de vous en détourner;
Et moi, tout le conseil que je vous puis donner,
C'est de ne pas souffrir que ce nœud se diffère,   1680
Et de faire valoir l'autorité de père.
Il faut avec vigueur ranger les jeunes gens,
Et nous faisons contre eux à leur être indulgents.

HORACE
Ah! traître!

CHRYSALDE
Si son cœur a quelque répugnance,
Je tiens qu'on ne doit pas lui faire violence.   1685
Mon frère, que je crois, sera de mon avis.

ARNOLPHE
Quoi ? se laissera-t-il gouverner par son fils ?
Est-ce que vous voulez qu'un père ait la mollesse
De ne savoir pas faire obéir la jeunesse ?
Il serait beau vraiment qu'on le vît aujourd'hui   1690
Prendre loi de qui doit la recevoir de lui!
Non, non : c'est mon intime, et sa gloire est la mienne :
Sa parole est donnée, il faut qu'il la maintienne,

Qu'il fasse voir ici de fermes sentiments,
Et force de son fils tous les attachements.   1695

ORONTE

C'est parler comme il faut, et, dans cette alliance,
C'est moi qui vous réponds de son obéissance.

CHRYSALDE, à Arnolphe.

Je suis surpris, pour moi, du grand empressement
Que vous nous faites voir pour cet engagement,
Et ne puis deviner quel motif vous inspire...   1700

ARNOLPHE

Je sais ce que je fais, et dis ce qu'il faut dire.

ORONTE

Oui, oui, seigneur Arnolphe, il est...

CHRYSALDE

                    Ce nom l'aigrit;
C'est Monsieur de la Souche, on vous l'a déjà dit.

ARNOLPHE

Il n'importe.

HORACE

        Qu'entends-je!

ARNOLPHE, se retournant vers Horace.

                    Oui, c'est là le mystère,
Et vous pouvez juger ce que je devais faire.   1705

HORACE

En quel trouble...

SCÈNE VIII

GEORGETTE, ENRIQUE, ORONTE,
CHRYSALDE, HORACE, ARNOLPHE

GEORGETTE

                Monsieur, si vous n'êtes auprès,
Nous aurons de la peine à retenir Agnès;
Elle veut à tous coups s'échapper, et peut-être
Qu'elle se pourrait bien jeter par la fenêtre.

ARNOLPHE

Faites-la-moi venir; aussi bien de ce pas   1710
Prétends-je l'emmener; ne vous en fâchez pas.
Un bonheur continu rendrait l'homme superbe;
Et chacun a son tour, comme dit le proverbe.

HORACE

Quels maux peuvent, ô Ciel! égaler mes ennuis!
Et s'est-on jamais vu dans l'abîme où je suis!   1715

ARNOLPHE, à Oronte.

Pressez vite le jour de la cérémonie :
J'y prends part, et déjà moi-même je m'en prie.

ORONTE

C'est bien notre dessein.

SCÈNE IX

AGNÈS, ALAIN, GEORGETTE, ORONTE
ENRIQUE, ARNOLPHE, HORACE, CHRYSALDE

ARNOLPHE, à Agnès.

                              Venez, belle, venez,
Qu'on ne saurait tenir, et qui vous mutinez.
Voici votre galant, à qui, pour récompense,   1720
Vous pouvez faire une humble et douce révérence.
Adieu. L'événement trompe un peu vos souhaits;
Mais tous les amoureux ne sont pas satisfaits.

AGNÈS

Me laissez-vous, Horace, emmener de la sorte ?

HORACE

Je ne sais où j'en suis, tant ma douleur est forte.   1725

ARNOLPHE

Allons, causeuse, allons.

AGNÈS

                          Je veux rester ici.

ORONTE

Dites-nous ce que c'est que ce mystère-ci.
Nous nous regardons tous, sans le pouvoir comprendre.

ARNOLPHE

Avec plus de loisir je pourrai vous l'apprendre.
Jusqu'au revoir.

ORONTE

                    Où donc prétendez-vous aller ?   1730
Vous ne nous parlez point comme il nous faut parler.

ARNOLPHE

Je vous ai conseillé, malgré tout son murmure,
D'achever l'hyménée.

ORONTE

                    Oui. Mais pour le conclure,
Si l'on vous a dit tout, ne vous a-t-on pas dit
Que vous avez chez vous celle dont il s'agit,   1735
La fille qu'autrefois de l'aimable Angélique,
Sous des liens secrets, eut le seigneur Enrique ?
Sur quoi votre discours était-il donc fondé ?

CHRYSALDE

Je m'étonnais aussi de voir son procédé.

ARNOLPHE

Quoi ?...

CHRYSALDE

                    D'un hymen secret ma sœur eut une fille,   1740
Dont on cacha le sort à toute la famille.

ORONTE

Et qui sous de feints noms, pour ne rien découvrir,
Par son époux aux champs fut donnée à nourrir.

CHRYSALDE

Et dans ce temps, le sort, lui déclarant la guerre,
L'obligea de sortir de sa natale terre.   1745

ORONTE

Et d'aller essuyer mille périls divers
Dans ces lieux séparés de nous par tant de mers.

CHRYSALDE

Où ses soins ont gagné ce que dans sa patrie
Avaient pu lui ravir l'imposture et l'envie.

ORONTE

Et de retour en France, il a cherché d'abord,   1750
Celle à qui de sa fille il confia le sort.

CHRYSALDE

Et cette paysanne a dit avec franchise
Qu'en vos mains à quatre ans elle l'avait remise.

ORONTE

Et qu'elle l'avait fait sur votre charité,
Par un accablement d'extrême pauvreté.   1755

CHRYSALDE

Et lui, plein de transport et l'allégresse en l'âme,
A fait jusqu'en ces lieux conduire cette femme.

ORONTE

Et vous allez enfin la voir venir ici,
Pour rendre aux yeux de tous ce mystère éclairci.

CHRYSALDE

Je devine à peu près quel est votre supplice ;   1760
Mais le sort en cela ne vous est que propice :
Si n'être point cocu vous semble un si grand bien,
Ne vous point marier en est le vrai moyen.

ARNOLPHE, *s'en allant tout transporté, et ne pouvant parler.*
Oh !

ORONTE

D'où vient qu'il s'enfuit sans rien dire ?

HORACE

Ah ! mon père,
Vous saurez pleinement ce surprenant mystère.   1765
Le hasard en ces lieux avait exécuté
Ce que votre sagesse avait prémédité :
J'étais par les doux nœuds d'une ardeur mutuelle
Engagé de parole avecque cette belle ;
Et c'est elle, en un mot, que vous venez chercher,   1770
Et pour qui mon refus a pensé vous fâcher.

ENRIQUE

Je n'en ai point douté d'abord que je l'ai vue,
Et mon âme depuis n'a cessé d'être émue.
Ah ! ma fille, je cède à des transports si doux.

CHRYSALDE

J'en ferais de bon cœur, mon frère, autant que vous,   1775
Mais ces lieux et cela ne s'accommodent guère.
Allons dans la maison débrouiller ces mystères,
Payer à notre ami ces soins officieux,
Et rendre grâce au Ciel qui fait tout pour le mieux.

LA CRITIQUE DE L'ÉCOLE DES FEMMES

NOTICE
SUR
LA CRITIQUE DE L'ÉCOLE DES FEMMES

La Critique de l'École des Femmes, qui fut représentée au Palais-Royal le 1er juin 1663 et où Mlle Molière fit ses débuts sur la scène dans le rôle d'Élise, est la première réponse de Molière aux critiques formulées, par écrit ou verbalement, contre *l'École des Femmes* (voir la Notice).

Petite pièce où Molière retrouve le ton du dialogue des précieuses et des marquis, conversation piquante où les détracteurs de la pièce n'ont évidemment pas le beau rôle, la *Critique* présente pour nous un double intérêt.

Elle nous renseigne avec précision sur les griefs portés contre *l'École des Femmes* par une partie du public et répond à la fois aux marquis turlupins et aux pédants. Le savant de la comédie, Lysidas, qui n'a qu'Aristote et Horace à la bouche, joue très probablement Donneau de Visé, bien que Boursault ait feint de s'y reconnaître lui-même. La tirade sur la tragédie, présentée comme plus facile que la comédie, vise certainement Corneille et celle sur les pédants, défenseurs des « règles », l'abbé d'Aubignac, auteur de la *Pratique du Théâtre*.

Enfin le bon sens du parterre opposé aux préjugés des petits marquis, le goût de la cour opposé au « savoir enrouillé » des théoriciens et des pédants, ce n'est pas seulement un hommage et un remerciement adroit à l'adresse des spectateurs qui ont applaudi *l'École des Femmes* et assuré son succès. Cela va beaucoup plus loin. Molière affirme ainsi son esthétique théâtrale et, d'un seul coup, élève le débat. Il ne s'agit plus de répondre, point par point, à des critiques précises portant le plus souvent sur des questions de détail sans importance et de justifier le trop fameux *Tarte à la crème* ou de dauber sur les comédiens rivaux, « tous gens éclairés et qui parlent sans intérêt, » qui ont déclaré la pièce détestable.

Molière veut affirmer publiquement ses théories sur l'art dramatique. Il se moque des règles d'Aristote invoquées par les « doctes » et qui se résument pour lui en de simples observations de bon sens. « Je voudrais bien savoir, [dit-il], si la grande règle de toutes les règles n'est pas de plaire, et si une pièce de théâtre qui a attrapé son but n'a pas suivi un bon chemin. »

Confiant dans son public et sans chercher à le flatter, il ne veut que lui plaire et le laisse juge du plaisir qu'il prend au théâtre.

Contre les Chapelain et les d'Aubignac, il prend le parti des honnêtes gens, dont le jugement seul lui importe. Il est intéressant de noter que cette conception de l'art dramatique est celle de tous nos grands classiques. Écoutons La Fontaine, dans la préface de *Psyché :* « Mon principal but est toujours de plaire. » Racine, dans la préface de *Bérénice :* « La principale règle est de plaire et de toucher. » Boileau, dans *l'Art poétique :* « Le secret est d'abord de plaire et de toucher. » Frappant accord de nos grands poètes classiques sur un point capital de leur doctrine. Tous proclament leur volonté de n'écrire plus, comme la génération précédente, pour les seuls savants, mais de faire de l'art littéraire un bien commun à tous les honnêtes gens, munis de goût, de sens et de raison, à défaut de science et d'érudition. Ce n'est pas le moindre intérêt de la querelle de *l'École des Femmes* d'avoir permis à Molière de proclamer clairement son point de vue sur l'esthétique dramatique et littéraire.

LA CRITIQUE

DE

L'ÉCOLE DES FEMMES

COMÉDIE

REPRÉSENTÉE POUR LA PREMIÈRE FOIS
A PARIS, SUR LE THÉATRE DU PALAIS-ROYAL
LE VENDREDI Ier JUIN 1663

PAR LA

TROUPE DE MONSIEUR, FRÈRE UNIQUE DU ROI

A LA REINE MÈRE

MADAME,

Je sais bien que Votre Majesté n'a que faire de toutes nos dédicaces, et que ces prétendus devoirs, dont on lui dit élégamment qu'on s'acquitte envers Elle, sont des hommages, à dire vrai, dont Elle nous dispenserait très volontiers. Mais je ne laisse pas d'avoir l'audace de lui dédier *la Critique de l'École des femmes;* et je n'ai pu refuser cette petite occasion de pouvoir témoigner ma joie à Votre Majesté sur cette heureuse convalescence, qui redonne à nos vœux la plus grande et la meilleure princesse du monde, et nous promet en Elle de longues années d'une santé vigoureuse. Comme chacun regarde les choses du côté de ce qui le touche, je me réjouis, dans cette allégresse générale, de pouvoir encore obtenir l'honneur de divertir Votre Majesté; Elle, Madame, qui prouve si bien que la véritable dévotion n'est point contraire aux honnêtes divertissements; qui, de ses hautes pensées et de ses importantes occupations, descend si humainement dans le plaisir de nos spectacles et ne dédaigne pas de rire de cette même bouche dont Elle prie si bien Dieu. Je flatte, dis-je, mon esprit de l'espérance de cette gloire; j'en attends le moment avec toutes les impatiences du monde; et quand je jouirai de ce bonheur, ce sera la plus grande joie que puisse recevoir,

MADAME,

DE VOTRE MAJESTÉ,

Le très humble, très obéissant et très fidèle
serviteur et sujet,

J.-B. P. MOLIÈRE.

PERSONNAGES

URANIE.
ÉLISE.
CLIMÈNE.
GALOPIN, laquais.
Le MARQUIS.
DORANTE ou LE CHEVALIER.
LYSIDAS, poète.

SCÈNE I

URANIE, ÉLISE

URANIE. — Quoi ? Cousine, personne ne t'est venu rendre visite ?

ÉLISE. — Personne du monde.

URANIE. — Vraiment, voilà qui m'étonne, que nous ayons été seules l'une et l'autre tout aujourd'hui.

ÉLISE. — Cela m'étonne aussi, car ce n'est guère notre coutume; et votre maison, Dieu merci, est le refuge ordinaire de tous les fainéants de la cour.

URANIE. — L'après-dînée, à dire vrai, m'a semblé fort longue.

ÉLISE. — Et moi, je l'ai trouvée fort courte.

URANIE. — C'est que les beaux esprits, Cousine, aiment la solitude.

ÉLISE. — Ah! très humble servante au bel esprit; vous savez que ce n'est pas là que je vise.

URANIE. — Pour moi, j'aime la compagnie, je l'avoue.

ÉLISE. — Je l'aime aussi, mais je l'aime choisie; et la quantité des sottes visites qu'il vous faut essuyer parmi les autres est cause bien souvent que je prends plaisir d'être seule.

URANIE. — La délicatesse est trop grande, de ne pouvoir souffrir que des gens triés.

ÉLISE. — Et la complaisance est trop générale, de souffrir indifféremment toutes sortes de personnes.

URANIE. — Je goûte ceux qui sont raisonnables, et me divertis des extravagants.

ÉLISE. — Ma foi, les extravagants ne vont guère loin sans vous ennuyer, et la plupart de ces gens-là ne sont plus plaisants dès la seconde visite. Mais à propos d'extra-vagants, ne voulez-vous pas me défaire de votre marquis incommode ? Pensez-vous me le laisser toujours sur les bras, et que je puisse durer à ses turlupinades perpétuelles ?

URANIE. — Ce langage est à la mode, et l'on le tourne en plaisanterie à la cour.

ÉLISE. — Tant pis pour ceux qui le font, et qui se tuent tout le jour à parler ce jargon obscur. La belle chose de faire entrer aux conversations du Louvre de vieilles équivoques ramassées parmi les boues des halles et de la place Maubert ! La jolie façon de plaisanter pour des courtisans ! et qu'un homme montre d'esprit lorsqu'il vient vous dire : « Madame, vous êtes dans la place Royale, et tout le monde vous voit de trois lieues à Paris, car chacun vous voit de bon œil », à cause que Bonneuil est un village à trois lieues d'ici ! Cela n'est-il pas bien galant et bien spirituel ? Et ceux qui trouvent ces belles rencontres n'ont-ils pas lieu de s'en glorifier ?

URANIE. — On ne dit pas cela aussi comme une chose spirituelle ; et la plupart de ceux qui affectent ce langage savent bien eux-mêmes qu'il est ridicule.

ÉLISE. — Tant pis encore, de prendre peine à dire des sottises, et d'être mauvais plaisants de dessein formé. Je les en tiens moins excusables ; et si j'en étais juge, je sais bien à quoi je condamnerais tous ces Messieurs les turlupins.

URANIE. — Laissons cette matière qui t'échauffe un peu trop, et disons que Dorante vient bien tard, à mon avis, pour le souper que nous devons faire ensemble.

ÉLISE. — Peut-être l'a-t-il oublié, et que...

SCÈNE II

GALOPIN, URANIE, ÉLISE

GALOPIN. — Voilà Climène, Madame, qui vient ici pour vous voir.

URANIE. — Eh mon Dieu ! quelle visite !

ÉLISE. — Vous vous plaigniez d'être seule aussi : le Ciel vous en punit.

URANIE. — Vite, qu'on aille dire que je n'y suis pas.

GALOPIN. — On a déjà dit que vous y étiez.

URANIE. — Et qui est le sot qui l'a dit ?

GALOPIN. — Moi, Madame.

URANIE. — Diantre soit le petit vilain! Je vous apprendrai bien à faire vos réponses de vous-même.

GALOPIN. — Je vais lui dire, Madame, que vous voulez être sortie.

URANIE. — Arrêtez, animal, et la laissez monter, puisque la sottise est faite.

GALOPIN. — Elle parle encore à un homme dans la rue.

URANIE. — Ah! Cousine, que cette visite m'embarrasse à l'heure qu'il est!

ÉLISE. — Il est vrai que la dame est un peu embarrassante de son naturel; j'ai toujours eu pour elle une furieuse aversion; et, n'en déplaise à sa qualité, c'est la plus sotte bête qui se soit jamais mêlée de raisonner.

URANIE. — L'épithète est un peu forte.

ÉLISE. — Allez, allez, elle mérite bien cela, et quelque chose de plus, si on lui faisait justice. Est-ce qu'il y a une personne qui soit plus véritablement qu'elle ce qu'on appelle précieuse, à prendre le mot dans sa plus mauvaise signification ?

URANIE. — Elle se défend bien de ce nom pourtant.

ÉLISE. — Il est vrai : elle se défend du nom, mais non pas de la chose; car enfin elle l'est depuis les pieds jusqu'à la tête, et la plus grande façonnière du monde. Il semble que tout son corps soit démonté, et que les mouvements de ses hanches, de ses épaules et de sa tête n'aillent que par ressorts. Elle affecte toujours un ton de voix languissant et niais, fait la moue pour montrer une petite bouche, et roule les yeux pour les faire paraître grands.

URANIE. — Doucement donc : si elle venait à entendre...

ÉLISE. — Point, point, elle ne monte pas encore. Je me souviens toujours du soir qu'elle eut envie de voir Damon, sur la réputation qu'on lui donne, et les choses que le public a vues de lui. Vous connaissez l'homme, et sa naturelle paresse à soutenir la conversation. Elle l'avait invité à souper comme bel esprit, et jamais il ne parut si sot, parmi une demi-douzaine de gens à qui elle avait fait fête de lui, et qui le regardaient avec de grands yeux, comme une personne qui ne devait pas être faite comme les autres. Ils pensaient tous qu'il était là pour défrayer la compagnie de bons mots, que chaque parole qui sortait de sa bouche devait être extraordinaire, qu'il devait faire des *Impromptus* sur tout ce qu'on disait, et ne demander à boire qu'avec une pointe. Mais il les trompa fort par son silence; et la dame fut aussi mal satisfaite de lui que je le fus d'elle.

URANIE. — Tais-toi. Je vais la recevoir à la porte de la chambre.

ÉLISE. — Encore un mot. Je voudrais bien la voir mariée avec le marquis dont nous avons parlé : le bel assemblage que ce serait d'une précieuse et d'un turlupin!

URANIE. — Veux-tu te taire ? la voici.

SCÈNE III

CLIMÈNE, URANIE, ÉLISE, GALOPIN

URANIE. — Vraiment, c'est bien tard que...

CLIMÈNE. — Eh! de grâce, ma chère, faites-moi vite donner un siège.

URANIE. — Un fauteuil promptement.

CLIMÈNE. — Ah! mon Dieu!

URANIE. — Qu'est-ce donc ?

CLIMÈNE. — Je n'en puis plus.

URANIE. — Qu'avez-vous ?

CLIMÈNE. — Le cœur me manque.

URANIE. — Sont-ce vapeurs qui vous ont prise ?

CLIMÈNE. — Non.

URANIE. — Voulez-vous que l'on vous délace ?

CLIMÈNE. — Mon Dieu non. Ah!

URANIE. — Quel est donc votre mal ? et depuis quand vous a-t-il pris ?

CLIMÈNE. — Il y a plus de trois heures, et je l'ai rapporté du Palais-Royal.

URANIE. — Comment ?

CLIMÈNE. — Je viens de voir, pour mes péchés, cette méchante rapsodie de *L'École des femmes*. Je suis encore en défaillance du mal de cœur que cela m'a donné, et je pense que je n'en reviendrai de plus de quinze jours.

ÉLISE. — Voyez un peu comme les maladies arrivent sans qu'on y songe.

URANIE. — Je ne sais pas de quel tempérament nous sommes, ma cousine et moi; mais nous fûmes avant-hier à la même pièce, et nous en revînmes toutes deux saines et gaillardes.

CLIMÈNE. — Quoi ? vous l'avez vue ?

URANIE. — Oui; et écoutée d'un bout à l'autre.

CLIMÈNE. — Et vous n'en avez pas été jusques aux convulsions, ma chère ?

URANIE. — Je ne suis pas si délicate, Dieu merci; et je trouve, pour moi, que cette comédie serait plutôt capable de guérir les gens que de les rendre malades.

CLIMÈNE. — Ah mon Dieu! que dites-vous là ? Cette proposition peut-elle être avancée par une personne qui ait du revenu en sens commun ? Peut-on impunément, comme vous faites, rompre en visière à la raison ? Et dans le vrai de la chose, est-il un esprit si affamé de plaisanterie, qu'il puisse tâter des fadaises dont cette comédie est assaisonnée ? Pour moi, je vous avoue que je n'ai pas trouvé le moindre grain de sel dans tout cela. *Les enfants par l'oreille* m'ont paru d'un goût détestable; la *tarte à la crème* m'a affadi le cœur; et j'ai pensé vomir au *potage*.

ÉLISE. — Mon Dieu! que tout cela est dit élégamment! J'aurais cru que cette pièce était bonne; mais Madame a une éloquence si persuasive, elle tourne les choses d'une manière si agréable, qu'il faut être de son sentiment, malgré qu'on en ait.

URANIE. — Pour moi, je n'ai pas tant de complaisance; et, pour dire ma pensée, je tiens cette comédie une des plus plaisantes que l'auteur ait produites.

CLIMÈNE. — Ah! vous me faites pitié, de parler ainsi; et je ne saurais vous souffrir cette obscurité de discernement. Peut-on, ayant de la vertu, trouver de l'agrément dans une pièce qui tient sans cesse la pudeur en alarme, et salit à tous moments l'imagination ?

ÉLISE. — Les jolies façons de parler que voilà! Que vous êtes, Madame, une rude joueuse en critique, et que je plains le pauvre Molière de vous avoir pour ennemie!

CLIMÈNE. — Croyez-moi, ma chère, corrigez de bonne foi votre jugement; et pour votre honneur, n'allez point dire par le monde que cette comédie vous ait plu.

URANIE. — Moi, je ne sais pas ce que vous y avez trouvé qui blesse la pudeur.

CLIMÈNE. — Hélas! tout; et je mets en fait qu'une honnête femme ne la saurait voir sans confusion, tant j'y ai découvert d'ordures et de saletés.

URANIE. — Il faut donc que pour les ordures vous ayez des lumières que les autres n'ont pas; car, pour moi, je n'y en ai point vu.

CLIMÈNE. — C'est que vous ne voulez pas y en avoir vu, assurément; car enfin toutes ces ordures, Dieu merci, y sont à visage découvert. Elles n'ont point la moindre enveloppe qui les couvre, et les yeux les plus hardis sont effrayés de leur nudité.

ÉLISE. — Ah!

CLIMÈNE. — Hay, hay, hay.

URANIE. — Mais encore, s'il vous plaît, marquez-moi une de ces ordures que vous dites.

CLIMÈNE. — Hélas! est-il nécessaire de vous les marquer?

URANIE. — Oui. Je vous demande seulement un endroit qui vous ait fort choquée.

CLIMÈNE. — En faut-il d'autre que la scène de cette Agnès, lorsqu'elle dit ce que l'on lui a pris?

URANIE. — Eh bien! que trouvez-vous là de sale?

CLIMÈNE. — Ah!

URANIE. — De grâce?

CLIMÈNE. — Fi!

URANIE. — Mais encore?

CLIMÈNE. — Je n'ai rien à vous dire.

URANIE. — Pour moi, je n'y entends point de mal.

CLIMÈNE. — Tant pis pour vous.

URANIE. — Tant mieux plutôt, ce me semble. Je regarde les choses du côté qu'on me les montre, et ne les tourne point pour y chercher ce qu'il ne faut pas voir.

CLIMÈNE. — L'honnêteté d'une femme...

URANIE. — L'honnêteté d'une femme n'est pas dans les grimaces. Il sied mal de vouloir être plus sage que celles qui sont sages. L'affectation en cette matière est pire qu'en toute autre; et je ne vois rien de si ridicule que cette délicatesse d'honneur qui prend tout en mauvaise part, donne un sens criminel aux plus innocentes paroles, et s'offense de l'ombre des choses. Croyez-moi, celles qui font tant de façons n'en sont pas estimées plus femmes de bien. Au contraire, leur sévérité mystérieuse et leurs grimaces affectées irritent la censure de tout le monde contre les actions de leur vie. On est ravi de découvrir ce qu'il y peut avoir à redire; et, pour tomber dans l'exemple, il y avait l'autre jour des femmes à cette comédie, vis-à-vis de la loge où nous étions, qui par les mines qu'elles affectèrent durant toute la pièce, leurs détournements de tête, et leurs cachements de visage, firent dire de tous côté cent sottises de leur conduite, que l'on n'aurait pas dites sans cela; et quelqu'un même des laquais cria tout haut qu'elles étaient plus chastes des oreilles que de tout le reste du corps.

CLIMÈNE. — Enfin il faut être aveugle dans cette pièce, et ne pas faire semblant d'y voir les choses.

URANIE. — Il ne faut pas y vouloir voir ce qui n'y est pas.

CLIMÈNE. — Ah! je soutiens, encore un coup, que les saletés y crèvent les yeux,

URANIE. — Et moi, je ne demeure pas d'accord de cela.

CLIMÈNE. — Quoi? la pudeur n'est pas visiblement blessée par ce que dit Agnès dans l'endroit dont nous parlons?

URANIE. — Non, vraiment. Elle ne dit pas un mot qui de soi ne soit fort honnête; et si vous voulez entendre dessous quelque autre chose, c'est vous qui faites l'ordure, et non pas elle, puisqu'elle parle seulement d'un ruban qu'on lui a pris.

CLIMÈNE. — Ah! ruban tant qu'il vous plaira; mais ce *le*, où elle s'arrête, n'est pas mis pour des prunes. Il vient sur ce *le* d'étranges pensées. Ce *le* scandalise furieusement; et, quoi que vous puissiez dire, vous ne sauriez défendre l'insolence de ce *le*.

ÉLISE. — Il est vrai, ma Cousine, je suis pour Madame contre ce *le*. Ce *le* est insolent au dernier point, et vous avez tort de défendre ce *le*.

CLIMÈNE. — Il a une obscénité qui n'est pas supportable.

ÉLISE. — Comment dites-vous ce mot-là, Madame?

CLIMÈNE. — Obscénité, Madame.

ÉLISE. — Ah! mon Dieu! obscénité. Je ne sais ce que ce mot veut dire; mais je le trouve le plus joli du monde.

CLIMÈNE. — Enfin, vous voyez comme votre sang prend mon parti.

URANIE. — Eh mon Dieu! c'est une causeuse qui ne dit pas ce qu'elle pense. Ne vous y fiez pas beaucoup, si vous m'en voulez croire.

ÉLISE. — Ah! que vous êtes méchante, de me vouloir rendre suspecte à Madame! Voyez un peu où j'en serais, si elle allait croire ce que vous dites. Serais-je si malheureuse, Madame, que vous eussiez de moi cette pensée?

CLIMÈNE. — Non, non. Je ne m'arrête pas à ses paroles, et je vous crois plus sincère qu'elle ne dit.

ÉLISE. — Ah! que vous avez bien raison, Madame, et que vous me rendrez justice, quand vous croirez que je vous trouve la plus engageante personne du monde, que j'entre dans tous vos sentiments et suis charmée de toutes les expressions qui sortent de votre bouche!

CLIMÈNE. — Hélas! je parle sans affectation.

ÉLISE. — On le voit bien, Madame, et que tout est naturel en vous. Vos paroles, le ton de votre voix, vos regards, vos pas, votre action et votre ajustement, ont je ne sais quel air de qualité, qui enchante les gens. Je vous étudie des yeux et des oreilles; et je suis si remplie de vous que je tâche d'être votre singe, et de vous contrefaire en tout.

CLIMÈNE. — Vous vous moquez de moi, Madame.

ÉLISE. — Pardonnez-moi, Madame. Qui voudrait se moquer de vous ?

CLIMÈNE. — Je ne suis pas un bon modèle, Madame.

ÉLISE. — Oh! que si, Madame!

CLIMÈNE. — Vous me flattez, Madame.

ÉLISE. — Point du tout, Madame.

CLIMÈNE. — Épargnez-moi, s'il vous plaît, Madame.

ÉLISE. — Je vous épargne aussi, Madame, et je ne dis pas la moitié de ce que je pense, Madame.

CLIMÈNE. — Ah mon Dieu! brisons là, de grâce. Vous me jetteriez dans une confusion épouvantable. *(A Uranie.)* Enfin, nous voilà deux contre vous, et l'opiniâtreté sied si mal aux personnes spirituelles...

SCÈNE IV

LE MARQUIS, CLIMÈNE, GALOPIN, URANIE, ÉLISE

GALOPIN. — Arrêtez, s'il vous plaît, Monsieur.

LE MARQUIS. — Tu ne me connais pas, sans doute.

GALOPIN. — Si fait, je vous connais; mais vous n'entrerez pas.

LE MARQUIS. — Ah! que de bruit, petit laquais!

GALOPIN. — Cela n'est pas bien de vouloir entrer malgré les gens.

LE MARQUIS. — Je veux voir ta maîtresse.

GALOPIN. — Elle n'y est pas, vous dis-je.

LE MARQUIS. — La voilà dans la chambre.

GALOPIN. — Il est vrai, la voilà; mais elle n'y est pas.

URANIE. — Qu'est-ce donc qu'il y a là ?

LE MARQUIS. — C'est votre laquais, Madame, qui fait le sot.

GALOPIN. — Je lui dis que vous n'y êtes pas, Madame, et il ne veut pas laisser d'entrer.

URANIE. — Et pourquoi dire à Monsieur que je n'y suis pas ?

GALOPIN. — Vous me grondâtes, l'autre jour, de lui avoir dit que vous y étiez.

URANIE. — Voyez cet insolent! Je vous prie, Monsieur, de ne pas croire ce qu'il dit. C'est un petit écervelé, qui vous a pris pour un autre.

LE MARQUIS. — Je l'ai bien vu, Madame; et, sans votre respect, je lui aurais appris à connaître les gens de qualité.

ÉLISE. — Ma cousine vous est fort obligée de cette déférence.

URANIE. — Un siège donc, impertinent!

GALOPIN. — N'en voilà-t-il pas un ?

URANIE. — Approchez-le.

Le petit laquais pousse le siège rudement.

LE MARQUIS. — Votre petit laquais, Madame, a du mépris pour ma personne.

ÉLISE. — Il aurait tort, sans doute.

LE MARQUIS. — C'est peut-être que je paye l'intérêt de ma mauvaise mine : hay, hay, hay, hay.

ÉLISE. — L'âge le rendra plus éclairé en honnêtes gens.

LE MARQUIS. — Sur quoi étiez-vous, Mesdames, lorsque je vous ai interrompues ?

URANIE. — Sur la comédie de *L'École des femmes*.

LE MARQUIS. — Je ne fais que d'en sortir.

CLIMÈNE. — Eh bien! Monsieur, comment la trouvez-vous, s'il vous plaît ?

LE MARQUIS. — Tout à fait impertinente.

CLIMÈNE. — Ah! que j'en suis ravie!

LE MARQUIS. — C'est la plus méchante chose du monde. Comment, diable! à peine ai-je pu trouver place; j'ai pensé être étouffé à la porte, et jamais on ne m'a tant marché sur les pieds. Voyez comme mes canons et mes rubans en sont ajustés, de grâce.

ÉLISE. — Il est vrai que cela crie vengeance contre *L'École des femmes*, et que vous la condamnez avec justice.

LE MARQUIS. — Il ne s'est jamais fait, je pense, une si méchante comédie.

URANIE. — Ah! voici Dorante que nous attendions.

SCÈNE V

DORANTE, LE MARQUIS, CLIMÈNE,
ÉLISE, URANIE

DORANTE. — Ne bougez, de grâce, et n'interrompez point votre discours. Vous êtes là sur une matière qui, depuis quatre jours, fait presque l'entretien de toutes les maisons de Paris, et jamais on n'a rien vu de si plaisant que la diversité des jugements qui se font là-dessus. Car enfin j'ai ouï condamner cette comédie à certaines gens, par les mêmes choses que j'ai vu d'autres estimer le plus.

URANIE. — Voilà Monsieur le Marquis qui en dit force mal.

LE MARQUIS. — Il est vrai, je la trouve détestable; morbleu! détestable du dernier détestable; ce qu'on appelle détestable.

DORANTE. — Et moi, mon cher Marquis, je trouve le jugement détestable.

LE MARQUIS. — Quoi? Chevalier, est-ce que tu prétends soutenir cette pièce?

DORANTE. — Oui, je prétends la soutenir.

LE MARQUIS. — Parbleu! je la garantis détestable.

DORANTE. — La caution n'est pas bourgeoise. Mais, Marquis, par quelle raison, de grâce, cette comédie est-elle ce que tu dis?

LE MARQUIS. — Pourquoi elle est détestable?

DORANTE. — Oui.

LE MARQUIS. — Elle est détestable, parce qu'elle est détestable.

DORANTE. — Après cela, il n'y aura plus rien à dire : voilà son procès fait. Mais encore instruis-nous, et nous dis les défauts qui y sont.

LE MARQUIS. — Que sais-je, moi? je ne me suis pas seulement donné la peine de l'écouter. Mais enfin je sais bien que je n'ai jamais rien vu de si méchant. Dieu me damne; et Dorilas, contre qui j'étais, a été de mon avis.

DORANTE. — L'autorité est belle, et te voilà bien appuyé.

LE MARQUIS. — Il ne faut que voir les continuels éclats de rire que le parterre y fait. Je ne veux point d'autre chose pour témoigner qu'elle ne vaut rien.

DORANTE. — Tu es donc, Marquis, de ces Messieurs du bel air, qui ne veulent pas que le parterre ait du sens commun, et qui seraient fâchés d'avoir ri avec lui, fût-ce de la meilleure chose du monde ? Je vis l'autre jour sur le théâtre un de nos amis, qui se rendit ridicule par là. Il écouta toute la pièce avec un sérieux le plus sombre du monde ; et tout ce qui égayait les autres ridait son front. A tous les éclats de rire, il haussait les épaules, et regardait le parterre en pitié ; et quelquefois aussi le regardant avec dépit, il lui disait tout haut : « Ris donc, parterre, ris donc. » Ce fut une seconde comédie, que le chagrin de notre ami. Il la donna en galant homme à toute l'assemblée, et chacun demeura d'accord qu'on ne pouvait pas mieux jouer qu'il fit. Apprends, Marquis, je te prie, et les autres aussi, que le bon sens n'a point de place déterminée à la comédie ; que la différence du demi-louis d'or et de la pièce de quinze sols ne fait rien du tout au bon goût ; que debout et assis, on peut donner un mauvais jugement ; et qu'enfin, à le prendre en général, je me fierais assez à l'approbation du parterre, par la raison qu'entre ceux qui le composent, il y en a plusieurs qui sont capables de juger une pièce selon les règles, et que les autres en jugent par la bonne façon d'en juger, qui est de se laisser prendre aux choses, et de n'avoir ni prévention aveugle, ni complaisance affectée, ni délicatesse ridicule.

Le Marquis. — Te voilà donc, Chevalier, le défenseur du parterre ? Parbleu ! je m'en réjouis, et je ne manquerai pas de l'avertir que tu es de ses amis. Hay, hay, hay, hay, hay, hay.

Dorante. — Ris tant que tu voudras. Je suis pour le bon sens, et ne saurais souffrir les ébullitions de cerveau de nos marquis de Mascarille. J'enrage de voir de ces gens qui se traduisent en ridicules, malgré leur qualité ; de ces gens qui décident toujours et parlent hardiment de toutes choses, sans s'y connaître ; qui dans une comédie se récrieront aux méchants endroits, et ne branleront pas à ceux qui sont bons ; qui voyant un tableau, ou écoutant un concert de musique, blâment de même et louent tout à contre-sens, prennent par où ils peuvent les termes de l'art qu'ils attrapent, et ne manquent jamais de les estropier, et de les mettre hors de place. Eh ! morbleu ! Messieurs, taisez-vous, quand Dieu ne vous a pas donné la connaissance d'une chose ; n'apprêtez point à rire à ceux qui vous entendent parler, et songez qu'en ne disant mot, on croira peut-être que vous êtes d'habiles gens.

Le Marquis. — Parbleu ! Chevalier, tu le prends là...

Dorante. — Mon Dieu, Marquis, ce n'est pas à toi que

je parle. C'est à une douzaine de Messieurs qui déshonorent les gens de cour par leurs manières extravagantes, et font croire parmi le peuple que nous nous ressemblons tous. Pour moi, je m'en veux justifier le plus qu'il me sera possible ; et je les dauberai tant en toutes rencontres qu'à la fin ils se rendront sages.

LE MARQUIS. — Dis-moi un peu, Chevalier, crois-tu que Lysandre ait de l'esprit ?

DORANTE. — Oui sans doute, et beaucoup.

URANIE. — C'est une chose qu'on ne peut pas nier.

LE MARQUIS. — Demandez-lui ce qui lui semble de *L'École des femmes :* vous verrez qu'il vous dira qu'elle ne lui plaît pas.

DORANTE. — Eh ! mon Dieu ! il y en a beaucoup que le trop d'esprit gâte, qui voient mal les choses à force de lumière, et même qui seraient bien fâchés d'être de l'avis des autres, pour avoir la gloire de décider.

URANIE. — Il est vrai. Notre ami est de ces gens-là, sans doute. Il veut être le premier de son opinion, et qu'on attende par respect son jugement. Toute approbation qui marche avant la sienne est un attentat sur ses lumières, dont il se venge hautement en prenant le contraire parti. Il veut qu'on le consulte sur toutes les affaires d'esprit ; et je suis sûre que, si l'auteur lui eût montré sa comédie avant que de la faire voir au public, il l'eût trouvée la plus belle du monde.

LE MARQUIS. — Et que direz-vous de la marquise Araminte, qui la publie partout pour épouvantable, et dit qu'elle n'a pu jamais souffrir les ordures dont elle est pleine ?

DORANTE. — Je dirai que cela est digne du caractère qu'elle a pris ; et qu'il y a des personnes qui se rendent ridicules, pour vouloir avoir trop d'honneur. Bien qu'elle ait de l'esprit, elle a suivi le mauvais exemple de celles qui, étant sur le retour de l'âge, veulent remplacer de quelque chose ce qu'elles voient qu'elles perdent, et prétendent que les grimaces d'une pruderie scrupuleuse leur tiendront lieu de jeunesse et de beauté. Celle-ci pousse l'affaire plus avant qu'aucune, et l'habileté de son scrupule découvre des saletés où jamais personne n'en avait vu. On tient qu'il va, ce scrupule, jusques à défigurer notre langue, et qu'il n'y a point presque de mots dont la sévérité de cette dame ne veuille retrancher ou la tête ou la queue, pour les syllabes déshonnêtes qu'elle y trouve.

URANIE. — Vous êtes bien fou, Chevalier.

LE MARQUIS. — Enfin, Chevalier, tu crois défendre ta comédie en faisant la satire de ceux qui la condamnent.

DORANTE. — Non pas; mais je tiens que cette dame se scandalise à tort...

ÉLISE. — Tout beau, Monsieur le Chevalier, il pourrait y en avoir d'autres qu'elle qui seraient dans les mêmes sentiments.

DORANTE. — Je sais bien que ce n'est pas vous, au moins; et que lorsque vous avez vu cette représentation...

ÉLISE. — Il est vrai; mais j'ai changé d'avis; et Madame sait appuyer le sien par des raisons si convaincantes qu'elle m'a entraînée de son côté.

DORANTE. — Ah! Madame, je vous demande pardon : et, si vous le voulez, je me dédirai, pour l'amour de vous, de tout ce que j'ai dit.

CLIMÈNE. — Je ne veux pas que ce soit pour l'amour de moi, mais pour l'amour de la raison; car enfin cette pièce, à le bien prendre, est tout à fait indéfendable, et je ne conçois pas...

URANIE. — Ah! voici l'auteur, Monsieur Lysidas. Il vient tout à propos pour cette matière. Monsieur Lysidas, prenez un siège vous-même, et vous mettez là.

SCÈNE VI

LYSIDAS, DORANTE, LE MARQUIS,
ÉLISE, URANIE, CLIMÈNE

LYSIDAS. — Madame, je viens un peu tard; mais il m'a fallu lire ma pièce chez Madame la Marquise, dont je vous avais parlé; et les louanges qui lui ont été données m'ont retenu une heure plus que je ne croyais.

ÉLISE. — C'est un grand charme que les louanges pour arrêter un auteur.

URANIE. — Asseyez-vous donc, Monsieur Lysidas; nous lirons votre pièce après souper.

LYSIDAS. — Tous ceux qui étaient là doivent venir à sa première représentation, et m'ont promis de faire leur devoir comme il faut.

URANIE. — Je le crois. Mais, encore une fois, asseyez-vous, s'il vous plaît. Nous sommes ici sur une matière que je serai bien aise que nous poussions.

LYSIDAS. — Je pense, Madame, que vous retiendrez aussi une loge pour ce jour-là.

URANIE. — Nous verrons. Poursuivons, de grâce, notre discours.

LYSIDAS. — Je vous donne avis, Madame, qu'elles sont presque toutes retenues.

URANIE. — Voilà qui est bien. Enfin, j'avais besoin de vous, lorsque vous êtes venu, et tout le monde était ici contre moi.

ÉLISE. — Il s'est mis d'abord de votre côté; mais maintenant qu'il sait que Madame est à la tête du parti contraire, je pense que vous n'avez qu'à chercher un autre secours.

CLIMÈNE. — Non, non, je ne voudrais pas qu'il fît mal sa cour auprès de Madame votre cousine, et je permets à son esprit d'être du parti de son cœur.

DORANTE. — Avec cette permission, Madame, je prendrai la hardiesse de me défendre.

URANIE. — Mais auparavant sachons les sentiments de Monsieur Lysidas.

LYSIDAS. — Sur quoi, Madame ?

URANIE. — Sur le sujet de *l'École des Femmes*.

LYSIDAS. — Ha, ha.

DORANTE. — Que vous en semble ?

LYSIDAS. — Je n'ai rien à dire là-dessus; et vous savez qu'entre nous autres auteurs, nous devons parler des ouvrages les uns des autres avec beaucoup de circonspection.

DORANTE. — Mais encore, entre nous, que pensez-vous de cette comédie ?

LYSIDAS. — Moi, Monsieur ?

URANIE. — De bonne foi, dites-nous votre avis.

LYSIDAS. — Je la trouve fort belle.

DORANTE. — Assurément ?

LYSIDAS. — Assurément. Pourquoi non ? N'est-elle pas en effet la plus belle du monde ?

DORANTE. — Hom, hom, vous êtes un méchant diable, Monsieur Lysidas : vous ne dites pas ce que vous pensez.

LYSIDAS. — Pardonnez-moi.

DORANTE. — Mon Dieu! je vous connais. Ne dissimulons point.

LYSIDAS. — Moi, Monsieur ?

DORANTE. — Je vois bien que le bien que vous dites de cette pièce n'est que par honnêteté, et que, dans le fond du cœur, vous êtes de l'avis de beaucoup de gens qui la trouvent mauvaise.

LYSIDAS. — Hay, hay, hay.

DORANTE. — Avouez, ma foi, que c'est une méchante chose que cette comédie.

LYSIDAS. — Il est vrai qu'elle n'est pas approuvée par les connaisseurs.

LE MARQUIS. — Ma foi, Chevalier, tu en tiens, et te voilà payé de ta raillerie. Ah, ah, ah, ah, ah!

DORANTE. — Pousse, mon cher Marquis, pousse.

LE MARQUIS. — Tu vois que nous avons les savants de notre côté.

DORANTE. — Il est vrai, le jugement de Monsieur Lysidas est quelque chose de considérable. Mais Monsieur Lysidas veut bien que je ne me rende pas pour cela; et puisque j'ai bien l'audace de me défendre contre les sentiments de Madame, il ne trouvera pas mauvais que je combatte les siens.

ÉLISE. — Quoi? vous voyez contre vous Madame, Monsieur le Marquis et Monsieur Lysidas, et vous osez résister encore? Fi! que cela est de mauvaise grâce!

CLIMÈNE. — Voilà qui me confond, pour moi, que des personnes raisonnables se puissent mettre en tête de donner protection aux sottises de cette pièce.

LE MARQUIS. — Dieu me damne, Madame, elle est misérable depuis le commencement jusqu'à la fin.

DORANTE. — Cela est bientôt dit, Marquis. Il n'est rien plus aisé que de trancher ainsi; et je ne vois aucune chose qui puisse être à couvert de la souveraineté de tes décisions.

LE MARQUIS. — Parbleu! tous les autres comédiens qui étaient là pour la voir en ont dit tous les maux du monde.

DORANTE. — Ah! je ne dis plus mot: tu as raison, Marquis. Puisque les autres comédiens en disent du mal, il faut les en croire assurément. Ce sont tous gens éclairés et qui parlent sans intérêt. Il n'y a plus rien à dire, je me rends.

CLIMÈNE. — Rendez-vous, ou ne vous rendez pas, je sais fort bien que vous ne me persuaderez point de souffrir les immodesties de cette pièce, non plus que les satires désobligeantes qu'on y voit contre les femmes.

URANIE. — Pour moi, je me garderai bien de m'en offenser et de prendre rien sur mon compte de tout ce qui s'y dit. Ces sortes de satires tombent directement sur les mœurs, et ne frappent les personnes que par réflexion. N'allons point nous appliquer nous-mêmes les traits d'une censure générale; et profitons de la leçon, si nous pouvons, sans faire semblant qu'on parle à nous. Toutes les peintures ridicules qu'on expose sur les théâtres doivent être regardées sans chagrin de tout le monde. Ce sont miroirs publics, où il ne faut jamais témoigner qu'on se voie; et c'est se taxer hautement d'un défaut que se scandaliser qu'on le reprenne.

CLIMÈNE. — Pour moi, je ne parle pas de ces choses par la part que j'y puisse avoir, et je pense que je vis d'un air dans le monde à ne pas craindre d'être cherchée dans les peintures qu'on fait là des femmes qui se gouvernent mal.

ÉLISE. — Assurément, Madame, on ne vous y cherchera point. Votre conduite est assez connue, et ce sont de ces sortes de choses qui ne sont contestées de personne.

URANIE. — Aussi, Madame, n'ai-je rien dit qui aille à vous; et mes paroles, comme les satires de la comédie, demeurent dans la thèse générale.

CLIMÈNE. — Je n'en doute pas, Madame. Mais enfin passons sur ce chapitre. Je ne sais pas de quelle façon vous recevez les injures qu'on dit à notre sexe dans un certain endroit de la pièce; et pour moi, je vous avoue que je suis dans une colère épouvantable, de voir que cet auteur impertinent nous appelle *des animaux*.

URANIE. — Ne voyez-vous pas que c'est un ridicule qu'il fait parler?

DORANTE. — Et puis, Madame, ne savez-vous pas que les injures des amants n'offensent jamais? qu'il est des amours emportés aussi bien que des doucereux? et qu'en de pareilles occasions les paroles les plus étranges, et quelque chose de pis encore, se prennent bien souvent pour des marques d'affection par celles mêmes qui les reçoivent?

ÉLISE. — Dites tout ce que vous voudrez, je ne saurais digérer cela, non plus que le *potage* et la *tarte à la crème*, dont Madame a parlé tantôt.

LE MARQUIS. — Ah! ma foi, oui, *tarte à la crème!* voilà ce que j'avais remarqué tantôt; *tarte à la crème!* Que je vous suis obligé, Madame, de m'avoir fait souvenir de *tarte à la crème!* Y a-t-il assez de pommes en Normandie pour *tarte à la crème? Tarte à la crème*, morbleu! *tarte à la crème!*

DORANTE. — Eh bien! que veux-tu dire : *tarte à la crème?*

LE MARQUIS. — Parbleu! *tarte à la crème*, Chevalier.

DORANTE. — Mais encore?

LE MARQUIS. — *Tarte à la crème!*

DORANTE. — Dis-nous un peu tes raisons.

LE MARQUIS. — *Tarte à la crème !*

URANIE. — Mais il faut expliquer sa pensée, ce me semble.

LE MARQUIS. — *Tarte à la crème*, Madame!

URANIE. — Que trouvez-vous là à redire ?

LE MARQUIS. — Moi, rien. *Tarte à la crème !*

URANIE. — Ah! je le quitte!

ÉLISE. — Monsieur le Marquis s'y prend bien, et vous bourre de la belle manière. Mais je voudrais bien que Monsieur Lysidas voulût les achever et leur donner quelques petits coups de sa façon.

LYSIDAS. — Ce n'est pas ma coutume de rien blâmer, et je suis assez indulgent pour les ouvrages des autres. Mais, enfin, sans choquer l'amitié que Monsieur le Chevalier témoigne pour l'auteur, on m'avouera que ces sortes de comédies ne sont pas proprement des comédies, et qu'il y a une grande différence de toutes ces bagatelles à la beauté des pièces sérieuses. Cependant tout le monde donne là-dedans aujourd'hui : on ne court plus qu'à cela, et l'on voit une solitude effroyable aux grands ouvrages, lorsque des sottises ont tout Paris. Je vous avoue que le cœur m'en saigne quelquefois, et cela est honteux pour la France.

CLIMÈNE. — Il est vrai que le goût des gens est étrangement gâté là-dessus, et que le siècle s'encanaille furieusement.

ÉLISE. — Celui-là est joli encore, *s'encanaille !* Est-ce vous qui l'avez inventé, Madame ?

CLIMÈNE. — Hé!

ÉLISE. — Je m'en suis bien doutée.

DORANTE. — Vous croyez donc, Monsieur Lysidas, que tout l'esprit et toute la beauté sont dans les poèmes sérieux, et que les pièces comiques sont des niaiseries qui ne méritent aucune louange ?

URANIE. — Ce n'est pas mon sentiment, pour moi. La tragédie, sans doute, est quelque chose de beau quand elle est bien touchée; mais la comédie a ses charmes, et je tiens que l'une n'est pas moins difficile à faire que l'autre.

DORANTE. — Assurément, Madame; et quand, pour la difficulté, vous mettriez un *plus* du côté de la comédie, peut-être que vous ne vous abuseriez pas. Car enfin, je trouve qu'il est bien plus aisé de se guinder sur de grands sentiments, de braver en vers la Fortune, accuser les Destins, et dire des injures aux Dieux, que d'entrer comme il faut dans le ridicule des hommes, et de rendre agréablement sur le théâtre les défauts de tout le monde. Lorsque vous peignez des héros, vous faites ce que vous voulez. Ce sont des portraits à plaisir, où l'on ne cherche point de ressemblance; et vous n'avez qu'à suivre les traits d'une imagination qui se donne l'essor, et qui souvent laisse le vrai pour attraper le merveilleux. Mais lorsque vous peignez les hommes, il faut peindre d'après nature. On veut que ces portraits ressemblent; et vous n'avez rien fait, si vous n'y faites reconnaître les gens de votre siècle. En un mot, dans les pièces sérieuses, il suffit, pour n'être point blâmé, de dire des choses qui soient de bon sens et bien écrites; mais ce n'est pas assez dans les autres, il y faut plaisanter; et c'est une étrange entreprise que celle de faire rire les honnêtes gens.

CLIMÈNE. — Je crois être du nombre des honnêtes gens; et cependant je n'ai pas trouvé le mot pour rire dans tout ce que j'ai vu.

LE MARQUIS. — Ma foi, ni moi non plus.

DORANTE. — Pour toi, Marquis, je ne m'en étonne pas : c'est que tu n'y as point trouvé de turlupinades.

LYSIDAS. — Ma foi, Monsieur, ce qu'on y rencontre ne vaut guère mieux, et toutes les plaisanteries y sont assez froides à mon avis.

DORANTE. — La cour n'a pas trouvé cela.

LYSIDAS. — Ah! Monsieur, la cour!

DORANTE. — Achevez, Monsieur Lysidas. Je vois bien que vous voulez dire que la cour ne se connaît pas à ces choses; et c'est le refuge ordinaire de vous autres, Messieurs les auteurs, dans le mauvais succès de vos ouvrages, que d'accuser l'injustice du siècle et le peu de lumière des courtisans. Sachez, s'il vous plaît, Monsieur Lysidas, que les courtisans ont d'aussi bons yeux que d'autres; qu'on peut être habile avec un point de Venise et des plumes, aussi bien qu'avec une perruque courte et un petit rabat uni; que la grande épreuve de toutes vos comédies, c'est le jugement de la cour; que c'est son goût qu'il faut étudier pour trouver l'art de réussir; qu'il n'y a point de lieu où les décisions soient si justes; et sans mettre en ligne de compte tous les gens savants qui y sont, que, du simple bon sens naturel et du commerce de tout le beau monde, on s'y fait une manière d'esprit, qui sans comparaison juge plus finement les choses que tout le savoir enrouillé des pédants.

URANIE. — Il est vrai que, pour peu qu'on y demeure, il vous passe là tous les jours assez de chosès devant les yeux pour acquérir quelque habitude de les connaître, et surtout pour ce qui est de la bonne et mauvaise plaisanterie.

DORANTE. — La cour a quelques ridicules, j'en demeure d'accord, et je suis, comme on voit, le premier à les fronder. Mais, ma foi, il y en a un grand nombre parmi les beaux esprits de profession; et si l'on joue quelques marquis, je trouve qu'il y a bien plus de quoi jouer les auteurs, et que ce serait une chose plaisante à mettre sur le théâtre que leurs grimaces savantes et leurs raffinements ridicules, leur vicieuse coutume d'assassiner les gens de leurs ouvrages, leur friandise de louanges, leurs ménagements de pensées, leur trafic de réputation, et leurs ligues offensives et défensives, aussi bien que leurs guerres d'esprit, et leurs combats de prose et de vers.

LYSIDAS. — Molière est bien heureux, Monsieur, d'avoir un protecteur aussi chaud que vous. Mais enfin, pour venir au fait, il est question de savoir si sa pièce est bonne, et je m'offre d'y montrer partout cent défauts visibles.

URANIE. — C'est une étrange chose de vous autres Messieurs les poètes, que vous condamniez toujours les pièces où tout le monde court, et ne disiez jamais du bien que de celles où personne ne va. Vous montrez pour les unes une haine invincible, et pour les autres une tendresse qui n'est pas concevable.

DORANTE. — C'est qu'il est généreux de se ranger du côté des affligés.

URANIE. — Mais, de grâce, Monsieur Lysidas, faites-nous voir ces défauts dont je ne me suis point aperçue.

LYSIDAS. — Ceux qui possèdent Aristote et Horace voient d'abord, Madame, que cette comédie pèche contre toutes les règles de l'art.

URANIE. — Je vous avoue que je n'ai aucune habitude avec ces Messieurs-là, et que je ne sais point les règles de l'art.

DORANTE. — Vous êtes de plaisantes gens avec vos règles, dont vous embarrassez les ignorants et nous étourdissez tous les jours. Il semble, à vous ouïr parler, que ces règles de l'art soient les plus grands mystères du monde; et cependant ce ne sont que quelques observations aisées, que le bon sens a faites sur ce qui peut ôter le plaisir que l'on prend à ces sortes de poèmes; et le même bon sens qui a fait autrefois ces observations les fait aisément tous les jours sans le secours d'Horace et d'Aristote. Je voudrais bien savoir si la grande règle de toutes les règles n'est pas de plaire, et si une pièce de théâtre qui a attrapé son but n'a pas suivi un bon chemin. Veut-on que tout un public s'abuse sur ces sortes de choses, et que chacun n'y soit pas juge du plaisir qu'il y prend ?

URANIE. — J'ai remarqué une chose de ces Messieurs-là : c'est que ceux qui parlent le plus des règles, et qui les savent mieux que les autres, font des comédies que personne ne trouve belles.

DORANTE. — Et c'est ce qui marque, Madame, comme on doit s'arrêter peu à leurs disputes embarrassées. Car enfin, si les pièces qui sont selon les règles ne plaisent pas et que celles qui plaisent ne soient pas selon les règles, il faudrait de nécessité que les règles eussent été mal faites. Moquons-nous donc de cette chicane où ils veulent assujettir le goût du public, et ne consultons dans une comédie que l'effet qu'elle fait sur nous. Laissons-nous aller de bonne foi aux choses qui nous prennent par les entrailles, et ne cherchons point de raisonnements pour nous empêcher d'avoir du plaisir.

URANIE. — Pour moi, quand je vois une comédie, je regarde seulement si les choses me touchent; et, lorsque je m'y suis bien divertie, je ne vais point demander si j'ai eu tort, et si les règles d'Aristote me défendaient de rire.

DORANTE. — C'est justement comme un homme qui aurait trouvé une sauce excellente, et qui voudrait examiner si elle est bonne sur les préceptes du *Cuisinier français*.

URANIE. — Il est vrai; et j'admire les raffinements de certaines gens sur des choses que nous devons sentir par nous-mêmes.

DORANTE. — Vous avez raison, Madame, de les trouver étranges, tous ces raffinements mystérieux. Car enfin, s'ils ont lieu, nous voilà réduits à ne nous plus croire; nos propres sens seront esclaves en toutes choses; et, jusques au manger et au boire, nous n'oserons plus trouver rien de bon, sans le congé de Messieurs les experts.

LYSIDAS. — Enfin, Monsieur, toute votre raison, c'est que *l'École des Femmes* a plu; et vous ne vous souciez point qu'elle soit dans les règles, pourvu...

DORANTE. — Tout beau, Monsieur Lysidas, je ne vous accorde pas cela. Je dis bien que le grand art est de plaire, et que cette comédie ayant plu à ceux pour qui elle est faite, je trouve que c'est assez pour elle et qu'elle doit peu se soucier du reste. Mais, avec cela, je soutiens qu'elle ne pèche contre aucune des règles dont vous parlez. Je les ai lues, Dieu merci, autant qu'un autre; et je ferais voir aisément que peut-être n'avons-nous point de pièce au théâtre plus régulière que celle-là.

ÉLISE. — Courage, Monsieur Lysidas! nous sommes perdus si vous reculez.

LYSIDAS. — Quoi? Monsieur, la protase, l'épitase, et la péripétie?...

DORANTE. — Ah! Monsieur Lysidas, vous nous assommez avec vos grands mots. Ne paraissez point si savant, de grâce. Humanisez votre discours, et parlez pour être entendu. Pensez-vous qu'un nom grec donne plus de poids à vos raisons? Et ne trouveriez-vous pas qu'il fût aussi beau de dire l'exposition du sujet que la protase, le nœud que l'épitase, et le dénouement que la péripétie?

LYSIDAS. — Ce sont termes de l'art dont il est permis de se servir. Mais, puisque ces mots blessent vos oreilles, je m'expliquerai d'une autre façon, et je vous prie de répondre positivement à trois ou quatre choses que je vais dire. Peut-on souffrir une pièce qui pèche contre le nom propre des pièces de théâtre? Car enfin, le nom de poème dramatique vient d'un mot grec qui signifie agir, pour montrer que la nature de ce poème consiste dans l'action; et dans cette comédie-ci, il ne se passe point d'actions, et tout consiste en des récits que vient faire ou Agnès ou Horace.

LE MARQUIS. — Ah! ah! Chevalier.

CLIMÈNE. — Voilà qui est spirituellement remarqué, et c'est prendre le fin des choses.

LYSIDAS. — Est-il rien de si peu spirituel, ou, pour mieux dire, rien de si bas, que quelques mots où tout le monde rit, et surtout celui des *enfants par l'oreille*?

CLIMÈNE. — Fort bien.

ÉLISE. — Ah!

LYSIDAS. — La scène du valet et de la servante au-dedans de la maison, n'est-elle pas d'une longueur ennuyeuse, et tout à fait impertinente?

LE MARQUIS. — Cela est vrai.

CLIMÈNE. — Assurément.

ÉLISE. — Il a raison.

LYSIDAS. — Arnolphe ne donne-t-il pas trop librement son argent à Horace? Et puisque c'est le personnage ridicule de la pièce, fallait-il lui faire faire l'action d'un honnête homme ?

Le Marquis. — Bon. La remarque est encore bonne.

Climène. — Admirable.

Élise. — Merveilleuse.

Lysidas. — Le sermon et les *Maximes* ne sont-elles pas des choses ridicules, et qui choquent même le respect que l'on doit à nos mystères ?

Le Marquis. — C'est bien dit.

Climène. — Voilà parlé comme il faut.

Élise. — Il ne se peut rien de mieux.

Lysidas. — Et ce Monsieur de la Souche enfin, qu'on nous fait un homme d'esprit, et qui paraît si sérieux en tant d'endroits, ne descend-il point dans quelque chose de trop comique et de trop outré au cinquième acte, lorsqu'il explique à Agnès la violence de son amour, avec ces roulements d'yeux extravagants, ces soupirs ridicules, et ces larmes niaises qui font rire tout le monde ?

Le Marquis. — Morbleu! merveille!

Climène. — Miracle!

Élise. — Vivat! Monsieur Lysidas.

Lysidas. — Je laisse cent mille autres choses, de peur d'être ennuyeux.

Le Marquis. — Parbleu! Chevalier, te voilà mal ajusté.

Dorante. — Il faut voir.

Le Marquis. — Tu as trouvé ton homme, ma foi!

Dorante. — Peut-être.

Le Marquis. — Réponds, réponds, réponds, réponds.

Dorante. — Volontiers. Il...

Le Marquis. — Réponds donc, je te prie.

Dorante. — Laisse-moi donc faire. Si...

Le Marquis. — Parbleu! je te défie de répondre.

Dorante. — Oui, si tu parles toujours.

Climène. — De grâce, écoutons ses raisons.

Dorante. — Premièrement, il n'est pas vrai de dire que toute la pièce n'est qu'en récits. On y voit beaucoup d'actions qui se passent sur la scène, et les récits eux-mêmes y sont des actions, suivant la constitution du sujet; d'autant qu'ils sont tous faits innocemment, ces récits, à la personne intéressée, qui par là entre, à tous coups, dans une confusion à réjouir les spectateurs, et prend, à chaque nouvelle, toutes les mesures qu'il peut pour se parer du malheur qu'il craint.

Uranie. — Pour moi, je trouve que la beauté du sujet de *l'École des Femmes* consiste dans cette confidence perpétuelle; et ce qui me paraît assez plaisant, c'est qu'un homme qui a de l'esprit, et qui est averti de tout par une innocente qui est sa maîtresse, et par un étourdi qui est son rival, ne puisse avec cela éviter ce qui lui arrive.

LE MARQUIS. — Bagatelle, bagatelle.

CLIMÈNE. — Faible réponse.

ÉLISE. — Mauvaises raisons.

DORANTE. — Pour ce qui est des *enfants par l'oreille*, ils ne sont plaisants que par réflexion à Arnolphe; et l'auteur n'a pas mis cela pour être de soi un bon mot, mais seulement pour une chose qui caractérise l'homme, et peint d'autant mieux son extravagance, puisqu'il rapporte une sottise triviale qu'a dite Agnès comme la chose la plus belle du monde, et qui lui donne une joie inconcevable.

LE MARQUIS. — C'est mal répondre.

CLIMÈNE. — Cela ne satisfait point.

ÉLISE. — C'est ne rien dire.

DORANTE. — Quant à l'argent qu'il donne librement, outre que la lettre de son meilleur ami lui est une caution suffisante, il n'est pas incompatible qu'une personne soit ridicule en de certaines choses et honnête homme en d'autres. Et pour la scène d'Alain et de Georgette dans le logis, que quelques-uns ont trouvée longue et froide, il est certain qu'elle n'est pas sans raison, et de même qu'Arnolphe se trouve attrapé, pendant son voyage, par la pure innocence de sa maîtresse, il demeure, au retour, longtemps à sa porte par l'innocence de ses valets, afin qu'il soit partout puni par les choses qu'il a cru faire la sûreté de ses précautions.

LE MARQUIS. — Voilà des raisons qui ne valent rien.

CLIMÈNE. — Tout cela ne fait que blanchir.

ÉLISE. — Cela fait pitié.

DORANTE. — Pour le discours moral que vous appelez un sermon, il est certain que de vrais dévots qui l'ont ouï n'ont pas trouvé qu'il choquât ce que vous dites; et sans doute que ces paroles d'*enfer* et de *chaudières bouillantes* sont assez justifiées par l'extravagance d'Arnolphe et par l'innocence de celle à qui il parle. Et quant au transport amoureux du cinquième acte, qu'on accuse d'être trop outré et trop comique, je voudrais bien savoir si ce n'est pas faire la satire des amants, et si les honnêtes gens même et les plus sérieux, en de pareilles occasions, ne font pas des choses... ?

LE MARQUIS. — Ma foi, Chevalier, tu ferais mieux de te taire.

DORANTE. — Fort bien. Mais enfin si nous nous regardions nous-mêmes, quand nous sommes bien amoureux... ?

LE MARQUIS. — Je ne veux pas seulement t'écouter.

DORANTE. — Écoute-moi, si tu veux. Est-ce que dans la violence de la passion... ?

LE MARQUIS. — La, la, la, la, lare, la, la, la, la, la, la.

(Il chante.)

DORANTE. — Quoi... ?

LE MARQUIS. — La, la, la, la, lare, la, la, la, la, la, la.

DORANTE. — Je ne sais pas si...

LE MARQUIS. — La, la, la, la, lare, la, la, la, la, la, la, la.

URANIE.— Il me semble que...

LE MARQUIS. — La, la, la, lare, la, la, la, la, la, la, la, la, la, la.

URANIE. — Il se passe des choses assez plaisantes dans notre dispute. Je trouve qu'on en pourrait bien faire une petite comédie, et que cela ne serait pas trop mal à la queue de *l'École des Femmes*.

DORANTE. — Vous avez raison.

LE MARQUIS. — Parbleu! Chevalier, tu jouerais làdedans un rôle qui ne te serait pas avantageux.

DORANTE. — Il est vrai, Marquis.

CLIMÈNE. — Pour moi, je souhaiterais que cela se fît, pourvu qu'on traitât l'affaire comme elle s'est passée.

ÉLISE. — Et moi, je fournirais de bon cœur mon personnage.

LYSIDAS. — Je ne refuserais pas le mien, que je pense.

URANIE. — Puisque chacun en serait content, Chevalier, faites un mémoire de tout, et le donnez à Molière, que vous connaissez, pour le mettre en comédie.

CLIMÈNE. — Il n'aurait garde, sans doute, et ce ne serait pas des vers à sa louange.

URANIE. — Point, point; je connais son humeur : il ne se soucie pas qu'on fronde ses pièces, pourvu qu'il y vienne du monde.

DORANTE. — Oui. Mais quel dénouement pourrait-il trouver à ceci ? car il ne saurait y avoir ni mariage, ni reconnaissance; et je ne sais point par où l'on pourrait faire finir la dispute.

URANIE. — Il faudrait rêver quelque incident pour cela.

SCÈNE VII ET DERNIÈRE

GALOPIN, LYSIDAS, DORANTE, LE MARQUIS,
CLIMÈNE, ÉLISE, URANIE

GALOPIN. — Madame, on a servi sur table.

DORANTE. — Ah! voilà justement ce qu'il faut pour le dénouement que nous cherchions, et l'on ne peut rien trouver de plus naturel. On disputera fort et ferme de part et d'autre, comme nous avons fait, sans que personne se rende; un petit laquais viendra dire qu'on a servi; on se lèvera, et chacun ira souper.

URANIE. — La comédie ne peut pas mieux finir, et nous ferons bien d'en demeurer là.

L'IMPROMPTU DE VERSAILLES

NOTICE
SUR
L'IMPROMPTU DE VERSAILLES

L'Impromptu de Versailles est la seconde et définitive réplique de Molière à ceux qui avaient critiqué *l'École des Femmes* (voir la Notice). Le seul fait que cette petite comédie ait été jouée à Versailles, en présence du roi, avant d'être reprise au Palais-Royal, atteste publiquement l'approbation du Roi, qui entraînait automatiquement celle de la Cour et de la Ville. Molière a d'ailleurs bien soin de préciser, à trois reprises, que sa comédie a été écrite par ordre du roi, ce qui devait imposer le silence à ses détracteurs.

Excellent imitateur, il déchaîna les rires dans sa parodie des principaux comédiens de l'Hôtel de Bourgogne, qu'il avait déjà égratignés au passage dans *les Précieuses ridicules* et dans *la Critique de l'École des Femmes*. Il s'amuse de leur jeu emphatique et de leur manque de naturel. Après avoir, dans la *Critique*, proclamé publiquement sa conception de l'art dramatique, il nous livre, cette fois, sa pensée sur le jeu même du comédien. Tous les contemporains, même ceux qui lui sont favorables, affirment que Molière, excellent dans la comédie, fut un détestable tragédien. C'est qu'il voulait s'affranchir de la déclamation ampoulée, psalmodiée, et des cris par lesquels les comédiens de l'Hôtel de Bourgogne faisaient le « brouhaha ». Il se peut que ses premiers échecs, au temps de *l'Illustre Théâtre*, soient dus à cet essai de réforme, qui n'aboutit d'ailleurs pas, de la déclamation tragique. On devine, derrière la concurrence commerciale des deux troupes, une opposition fondamentale sur la manière de réciter et sur le jeu du comédien. Il est à noter cependant que, dans ses imitations parodiques, Molière épargna Floridor, le directeur de la troupe royale. C'était sans doute un discret hommage rendu au talent de ce grand tragédien, excellent interprète de Corneille et de Racine.

Après les comédiens, ce fut le tour des auteurs rivaux et principalement de leur porte-parole, Boursault, auteur du *Portrait du Peintre*. La réplique de Molière est cinglante et prend une autorité particulière du fait de l'approbation du souverain; elle cloue le calomniateur au pilori; il se taira désormais. Une claire allusion à Corneille — du *cèdre à l'hysope*, du plus grand au plus petit, *le cèdre* ne pouvant être que Corneille — atteste que l'auteur du *Cid* animait personnellement la cabale, par jalousie des succès de Molière. Des témoignages contemporains, notamment celui de l'abbé d'Aubignac, le confirment. Ainsi donc, soutenu par la faveur éclatante du roi, Molière sortait vainqueur de cette « querelle », qui n'était en définitive qu'une mauvaise querelle que lui cherchaient des auteurs et des acteurs rivaux à qui ses succès portaient ombrage.

Mais *l'Impromptu de Versailles* dépasse largement en intérêt les limites de cette querelle. C'est une comédie charmante, improvisée en quelques jours, et qui nous montre Molière au milieu de ses compagnons, dans son emploi de metteur en scène. Quelques boutades à l'adresse de sa femme et de Mlle du Parc, comédienne très « façonnière », les comédiens jouant leurs propres personnages, il y avait là de quoi plaire au public. La « comédie dans la comédie » était un procédé éprouvé qu'avaient déjà utilisé Rotrou dans *Saint-Genest* et Corneille dans *l'Illusion comique*. Gougenot avait fait représenter en 1633 une pièce intitulée *la Comédie des comédiens*. Scudéry en avait donné une autre portant le même titre l'année suivante. Nos ancêtres s'amusaient déjà des histoires qui couraient sur les comédiens et surtout les comédiennes, leurs rivalités, leurs jalousies, leurs aventures galantes, qui défrayaient la chronique du temps. On riait de voir Molière lui-même, dans son propre personnage de directeur de troupe et de metteur en scène minutieux, attentif, mais aussi coléreux et emporté, se démener au milieu de ces « étranges animaux à conduire » que sont les comédiens. Molière s'offrait lui-même avec ses compagnons aux rires et aux applaudissements d'un public qui ne les lui ménageait pas.

Ainsi, d'une œuvre mineure et toute de circonstance, il avait réussi à faire une comédie plaisante, piquante, originale, dont la verve et la puissance comique conservent tout leur effet sur le spectateur d'aujourd'hui.

L'IMPROMPTU DE VERSAILLES

COMÉDIE

REPRÉSENTÉE LA PREMIÈRE FOIS
A VERSAILLES POUR LE ROI
LE 14ᵉ OCTOBRE 1663
ET DONNÉE DEPUIS AU PUBLIC DANS LA SALLE DU PALAIS-ROYAL
LE 4ᵉ NOVEMBRE DE LA MÊME ANNÉE 1663

PAR LA

TROUPE DE MONSIEUR, FRÈRE UNIQUE DU ROI

PERSONNAGES

MOLIÈRE, marquis ridicule.
BRÉCOURT, homme de qualité.
DE LA GRANGE, marquis ridicule.
DU CROISY, poète.
LA THORILLIÈRE, marquis fâcheux.
BÉJART, homme qui fait le nécessaire.
Mlle DU PARC, marquise façonnière.
Mlle BÉJART, prude.
Mlle DE BRIE, sage coquette.
Mlle MOLIÈRE, satirique spirituelle.
Mlle DU CROISY, peste doucereuse.
Mlle HERVÉ, servante précieuse.

La scène est à Versailles, dans la salle de la Comédie.

SCÈNE I

MOLIÈRE, BRÉCOURT, LA GRANGE,
DU CROISY, Mlle DU PARC, Mlle BÉJART,
Mlle DE BRIE, Mlle MOLIÈRE,
Mlle DU CROISY, Mlle HERVÉ

MOLIÈRE. — Allons donc, Messieurs et Mesdames, vous moquez-vous avec votre longueur, et ne voulez-vous pas tous venir ici ? La peste soit des gens ! Holà ho ! Monsieur de Brécourt !

BRÉCOURT. — Quoi ?

MOLIÈRE. — Monsieur de la Grange !

LA GRANGE. — Qu'est-ce ?

MOLIÈRE. — Monsieur du Croisy !

DU CROISY. — Plaît-il ?

MOLIÈRE. — Mademoiselle du Parc !

MADEMOISELLE DU PARC. — Hé bien ?

MOLIÈRE. — Mademoiselle Béjart !

MADEMOISELLE BÉJART. — Qu'y a-t-il ?

MOLIÈRE. — Mademoiselle de Brie !

MADEMOISELLE DE BRIE. — Que veut-on ?

MOLIÈRE. — Mademoiselle du Croisy !

MADEMOISELLE DU CROISY. — Qu'est-ce que c'est ?

MOLIÈRE. — Mademoiselle Hervé !

MADEMOISELLE HERVÉ. — On y va.

MOLIÈRE. — Je crois que je deviendrai fou avec tous ces gens-ci. Eh ! têtebleu ! Messieurs, me voulez-vous faire enrager aujourd'hui ?

BRÉCOURT. — Que voulez-vous qu'on fasse ? Nous ne savons pas nos rôles ; et c'est nous faire enrager vous-même que de nous obliger à jouer de la sorte.

MOLIÈRE. — Ah! les étranges animaux à conduire que
des comédiens!

MADEMOISELLE BÉJART. — Eh bien, nous voilà. Que
prétendez-vous faire ?

MADEMOISELLE DU PARC. — Quelle est votre pensée ?

MADEMOISELLE DE BRIE. — De quoi est-il question ?

MOLIÈRE. — De grâce, mettons-nous ici; et puisque
nous voilà tous habillés, et que le Roi ne doit venir de
deux heures, employons ce temps à répéter notre affaire
et voir la manière dont il faut jouer les choses.

LA GRANGE. — Le moyen de jouer ce qu'on ne sait pas ?

MADEMOISELLE DU PARC. — Pour moi, je vous déclare
que je ne me souviens'pas d'un mot de mon personnage.

MADEMOISELLE DE BRIE. — Je sais bien qu'il me faudra
souffler le mien d'un bout à l'autre.

MADEMOISELLE BÉJART. — Et moi, je me prépare fort à
tenir mon rôle à la main.

MADEMOISELLE MOLIÈRE. — Et moi aussi.

MADEMOISELLE HERVÉ. — Pour moi, je n'ai pas grand-
chose à dire.

MADEMOISELLE DU CROISY. — Ni moi non plus; mais
avec cela je ne répondrais pas de ne point manquer.

DU CROISY. — J'en voudrais être quitte pour dix pistoles.

BRÉCOURT. — Et moi, pour vingt bons coups de fouet,
je vous assure.

MOLIÈRE. — Vous voilà tous bien malades, d'avoir
un méchant rôle à jouer, et que feriez-vous donc si vous
étiez en ma place ?

MADEMOISELLE BÉJART. — Qui, vous ? Vous n'êtes pas
à plaindre; car, ayant fait la pièce, vous n'avez pas peur
d'y manquer.

MOLIÈRE. — Et n'ai-je à craindre que le manquement
de mémoire ? Ne comptez-vous pour rien l'inquiétude
d'un succès qui ne regarde que moi seul ? Et pensez-vous
que ce soit une petite affaire que d'exposer quelque chose
de comique devant une assemblée comme celle-ci, que
d'entreprendre de faire rire des personnes qui nous
impriment le respect et ne rient que quand ils veulent ?
Est-il auteur qui ne doive trembler lorsqu'il en vient à
cette épreuve ? Et n'est-ce pas à moi de dire que je voudrais en être quitte pour toutes les choses du monde ?

MADEMOISELLE BÉJART. — Si cela vous faisait trembler,
vous prendriez mieux vos précautions et n'auriez pas
entrepris en huit jours ce que vous avez fait.

MOLIÈRE. — Le moyen de m'en défendre, quand un roi me l'a commandé ?

MADEMOISELLE BÉJART. — Le moyen ? Une respectueuse excuse fondée sur l'impossibilité de la chose, dans le peu de temps qu'on vous donne ; et tout autre, en votre place, ménagerait mieux sa réputation et se serait bien gardé de se commettre comme vous faites. Où en serez-vous, je vous prie, si l'affaire réussit mal ? et quel avantage pensez-vous qu'en prendront tous vos ennemis ?

MADEMOISELLE DE BRIE. — En effet ; il fallait s'excuser avec respect envers le Roi, ou demander du temps davantage.

MOLIÈRE. — Mon Dieu, Mademoiselle, les rois n'aiment rien tant qu'une prompte obéissance, et ne se plaisent point du tout à trouver des obstacles. Les choses ne sont bonnes que dans le temps qu'ils les souhaitent ; et leur en vouloir reculer le divertissement est en ôter pour eux toute la grâce. Ils veulent des plaisirs qui ne se fassent point attendre ; et les moins préparés leur sont toujours les plus agréables. Nous ne devons jamais nous regarder dans ce qu'ils désirent de nous : nous ne sommes que pour leur plaire ; et lorsqu'ils nous ordonnent quelque chose, c'est à nous à profiter de l'envie où ils sont. Il vaut mieux s'acquitter mal de ce qu'ils nous demandent que de ne s'en acquitter pas assez tôt ; et si l'on a la honte de n'avoir pas bien réussi, on a toujours la gloire d'avoir obéi vite à leurs commandements. Mais songeons à répéter, s'il vous plaît.

MADEMOISELLE BÉJART. — Comment prétendez-vous que nous fassions, si nous ne savons pas nos rôles ?

MOLIÈRE. — Vous les saurez, vous dis-je ; et quand même vous ne les sauriez pas tout à fait, pouvez-vous pas y suppléer de votre esprit, puisque c'est de la prose, et que vous savez votre sujet ?

MADEMOISELLE BÉJART. — Je suis votre servante : la prose est pis encore que les vers.

MADEMOISELLE MOLIÈRE. — Voulez-vous que je vous dise ? vous deviez faire une comédie où vous auriez joué tout seul.

MOLIÈRE. — Taisez-vous, ma femme, vous êtes une bête.

MADEMOISELLE MOLIÈRE. — Grand merci, Monsieur mon mari. Voilà ce que c'est : le mariage change bien les gens, et vous ne m'auriez pas dit cela il y a dix-huit mois.

MOLIÈRE. — Taisez-vous, je vous prie.

MADEMOISELLE MOLIÈRE. — C'est une chose étrange qu'une petite cérémonie soit capable de nous ôter toutes nos belles qualités, et qu'un mari et un galant regardent la même personne avec des yeux si différents.

MOLIÈRE. — Que de discours!

MADEMOISELLE MOLIÈRE. — Ma foi, si je faisais une comédie, je la ferais sur ce sujet. Je justifierais les femmes de bien des choses dont on les accuse; et je ferais craindre aux maris la différence qu'il y a de leurs manières brusques aux civilités des galants.

MOLIÈRE. — Ahy! laissons cela. Il n'est pas question de causer maintenant : nous avons autre chose à faire.

MADEMOISELLE BÉJART. — Mais puisqu'on vous a commandé de travailler sur le sujet de la critique qu'on a faite contre vous, que n'avez-vous fait cette comédie des comédiens, dont vous nous avez parlé il y a longtemps ? C'était une affaire toute trouvée et qui venait fort bien à la chose, et d'autant mieux qu'ayant entrepris de vous peindre, ils vous ouvraient l'occasion de les peindre aussi, et que cela aurait pu s'appeler leur portrait, à bien plus juste titre que tout ce qu'ils ont fait ne peut être appelé le vôtre. Car vouloir contrefaire un comédien dans un rôle comique, ce n'est pas le peindre lui-même, c'est peindre d'après lui les personnages qu'il représente et se servir des mêmes traits et des mêmes couleurs qu'il est obligé d'employer aux différents tableaux des caractères ridicules qu'il imite d'après nature; mais contrefaire un comédien dans des rôles sérieux, c'est le peindre par des défauts qui sont entièrement de lui, puisque ces sortes de personnages ne veulent ni les gestes, ni les tons de voix ridicules dans lesquels on le reconnaît.

MOLIÈRE. — Il est vrai; mais j'ai mes raisons pour ne le pas faire, et je n'ai pas cru, entre nous, que la chose en valût la peine; et puis il fallait plus de temps pour exécuter cette idée. Comme leurs jours de comédies sont les mêmes que les nôtres, à peine ai-je été les voir que trois ou quatre fois depuis que nous sommes à Paris; je n'ai attrapé de leur manière de réciter que ce qui m'a d'abord sauté aux yeux, et j'aurais eu besoin de les étudier davantage pour faire des portraits bien ressemblants.

MADEMOISELLE DU PARC. — Pour moi, j'en ai reconnu quelques-uns dans votre bouche.

MADEMOISELLE DE BRIE. — Je n'ai jamais ouï parler de cela.

MOLIÈRE. — C'est une idée qui m'avait passé une fois par la tête, et que j'ai laissée là comme une bagatelle, une badinerie, qui peut-être n'aurait point fait rire.

MADEMOISELLE DE BRIE. — Dites-la-moi un peu, puisque vous l'avez dite aux autres.

MOLIÈRE. — Nous n'avons pas le temps maintenant.

MADEMOISELLE DE BRIE. — Seulement deux mots.

MOLIÈRE. — J'avais songé une comédie où il y aurait eu un poète, que j'aurais représenté moi-même, qui serait venu pour offrir une pièce à une troupe de comédiens nouvellement arrivés de la campagne. « Avez-vous, aurait-il dit, des acteurs et des actrices qui soient capables de bien faire valoir un ouvrage ? Car ma pièce est une pièce... — Eh! Monsieur, auraient répondu les comédiens, nous avons des hommes et des femmes qui ont été trouvés raisonnables partout où nous avons passé. — Et qui fait les rois parmi vous ? — Voilà un acteur qui s'en démêle parfois. — Qui ? Ce jeune homme bien fait ? Vous moquez-vous ? Il faut un roi qui soit gros et gras comme quatre, un roi, morbleu! qui soit entripaillé comme il faut, un roi d'une vaste circonférence, et qui puisse remplir un trône de la belle manière. La belle chose qu'un roi d'une taille galante! Voilà déjà un grand défaut; mais que je l'entende un peu réciter une douzaine de vers. » Là-dessus le comédien aurait récité, par exemple, quelques vers du roi de *Nicomède* :

> Te le dirai-je, Araspe? il m'a trop bien servi;
> Augmentant mon pouvoir...

le plus naturellement qu'il aurait été possible. Et le poète : « Comment ? vous appelez cela réciter ? C'est se railler! il faut dire les choses avec emphase. Écoutez-moi.

> *Imitant Montfleury, excellent acteur de l'Hôtel de Bourgogne.*
> Te le dirai-je, Araspe?... etc.

Voyez-vous cette posture ? Remarquez bien cela. Là, appuyer comme il faut le dernier vers. Voilà ce qui attire l'approbation et fait faire le brouhaha. — Mais, Monsieur, aurait répondu le comédien, il me semble qu'un roi qui s'entretient tout seul avec son capitaine des gardes parle un peu plus humainement, et ne prend guère ce ton de démoniaque. — Vous ne savez ce que c'est. Allez-vous-en réciter comme vous faites, vous verrez si vous ferez faire aucun ah! Voyons un peu une scène d'amant et d'amante. » Là-dessus une comédienne et un comédien auraient fait une scène ensemble, qui est celle de Camille et de Curiace,

> Iras-tu, ma chère âme, et ce funeste honneur
> Te plaît-il aux dépens de tout notre bonheur ?
> — Hélas! je vois trop bien..., etc.

tout de même que l'autre, et le plus naturellement qu'ils
auraient pu. Et le poète aussitôt : « Vous vous moquez, vous
ne faites rien qui vaille, et voici comme il faut réciter cela.

> *Imitant Mlle Beauchâteau, comédienne de l'Hôtel*
> *de Bourgogne.*

> Iras-tu, ma chère âme,... etc.
> Non, je te connais mieux..., etc.

Voyez-vous comme cela est naturel et passionné ?
Admirez ce visage riant qu'elle conserve dans les plus
grandes afflictions. » Enfin, voilà l'idée ; et il aurait par-
couru de même tous les acteurs et toutes les actrices.

MADEMOISELLE DE BRIE. — Je trouve cette idée assez
plaisante, et j'en ai reconnu là dès les premiers vers. Conti-
nuez, je vous prie.

> MOLIÈRE, *imitant Beauchâteau, aussi comédien*
> *dans les stances du* Cid.

> Percé jusques au fond du cœur..., etc.

Et celui-ci, le reconnaîtrez-vous bien dans Pompée de
Sertorius ?

> *Imitant Hauteroche, aussi comédien.*

> L'inimitié qui règne entre les deux partis,
> N'y rend pas de l'honneur..., etc.

MADEMOISELLE DE BRIE. — Je le reconnais un peu, je
pense.

MOLIÈRE. — Et celui-ci ?

> *Imitant de Villiers, aussi comédien.*

> Seigneur, Polybe est mort..., etc.

MADEMOISELLE DE BRIE. — Oui, je sais qui c'est ; mais
il y en a quelques-uns d'entre eux, je crois, que vous
auriez peine à contrefaire.

MOLIÈRE. — Mon Dieu, il n'y en a point qu'on ne pût
attraper par quelque endroit, si je les avais bien étudiés.
Mais vous me faites perdre un temps qui nous est cher.
Songeons à nous, de grâce, et ne nous amusons point
davantage à discourir. *(Parlant à de la Grange.)* Vous, prenez garde à bien représenter avec moi votre rôle de marquis.

MADEMOISELLE MOLIÈRE. — Toujours des marquis !

MOLIÈRE. — Oui, toujours des marquis. Que diable voulez-vous qu'on prenne pour un caractère agréable de
théâtre ? Le marquis aujourd'hui est le plaisant de la

comédie ; et comme dans toutes les comédies anciennes on voit toujours un valet bouffon qui fait rire les auditeurs, de même, dans toutes nos pièces de maintenant, il faut toujours un marquis ridicule qui divertisse la compagnie.

MADEMOISELLE BÉJART. — Il est vrai, on ne s'en saurait passer.

MOLIÈRE. — Pour vous, Mademoiselle...

MADEMOISELLE DU PARC. — Mon Dieu, pour moi, je m'acquitterai fort mal de mon personnage, et je ne sais pas pourquoi vous m'avez donné ce rôle de façonnière.

MOLIÈRE. — Mon Dieu, Mademoiselle, voilà comme vous disiez lorsque l'on vous donna celui de la Critique de l'École des femmes ; cependant vous vous en êtes acquittée à merveille, et tout le monde est demeuré d'accord qu'on ne peut pas mieux faire que vous avez fait. Croyez-moi, celui-ci sera de même ; et vous le jouerez mieux que vous ne pensez.

MADEMOISELLE DU PARC. — Comment cela se pourrait-il faire ? car il n'y a point de personne au monde qui soit moins façonnière que moi.

MOLIÈRE. — Cela est vrai ; et c'est en quoi vous faites mieux voir que vous êtes excellente comédienne, de bien représenter un personnage qui est si contraire à votre humeur. Tâchez donc de bien prendre, tous, le caractère de vos rôles, et de vous figurer que vous êtes ce que vous représentez.

(A du Croisy.) Vous faites le poète, vous, et vous devez vous remplir de ce personnage, marquer cet air pédant qui se conserve parmi le commerce du beau monde, ce ton de voix sentencieux, et cette exactitude de prononciation qui appuie sur toutes les syllabes, et ne laisse échapper aucune lettre de la plus sévère orthographe.

(A Brécourt.) Pour vous, vous faites un honnête homme de cour, comme vous avez déjà fait dans la Critique de l'École des femmes, c'est-à-dire que vous devez prendre un air posé, un ton de voix naturel, et gesticuler le moins qu'il vous sera possible.

(A de la Grange.) Pour vous, je n'ai rien à vous dire.

(A Mademoiselle Béjart.) Vous, vous représentez une de ces femmes qui, pourvu qu'elles ne fassent point l'amour, croient que tout le reste leur est permis, de ces femmes qui se retranchent toujours fièrement sur leur pruderie, regardent un chacun de haut en bas, et veulent que toutes les plus belles qualités que possèdent les autres ne soient rien en comparaison d'un misérable honneur dont personne ne se soucie. Ayez toujours ce caractère devant les yeux, pour en bien faire les grimaces.

(*A Mademoiselle de Brie.*) Pour vous, vous faites une de ces femmes qui pensent être les plus vertueuses personnes du monde pourvu qu'elles sauvent les apparences, de ces femmes qui croient que le péché n'est que dans le scandale, qui veulent conduire doucement les affaires qu'elles ont sur le pied d'attachement honnête, et appellent amis ce que les autres nomment galants. Entrez bien dans ce caractère.

(*A Mademoiselle Molière.*) Vous, vous faites le même personnage que dans *la Critique*, et je n'ai rien à vous dire, non plus qu'à Mademoiselle du Parc.

(*A Mademoiselle du Croisy.*) Pour vous, vous représentez une de ces personnes qui prêtent doucement des charités à tout le monde, de ces femmes qui donnent toujours le petit coup de langue en passant, et seraient bien fâchées d'avoir souffert qu'on eût dit du bien du prochain. Je crois que vous ne vous acquitterez pas mal de ce rôle.

(*A Mademoiselle Hervé.*) Et pour vous, vous êtes la soubrette de la Précieuse, qui se mêle de temps en temps dans la conversation, et attrape, comme elle peut, tous les termes de sa maîtresse. Je vous dis tous vos caractères, afin que vous vous les imprimiez fortement dans l'esprit. Commençons maintenant à répéter, et voyons comme cela ira. Ah! voici justement un fâcheux! Il ne nous fallait plus que cela.

SCÈNE II

LA THORILLIÈRE, MOLIÈRE, ETC.

LA THORILLIÈRE. — Bonjour, Monsieur Molière.

MOLIÈRE. — Monsieur, votre serviteur. La peste soit de l'homme!

LA THORILLIÈRE. — Comment vous en va?

MOLIÈRE. — Fort bien, pour vous servir. Mesdemoiselles, ne...

LA THORILLIÈRE. — Je viens d'un lieu où j'ai bien dit du bien de vous.

MOLIÈRE. — Je vous suis obligé. Que le diable t'emporte! Ayez un peu soin...

LA THORILLIÈRE. — Vous jouez une pièce nouvelle aujourd'hui?

MOLIÈRE. — Oui, Monsieur. N'oubliez pas...

LA THORILLIÈRE. — C'est le Roi qui vous la fait faire ?

MOLIÈRE. — Oui, Monsieur. De grâce, songez...

LA THORILLIÈRE. — Comment l'appelez-vous ?

MOLIÈRE. — Oui, Monsieur.

LA THORILLIÈRE. — Je vous demande comment vous la nommez.

MOLIÈRE. — Ah! ma foi, je ne sais. Il faut, s'il vous plaît, que vous...

LA THORILLIÈRE. — Comment serez-vous habillés ?

MOLIÈRE. — Comme vous voyez. Je vous prie...

LA THORILLIÈRE. — Quand commencerez-vous ?

MOLIÈRE. — Quand le Roi sera venu. Au diantre le questionnaire!

LA THORILLIÈRE. — Quand croyez-vous qu'il vienne ?

MOLIÈRE. — La peste m'étouffe, Monsieur, si je le sais.

LA THORILLIÈRE. — Savez-vous point ?...

MOLIÈRE. — Tenez, Monsieur, je suis le plus ignorant homme du monde; je ne sais rien de tout ce que vous pourrez me demander, je vous jure. J'enrage! Ce bourreau vient, avec un air tranquille, vous faire des questions, et ne se soucie pas qu'on ait en tête d'autres affaires.

LA THORILLIÈRE. — Mesdemoiselles, votre serviteur.

MOLIÈRE. — Ah! bon, le voilà d'un autre côté.

LA THORILLIÈRE, à Mademoiselle du Croisy. — Vous voilà belle comme un petit ange. Jouez-vous toutes deux aujourd'hui ? (En regardant Mademoiselle Hervé.)

MADEMOISELLE DU CROISY. — Oui, Monsieur.

LA THORILLIÈRE. — Sans vous, la comédie ne vaudrait pas grand-chose.

MOLIÈRE. — Vous ne voulez pas faire en aller cet homme-là ?

MADEMOISELLE DE BRIE. — Monsieur, nous avons ici quelque chose à répéter ensemble.

LA THORILLIÈRE. — Ah! parbleu! je ne veux pas vous empêcher : vous n'avez qu'à poursuivre.

MADEMOISELLE DE BRIE. — Mais...

LA THORILLIÈRE. — Non, non, je serais fâché d'incommoder personne. Faites librement ce que vous avez à faire.

MADEMOISELLE DE BRIE. — Oui, mais...

LA THORILLIÈRE. — Je suis homme sans cérémonie, vous dis-je, et vous pouvez répéter ce qui vous plaira.

MOLIÈRE. — Monsieur, ces demoiselles ont peine à vous dire qu'elles souhaiteraient fort que personne ne fût ici pendant cette répétition.

La Thorillière. — Pourquoi ? il n'y a point de danger pour moi.

Molière. — Monsieur, c'est une coutume qu'elles observent, et vous aurez plus de plaisir quand les choses vous surprendront.

La Thorillière. — Je m'en vais donc dire que vous êtes prêts.

Molière. — Point du tout; Monsieur, ne vous hâtez pas, de grâce.

SCÈNE III

MOLIÈRE, LA GRANGE, etc.

Molière. — Ah! que le monde est plein d'impertinents! Or sus, commençons. Figurez-vous donc premièrement que la scène est dans l'antichambre du Roi; car c'est un lieu où il se passe tous les jours des choses assez plaisantes. Il est aisé de faire venir là toutes les personnes qu'on veut, et on peut trouver des raisons même pour y autoriser la venue des femmes que j'introduis. La comédie s'ouvre par deux marquis qui se rencontrent.

Souvenez-vous bien, vous, de venir, comme je vous ai dit là, avec cet air qu'on nomme le bel air, peignant votre perruque et grondant une petite chanson entre vos dents. La, la, la, la, la, la. Rangez-vous donc, vous autres, car il faut du terrain à deux marquis; et ils ne sont pas gens à tenir leur personne dans un petit espace. Allons, parlez.

La Grange. — « Bonjour Marquis. »

Molière. — Mon Dieu, ce n'est point là le ton d'un marquis; il faut le prendre un peu plus haut; et la plupart de ces Messieurs affectent une manière de parler particulière, pour se distinguer du commun : « Bonjour, Marquis. » Recommencez donc.

La Grange. — « Bonjour, Marquis. »

Molière. — « Ah! Marquis, ton serviteur. »

La Grange. — « Que fais-tu là ? »

Molière. — « Parbleu! tu vois : j'attends que tous ces Messieurs aient débouché la porte, pour présenter là mon visage. »

La Grange. — « Têtebleu! quelle foule! Je n'ai garde de m'y aller frotter, et j'aime mieux entrer des derniers. »

Molière. — « Il y a là vingt gens qui sont fort assurés

de n'entrer point, et qui ne laissent pas de se presser et d'occuper toutes les avenues de la porte.

La Grange. — « Crions nos deux noms à l'huissier, afin qu'il nous appelle.

Molière. — « Cela est bon pour toi ; mais pour moi, je ne veux pas être joué par Molière.

La Grange. — « Je pense pourtant, Marquis, que c'est toi qu'il joue dans *la Critique*.

Molière. — « Moi ? Je suis ton valet : c'est toi-même en propre personne.

La Grange. — « Ah! ma foi, tu es bon de m'appliquer ton personnage.

Molière. — « Parbleu! je te trouve plaisant de me donner ce qui t'appartient.

La Grange. — « Ha, ha, ha, cela est drôle.

Molière. — « Ha, ha, ha, cela est bouffon.

La Grange. — « Quoi! tu veux soutenir que ce n'est pas toi qu'on joue dans le marquis de *la Critique*?

Molière. — « Il est vrai, c'est moi. *Détestable, morbleu ! détestable ! tarte à la crème !* C'est moi, c'est moi, assurément, c'est moi.

La Grange. — « Oui, parbleu! c'est toi ; tu n'as que faire de railler ; et si tu veux, nous gagerons, et verrons qui a raison des deux.

Molière. — « Et que veux-tu gager encore ?

La Grange. — « Je gage cent pistoles que c'est toi.

Molière. — « Et moi, cent pistoles que c'est toi.

La Grange. — « Cent pistoles comptant ?

Molière. — « Comptant : quatre-vingt-dix pistoles sur Amyntas et dix pistoles comptant.

La Grange. — « Je le veux.

Molière. — « Cela est fait.

La Grange. — « Ton argent court grand risque.

Molière. — « Le tien est bien aventuré.

La Grange. — « A qui nous en rapporter ?

SCÈNE IV

MOLIÈRE, BRÉCOURT, LA GRANGE, etc.

Molière. — « Voici un homme qui nous jugera. Chevalier!

Brécourt. — « Quoi ? »

MOLIÈRE. — Bon. Voilà l'autre qui prend le ton de marquis! Vous ai-je pas dit que vous faites un rôle où l'on doit parler naturellement ?

BRÉCOURT. — Il est vrai.

MOLIÈRE. — Allons donc. « Chevalier!

BRÉCOURT. — « Quoi ?

MOLIÈRE. — « Juge-nous un peu sur une gageure que nous avons faite.

BRÉCOURT. — « Et quelle ?

MOLIÈRE. — « Nous disputons qui est le marquis de *la Critique* de Molière : il gage que c'est moi, et moi je gage que c'est lui.

BRÉCOURT. — « Et moi, je juge que ce n'est ni l'un ni l'autre. Vous êtes fous tous deux de vouloir vous appliquer ces sortes de choses; et voilà de quoi j'ouïs l'autre jour se plaindre Molière, parlant à des personnes qui le chargeaient de même chose que vous. Il disait que rien ne lui donnait du déplaisir comme d'être accusé de regarder quelqu'un dans les portraits qu'il fait; que son dessein est de peindre les mœurs sans vouloir toucher aux personnes, et que tous les personnages qu'il représente sont des personnages en l'air, et des fantômes proprement, qu'il habille à sa fantaisie, pour réjouir les spectateurs; qu'il serait bien fâché d'y avoir jamais marqué qui que ce soit; et que si quelque chose était capable de le dégoûter de faire des comédies, c'était les ressemblances qu'on y voulait toujours trouver, et dont ses ennemis tâchaient malicieusement d'appuyer la pensée, pour lui rendre de mauvais offices auprès de certaines personnes à qui il n'a jamais pensé. Et en effet je trouve qu'il a raison; car pourquoi vouloir, je vous prie, appliquer tous ses gestes et toutes ses paroles, et chercher à lui faire des affaires en disant hautement : « Il joue un tel », lorsque ce sont des choses qui peuvent convenir à cent personnes ? Comme l'affaire de la comédie est de représenter en général tous les défauts des hommes, et principalement des hommes de notre siècle, il est impossible à Molière de faire aucun caractère qui ne rencontre quelqu'un dans le monde; et s'il faut qu'on l'accuse d'avoir songé toutes les personnes où l'on peut trouver les défauts qu'il peint, il faut sans doute qu'il ne fasse plus de comédies.

MOLIÈRE. — « Ma foi, Chevalier, tu veux justifier Molière et épargner notre ami que voilà.

LA GRANGE. — « Point du tout. C'est toi qu'il épargne, et nous trouverons d'autres juges.

MOLIÈRE. — « Soit. Mais, dis-moi, Chevalier, crois-tu
pas que ton Molière est épuisé maintenant, et qu'il ne
trouvera plus de matière pour... ?

BRÉCOURT. — « Plus de matière ? Eh ! mon pauvre Marquis, nous lui en fournirons toujours assez, et nous ne prenons guère le chemin de nous rendre sages pour tout ce
qu'il fait et tout ce qu'il dit »

MOLIÈRE. — Attendez, il faut marquer davantage tout
cet endroit. Écoutez-le-moi lire un peu. « Et qu'il ne
trouvera plus de matière pour... — Plus de matière ? Hé !
mon pauvre Marquis, nous lui en fournirons toujours assez,
et nous ne prenons guère le chemin de nous rendre sages
pour tout ce qu'il fait et tout ce qu'il dit. Crois-tu qu'il ait
épuisé dans ses comédies tout le ridicule des hommes ? Et,
sans sortir de la cour, n'a-t-il pas encore vingt caractères de
gens où il n'a point touché ? N'a-t-il pas, par exemple, ceux
qui se font les plus grandes amitiés du monde, et qui, le dos
tourné, font galanterie de se déchirer l'un l'autre ? N'a-t-il
pas ces adulateurs à outrance, ces flatteurs insipides, qui
n'assaisonnent d'aucun sel les louanges qu'ils donnent, et
dont toutes les flatteries ont une douceur fade qui fait mal
au cœur à ceux qui les écoutent ? N'a-t-il pas ces lâches
courtisans de la faveur, ces perfides adorateurs de la fortune, qui vous encensent dans la prospérité et vous accablent
dans la disgrâce ? N'a-t-il pas ceux qui sont toujours
mécontents de la cour, ces suivants inutiles, ces incommodes assidus, ces gens, dis-je, qui pour services ne peuvent
compter que des importunités, et qui veulent que l'on les
récompense d'avoir obsédé le Prince dix ans durant ?
N'a-t-il pas ceux qui caressent également tout le monde,
qui promènent leurs civilités à droite et à gauche, et
courent à tous ceux qu'ils voient avec les mêmes embras-
sades et les mêmes protestations d'amitié ? « Monsieur,
« votre très humble serviteur. — Monsieur, je suis tout à
« votre service. — Tenez-moi des vôtres, mon cher. —
« Faites état de moi, Monsieur, comme du plus chaud de
« vos amis. — Monsieur, je suis ravi de vous embrasser. —
« Ah ! Monsieur, je ne vous voyais pas ! Faites-moi la grâce
« de m'employer. Soyez persuadé que je suis entièrement
« à vous. Vous êtes l'homme du monde que je révère le
« plus. Il n'y a personne que j'honore à l'égal de vous. Je
« vous conjure de le croire. Je vous supplie de n'en point
« douter. — Serviteur. — Très humble valet. » Va, va,
Marquis, Molière aura toujours plus de sujets qu'il n'en
voudra ; et tout ce qu'il a touché jusqu'ici n'est rien que

bagatelle au prix de ce qui reste. » Voilà à peu près comme
cela doit être joué.

BRÉCOURT. — C'est assez.

MOLIÈRE. — Poursuivez.

BRÉCOURT. — « Voici Climène et Élise. »

MOLIÈRE. — Là-dessus vous arrivez toutes deux. (A
Mademoiselle du Parc.) Prenez bien garde, vous, à vous
déhancher comme il faut, et à faire bien des façons. Cela
vous contraindra un peu; mais qu'y faire ? Il faut parfois se
faire violence.

MADEMOISELLE MOLIÈRE. — « Certes, Madame, je vous
ai reconnue de loin, et j'ai bien vu à votre air que ce ne
pouvait être une autre que vous.

MADEMOISELLE DU PARC. — « Vous voyez : je viens
attendre ici la sortie d'un homme avec qui j'ai une affaire
à démêler.

MADEMOISELLE MOLIÈRE. — « Et moi de même. »

MOLIÈRE. — Mesdames, voilà des coffres qui vous ser-
viront de fauteuils.

MADEMOISELLE DU PARC. — « Allons, Madame, prenez
place s'il vous plaît.

MADEMOISELLE MOLIÈRE. — « Après vous, Madame. »

MOLIÈRE. — Bon. Après ces petites cérémonies muettes,
chacun prendra place et parlera assis, hors les marquis, qui
tantôt se lèveront et tantôt s'assoiront, suivant leur inquiétude naturelle. « Parbleu! Chevalier, tu devrais faire prendre
médecine à tes canons.

BRÉCOURT. — « Comment ?

MOLIÈRE. — « Ils se portent fort mal.

BRÉCOURT. — « Serviteur à la turlupinade!

MADEMOISELLE MOLIÈRE. — « Mon Dieu! Madame, que
je vous trouve le teint d'une blancheur éblouissante, et les
lèvres d'un couleur de feu surprenant!

MADEMOISELLE DU PARC. — « Ah! que dites-vous là,
Madame ? ne me regardez point, je suis du dernier laid
aujourd'hui.

MADEMOISELLE MOLIÈRE. — « Eh! Madame, levez un
peu votre coiffe.

MADEMOISELLE DU PARC. — « Fi! je suis épouvantable,
vous dis-je, et je me fais peur à moi-même.

MADEMOISELLE MOLIÈRE. — « Vous êtes si belle!

MADEMOISELLE DU PARC. — « Point, point.

MADEMOISELLE MOLIÈRE. — « Montrez-vous.

MADEMOISELLE DU PARC. — « Ah! fi donc, je vous prie!

MADEMOISELLE MOLIÈRE. — « De grâce.

MADEMOISELLE DU PARC. — « Mon Dieu, non.

MADEMOISELLE MOLIÈRE. — « Si fait.

MADEMOISELLE DU PARC. — « Vous me désespérez.

MADEMOISELLE MOLIÈRE. — « Un moment.

MADEMOISELLE DU PARC. — « Ahy.

MADEMOISELLE MOLIÈRE. — « Résolument, vous vous montrerez. On ne peut point se passer de vous voir.

MADEMOISELLE DU PARC. — « Mon Dieu, que vous êtes une étrange personne! Vous voulez furieusement ce que vous voulez.

MADEMOISELLE MOLIÈRE. — « Ah! Madame, vous n'avez aucun désavantage à paraître au grand jour, je vous jure. Les méchantes gens qui assuraient que vous mettiez quelque chose! Vraiment, je les démentirai bien maintenant.

MADEMOISELLE DU PARC. — « Hélas! je ne sais pas seulement ce qu'on appelle mettre quelque chose. Mais où vont ces dames?

SCÈNE V

Mlle DE BRIE, Mlle DU PARC, ETC.

MADEMOISELLE DE BRIE. — « Vous voulez bien, Mesdames, que nous vous donnions, en passant, la plus agréable nouvelle du monde. Voilà Monsieur Lysidas qui vient de nous avertir qu'on a fait une pièce contre Molière, que les grands comédiens vont jouer.

MOLIÈRE. — « Il est vrai, on me l'a voulu lire; et c'est un nommé Br... Brou... Brossaut qui l'a faite.

DU CROISY. — « Monsieur, elle est affichée sous le nom de Boursault; mais, à vous dire le secret, bien des gens ont mis la main à cet ouvrage, et l'on en doit concevoir une assez haute attente. Comme tous les auteurs et tous les comédiens regardent Molière comme leur plus grand ennemi, nous nous sommes tous unis pour le desservir. Chacun de nous a donné un coup de pinceau à son portrait; mais nous nous sommes bien gardés d'y mettre nos noms: il lui aurait été trop glorieux de succomber, aux yeux du monde, sous les efforts de tout le Parnasse; et pour rendre sa défaite plus ignominieuse, nous avons voulu choisir tout exprès un auteur sans réputation.

MADEMOISELLE DU PARC. — « Pour moi, je vous avoue que j'en ai toutes les joies imaginables.

MOLIÈRE. — « Et moi aussi. Par la samblen! le railleur sera raillé; il aura sur les doigts, ma foi!

MADEMOISELLE DU PARC. — « Cela lui apprendra à vouloir satiriser tout. Comment? cet impertinent ne veut pas que les femmes aient de l'esprit? Il condamne toutes nos expressions élevées et prétend que nous parlions toujours terre à terre!

MADEMOISELLE DE BRIE. — « Le langage n'est rien; mais il censure tous nos attachements, quelque innocents qu'ils puissent être; et de la façon qu'il en parle, c'est être criminelle que d'avoir du mérite.

MADEMOISELLE DU CROISY. — « Cela est insupportable. Il n'y a pas une femme qui puisse plus rien faire. Que ne laisse-t-il en repos nos maris, sans leur ouvrir les yeux et leur faire prendre garde à des choses dont ils ne s'avisent pas?

MADEMOISELLE BÉJART. — « Passe pour tout cela; mais il satirise même les femmes de bien, et ce méchant plaisant leur donne le titre d'honnêtes diablesses.

MADEMOISELLE MOLIÈRE. — « C'est un impertinent. Il faut qu'il en ait tout le soûl.

DU CROISY. — « La représentation de cette comédie, Madame, aura besoin d'être appuyée, et les comédiens de l'Hôtel...

MADEMOISELLE DU PARC. — « Mon Dieu, qu'ils n'appréhendent rien. Je leur garantis le succès de leur pièce, corps pour corps.

MADEMOISELLE MOLIÈRE. — « Vous avez raison, Madame. Trop de ge... sont intéressés à la trouver belle. Je vous laisse à penser si tous ceux qui se croient satirisés par Molière ne prendront pas l'occasion de se venger de lui en applaudissant cette comédie.

BRÉCOURT. — « Sans doute, et pour moi je réponds de douze marquis, de six précieuses, de vingt coquettes, et de trente cocus, qui ne manqueront pas d'y battre des mains.

MADEMOISELLE MOLIÈRE. — « En effet. Pourquoi aller offenser toutes ces personnes-là, et particulièrement les cocus, qui sont les meilleurs gens du monde?

MOLIÈRE. — « Par la samblen! on m'a dit qu'on le va dauber, lui et toutes ses comédies, de la belle manière, et que les comédiens et les auteurs, depuis le cèdre jusqu'à l'hysope, sont diablement animés contre lui.

MADEMOISELLE MOLIÈRE. — « Cela lui sied fort bien. Pourquoi fait-il de méchantes pièces que tout Paris va voir, et où il peint si bien les gens, que chacun s'y connaît? Que

ne fait-il des comédies comme celles de Monsieur Lysidas ?
Il n'aurait personne contre lui, et tous les auteurs en diraient
du bien. Il est vrai que de semblables comédies n'ont pas
ce grand concours de monde ; mais, en revanche, elles sont
toujours bien écrites, personne n'écrit contre elles, et tous
ceux qui les voient meurent d'envie de les trouver belles.

Du Croisy. — « Il est vrai que j'ai l'avantage de ne
point faire d'ennemis, et que tous mes ouvrages ont l'approbation des savants.

Mademoiselle Molière. — « Vous faites bien d'être
content de vous. Cela vaut mieux que tous les applaudissements du public, et que tout l'argent qu'on saurait gagner
aux pièces de Molière. Que vous importe qu'il vienne du
monde à vos comédies, pourvu qu'elles soient approuvées
par Messieurs vos confrères ?

La Grange. — « Mais quand jouera-t-on *le Portrait du
peintre* ?

Du Croisy. — « Je ne sais ; mais je me prépare fort à
paraître des premiers sur les rangs, pour crier : « Voilà qui
est beau ! »

Molière. — « Et moi de même, parbleu !

La Grange. — « Et moi aussi, Dieu me sauve !

Mademoiselle du Parc. — « Pour moi, j'y payerai de
ma personne comme il faut ; et je réponds d'une bravoure
d'approbation, qui mettra en déroute tous les jugements
ennemis. C'est bien la moindre chose que nous devions
faire, que d'épauler de nos louanges le vengeur de nos
intérêts.

Mademoiselle Molière. — « C'est fort bien dit.

Mademoiselle de Brie. — « Et ce qu'il nous faut faire
toutes.

Mademoiselle Béjart. — « Assurément.

Mademoiselle du Croisy. — « Sans doute.

Mademoiselle Hervé. — « Point de quartier à ce
contrefaiseur de gens.

Molière. — « Ma foi, Chevalier, mon ami, il faudra que
ton Molière se cache.

Brécourt. — « Qui, lui ? Je te promets, Marquis, qu'il
fait dessein d'aller, sur le théâtre, rire avec tous les autres du
portrait qu'on a fait de lui.

Molière. — « Parbleu ! ce sera donc du bout des dents
qu'il y rira.

Brécourt. — « Va, va, peut-être qu'il y trouvera plus
de sujets de rire que tu ne penses. On m'a montré la pièce ;
et comme tout ce qu'il y a d'agréable sont effectivement les

idées qui ont été prises de Molière, la joie que cela pourra
donner n'aura pas lieu de lui déplaire, sans doute; car,
pour l'endroit où on s'efforce de le noircir, je suis le plus
trompé du monde, si cela est approuvé de personne; et
quant à tous les gens qu'ils ont tâché d'animer contre lui,
sur ce qu'il fait, dit-on, des portraits trop ressemblants,
outre que cela est de fort mauvaise grâce, je ne vois rien de
plus ridicule et de plus mal repris; et je n'avais pas cru
jusqu'ici que ce fût un sujet de blâme pour un comédien
que de peindre trop bien les hommes.

LA GRANGE. — « Les comédiens m'ont dit qu'ils l'at-
tendaient sur la réponse, et que...

BRÉCOURT. — « Sur la réponse ? Ma foi, je le trouverais
un grand fou, s'il se mettait en peine de répondre à leurs
invectives. Tout le monde sait assez de quel motif elles
peuvent partir; et la meilleure réponse qu'il leur puisse
faire, c'est une comédie qui réussisse comme toutes ses
autres. Voilà le vrai moyen de se venger d'eux comme il
faut; et de l'humeur dont je les connais, je suis fort assuré
qu'une pièce nouvelle qui leur enlèvera le monde les
fâchera bien plus que toutes les satires qu'on pourrait faire
de leurs personnes.

MOLIÈRE. — « Mais, Chevalier... »

MADEMOISELLE BÉJART. — Souffrez que j'interrompe
pour un peu la répétition. Voulez-vous que je vous dise ?
Si j'avais été en votre place, j'aurais poussé les choses
autrement. Tout le monde attend de vous une réponse
vigoureuse; et après la manière dont on m'a dit que vous
étiez traité dans cette comédie, vous étiez en droit de tout
dire contre les comédiens, et vous deviez n'en épargner
aucun.

MOLIÈRE. — J'enrage de vous ouïr parler de la sorte;
et voilà votre manie, à vous autres femmes. Vous voudriez
que je prisse feu d'abord contre eux, et qu'à leur exemple
j'allasse éclater promptement en invectives et en injures.
Le bel honneur que j'en pourrais tirer, et le grand dépit
que je leur ferais! Ne se sont-ils pas préparés de bonne
volonté à ces sortes de choses ? Et lorsqu'ils ont délibéré
s'ils joueraient le Portrait du peintre, sur la crainte d'une
riposte, quelques-uns d'entre eux n'ont-ils pas répondu :
« Qu'il nous rende toutes les injures qu'il voudra, pourvu
que nous gagnions de l'argent ? » N'est-ce pas là la marque
d'une âme fort sensible à la honte ? et ne me vengerais-
je pas bien d'eux en leur donnant ce qu'ils veulent bien
recevoir ?

MADEMOISELLE DE BRIE. — Ils se sont fort plaints, toutefois, de trois ou quatre mots que vous avez dits d'eux dans *la Critique* et dans vos *Précieuses*.

MOLIÈRE. — Il est vrai, ces trois ou quatre mots sont fort offensants, et ils ont grande raison de les citer. Allez, allez, ce n'est pas cela. Le plus grand mal que je leur aie fait, c'est que j'ai eu le bonheur de plaire un peu plus qu'ils n'auraient voulu; et tout leur procédé, depuis que nous sommes venus à Paris, a trop marqué ce qui les touche. Mais laissons-les faire tant qu'ils voudront; toutes leurs entreprises ne doivent point m'inquiéter. Ils critiquent mes pièces; tant mieux; et Dieu me garde d'en faire jamais qui leur plaise! Ce serait une mauvaise affaire pour moi.

MADEMOISELLE DE BRIE. — Il n'y a pas grand plaisir pourtant à voir déchirer ses ouvrages.

MOLIÈRE. — Et qu'est-ce que cela me fait? N'ai-je pas obtenu de ma comédie tout ce que j'en voulais obtenir, puisqu'elle a eu le bonheur d'agréer aux augustes personnes à qui particulièrement je m'efforce de plaire? N'ai-je pas lieu d'être satisfait de sa destinée, et toutes leurs censures ne viennent-elles pas trop tard? Est-ce moi, je vous prie, que cela regarde maintenant? et lorsqu'on attaque une pièce qui a eu du succès, n'est-ce pas attaquer plutôt le jugement de ceux qui l'ont approuvée que l'art de celui qui l'a faite?

MADEMOISELLE DE BRIE. — Ma foi, j'aurais joué ce petit Monsieur l'auteur, qui se mêle d'écrire contre des gens qui ne songent pas à lui.

MOLIÈRE. — Vous êtes folle. Le beau sujet à divertir la cour que Monsieur Boursault! Je voudrais bien savoir de quelle façon on pourrait l'ajuster pour le rendre plaisant, et si, quand on le bernerait sur un théâtre, il serait assez heureux pour faire rire le monde. Ce lui serait trop d'honneur que d'être joué devant une auguste assemblée : il ne demanderait pas mieux; et il m'attaque de gaieté de cœur, pour se faire connaître de quelque façon que ce soit. C'est un homme qui n'a rien à perdre, et les comédiens ne me l'ont déchaîné que pour m'engager à une sotte guerre, et me détourner, par cet artifice, des autres ouvrages que j'ai à faire; et cependant, vous êtes assez simples pour donner toutes dans ce panneau. Mais enfin j'en ferai ma déclaration publiquement. Je ne prétends faire aucune réponse à toutes leurs critiques et leurs contre-critiques. Qu'ils disent tous les maux du monde de mes

pièces, j'en suis d'accord. Qu'ils s'en saisissent après
nous, qu'ils les retournent comme un habit pour les
mettre sur leur théâtre, et tâchent à profiter de quelque
agrément qu'on y trouve, et d'un peu de bonheur que j'ai,
j'y consens : ils en ont besoin, et je serai bien aise de
contribuer à les faire subsister, pourvu qu'ils se contentent
de ce que je puis leur accorder avec bienséance. La courtoisie doit avoir des bornes; et il y a des choses qui ne
font rire ni les spectateurs, ni celui dont on parle. Je leur
abandonne de bon cœur mes ouvrages, ma figure, mes
gestes, mes paroles, mon ton de voix, et ma façon de
réciter, pour en faire et dire tout ce qu'il leur plaira, s'ils
en peuvent tirer quelque avantage : je ne m'oppose point
à toutes ces choses, et je serai ravi que cela puisse réjouir
le monde. Mais, en leur abandonnant tout cela, ils me
doivent faire la grâce de me laisser le reste et de ne point
toucher à des matières de la nature de celles sur lesquelles
on m'a dit qu'ils m'attaquaient dans leurs comédies. C'est
de quoi je prierai civilement cet honnête Monsieur qui
se mêle d'écrire pour eux, et voilà toute la réponse qu'ils
auront de moi.

MADEMOISELLE BÉJART. — Mais enfin...

MOLIÈRE. — Mais enfin, vous me feriez devenir fou.
Ne parlons point de cela davantage; nous nous amusons
à faire des discours, au lieu de répéter notre comédie. Où
en étions-nous ? Je ne m'en souviens plus.

MADEMOISELLE DE BRIE. — Vous en étiez à l'endroit...

MOLIÈRE. — Mon Dieu! j'entends du bruit : c'est le
Roi qui arrive assurément; et je vois bien que nous n'aurons pas le temps de passer outre. Voilà ce que c'est de
s'amuser. Oh bien! faites donc pour le reste du mieux qu'il
vous sera possible.

MADEMOISELLE BÉJART. — Par ma foi, la frayeur me
prend, et je ne saurais aller jouer mon rôle, si je ne le
répète tout entier.

MOLIÈRE. — Comment, vous ne sauriez aller jouer votre
rôle ?

MADEMOISELLE BÉJART. — Non.

MADEMOISELLE DU PARC. — Ni moi le mien.

MADEMOISELLE DE BRIE. — Ni moi non plus.

MADEMOISELLE MOLIÈRE. — Ni moi.

MADEMOISELLE HERVÉ. — Ni moi.

MADEMOISELLE DU CROISY. — Ni moi.

MOLIÈRE. — Que pensez-vous donc faire ? Vous moquez-vous toutes de moi ?

SCÈNE VI

BÉJART, MOLIÈRE, etc.

Béjart. — Messieurs, je viens vous avertir que le Roi
est venu, et qu'il attend que vous commenciez.

Molière. — Ah! Monsieur, vous me voyez dans la plus
grande peine du monde, je suis désespéré à l'heure que
je vous parle! Voici des femmes qui s'effrayent et qui
disent qu'il leur faut répéter leurs rôles avant que d'aller
commencer. Nous demandons, de grâce, encore un
moment. Le Roi a de la bonté, et il sait bien que la chose
a été précipitée. Eh! de grâce, tâchez de vous remettre,
prenez courage, je vous prie.

Mademoiselle du Parc. — Vous devez vous aller
excuser.

Molière. — Comment m'excuser ?

SCÈNE VII

MOLIÈRE, Mlle BÉJART, etc.

Un Nécessaire. — Messieurs, commencez donc.

Molière. — Tout à l'heure, Monsieur. Je crois que
je perdrai l'esprit de cette affaire-ci, et...

SCÈNE VIII

MOLIÈRE, Mlle BÉJART, etc.

Autre Nécessaire. — Messieurs, commencez donc.

Molière. — Dans un moment, Monsieur. Et quoi
donc ? voulez-vous que j'aie l'affront... ?

SCÈNE IX

MOLIÈRE, Mlle BÉJART, etc.

Autre Nécessaire. — Messieurs, commencez donc.

Molière. — Oui, Monsieur, nous y allons. Eh! que de

gens se font de fête, et viennent dire : « Commencez donc »,
à qui le Roi ne l'a pas commandé !

SCÈNE X

MOLIÈRE, Mlle BÉJART, ETC.

AUTRE NÉCESSAIRE. — Messieurs, commencez donc.
MOLIÈRE. — Voilà qui est fait, Monsieur. Quoi donc ?
recevrai-je la confusion... ?

SCÈNE XI

BÉJART, MOLIÈRE, ETC.

MOLIÈRE. — Monsieur, vous venez pour nous dire de
commencer, mais...
BÉJART. — Non, Messieurs, je viens pour vous dire
qu'on a dit au Roi l'embarras où vous vous trouviez, et
que, par une bonté toute particulière, il remet votre
nouvelle comédie à une autre fois, et se contente, pour
aujourd'hui, de la première que vous pourrez donner.
MOLIÈRE. — Ah! Monsieur, vous me redonnez la vie!
Le Roi nous fait la plus grande grâce du monde de nous
donner du temps pour ce qu'il avait souhaité, et nous
allons tous le remercier des extrêmes bontés qu'il nous
fait paraître.

LE MARIAGE FORCÉ

NOTICE
SUR
LE MARIAGE FORCÉ

Simple « impromptu », comme dit le gazetier Loret, composé à la hâte et sur commande du roi, *le Mariage forcé* marque, après l'heure de la grande comédie, un retour à la farce dans le cadre d'une comédie-ballet. On sait que Louis XIV était un excellent danseur et qu'il aimait paraître dans les ballets de cour. *Le Mariage forcé* ne fut évidemment écrit que pour permettre au roi, mêlé aux plus grands seigneurs de la cour, de paraître au deuxième acte en Égyptien, c'est-à-dire en bohémien, au milieu des comédiens et des danseurs professionnels.

La musique était de Lulli, la chorégraphie du danseur Beauchamp; tous deux avaient travaillé sous la direction de Molière. Ainsi avait pu être réalisée une relative unité du texte et des entrées de ballet, qui marquait un progrès certain sur l'improvisation hâtive des *Fâcheux* (voir la Notice de cette pièce). Toutes les entrées de ballet, et jusqu'à la mascarade finale, ont un rapport étroit avec l'intrigue sommaire de la comédie. Le livret du ballet avait été imprimé et, selon l'usage, distribué aux spectateurs. *Le Mariage forcé* fut joué au Louvre, dans l'appartement de la reine mère, le 29 janvier 1664, et parut au Palais-Royal le 15 février « avec les ornements », mais évidemment sans la présence du roi-danseur. Il n'eut qu'un demi-succès auprès du public, déçu peut-être de voir l'auteur de *l'École des Femmes* retomber dans la farce. *Le Mariage forcé* fut repris à Versailles au printemps suivant, au cours des fêtes des *Plaisirs de l'île enchantée*. Cette première version comprenait trois actes et huit entrées de ballet agrémentées de chansons et de jeux de baladins, de magiciens et d'acrobates.

En 1668 Molière remanie sa comédie, la réduit à un acte et la publie avec quelques modifications. Une der-

nière reprise eut lieu en juillet 1672; mais Molière étant
alors fâché avec Lulli, il fit faire une nouvelle musique
par un autre compositeur, sans doute Charpentier.

Le Mariage forcé est une farce bouffonne, mais où ne
manque ni la verve ni le jaillissement verbal. La pièce
reste dans la tradition de la *commedia dell' arte* et des « petites
comédies » dont Molière, dans sa jeunesse, régalait les pro-
vinces. Il est même probable qu'elle n'est qu'une nouvelle
version d'une de ces farces perdues. La raillerie des pédants
et de la scolastique est un thème traditionnel de la farce
italienne et française. Plus tard, Molière le chargera d'une
valeur philosophique qu'il n'a pas encore ici. Quant au
débat sur le mariage de Sganarelle, qui fait toute l'intrigue
de la pièce, il vient tout droit du *tiers livre* de Rabelais
et du songe de Panurge. Déjà, d'ailleurs, *la Jalousie du
Barbouillé* comportait une consultation du Docteur sur le
même sujet. Dans ces brèves scènes de farce, on cherche-
rait en vain un écho des préoccupations personnelles de
Molière, que nous avons cru déceler dans *l'École des
Maris* et dans *l'École des Femmes*. Nous sommes, cette
fois, dans le domaine irréel de la pure bouffonnerie.

LE MARIAGE FORCÉ

COMÉDIE

REPRÉSENTÉE POUR LA PREMIÈRE FOIS
AU LOUVRE, PAR ORDRE DE SA MAJESTÉ,
LE 29e DU MOIS DE JANVIER 1664,
ET DONNÉE DEPUIS AU PUBLIC
SUR LE THÉÂTRE DU PALAIS-ROYAL
LE 15e DU MOIS DE FÉVRIER DE LA MÊME ANNÉE 1664

PAR LA

TROUPE DE MONSIEUR, FRÈRE UNIQUE DU ROI

PERSONNAGES

SGANARELLE.
GÉRONIMO.
DORIMÈNE, jeune coquette promise à Sganarelle.
ALCANTOR, père de Dorimène.
ALCIDAS, frère de Dorimène.
LYCASTE, amant de Dorimène.
DEUX Égyptiennes.
PANCRACE, docteur aristotélicien.
MARPHURIUS, docteur pyrrhonien.

SCÈNE I

SGANARELLE, GÉRONIMO

SGANARELLE. — Je suis de retour dans un moment. Que l'on ait bien soin du logis, et que tout aille comme il faut. Si l'on m'apporte de l'argent, que l'on me vienne quérir vite chez le seigneur Géronimo; et si l'on vient m'en demander, qu'on dise que je suis sorti et que je ne dois revenir de toute la journée.

GÉRONIMO. — Voilà un ordre fort prudent.

SGANARELLE. — Ah! seigneur Géronimo, je vous trouve à propos, et j'allais chez vous vous chercher.

GÉRONIMO. — Et pour quel sujet, s'il vous plaît?

SGANARELLE. — Pour vous communiquer une affaire que j'ai en tête, et vous prier de m'en dire votre avis.

GÉRONIMO. — Très volontiers. Je suis bien aise de cette rencontre, et nous pouvons parler ici en toute liberté.

SGANARELLE. — Mettez donc dessus, s'il vous plaît. Il s'agit d'une chose de conséquence, que l'on m'a proposée; et il est bon de ne rien faire sans le conseil de ses amis.

GÉRONIMO. — Je vous suis obligé de m'avoir choisi pour cela. Vous n'avez qu'à me dire ce que c'est.

SGANARELLE. — Mais auparavant je vous conjure de ne me point flatter du tout et de me dire nettement votre pensée.

GÉRONIMO. — Je le ferai, puisque vous le voulez.

SGANARELLE. — Je ne vois rien de plus condamnable qu'un ami qui ne nous parle pas franchement.

GÉRONIMO. — Vous avez raison.

SGANARELLE. — Et dans ce siècle on trouve peu d'amis sincères.

GÉRONIMO. — Cela est vrai.

SGANARELLE. — Promettez-moi donc, seigneur Géronimo, de me parler avec toute sorte de franchise.

GÉRONIMO. — Je vous le promets.

SGANARELLE. — Jurez-en votre foi.

GÉRONIMO. — Oui, foi d'ami. Dites-moi seulement votre affaire.

SGANARELLE. — C'est que je veux savoir de vous si je ferai bien de me marier.

GÉRONIMO. — Qui, vous ?

SGANARELLE. — Oui, moi-même en propre personne. Quel est votre avis là-dessus ?

GÉRONIMO. — Je vous prie auparavant de me dire une chose.

SGANARELLE. — Et quoi ?

GÉRONIMO. — Quel âge pouvez-vous bien avoir maintenant ?

SGANARELLE. — Moi ?

GÉRONIMO. — Oui.

SGANARELLE. — Ma foi, je ne sais; mais je me porte bien.

GÉRONIMO. — Quoi ? vous ne savez pas à peu près votre âge ?

SGANARELLE. — Non : est-ce qu'on songe à cela ?

GÉRONIMO. — Hé! dites-moi un peu, s'il vous plaît : combien aviez-vous d'années lorsque nous fîmes connaissance ?

SGANARELLE. — Ma foi, je n'avais que vingt ans alors.

GÉRONIMO. — Combien fûmes-nous ensemble à Rome ?

SGANARELLE. — Huit ans.

GÉRONIMO. — Quel temps avez-vous demeuré en Angleterre ?

SGANARELLE. — Sept ans.

GÉRONIMO. — Et en Hollande, où vous fûtes ensuite ?

SGANARELLE. — Cinq ans et demi.

GÉRONIMO. — Combien y a-t-il que vous êtes revenu ici ?

SGANARELLE. — Je revins en cinquante-six.

GÉRONIMO. — De cinquante-six à soixante-huit, il y a douze ans, ce me semble. Cinq ans en Hollande font dix-sept; sept ans en Angleterre font vingt-quatre; huit dans notre séjour à Rome font trente-deux; et vingt que vous aviez lorsque nous nous connûmes, cela fait justement cinquante-deux : si bien, seigneur Sganarelle, que, sur votre propre confession, vous êtes environ à votre cinquante-deuxième ou cinquante-troisième année.

SGANARELLE. — Qui, moi ? Cela ne se peut pas.

GÉRONIMO. — Mon Dieu, le calcul est juste; et là-dessus je vous dirai franchement et en ami, comme vous m'avez fait promettre de vous parler, que le mariage n'est guère votre fait. C'est une chose à laquelle il faut que les jeunes gens pensent bien mûrement avant que de la faire; mais les gens de votre âge n'y doivent point penser du tout; et si l'on dit que la plus grande de toutes les folies est celle de se marier, je ne vois rien de plus mal à propos que de la faire, cette folie, dans la saison où nous devons être plus sages. Enfin je vous en dis nettement ma pensée. Je ne vous conseille point de songer au mariage; et je vous trouverais le plus ridicule du monde, si, ayant été libre jusqu'à cette heure, vous alliez vous charger maintenant de la plus pesante des chaînes.

SGANARELLE. — Et moi je vous dis que je suis résolu de me marier, et que je ne serai point ridicule en épousant la fille que je recherche.

GÉRONIMO. — Ah! c'est une autre chose : vous ne m'aviez pas dit cela.

SGANARELLE. — C'est une fille qui me plaît, et que j'aime de tout mon cœur.

GÉRONIMO. — Vous l'aimez de tout votre cœur ?

SGANARELLE. — Sans doute, et je l'ai demandée à son père.

GÉRONIMO. — Vous l'avez demandée ?

SGANARELLE. — Oui. C'est un mariage qui se doit conclure ce soir, et j'ai donné parole.

GÉRONIMO. — Oh! mariez-vous donc : je ne dis plus mot.

SGANARELLE. — Je quitterais le dessein que j'ai fait ? Vous semble-t-il, seigneur Géronimo, que je ne sois plus propre à songer à une femme ? Ne parlons point de l'âge que je puis avoir; mais regardons seulement les choses. Y a-t-il homme de trente ans qui paraisse plus frais et plus vigoureux que vous me voyez ? N'ai-je pas tous les mouvements de mon corps aussi bons que jamais, et voit-on que j'aie besoin de carrosse ou de chaise pour cheminer ? N'ai-je pas encore toutes mes dents, les meilleures du monde ? Ne fais-je pas vigoureusement mes quatre repas par jour, et peut-on voir un estomac qui ait plus de force que le mien ? Hem, hem, hem : eh! qu'en dites-vous ?

GÉRONIMO. — Vous avez raison; je m'étais trompé : vous ferez bien de vous marier.

SGANARELLE. — J'y ai répugné autrefois; mais j'ai maintenant de puissantes raisons pour cela. Outre la joie que j'aurai de posséder une belle femme, qui me fera mille caresses, qui me dorlotera et me viendra frotter lorsque je serai las, outre cette joie, dis-je, je considère qu'en demeurant comme je suis, je laisse périr dans le monde la race des Sganarelles, et qu'en me mariant, je pourrai me voir revivre en d'autres moi-mêmes, que j'aurai le plaisir de voir des créatures qui seront sorties de moi, de petites figures qui me ressembleront comme deux gouttes d'eau, qui se joueront continuellement dans la maison, qui m'appelleront leur papa quand je reviendrai de la ville et me diront de petites folies les plus agréables du monde. Tenez, il me semble déjà que j'y suis, et que j'en vois une demi-douzaine autour de moi.

GÉRONIMO. — Il n'y a rien de plus agréable que cela; et je vous conseille de vous marier le plus vite que vous pourrez.

SGANARELLE. — Tout de bon, vous me le conseillez ?

GÉRONIMO. — Assurément. Vous ne sauriez mieux faire.

SGANARELLE. — Vraiment, je suis ravi que vous me donniez ce conseil en véritable ami.

GÉRONIMO. — Hé! quelle est la personne, s'il vous plaît, avec qui vous vous allez marier ?

SGANARELLE. — Dorimène.

GÉRONIMO. — Cette jeune Dorimène, si galante et si bien parée ?

SGANARELLE. — Oui.

GÉRONIMO. — Fille du seigneur Alcantor ?

SGANARELLE. — Justement.

GÉRONIMO. — Et sœur d'un certain Alcidas, qui se mêle de porter l'épée ?

SGANARELLE. — C'est cela.

GÉRONIMO. — Vertu de ma vie!

SGANARELLE. — Qu'en dites-vous ?

GÉRONIMO. — Bon parti! Mariez-vous promptement.

SGANARELLE. — N'ai-je pas raison d'avoir fait ce choix ?

GÉRONIMO. — Sans doute. Ah! que vous serez bien marié! Dépêchez-vous de l'être.

SGANARELLE. — Vous me comblez de joie, de me dire cela. Je vous remercie de votre conseil, et je vous invite ce soir à mes noces.

GÉRONIMO. — Je n'y manquerai pas, et je veux y aller en masque, afin de les mieux honorer.

SGANARELLE. — Serviteur.

GÉRONIMO. — La jeune Dorimène, fille du seigneur Alcantor, avec le seigneur Sganarelle, qui n'a que cinquante-trois ans : ô le beau mariage! ô le beau mariage!

SGANARELLE. — Ce mariage doit être heureux, car il donne de la joie à tout le monde, et je fais rire tous ceux à qui j'en parle. Me voilà maintenant le plus content des hommes.

SCÈNE II

DORIMÈNE, SGANARELLE

DORIMÈNE. — Allons, petit garçon, qu'on tienne bien ma queue, et qu'on ne s'amuse pas à badiner.

SGANARELLE. — Voici ma maîtresse qui vient. Ah! qu'elle est agréable! Quel air! et quelle taille! Peut-il y avoir un homme qui n'ait en la voyant des démangeaisons de se marier ? Où allez-vous, belle mignonne, chère épouse future de votre époux futur ?

DORIMÈNE. — Je vais faire quelques emplettes.

SGANARELLE. — Hé bien! ma belle, c'est maintenant que nous allons être heureux l'un et l'autre. Vous ne serez plus en droit de me rien refuser; et je pourrai faire avec vous tout ce qu'il me plaira, sans que personne s'en scandalise. Vous allez être à moi depuis la tête jusqu'aux pieds, et je serai maître de tout : de vos petits yeux éveillés, de votre petit nez fripon, de vos lèvres appétissantes, de vos oreilles amoureuses, de votre petit menton joli, de vos petits tétons rondelets, de votre...; enfin, toute votre personne sera à ma discrétion, et je serai à même pour vous caresser comme je voudrai. N'êtes-vous pas bien aise de ce mariage, mon aimable pouponne ?

DORIMÈNE. — Tout à fait aise, je vous jure; car enfin la sévérité de mon père m'a tenue jusques ici dans une sujétion la plus fâcheuse du monde. Il y a je ne sais combien que j'enrage du peu de liberté qu'il me donne, et j'ai cent fois souhaité qu'il me mariât, pour sortir promptement de la contrainte où j'étais avec lui, et me voir en état de faire ce que je voudrai. Dieu merci, vous êtes venu heureusement pour cela, et je me prépare désormais à me donner du divertissement, et à réparer comme il faut le temps que j'ai perdu. Comme vous êtes un fort galant homme, et que vous savez comme il faut vivre, je crois que nous ferons le meilleur ménage du monde ensemble, et que vous ne

serez point de ces maris incommodes qui veulent que leurs
femmes vivent comme des loups-garous. Je vous avoue
que je ne m'accommoderais pas de cela, et que la solitude
me désespère. J'aime le jeu, les visites, les assemblées, les
cadeaux et les promenades, en un mot, toutes les choses
de plaisir, et vous devez être ravi d'avoir une femme de
mon humeur. Nous n'aurons jamais aucun démêlé ensemble, et je ne vous contraindrai point dans vos actions,
comme j'espère que, de votre côté, vous ne me contraindrez
point dans les miennes; car, pour moi, je tiens qu'il faut
avoir une complaisance mutuelle, et qu'on ne se doit
point marier pour se faire enrager l'un l'autre. Enfin nous
vivrons, étant mariés, comme deux personnes qui savent
leur monde. Aucun soupçon jaloux ne nous troublera la
cervelle; et c'est assez que vous serez assuré de ma fidélité,
comme je serai persuadée de la vôtre. Mais qu'avez-vous ?
je vous vois tout changé de visage.

SGANARELLE. — Ce sont quelques vapeurs qui me
viennent de monter à la tête.

DORIMÈNE. — C'est un mal aujourd'hui qui attaque
beaucoup de gens; mais notre mariage vous dissipera
tout cela. Adieu. Il me tarde déjà que je n'aie des habits
raisonnables, pour quitter vite ces guenilles. Je m'en vais
de ce pas achever d'acheter toutes les choses qu'il me faut,
et je vous enverrai les marchands.

SCÈNE III

GÉRONIMO, SGANARELLE

GÉRONIMO. — Ah! seigneur Sganarelle, je suis ravi de
vous trouver encore ici; et j'ai rencontré un orfèvre qui,
sur le bruit que vous cherchez quelque beau diamant en
bague pour faire un présent à votre épouse, m'a fort prié
de vous venir parler pour lui, et de vous dire qu'il en a un
à vendre, le plus parfait du monde.

SGANARELLE. — Mon Dieu! cela n'est pas pressé.

GÉRONIMO. — Comment ? que veut dire cela ? Où est
l'ardeur que vous montriez tout à l'heure ?

SGANARELLE. — Il m'est venu, depuis un moment, de
petits scrupules sur le mariage. Avant que de passer plus
avant, je voudrais bien agiter à fond cette matière, et que
l'on m'expliquât un songe que j'ai fait cette nuit, et qui
vient tout à l'heure de me revenir dans l'esprit. Vous

savez que les songes sont comme des miroirs, où l'on découvre quelquefois tout ce qui nous doit arriver. Il me semblait que j'étais dans un vaisseau, sur une mer bien agitée, et que...

GÉRONIMO. — Seigneur Sganarelle, j'ai maintenant quelque petite affaire qui m'empêche de vous ouïr. Je n'entends rien du tout aux songes; et quant au raisonnement du mariage, vous avez deux savants, deux philosophes vos voisins, qui sont gens à vous débiter tout ce qu'on peut dire sur ce sujet. Comme ils sont de sectes différentes, vous pouvez examiner leurs diverses opinions là-dessus. Pour moi, je me contente de ce que je vous ai dit tantôt et demeure votre serviteur.

SGANARELLE. — Il a raison. Il faut que je consulte un peu ces gens-là sur l'incertitude où je suis.

SCÈNE IV

PANCRACE, SGANARELLE

PANCRACE. — Allez, vous êtes un impertinent, mon ami, un homme bannissable de la république des lettres.

SGANARELLE. — Ah! bon, en voici un fort à propos.

PANCRACE. — Oui, je te soutiendrai par vives raisons que tu es un ignorant, ignorantissime, ignorantifiant et ignorantifié par tous les cas et modes imaginables.

SGANARELLE. — Il a pris querelle contre quelqu'un. Seigneur...

PANCRACE. — Tu veux te mêler de raisonner, et tu ne sais pas seulement les éléments de la raison.

SGANARELLE. — La colère l'empêche de me voir. Seigneur...

PANCRACE. — C'est une proposition condamnable dans toutes les terres de la philosophie.

SGANARELLE. — Il faut qu'on l'ait fort irrité. Je...

PANCRACE. — *Toto caelo tota via aberras.*

SGANARELLE. — Je baise les mains à Monsieur le Docteur.

PANCRACE. — Serviteur.

SGANARELLE. — Peut-on... ?

PANCRACE. — Sais-tu bien ce que tu as fait ? Un syllogisme *in balordo.*

SGANARELLE. — Je vous...

PANCRACE. — La majeure en est inepte, la mineure impertinente et la conclusion ridicule.

SGANARELLE. — Je...

PANCRACE. — Je crèverais plutôt que d'avouer ce que tu dis, et je soutiendrai mon opinion jusqu'à la dernière goutte de mon encre.

SGANARELLE. — Puis-je ?...

PANCRACE. — Oui, je défendrai cette proposition, *pugnis et calcibus, unguibus et rostro.*

SGANARELLE. — Seigneur Aristote, peut-on savoir ce qui vous met si fort en colère ?

PANCRACE. — Un sujet le plus juste du monde.

SGANARELLE. — Et quoi, encore ?

PANCRACE. — Un ignorant m'a voulu soutenir une proposition erronée, une proposition épouvantable, effroyable, exécrable.

SGANARELLE. — Puis-je demander ce que c'est ?

PANCRACE. — Ah! seigneur Sganarelle, tout est renversé aujourd'hui, et le monde est tombé dans une corruption générale; une licence épouvantable règne partout; et les magistrats, qui sont établis pour maintenir l'ordre dans cet État, devraient rougir de honte, en souffrant un scandale aussi intolérable que celui dont je veux parler.

SGANARELLE. — Quoi donc ?

PANCRACE. — N'est-ce pas une chose horrible, une chose qui crie vengeance au Ciel, que d'endurer qu'on dise publiquement la forme d'un chapeau ?

SGANARELLE. — Comment ?

PANCRACE. — Je soutiens qu'il faut dire la figure d'un chapeau, et non pas la forme; d'autant qu'il y a cette différence entre la forme et la figure, que la forme est la disposition extérieure des corps qui sont animés, et la figure, la disposition extérieure des corps qui sont inanimés; et puisque le chapeau est un corps inanimé, il faut dire la figure d'un chapeau et non pas la forme. Oui, ignorant que vous êtes, c'est comme il faut parler; et ce sont les termes exprès d'Aristote dans le chapitre *de la Qualité.*

SGANARELLE. — Je pensais que tout fût perdu. Seigneur Docteur, ne songez plus à tout cela. Je...

PANCRACE. — Je suis dans une colère, que je ne me sens pas.

SGANARELLE. — Laissez la forme et le chapeau en paix. J'ai quelque chose à vous communiquer. Je...

PANCRACE. — Impertinent fieffé !

SGANARELLE. — De grâce, remettez-vous. Je...

PANCRACE. — Ignorant!

SGANARELLE. — Eh! mon Dieu. Je...

PANCRACE. — Me vouloir soutenir une proposition de la sorte!

SGANARELLE. — Il a tort. Je...

PANCRACE. — Une proposition condamnée par Aristote!

SGANARELLE. — Cela est vrai. Je...

PANCRACE. — En termes exprès.

SGANARELLE. — Vous avez raison. Oui, vous êtes un sot et un impudent de vouloir disputer contre un docteur qui sait lire et écrire. Voilà qui est fait : je vous prie de m'écouter. Je viens vous consulter sur une affaire qui m'embarrasse. J'ai dessein de prendre une femme pour me tenir compagnie dans mon ménage. La personne est belle et bien faite; elle me plaît beaucoup, et est ravie de m'épouser. Son père me l'a accordée; mais je crains un peu ce que vous savez, la disgrâce dont on ne plaint personne; et je voudrais bien vous prier, comme philosophe, de me dire votre sentiment. Eh! quel est votre avis là-dessus ?

PANCRACE. — Plutôt que d'accorder qu'il faille dire la forme d'un chapeau, j'accorderais que *datur vacuum in rerum natura*, et que je ne suis qu'une bête.

SGANARELLE. — La peste soit de l'homme! Eh! Monsieur le Docteur, écoutez un peu les gens. On vous parle une heure durant, et vous ne répondez point à ce qu'on vous dit.

PANCRACE. — Je vous demande pardon. Une juste colère m'occupe l'esprit.

SGANARELLE. — Eh! laissez tout cela, et prenez la peine de m'écouter.

PANCRACE. — Soit. Que voulez-vous me dire ?

SGANARELLE. — Je veux vous parler de quelque chose.

PANCRACE. — Et de quelle langue voulez-vous vous servir avec moi ?

SGANARELLE. — De quelle langue ?

PANCRACE. — Oui.

SGANARELLE. — Parbleu! de la langue que j'ai dans la bouche. Je crois que je n'irai pas emprunter celle de mon voisin.

PANCRACE. — Je vous dis : de quel idiome, de quel langage ?

SGANARELLE. — Ah! c'est une autre affaire.

PANCRACE. — Voulez-vous me parler italien ?

SGANARELLE. — Non.

PANCRACE. — Espagnol ?

SGANARELLE. — Non.

PANCRACE. — Allemand ?

SGANARELLE. — Non.

PANCRACE. — Anglais ?

SGANARELLE. — Non.

PANCRACE. — Latin ?

SGANARELLE. — Non.

PANCRACE. — Grec ?

SGANARELLE. — Non.

PANCRACE. — Hébreu ?

SGANARELLE. — Non.

PANCRACE. — Syriaque ?

SGANARELLE. — Non.

PANCRACE. — Turc ?

SGANARELLE. — Non.

PANCRACE. — Arabe ?

SGANARELLE. — Non, non, français.

PANCRACE. — Ah! français.

SGANARELLE. — Fort bien.

PANCRACE. — Passez donc de l'autre côté; car cette oreille-ci est destinée pour les langues scientifiques et étrangères, et l'autre est pour la maternelle.

SGANARELLE. — Il faut bien des cérémonies avec ces sortes de gens-ci!

PANCRACE. — Que voulez-vous ?

SGANARELLE. — Vous consulter sur une petite difficulté.

PANCRACE. — Sur une difficulté de philosophie, sans doute ?

SGANARELLE. — Pardonnez-moi : je...

PANCRACE. — Vous voulez peut-être savoir si la substance et l'accident sont termes synonymes ou équivoques à l'égard de l'Être ?

SGANARELLE. — Point du tout. Je...

PANCRACE. — Si la logique est un art ou une science ?

SGANARELLE. — Ce n'est pas cela. Je...

PANCRACE. — Si elle a pour objet les trois opérations de l'esprit ou la troisième seulement ?

SGANARELLE. — Non. Je...

PANCRACE. — S'il y a dix catégories ou s'il n'y en a qu'une ?

SGANARELLE. — Point. Je...

PANCRACE. — Si la conclusion est de l'essence du syllogisme ?

SGANARELLE. — Nenni. Je...

PANCRACE. — Si l'essence du bien est mise dans l'appétibilité ou dans la convenance ?

SGANARELLE. — Non. Je...

PANCRACE. — Si le bien se réciproque avec la fin ?

SGANARELLE. — Eh! non. Je...

PANCRACE. — Si la fin nous peut émouvoir par son être réel, ou par son être intentionnel ?

SGANARELLE. — Non, non, non, non, non, de par tous les diables, non.

PANCRACE. — Expliquez donc votre pensée, car je ne puis pas la deviner.

SGANARELLE. — Je vous la veux expliquer aussi; mais il faut m'écouter.

SGANARELLE, *en même temps que le Docteur.* — L'affaire que j'ai à vous dire, c'est que j'ai envie de me marier avec une fille qui est jeune et belle. Je l'aime fort, et l'ai demandée à son père; mais, comme j'appréhende...

PANCRACE, *en même temps que Sganarelle.* — La parole a été donnée à l'homme pour expliquer sa pensée; et tout ainsi que les pensées sont les portraits des choses, de même nos paroles sont-elles les portraits de nos pensées; mais ces portraits diffèrent des autres portraits en ce que les autres portraits sont distingués partout de leurs originaux, et que la parole enferme en soi son original, puisqu'elle n'est autre chose que la pensée expliquée par un signe extérieur : d'où vient que ceux qui pensent bien sont aussi ceux qui parlent le mieux. Expliquez-moi donc votre pensée par la parole, qui est le plus intelligible de tous les signes.

SGANARELLE. *Il repousse le Docteur dans sa maison, et tire la porte pour l'empêcher de sortir.* — Peste de l'homme !

PANCRACE, *au-dedans de la maison.* — Oui, la parole est *animi index et speculum ;* c'est le truchement du cœur, c'est l'image de l'âme.

> *Pancrace monte à la fenêtre et continue, et*
> *Sganarelle quitte la porte.*

C'est un miroir qui nous représente naïvement les secrets les plus *arcanes de nos individus.* Et puisque vous avez la faculté de ratiociner et de parler tout ensemble, à quoi tient-il que vous ne vous serviez de la parole pour me faire entendre votre pensée ?

SGANARELLE. — C'est ce que je veux faire; mais vous ne voulez pas m'écouter.

PANCRACE. — Je vous écoute, parlez.

SGANARELLE. — Je dis donc, Monsieur le Docteur, que...

PANCRACE. — Mais surtout soyez bref.

SGANARELLE. — Je le serai.

PANCRACE. — Évitez la prolixité.

SGANARELLE. — Hé! Monsi...

PANCRACE. — Tranchez-moi votre discours d'un apophtegme à la laconienne.

SGANARELLE. — Je vous...

PANCRACE. — Point d'ambages, de circonlocution.

> Sganarelle, de dépit de ne pouvoir parler,
> ramasse des pierres pour en casser la tête du
> Docteur.

Hé quoi ? vous vous emportez, au lieu de vous expliquer. Allez, vous êtes plus impertinent que celui qui m'a voulu soutenir qu'il faut dire la forme d'un chapeau; et je vous prouverai, en toute rencontre, par raisons démonstratives et convaincantes, et par arguments *in barbara*, que vous n'êtes et ne serez jamais qu'une pécore, et que je suis et serai toujours, *in utroque jure*, le docteur Pancrace.

> Le Docteur sort de la maison.

SGANARELLE. — Quel diable de babillard!

PANCRACE. — Homme de lettres, homme d'érudition.

SGANARELLE. — Encore...

PANCRACE. — Homme de suffisance, homme de capacité, *(s'en allant)* homme consommé dans toutes les sciences naturelles, morales et politiques, *(revenant)* homme savant, savantissime *per omnes modos et casus*, *(s'en allant)* homme qui possède *superlative* fables, mythologies et histoires, *(revenant)* grammaire, poésie, rhétorique, dialectique et sophistique, *(s'en allant)* mathématique, arithmétique, optique, onirocritique, physique et métaphysique, *(revenant)* cosmimométrie, géométrie, architecture, spéculoire et spéculatoire, *(en s'en allant)* médecine, astronomie, astrologie, physionomie, métoposcopie, chiromancie, géomancie, etc.

SGANARELLE. — Au diable les savants qui ne veulent point écouter les gens! On me l'avait bien dit, que son maître Aristote n'était rien qu'un bavard. Il faut que j'aille trouver l'autre; il est plus posé, et plus raisonnable. Holà!

SCÈNE V

MARPHURIUS, SGANARELLE

MARPHURIUS. — Que voulez-vous de moi, seigneur Sganarelle ?

SGANARELLE. — Seigneur Docteur, j'aurais besoin de votre conseil sur une petite affaire dont il s'agit, et je suis venu ici pour cela. Ah ! voilà qui va bien : il écoute le monde, celui-ci.

MARPHURIUS. — Seigneur Sganarelle, changez, s'il vous plaît, cette façon de parler. Notre philosophie ordonne de ne point énoncer de proposition décisive, de parler de tout avec incertitude, de suspendre toujours son jugement ; et, par cette raison, vous ne devez pas dire : « Je suis venu » ; mais : « Il me semble que je suis venu. »

SGANARELLE. — Il me semble !

MARPHURIUS. — Oui.

SGANARELLE. — Parbleu ! il faut bien qu'il me le semble, puisque cela est.

MARPHURIUS. — Ce n'est pas une conséquence ; et il peut vous sembler, sans que la chose soit véritable.

SGANARELLE. — Comment ? il n'est pas vrai que je suis venu ?

MARPHURIUS. — Cela est incertain, et nous devons douter de tout.

SGANARELLE. — Quoi ? je ne suis pas ici, et vous ne me parlez pas ?

MARPHURIUS. — Il m'apparaît que vous êtes là, et il me semble que je vous parle ; mais il n'est pas assuré que cela soit.

SGANARELLE. — Eh ! que diable ! vous vous moquez. Me voilà, et vous voilà bien nettement, et il n'y a point de *me semble* à tout cela. Laissons ces subtilités, je vous prie, et parlons de mon affaire. Je viens vous dire que j'ai envie de me marier.

MARPHURIUS. — Je n'en sais rien.

SGANARELLE. — Je vous le dis.

MARPHURIUS. — Il se peut faire.

SGANARELLE. — La fille que je veux prendre est fort jeune et fort belle.

MARPHURIUS. — Il n'est pas impossible.

SGANARELLE. — Ferai-je bien ou mal de l'épouser ?

MARPHURIUS. — L'un ou l'autre.

SGANARELLE. — Ah! ah! voici une autre musique. Je vous demande si je ferai bien d'épouser la fille dont je vous parle.

MARPHURIUS. — Selon la rencontre.

SGANARELLE. — Ferai-je mal ?

MARPHURIUS. — Par aventure.

SGANARELLE. — De grâce, répondez-moi comme il faut.

MARPHURIUS. — C'est mon dessein.

SGANARELLE. — J'ai une grande inclination pour la fille.

MARPHURIUS. — Cela peut être.

SGANARELLE. — Le père me l'a accordée.

MARPHURIUS. — Il se pourrait.

SGANARELLE. — Mais, en l'épousant, je crains d'être cocu.

MARPHURIUS. — La chose est faisable.

SGANARELLE. — Qu'en pensez-vous ?

MARPHURIUS. — Il n'y a pas d'impossibilité.

SGANARELLE. — Mais que feriez-vous, si vous étiez en ma place ?

MARPHURIUS. — Je ne sais.

SGANARELLE. — Que me conseillez-vous de faire ?

MARPHURIUS. — Ce qui vous plaira.

SGANARELLE. — J'enrage.

MARPHURIUS. — Je m'en lave les mains.

SGANARELLE. — Au diable soit le vieux rêveur !

MARPHURIUS. — Il en sera ce qui pourra.

SGANARELLE. — La peste du bourreau! Je te ferai changer de note, chien de philosophe enragé.

MARPHURIUS. — Ah! ah! ah!

SGANARELLE. — Te voilà payé de ton galimatias, et me voilà content.

MARPHURIUS. — Comment ? Quelle insolence! M'outrager de la sorte! Avoir eu l'audace de battre un philosophe comme moi!

SGANARELLE. — Corrigez, s'il vous plaît, cette manière de parler. Il faut douter de toutes choses, et vous ne devez pas dire que je vous ai battu, mais qu'il vous semble que je vous ai battu.

MARPHURIUS. — Ah! je m'en vais faire ma plainte au commissaire du quartier des coups que j'ai reçus.

SGANARELLE. — Je m'en lave les mains.

MARPHURIUS. — J'en ai les marques sur ma personne.

SGANARELLE. — Il se peut faire.

MARPHURIUS. — C'est toi qui m'as traité ainsi.

SGANARELLE. — Il n'y a pas d'impossibilité.

MARPHURIUS. — J'aurai un décret contre toi.

SGANARELLE. — Je n'en sais rien.

MARPHURIUS. — Et tu seras condamné en justice.

SGANARELLE. — Il en sera ce qui pourra.

MARPHURIUS. — Laisse-moi faire.

SGANARELLE. — Comment ? on ne saurait tirer une parole positive de ce chien d'homme-là, et l'on est aussi savant à la fin qu'au commencement. Que dois-je faire dans l'incertitude des suites de mon mariage ? Jamais homme ne fut plus embarrassé que je suis. Ah ! voici des Égyptiennes ; il faut que je me fasse dire par elles ma bonne aventure.

SCÈNE VI

DEUX ÉGYPTIENNES, SGANARELLE

Les Égyptiennes, avec leurs tambours de basque, entrent en chantant et dansant.

SGANARELLE. — Elles sont gaillardes. Écoutez, vous autres, y a-t-il moyen de me dire ma bonne fortune ?

1re ÉGYPTIENNE. — Oui, mon bon Monsieur, nous voici deux qui te la diront.

2e ÉGYPTIENNE. — Tu n'as seulement qu'à nous donner ta main, avec la croix dedans, et nous te dirons quelque chose pour ton bon profit.

SGANARELLE. — Tenez, les voilà toutes deux avec ce que vous demandez.

1re ÉGYPTIENNE. — Tu as une bonne physionomie, mon bon Monsieur, une bonne physionomie.

2e ÉGYPTIENNE. — Oui, bonne physionomie ; physionomie d'un homme qui sera un jour quelque chose.

1re ÉGYPTIENNE. — Tu seras marié avant qu'il soit peu, mon bon Monsieur, tu seras marié avant qu'il soit peu.

2e ÉGYPTIENNE. — Tu épouseras une femme gentille, une femme gentille.

1re ÉGYPTIENNE. — Oui, une femme qui sera chérie et aimée de tout le monde.

2e ÉGYPTIENNE. — Une femme qui te fera beaucoup d'amis, mon bon Monsieur, qui te fera beaucoup d'amis.

1re ÉGYPTIENNE. — Une femme qui fera venir l'abondance chez toi.

2ᵉ ÉGYPTIENNE. — Une femme qui te donnera une grande réputation.

1ʳᵉ ÉGYPTIENNE. — Tu seras considéré par elle, mon bon Monsieur, tu seras considéré par elle.

SGANARELLE. — Voilà qui est bien. Mais dites-moi un peu, suis-je menacé d'être cocu ?

2ᵉ ÉGYPTIENNE. — Cocu ?

SGANARELLE. — Oui.

1ʳᵉ ÉGYPTIENNE. — Cocu ?

SGANARELLE. — Oui, si je suis menacé d'être cocu ?

Toutes deux chantent et dansent : La, la, la, la...

SGANARELLE. — Que diable ! ce n'est pas là me répondre. Venez çà. Je vous demande à toutes deux si je serai cocu.

2ᵉ ÉGYPTIENNE. — Cocu, vous ?

SGANARELLE. — Oui, si je serai cocu ?

1ʳᵉ ÉGYPTIENNE. — Vous, cocu ?

SGANARELLE. — Oui, si je le serai ou non ?

Toutes deux chantent et dansent : La, la, la, la...

SGANARELLE. — Peste soit des carognes, qui me laissent dans l'inquiétude ! Il faut absolument que je sache la destinée de mon mariage ; et pour cela, je veux aller trouver ce grand magicien dont tout le monde parle tant, et qui, par son art admirable, fait voir tout ce que l'on souhaite. Ma foi, je crois que je n'ai que faire d'aller au magicien, et voici qui me montre tout ce que je puis demander.

SCÈNE VII

DORIMÈNE, LYCASTE, SGANARELLE

LYCASTE. — Quoi ? belle Dorimène, c'est sans raillerie que vous parlez ?

DORIMÈNE. — Sans raillerie.

LYCASTE. — Vous vous mariez tout de bon ?

DORIMÈNE. — Tout de bon.

LYCASTE. — Et vos noces se feront dès ce soir ?

DORIMÈNE. — Dès ce soir.

LYCASTE. — Et vous pouvez, cruelle que vous êtes, oublier de la sorte l'amour que j'ai pour vous, et les obligeantes paroles que vous m'aviez données ?

DORIMÈNE. — Moi ? Point du tout. Je vous considère

toujours de même, et ce mariage ne doit point vous
inquiéter : c'est un homme que je n'épouse point par
amour, et sa seule richesse me fait résoudre à l'accepter. Je
n'ai point de bien; vous n'en avez point aussi, et vous savez
que sans cela on passe mal le temps au monde, qu'à
quelque prix que ce soit, il faut tâcher d'en avoir. J'ai
embrassé cette occasion-ci de me mettre à mon aise; et je
l'ai fait sur l'espérance de me voir bientôt délivrée du
barbon que je prends. C'est un homme qui mourra avant
qu'il soit peu, et qui n'a tout au plus que six mois dans le
ventre. Je vous le garantis défunt dans le temps que je dis;
et je n'aurai pas longuement à demander pour moi au
Ciel l'heureux état de veuve. Ah! nous parlions de vous, et
nous en disions tout le bien qu'on en saurait dire.

LYCASTE. — Est-ce là, Monsieur... ?

DORIMÈNE. — Oui, c'est Monsieur qui me prend pour
femme.

LYCASTE. — Agréez, Monsieur, que je vous félicite de
votre mariage, et vous présente en même temps mes très
humbles services. Je vous assure que vous épousez là une
très honnête personne; et vous, Mademoiselle, je me
réjouis avec vous aussi de l'heureux choix que vous avez
fait. Vous ne pouviez pas mieux trouver, et Monsieur a
toute la mine d'être un fort bon mari. Oui, Monsieur, je
veux faire amitié avec vous, et lier ensemble un petit
commerce de visites et de divertissements.

DORIMÈNE. — C'est trop d'honneur que vous nous
faites à tous deux. Mais allons, le temps me presse, et nous
aurons tout le loisir de nous entretenir ensemble.

SGANARELLE. — Me voilà tout à fait dégoûté de mon
mariage, et je crois que je ne ferai pas mal de m'aller
dégager de ma parole. Il m'en a coûté quelque argent; mais
il vaut mieux encore perdre cela que de m'exposer à
quelque chose de pis. Tâchons adroitement de nous débar-
rasser de cette affaire. Holà!

SCÈNE VIII

ALCANTOR, SGANARELLE

ALCANTOR. — Ah! mon gendre, soyez le bienvenu.

SGANARELLE. — Monsieur, votre serviteur.

ALCANTOR. — Vous venez pour conclure le mariage?

SGANARELLE. — Excusez-moi.

ALCANTOR. — Je vous promets que j'en ai autant d'impatience que vous.

SGANARELLE. — Je viens ici pour autre sujet.

ALCANTOR. — J'ai donné ordre à toutes les choses nécessaires pour cette fête.

SGANARELLE. — Il n'est pas question de cela.

ALCANTOR. — Les violons sont retenus, le festin est commandé, et ma fille est parée pour vous recevoir.

SGANARELLE. — Ce n'est pas ce qui m'amène.

ALCANTOR. — Enfin vous allez être satisfait et rien ne peut retarder votre contentement.

SGANARELLE. — Mon Dieu! c'est autre chose.

ALCANTOR. — Allons, entrez donc, mon gendre.

SGANARELLE. — J'ai un petit mot à vous dire.

ALCANTOR. — Ah! mon Dieu, ne faisons point de cérémonie. Entrez vite, s'il vous plaît.

SGANARELLE. — Non, vous dis-je. Je vous veux parler auparavant.

ALCANTOR. — Vous voulez me dire quelque chose ?

SGANARELLE. — Oui.

ALCANTOR. — Et quoi ?

SGANARELLE. — Seigneur Alcantor, j'ai demandé votre fille en mariage, il est vrai, et vous me l'avez accordée; mais je me trouve un peu avancé en âge pour elle, et je considère que je ne suis point du tout son fait.

ALCANTOR. — Pardonnez-moi, ma fille vous trouve bien comme vous êtes; et je suis sûr qu'elle vivra fort contente avec vous.

SGANARELLE. — Point. J'ai parfois des bizarreries épouvantables, et elle aurait trop à souffrir de ma mauvaise humeur.

ALCANTOR. — Ma fille a de la complaisance, et vous verrez qu'elle s'accommodera entièrement à vous.

SGANARELLE. — J'ai quelques infirmités sur mon corps qui pourraient la dégoûter.

ALCANTOR. — Cela n'est rien. Une honnête femme ne se dégoûte jamais de son mari.

SGANARELLE. — Enfin voulez-vous que je vous dise ? je ne vous conseille pas de me la donner.

ALCANTOR. — Vous moquez-vous ? J'aimerais mieux mourir que d'avoir manqué à ma parole.

SGANARELLE. — Mon Dieu, je vous en dispense, et je...

ALCANTOR. — Point du tout. Je vous l'ai promise; et vous l'aurez en dépit de tous ceux qui y prétendent.

SGANARELLE. — Que diable!

ALCANTOR. — Voyez-vous, j'ai une estime et une amitié pour vous toute particulière; et je refuserais ma fille à un prince pour vous la donner.

SGANARELLE. — Seigneur Alcantor, je vous suis obligé de l'honneur que vous me faites, mais je vous déclare que je ne me veux point marier.

ALCANTOR. — Qui, vous?

SGANARELLE. — Oui, moi.

ALCANTOR. — Et la raison?

SGANARELLE. — La raison? c'est que je ne me sens point propre pour le mariage, et que je veux imiter mon père, et tous ceux de ma race, qui ne se sont jamais voulu marier.

ALCANTOR. — Écoutez, les volontés sont libres; et je suis homme à ne contraindre jamais personne. Vous vous êtes engagé avec moi pour épouser ma fille, et tout est préparé pour cela; mais puisque vous voulez retirer votre parole, je vais voir ce qu'il y a à faire; et vous aurez bientôt de mes nouvelles.

SGANARELLE. — Encore est-il plus raisonnable que je ne pensais, et je croyais avoir bien plus de peine à m'en dégager. Ma foi, quand j'y songe, j'ai fait fort sagement de me tirer de cette affaire; et j'allais faire un pas dont je me serais peut-être longtemps repenti. Mais voici le fils qui me vient rendre réponse.

SCÈNE IX

ALCIDAS, SGANARELLE

ALCIDAS, *parlant toujours d'un ton doucereux.* — Monsieur, je suis votre serviteur très humble.

SGANARELLE. — Monsieur, je suis le vôtre, de tout mon cœur.

ALCIDAS. — Mon père m'a dit, Monsieur, que vous vous étiez venu dégager de la parole que vous aviez donnée.

SGANARELLE. — Oui, Monsieur : c'est avec regret; mais...

ALCIDAS. — Oh! Monsieur, il n'y a pas de mal à cela.

SGANARELLE. — J'en suis fâché, je vous assure; et je souhaiterais...

ALCIDAS. — Cela n'est rien, vous dis-je. *(Lui présentant deux épées.)* Monsieur, prenez la peine de choisir de ces deux épées laquelle vous voulez.

SGANARELLE. — De ces deux épées ?

ALCIDAS. — Oui, s'il vous plaît.

SGANARELLE. — A quoi bon ?

ALCIDAS. — Monsieur, comme vous refusez d'épouser ma sœur après la parole donnée, je crois que vous ne trouverez pas mauvais le petit compliment que je viens vous faire.

SGANARELLE. — Comment ?

ALCIDAS. — D'autres gens feraient du bruit et s'emporteraient contre vous; mais nous sommes personnes à traiter les choses dans la douceur; et je viens vous dire civilement qu'il faut, si vous le trouvez bon, que nous nous coupions la gorge ensemble.

SGANARELLE. — Voilà un compliment fort mal tourné.

ALCIDAS. — Allons, Monsieur, choisissez, je vous prie.

SGANARELLE. — Je suis votre valet, je n'ai point de gorge à me couper. La vilaine façon de parler que voilà !

ALCIDAS. — Monsieur, il faut que cela soit, s'il vous plaît.

SGANARELLE. — Eh ! Monsieur, rengainez ce compliment, je vous prie.

ALCIDAS. — Dépêchons vite, Monsieur : j'ai une petite affaire qui m'attend.

SGANARELLE. — Je ne veux point de cela, vous dis-je.

ALCIDAS. — Vous ne voulez pas vous battre ?

SGANARELLE. — Nenni, ma foi.

ALCIDAS. — Tout de bon ?

SGANARELLE. — Tout de bon.

ALCIDAS. — Au moins, Monsieur, vous n'avez pas lieu de vous plaindre, et vous voyez que je fais les choses dans l'ordre. Vous nous manquez de parole, je me veux battre contre vous; vous refusez de vous battre, je vous donne des coups de bâton : tout cela est dans les formes; et vous êtes trop honnête homme pour ne pas approuver mon procédé.

SGANARELLE. — Quel diable d'homme est-ce ci ?

ALCIDAS. — Allons, Monsieur, faites les choses galamment, et sans vous faire tirer l'oreille.

SGANARELLE. — Encore ?

ALCIDAS. — Monsieur, je ne contrains personne; mais il faut que vous vous battiez, ou que vous épousiez ma sœur.

SGANARELLE. — Monsieur, je ne puis faire ni l'un ni l'autre, je vous assure.

ALCIDAS. — Assurément ?

SGANARELLE. — Assurément.

ALCIDAS. — Avec votre permission donc...

SGANARELLE. — Ah ! ah ! ah ! ah !

ALCIDAS. — Monsieur, j'ai tous les regrets du monde d'être obligé d'en user ainsi avec vous; mais je ne cesserai point, s'il vous plaît, que vous n'ayez promis de vous battre, ou d'épouser ma sœur.

SGANARELLE. — Hé bien! j'épouserai, j'épouserai...

ALCIDAS. — Ah! Monsieur, je suis ravi que vous vous mettiez à la raison, et que les choses se passent doucement. Car enfin vous êtes l'homme du monde que j'estime le plus, je vous jure; et j'aurais été au désespoir que vous m'eussiez contraint à vous maltraiter. Je vais appeler mon père, pour lui dire que tout est d'accord.

SCÈNE X

ALCANTOR, ALCIDAS, SGANARELLE

ALCIDAS. — Mon père, voilà Monsieur, qui est tout à fait raisonnable. Il a voulu faire les choses de bonne grâce, et vous pouvez lui donner ma sœur.

ALCANTOR. — Monsieur, voilà sa main, vous n'avez qu'à donner la vôtre. Loué soit le Ciel! M'en voilà déchargé, et c'est vous désormais que regarde le soin de sa conduite. Allons nous réjouir, et célébrer cet heureux mariage.

LA PRINCESSE D'ÉLIDE

NOTICE
SUR
LA PRINCESSE D'ÉLIDE

Au printemps de 1664, Louis XIV, qui avait vingt-six ans, voulut offrir à sa cour une fête magnifique, dans le cadre de Versailles qu'il était en train de faire édifier. Cette fête, connue sous le nom des *Plaisirs de l'Ile enchantée*, était officiellement offerte aux deux reines, Anne d'Autriche et Marie-Thérèse, mais en réalité destinée à éblouir Mlle de La Vallière, maîtresse déclarée du roi. Le duc de Saint-Aignan, organisateur des ballets et fêtes royales, Vigarani le décorateur et Benserade le poète de cour empruntèrent au *Roland furieux* de l'Arioste le thème général de la fête, qui s'achevait dans l'embrasement du palais de l'enchanteresse Alcine. Les fêtes durèrent toute une semaine dans une succession magnifique de spectacles, de ballets, de collations en plein air.

Saint-Aignan avait fait appel aux deux troupes de l'Hôtel de Bourgogne et du Palais-Royal, qui se trouvèrent ainsi un moment réunies, après la chaude alerte de *l'École des Femmes*, pour le divertissement du maître. Au cours de cette semaine de fêtes fastueuses, Molière et sa troupe jouèrent *les Fâcheux*, *le Mariage forcé* et *le Tartuffe*. Mais Molière voulut affirmer ouvertement sa collaboration à la fête en écrivant, évidemment à la demande du roi, une « comédie galante », mêlée de musique et de danses, et c'est *la Princesse d'Élide*.

Une commande royale, comme toujours trop tardive, l'obligea à un travail hâtif. L'œuvrette, commencée en vers, plus faciles et aimables que soignés, se termine en prose, avec des intermèdes de danses et de chant, qu'on retrouve dans les recueils collectifs de poésie de l'époque. Comme il était pressé, Molière se contenta d'imiter librement une comédie espagnole de Moreto, *Dédain pour*

dédain, ce qui était peut-être une attention délicate à
l'adresse des deux reines espagnoles.

Le sujet de la pièce est mince et conventionnel; il
s'agit d'une princesse fière, qui se targue d'ignorer l'amour
et qui finit par succomber à la feinte d'un de ses galants
qui joue le même jeu. Tout cela est assez précieux et
annonce un marivaudage qu'on retrouvera, mais beaucoup
plus finement exprimé, dans *les Amants magnifiques*. Seul
le fou de la princesse, Moron, rôle que Molière interpré-
tait lui-même, donne quelque consistance, par son bon
sens terre à terre, à cette pastorale dramatique assez fade
et dont l'éclat éphémère s'est perdu dans l'embrasement
final du palais de la magicienne Alcine.

LA PRINCESSE D'ÉLIDE

COMÉDIE GALANTE

MÊLÉE DE MUSIQUE ET D'ENTRÉES DE BALLET
REPRÉSENTÉE POUR LA PREMIÈRE FOIS A VERSAILLES,
LE 8ᵉ MAI 1664,
ET DONNÉE DEPUIS AU PUBLIC
SUR LE THÉATRE DU PALAIS-ROYAL
LE 9ᵉ NOVEMBRE DE LA MÊME ANNÉE 1664

PAR LA

TROUPE DE MONSIEUR, FRÈRE UNIQUE DU ROI

PERSONNAGES

LA PRINCESSE D'ÉLIDE.
AGLANTE, cousine de la Princesse.
CYNTHIE, cousine de la Princesse.
PHILIS, suivante de la Princesse.
IPHITAS, père de la Princesse.
EURYALE, prince d'Ithaque.
ARISTOMÈNE, prince de Messène.
THÉOCLE, prince de Pyle.
ARBATE, gouverneur du prince d'Ithaque.
MORON, plaisant de la Princesse.
LYCAS, suivant d'Iphitas.

PERSONNAGES DES INTERMÈDES

L'AURORE.
LYCISCAS, valet des chiens.
TROIS VALETS DE CHIENS.
UN SATYRE.
TIRCIS.
CLYMÈNE.

PREMIER INTERMÈDE

SCÈNE I

RÉCIT DE L'AURORE

Quand l'amour à vos yeux offre un choix agréable,
    Jeunes beautés, laissez-vous enflammer;
Moquez-vous d'affecter cet orgueil indomptable
    Dont on vous dit qu'il est beau de s'armer :
        Dans l'âge où l'on est aimable,
        Rien n'est si beau que d'aimer.

Soupirez librement pour un amant fidèle,
    Et bravez ceux qui voudraient vous blâmer.
Un cœur tendre est aimable, et le nom de cruelle
    N'est pas un nom à se faire estimer :
        Dans le temps où l'on est belle,
        Rien n'est si beau que d'aimer.

SCÈNE II

VALETS DE CHIENS ET MUSICIENS

    Holà! holà! debout, debout, debout :
Pour la chasse ordonnée il faut préparer tout.
    Holà! ho! debout, vite debout.

PREMIER

Jusqu'aux plus sombres lieux le jour se communique.

DEUXIÈME

L'air sur les fleurs en perles se résout.

TROISIÈME

Les rossignols commencent leur musique.
Et leurs petits concerts retentissent partout.

TOUS ENSEMBLE

Sus, sus, debout, vite debout!

Parlant à Lyciscas qui dormait.

Qu'est-ce ci, Lyciscas ? Quoi ? tu ronfles encore.
Toi qui promettais tant de devancer l'Aurore ?
Allons, debout, vite debout :
Pour la chasse ordonnée il faut préparer tout.
Debout, vite debout, dépêchons, debout.

LYCISCAS, *en s'éveillant.*

Par la morbleu! vous êtes de grands braillards, vous
autres, et vous avez la gueule ouverte de bon matin!

MUSICIENS

Ne vois-tu pas le jour qui se répand partout ?
Allons, debout, Lyciscas, debout.

LYCISCAS

Hé! laissez-moi dormir encore un peu, je vous conjure.

MUSICIENS

Non, non, debout, Lyciscas, debout.

LYCISCAS

Je ne vous demande plus qu'un petit quart d'heure.

MUSICIENS

Point, point, debout, vite, debout.

LYCISCAS

Hé! je vous prie.

MUSICIENS

Debout.

LYCISCAS

Un moment.

MUSICIENS

Debout.

LYCISCAS

De grâce!

MUSICIENS

Debout.

LYCISCAS

Eh!

MUSICIENS

Debout.

LYCISCAS

Je...

MUSICIENS

Debout.

LYCISCAS

J'aurai fait incontinent.

MUSICIENS

Non, non, debout, Lyciscas, debout :
Pour la chasse ordonnée, il faut préparer tout.
Vite debout, dépêchons, debout.

LYCISCAS

Eh bien! laissez-moi : je vais me lever. Vous êtes d'étranges
gens, de me tourmenter comme cela. Vous serez cause que
je ne me porterai pas bien de toute la journée, car, voyez-
vous, le sommeil est nécessaire à l'homme; et lorsqu'on ne
dort pas sa réfection, il arrive... que... on est...

PREMIER

Lyciscas!

DEUXIÈME

Lyciscas!

TROISIÈME

Lyciscas!

TOUS ENSEMBLE

Lyciscas!

LYCISCAS

Diable soit les brailleurs! Je voudrais que vous eussiez la
gueule pleine de bouillie bien chaude.

MUSICIENS

Debout, debout.
Vite debout, dépêchons, debout.

LYCISCAS

Ah! quelle fatigue, de ne pas dormir son soûl!

PREMIER

Holà, oh!

DEUXIÈME

Holà, oh!

TROISIÈME

Holà, oh!

TOUS ENSEMBLE

Oh! oh! oh! oh! oh!

LYCISCAS

Oh! oh! oh! oh! La peste soit des gens, avec leurs chiens
de hurlements! Je me donne au diable si je ne vous
assomme. Mais voyez un peu quel diable d'enthousiasme
il leur prend, de me venir chanter aux oreilles comme cela.
Je...

MUSICIENS

Debout.

LYCISCAS

Encore!

MUSICIENS

Debout.

LYCISCAS

Le diable vous emporte!

MUSICIENS

Debout.

LYCISCAS, *en se levant.*

Quoi toujours? A-t-on jamais vu une pareille furie de
chanter? Par le sang bleu! j'enrage. Puisque me voilà
éveillé, il faut que j'éveille les autres, et que je les tourmente
comme on m'a fait. Allons, ho! Messieurs, debout, debout,
vite, c'est trop dormir. Je vais faire un bruit de diable
partout. Debout, debout, debout! Allons vite! ho! ho! ho!
debout, debout! Pour la chasse ordonnée il faut préparer
tout : debout, debout! Lyciscas, debout! Ho! ho! ho! ho!
ho!

ACTE PREMIER

SCÈNE I

EURYALE, ARBATE

ARBATE

Ce silence rêveur, dont la sombre habitude
Vous fait à tous moments chercher la solitude,

Ces longs soupirs que laisse échapper votre cœur,
Et ces fixes regards si chargés de langueur
Disent beaucoup sans doute à des gens de mon âge, 5
Et je pense, seigneur, entendre ce langage;
Mais sans votre congé, de peur de trop risquer,
Je n'ose m'enhardir jusques à l'expliquer.

EURYALE

Explique, explique, Arbate, avec toute licence
Ces soupirs, ces regards, et ce morne silence. 10
Je te permets ici de dire que l'amour
M'a rangé sous ses lois, et me brave à son tour,
Et je consens encor que tu me fasses honte
Des faiblesses d'un cœur qui souffre qu'on le dompte.

ARBATE

Moi, vous blâmer, seigneur, des tendres mouvements 15
Où je vois qu'aujourd'hui penchent vos sentiments!
Le chagrin des vieux jours ne peut aigrir mon âme
Contre les doux transports de l'amoureuse flamme;
Et bien que mon sort touche à ses derniers soleils,
Je dirai que l'amour sied bien à vos pareils, 20
Que ce tribut qu'on rend aux traits d'un beau visage
De la beauté d'une âme est un clair témoignage,
Et qu'il est malaisé que sans être amoureux
Un jeune prince soit et grand et généreux.
C'est une qualité que j'aime en un monarque : 25
La tendresse de cœur est une grande marque;
Et je crois que d'un prince on peut tout présumer,
Dès qu'on voit que son âme est capable d'aimer.
Oui, cette passion, de toutes la plus belle,
Traîne dans un esprit cent vertus après elle; 30
Aux nobles actions elle pousse les cœurs,
Et tous les grands héros ont senti ses ardeurs.
Devant mes yeux, seigneur, a passé votre enfance,
Et j'ai de vos vertus vu fleurir l'espérance;
Mes regards observaient en vous des qualités 35
Où je reconnaissais le sang dont vous sortez;
J'y découvrais un fonds d'esprit et de lumière;
Je vous trouvais bien fait, l'air grand, et l'âme fière;
Votre cœur, votre adresse, éclataient chaque jour :
Mais je m'inquiétais de ne voir point d'amour; 40
Et puisque les langueurs d'une plaie invincible
Nous montrent que votre âme à ses traits est sensible,
Je triomphe, et mon cœur, d'allégresse rempli,
Vous regarde à présent comme un prince accompli.

EURYALE

Si de l'amour un temps j'ai bravé la puissance,   45
Hélas! mon cher Arbate, il en prend bien vengeance;
Et sachant dans quels maux mon cœur s'est abîmé,
Toi-même tu voudrais qu'il n'eût jamais aimé.
Car enfin vois le sort où mon astre me guide :
J'aime, j'aime ardemment la princesse d'Élide;   50
Et tu sais quel orgueil, sous des traits si charmants,
Arme contre l'amour ses jeunes sentiments,
Et comment elle fuit, dans cette illustre fête,
Cette foule d'amants qui briguent sa conquête,
Ah! qu'il est bien peu vrai que ce qu'on doit aimer   55
Aussitôt qu'on le voit, prend droit de nous charmer,
Et qu'un premier coup d'œil allume en nous les flammes
Où le Ciel, en naissant, a destiné nos âmes!
A mon retour d'Argos, je passai dans ces lieux,
Et ce passage offrit la Princesse à mes yeux;   60
Je vis tous les appas dont elle est revêtue,
Mais de l'œil dont on voit une belle statue :
Leur brillante jeunesse observée à loisir
Ne porta dans mon âme aucun secret désir,
Et d'Ithaque en repos je revis le rivage,   65
Sans m'en être, en deux ans, rappelé nulle image.
Un bruit vient cependant à répandre à ma cour
Le célèbre mépris qu'elle fait de l'amour;
On publie en tous lieux que son âme hautaine
Garde pour l'hyménée une invincible haine,   70
Et qu'un arc à la main, sur l'épaule un carquois,
Comme une autre Diane elle hante les bois,
N'aime rien que la chasse, et de toute la Grèce
Fait soupirer en vain l'héroïque jeunesse.
Admire nos esprits, et la fatalité!   75
Ce que n'avait point fait sa vue et sa beauté,
Le bruit de ses fiertés en mon âme fit naître
Un transport inconnu dont je ne fus point maître;
Ce dédain si fameux eut des charmes secrets
A me faire avec soin rappeler tous ses traits;   80
Et mon esprit, jetant de nouveaux yeux sur elle,
M'en refit une image et si noble et si belle,
Me peignit tant de gloire et de telles douceurs
A pouvoir triompher de toutes ses froideurs
Que mon cœur, aux brillants d'une telle victoire,   85
Vit de sa liberté s'évanouir la gloire :
Contre une telle amorce il eut beau s'indigner,
Sa douceur sur mes sens prit tel droit de régner,

Qu'entraîné par l'effort d'une occulte puissance,
J'ai d'Ithaque en ces lieux fait voile en diligence;   90
Et je couvre un effet de mes vœux enflammés
Du désir de paraître à ces jeux renommés,
Où l'illustre Iphitas, père de la Princesse,
Assemble la plupart des princes de la Grèce.

ARBATE

Mais à quoi bon, seigneur, les soins que vous prenez ? 95
Et pourquoi ce secret où vous vous obstinez ?
Vous aimez, dites-vous, cette illustre princesse,
Et venez à ses yeux signaler votre adresse :
Et nuls empressements, paroles ni soupirs,
Ne l'ont instruite encor de vos brûlants désirs ?   100
Pour moi, je n'entends rien à cette politique
Qui ne veut point souffrir que votre cœur s'explique;
Et je ne sais quel fruit peut prétendre un amour
Qui fuit tous les moyens de se produire un jour.

EURYALE

Et que ferai-je, Arbate, en déclarant ma peine,   105
Qu'attirer les dédains de cette âme hautaine,
Et me jeter au rang de ces princes soumis
Que le titre d'amants lui peint en ennemis ?
Tu vois les souverains de Messène et de Pyle
Lui faire de leurs cœurs un hommage inutile,   110
Et de l'éclat pompeux des plus hautes vertus
En appuyer en vain les respects assidus :
Ce rebut de leurs soins sous un triste silence
Retient de mon amour toute la violence;
Je me tiens condamné dans ces rivaux fameux,   115
Et je lis mon arrêt au mépris qu'on fait d'eux.

ARBATE

Et c'est dans ce mépris et dans cette humeur fière,
Que votre âme à ses vœux doit voir plus de lumière,
Puisque le sort vous donne à conquérir un cœur
Que défend seulement une jeune froideur,   120
Et qui n'impose point à l'ardeur qui vous presse
De quelque attachement l'invincible tendresse.
Un cœur préoccupé résiste puissamment;
Mais quand une âme est libre, on la force aisément;
Et toute la fierté de son indifférence   125
N'a rien dont ne triomphe un peu de patience.
Ne lui cachez donc plus le pouvoir de ses yeux,
Faites de votre flamme un éclat glorieux,

Et bien loin de trembler de l'exemple des autres,
Du rebut de leurs vœux enflez l'espoir des vôtres.   130
Peut-être pour toucher ces sévères appas
Aurez-vous des secrets que ces princes n'ont pas;
Et si de ses fiertés l'impérieux caprice
Ne vous fait éprouver un destin plus propice,
Au moins est-ce un bonheur, en ces extrémités,   135
Que de voir avec soi ses rivaux rebutés.

EURYALE

J'aime à te voir presser cet aveu de ma flamme :
Combattant mes raisons, tu chatouilles mon âme;
Et par ce que j'ai dit je voulais pressentir
Si de ce que j'ai fait tu pourrais m'applaudir,   140
Car enfin, puisqu'il faut t'en faire confidence,
On doit à la Princesse expliquer mon silence,
Et peut-être, au moment que je t'en parle ici,
Le secret de mon cœur, Arbate, est éclairci.
Cette chasse où, pour fuir la foule qui l'adore,   145
Tu sais qu'elle est allée au lever de l'aurore,
Est le temps dont Moron, pour déclarer mon feu,
A pris...

ARBATE

    Moron, seigneur ?

EURYALE

                    Ce choix t'étonne un peu :
Par son titre de fou tu crois le bien connaître;
Mais sache qu'il l'est moins qu'il ne le veut paraître,   150
Et que, malgré l'emploi qu'il exerce aujourd'hui,
Il a plus de bon sens que tel qui rit de lui.
La Princesse se plaît à ses bouffonneries;
Il s'en est fait aimer par cent plaisanteries,
Et peut, dans cet accès, dire et persuader   155
Ce que d'autres que lui n'oseraient hasarder;
Je le vois propre enfin à ce que j'en souhaite :
Il a pour moi, dit-il, une amitié parfaite,
Et veut, dans mes États ayant reçu le jour,
Contre tous mes rivaux appuyer mon amour.   160
Quelque argent mis en main pour soutenir ce zèle...

SCÈNE II

MORON, ARBATE, EURYALE

MORON, *sans être vu.*

Au secours! sauvez-moi de la bête cruelle.

EURYALE

Je pense ouïr sa voix.

MORON, *sans être vu.*

A moi, de grâce, à moi!

EURYALE

C'est lui-même. Où court-il avec un tel effroi ?

MORON

Où pourrai-je éviter ce sanglier redoutable ?   165
Grands dieux, préservez-moi de sa dent effroyable.
Je vous promets, pourvu qu'il ne m'attrape pas,
Quatre livres d'encens, et deux veaux des plus gras.
Ha! je suis mort.

EURYALE

Qu'as-tu ?

MORON

Je vous croyais la bête
Dont à me diffamer j'ai vu la gueule prête,   170
Seigneur, et je ne puis revenir de ma peur.

EURYALE

Qu'est-ce ?

MORON

O! que la Princesse est d'une étrange humeur,
Et qu'à suivre la chasse et ses extravagances
Il nous faut essuyer de sottes complaisances!
Quel diable de plaisir trouvent tous les chasseurs   175
De se voir exposés à mille et mille peurs ?
Encore si c'était qu'on ne fût qu'à la chasse
Des lièvres, des lapins, et des jeunes daims, passe :
Ce sont des animaux d'un naturel fort doux,
Et qui prennent toujours la fuite devant nous.   180
Mais aller attaquer de ces bêtes vilaines
Qui n'ont aucun respect pour les faces humaines,

Et qui courent les gens qui les veulent courir,
C'est un sot passe-temps, que je ne puis souffrir.

EURYALE

Dis-nous donc ce que c'est.

MORON, en se tournant.

Le pénible exercice   185
Où de notre Princesse a volé le caprice !...
J'en aurais bien juré qu'elle aurait fait le tour ;
Et la course des chars se faisant en ce jour,
Il fallait affecter ce contretemps de chasse,
Pour mépriser ces jeux avec meilleure grâce,
Et faire voir... Mais chut. Achevons mon récit,
Et reprenons le fil de ce que j'avais dit.
Qu'ai-je dit ?

EURYALE

Tu parlais d'exercice pénible.

MORON

Ah ! oui. Succombant donc à ce travail horrible,
(Car en chasseur fameux j'étais enharnaché,   195
Et dès le point du jour je m'étais découché)
Je me suis écarté de tous en galant homme,
Et trouvant un lieu propre à dormir d'un bon somme,
J'essayais ma posture, et m'ajustant bientôt,
Prenais déjà mon ton pour ronfler comme il faut,   200
Lorsqu'un murmure affreux m'a fait lever la vue,
Et j'ai d'un vieux buisson de la forêt touffue
Vu sortir un sanglier d'une énorme grandeur,
Pour...

EURYALE

Qu'est-ce ?

MORON

Ce n'est rien. N'ayez point de frayeur,
Mais laissez-moi passer entre vous deux, pour cause :   205
Je serai mieux en main pour vous conter la chose.
J'ai donc vu ce sanglier, qui par nos gens chassé,
Avait d'un air affreux tout son poil hérissé ;
Ses deux yeux flamboyants ne lançaient que menace,
Et sa gueule faisait une laide grimace,   210
Qui, parmi de l'écume, à qui l'osait presser
Montrait de certains crocs... je vous laisse à penser !
A ce terrible aspect j'ai ramassé mes armes ;
Mais le faux animal, sans en prendre d'alarmes,
Est venu droit à moi, qui ne lui disais mot.   215

ARBATE

Et tu l'as de pied ferme attendu ?

MORON

Quelque sot.
J'ai jeté tout par terre et couru comme quatre.

ARBATE

Fuir devant un sanglier, ayant de quoi l'abattre !
Ce trait, Moron, n'est pas généreux...

MORON

J'y consens :
Il n'est pas généreux, mais il est de bon sens.   220

ARBATE

Mais par quelques exploits si l'on ne s'éternise...

MORON

Je suis votre valet, et j'aime mieux qu'on dise :
« C'est ici qu'en fuyant, sans se faire prier,
Moron sauva ses jours des fureurs d'un sanglier »,
Que si l'on y disait : « Voilà l'illustre place   225
Où le brave Moron, d'une héroïque audace
Affrontant d'un sanglier l'impétueux effort,
Par un coup de ses dents vit terminer son sort. »

EURYALE

Fort bien...

MORON

Oui, j'aime mieux, n'en déplaise à la gloire,
Vivre au monde deux jours que mille ans dans l'histoire. 230

EURYALE

En effet, ton trépas fâcherait tes amis ;
Mais si de ta frayeur ton esprit est remis,
Puis-je te demander si du feu qui me brûle... ?

MORON

Il ne faut point, Seigneur, que je vous dissimule :
Je n'ai rien fait encore, et n'ai point rencontré   235
De temps pour lui parler qui fût selon mon gré.
L'office de bouffon a des prérogatives ;
Mais souvent on rabat nos libres tentatives.
Le discours de vos feux est un peu délicat,
Et c'est chez la Princesse une affaire d'État.   240
Vous savez de quel titre elle se glorifie,
Et qu'elle a dans la tête une philosophie,

Qui déclare la guerre au conjugal lien,
Et vous traite l'Amour de déité de rien.
Pour n'effaroucher point son humeur de tigresse,   245
Il me faut manier la chose avec adresse;
Car on doit regarder comme l'on parle aux grands,
Et vous êtes parfois d'assez fâcheuses gens.
Laissez-moi doucement conduire cette trame.
Je me sens là pour vous un zèle tout de flamme :   250
Vous êtes né mon prince, et quelques autres nœuds
Pourraient contribuer au bien que je vous veux.
Ma mère, dans son temps, passait pour assez belle,
Et naturellement n'était pas fort cruelle;
Feu votre père alors, ce prince généreux,   255
Sur la galanterie était fort dangereux;
Et je sais qu'Elpénor, qu'on appelait mon père
A cause qu'il était le mari de ma mère,
Contait pour grand honneur aux pasteurs d'aujourd'hui
Que le Prince autrefois était venu chez lui,   260
Et que durant ce temps il avait l'avantage
De se voir salué de tous ceux du village.
Baste, quoi qu'il en soit, je veux par mes travaux...
Mais voici la Princesse et deux de vos rivaux.

SCÈNE III

LA PRINCESSE *et sa suite*, ARISTOMÈNE, THÉOCLE, EURYALE, ARBATE, MORON

ARISTOMÈNE

Reprochez-vous, Madame, à nos justes alarmes   265
Ce péril dont tous deux avons sauvé vos charmes ?
J'aurais pensé, pour moi, qu'abattre sous nos coups
Ce sanglier qui portait sa fureur jusqu'à vous,
Était une aventure (ignorant votre chasse)
Dont à nos bons destins nous dussions rendre grâce; 270
Mais à cette froideur je connais clairement
Que je dois concevoir un autre sentiment,
Et quereller du sort la fatale puissance
Qui me fait avoir part à ce qui vous offense.

THÉOCLE

Pour moi, je tiens, Madame, à sensible bonheur   275
L'action où pour vous a volé tout mon cœur,
Et ne puis consentir, malgré votre murmure,
A quereller le sort d'une telle aventure.

D'un objet odieux je sais que tout déplaît;
Mais, dût votre courroux être plus grand qu'il n'est,   280
C'est extrême plaisir, quand l'amour est extrême,
De pouvoir d'un péril affranchir ce qu'on aime.

LA PRINCESSE

Et pensez-vous, seigneur, puisqu'il me faut parler,
Qu'il eût en ce péril de quoi tant m'ébranler,
Que l'arc et que le dard, pour moi si pleins de charmes,   285
Ne soient entre mes mains que d'inutiles armes,
Et que je fasse enfin mes plus fréquents emplois
De parcourir nos monts, nos plaines et nos bois,
Pour n'oser, en chassant, concevoir l'espérance
De suffire, moi seule, à ma propre défense ?   290
Certes, avec le temps, j'aurais bien profité
De ces soins assidus dont je fais vanité,
S'il fallait que mon bras, dans une telle quête,
Ne pût pas triompher d'une chétive bête !
Du moins si, pour prétendre à de sensibles coups,   295
Le commun de mon sexe est trop mal avec vous,
D'un étage plus haut accordez-moi la gloire,
Et me faites tous deux cette grâce de croire,
Seigneurs, que, quel que fût le sanglier d'aujourd'hui,
J'en ai mis bas sans vous de plus méchants que lui.   300

THÉOCLE

Mais, Madame...

LA PRINCESSE

                    Hé bien, soit. Je vois que votre envie
Est de persuader que je vous dois la vie :
J'y consens. Oui, sans vous, c'était fait de mes jours;
Je rends de tout mon cœur grâce à ce grand secours;
Et je vais de ce pas au Prince, pour lui dire   305
Les bontés que pour moi votre amour vous inspire.

SCÈNE IV

EURYALE, MORON, ARBATE

MORON

Heu! a-t-on jamais vu de plus farouche esprit ?
De ce vilain sanglier l'heureux trépas l'aigrit.
O! comme volontiers j'aurais d'un beau salaire
Récompensé tantôt qui m'en eût su défaire !   310

ARBATE

Je vous vois tout pensif, seigneur, de ses dédains;
Mais ils n'ont rien qui doive empêcher vos desseins.
Son heure doit venir, et c'est à vous possible
Qu'est réservé l'honneur de la rendre sensible.

MORON

Il faut qu'avant la course elle apprenne vos feux,   315
Et je...

EURYALE

        Non, ce n'est plus, Moron, ce que je veux.
Garde-toi de rien dire, et me laisse un peu faire :
J'ai résolu de prendre un chemin tout contraire.
Je vois trop que son cœur s'obstine à dédaigner
Tous ces profonds respects qui pensent la gagner;   320
Et le dieu qui m'engage à soupirer pour elle
M'inspire pour la vaincre une adresse nouvelle.
Oui, c'est lui d'où me vient ce soudain mouvement,
Et j'en attends de lui l'heureux événement.

ARBATE

Peut-on savoir, seigneur, par où votre espérance... ?   325

EURYALE

Tu le vas voir. Allons, et garde le silence.

DEUXIÈME INTERMÈDE

SCÈNE I

MORON

Jusqu'au revoir. Pour moi, je reste ici, et j'ai une petite
conversation à faire avec ces arbres et ces rochers.

Bois, prés, fontaines, fleurs, qui voyez mon teint blême,
Si vous ne le savez, je vous apprends que j'aime.
            Philis est l'objet charmant
            Qui tient mon cœur à l'attache;
            Et je devins son amant
            La voyant traire une vache.
Ses doigts tout pleins de lait, et plus blancs mille fois,

Pressaient les bouts du pis d'une grâce admirable.
> Ouf! Cette idée est capable
> De me réduire aux abois.

Ah! Philis! Philis! Philis!
Ah, hem, ah, ah, ah, hi, hi, hi, oh, oh, oh, oh.
Voilà un écho qui est bouffon! hom, hom, hom, ha, ha, ha, ha, ha.
Uh, uh, uh. Voilà un écho qui est bouffon!

SCÈNE II

Un Ours, MORON

MORON. — Ah! Monsieur l'ours, je suis votre serviteur de tout mon cœur. De grâce, épargnez-moi. Je vous assure que je ne vaux rien du tout à manger, je n'ai que la peau et les os, et je vois de certaines gens là-bas qui seraient bien mieux votre affaire. Eh! eh! eh! Monseigneur, tout doux, s'il vous plaît. Là, là, là, là. Ah! Monseigneur, que Votre Altesse est jolie et bien faite! Elle a tout à fait l'air galant et la taille la plus mignonne du monde. Ah! beau poil, belle tête, beaux yeux brillants et bien fendus! Ah! beau petit nez! belle petite bouche! petites quenottes jolies! Ah! belle gorge! belles petites menottes! petits ongles bien faits! A l'aide! au secours! je suis mort! miséricorde! Pauvre Moron! Ah! mon Dieu! Et vite, à moi, à moi, je suis perdu!

Les chasseurs paraissent.

Eh! Messieurs, ayez pitié de moi. Bon! Messieurs, tuez-moi ce vilain animal-là. O Ciel, daigne les assister! Bon! le voilà qui fuit. Le voilà qui s'arrête, et qui se jette sur eux. Bon! en voilà un qui vient de lui donner un coup dans la gueule. Les voilà tous à l'entour de lui. Courage! ferme, allons, mes amis! Bon! poussez fort! Encore! Ah! le voilà qui est à terre; c'en est fait, il est mort. Descendons maintenant, pour lui donner cent coups. Serviteur, Messieurs! je vous rends grâce de m'avoir délivré de cette bête. Maintenant que vous l'avez tuée, je m'en vais l'achever et en triompher avec vous.

ACTE II

SCÈNE I

LA PRINCESSE, AGLANTE, CYNTHIE

LA PRINCESSE

Oui, j'aime à demeurer dans ces paisibles lieux;
On n'y découvre rien qui n'enchante les yeux;
Et de tous nos palais la savante structure
Cède aux simples beautés qu'y forme la nature.   330
Ces arbres, ces rochers, cette eau, ces gazons frais
Ont pour moi des appas à ne lasser jamais.

AGLANTE

Je chéris comme vous ces retraites tranquilles,
Où l'on se vient sauver de l'embarras des villes.
De mille objets charmants ces lieux sont embellis;   335
Et ce qui doit surprendre est qu'aux portes d'Élis
La douce passion de fuir la multitude
Rencontre une si belle et vaste solitude.
Mais, à vous dire vrai, dans ces jours éclatants,
Vos retraites ici me semblent hors de temps;   340
Et c'est fort maltraiter l'appareil magnifique
Que chaque prince a fait pour la fête publique.
Ce spectacle pompeux de la course des chars
Devrait bien mériter l'honneur de vos regards.

LA PRINCESSE

Quel droit ont-ils chacun d'y vouloir ma présence ?   345
Et que dois-je, après tout, à leur magnificence ?
Ce sont soins que produit l'ardeur de m'acquérir,
Et mon cœur est le prix qu'ils veulent tous courir.
Mais quelque espoir qui flatte un projet de la sorte,
Je me tromperai fort si pas un d'eux l'emporte.   350

CYNTHIE

Jusques à quand ce cœur veut-il s'effaroucher
Des innocents desseins qu'on a de le toucher,

Et regarder les soins que pour vous on se donne
Comme autant d'attentats contre votre personne ?
Je sais qu'en défendant le parti de l'amour, 355
On s'expose chez vous à faire mal sa cour;
Mais ce que par le sang j'ai l'honneur de vous être
S'oppose aux duretés que vous faites paraître,
Et je ne puis nourrir d'un flatteur entretien
Vos résolutions de n'aimer jamais rien. 360
Est-il rien de plus beau que l'innocente flamme
Qu'un mérite éclatant allume dans une âme ?
Et serait-ce un bonheur de respirer le jour,
Si d'entre les mortels on bannissait l'amour ?
Non, non, tous les plaisirs se goûtent à le suivre, 365
Et vivre sans aimer n'est pas proprement vivre.

> AVIS. — *Le dessein de l'auteur était de traiter ainsi toute la comédie. Mais un commandement du Roi qui pressa cette affaire l'obligea d'achever tout le reste en prose, et de passer légèrement sur plusieurs scènes qu'il aurait étendues davantage s'il avait eu plus de loisir.*

AGLANTE. — Pour moi, je tiens que cette passion est la plus agréable affaire de la vie; qu'il est nécessaire d'aimer pour vivre heureusement, et que tous les plaisirs sont fades, s'il ne s'y mêle un peu d'amour.

LA PRINCESSE. — Pouvez-vous bien toutes deux, étant ce que vous êtes, prononcer ces paroles ? et ne devez-vous pas rougir d'appuyer une passion qui n'est qu'erreur, que faiblesse et qu'emportement, et dont tous les désordres ont tant de répugnance avec la gloire de notre sexe ? J'en prétends soutenir l'honneur jusqu'au dernier moment de ma vie, et ne veux point du tout me commettre à ces gens qui font les esclaves auprès de nous, pour devenir un jour nos tyrans. Toutes ces larmes, tous ces soupirs, tous ces hommages, tous ces respects sont des embûches qu'on tend à notre cœur, et qui souvent l'engagent à commettre des lâchetés. Pour moi, quand je regarde certains exemples, et les bassesses épouvantables où cette passion ravale les personnes sur qui elle étend sa puissance, je sens tout mon cœur qui s'émeut; et je ne puis souffrir qu'une âme qui fait profession d'un peu de fierté ne trouve pas une honte horrible à de telles faiblesses.

CYNTHIE. — Eh! Madame, il est de certaines faiblesses qui ne sont point honteuses, et qu'il est beau même d'avoir dans les plus hauts degrés de gloire. J'espère que vous changerez un jour de pensée ; et s'il plaît au Ciel, nous verrons votre cœur avant qu'il soit peu...

LA PRINCESSE. — Arrêtez, n'achevez pas ce souhait étrange. J'ai une horreur trop invincible pour ces sortes d'abaissements : et si jamais j'étais capable d'y descendre, je serais personne sans doute à ne me le point pardonner.

AGLANTE. — Prenez garde, Madame, l'Amour sait se venger des mépris que l'on fait de lui, et peut-être...

LA PRINCESSE. — Non, non. Je brave tous ses traits ; et le grand pouvoir qu'on lui donne n'est rien qu'une chimère, qu'une excuse des faibles cœurs, qui le font invincible pour autoriser leur faiblesse.

CYNTHIE. — Mais enfin toute la terre reconnaît sa puissance, et vous voyez que les dieux même sont assujettis à son empire. On nous fait voir que Jupiter n'a pas aimé pour une fois, et que Diane même, dont vous affectez tant l'exemple, n'a pas rougi de pousser des soupirs d'amour.

LA PRINCESSE. — Les croyances publiques sont toujours mêlées d'erreur : les dieux ne sont point faits comme se les fait le vulgaire ; et c'est leur manquer de respect que de leur attribuer les faiblesses des hommes.

SCÈNE II

MORON, LA PRINCESSE, AGLANTE,
CYNTHIE, PHILIS

AGLANTE. — Viens, approche, Moron, viens nous aider à défendre l'Amour contre les sentiments de la Princesse.

LA PRINCESSE. — Voilà votre parti fortifié d'un grand défenseur.

MORON. — Ma foi, Madame, je crois qu'après mon exemple il n'y a plus rien à dire, et qu'il ne faut plus mettre en doute le pouvoir de l'Amour. J'ai bravé ses armes assez longtemps, et fait de mon drôle comme un autre ; mais enfin ma fierté a baissé l'oreille, et vous avez une traîtresse qui m'a rendu plus doux qu'un agneau. Après cela, on ne doit plus faire aucun scrupule d'aimer ; et puisque j'ai bien passé par là, il peut bien y en passer d'autres.

CYNTHIE. — Quoi ? Moron se mêle d'aimer ?

MORON. — Fort bien.

CYNTHIE. — Et de vouloir être aimé ?

MORON. — Et pourquoi non ? Est-ce qu'on n'est pas

assez bien fait pour cela ? Je pense que ce visage est assez
passable, et que pour le bel air, Dieu merci, nous ne le
cédons à personne.

CYNTHIE. — Sans doute, on aurait tort...

SCÈNE III

LYCAS, LA PRINCESSE, AGLANTE,
CYNTHIE, PHILIS, MORON

LYCAS. — Madame, le prince votre père vient vous
trouver ici, et conduit avec lui les princes de Pyle et
d'Ithaque, et celui de Messène.

LA PRINCESSE. — O Ciel! que prétend-il faire en me les
amenant ? Aurait-il résolu ma perte, et voudrait-il bien
me forcer au choix de quelqu'un d'eux ?

SCÈNE IV

LE PRINCE, EURYALE, ARISTOMÈNE,
THÉOCLE, LA PRINCESSE, AGLANTE, CYNTHIE,
PHILIS, MORON

LA PRINCESSE. — Seigneur, je vous demande la licence
de prévenir par deux paroles la déclaration des pensées
que vous pouvez avoir. Il y a deux vérités, seigneur, aussi
constantes l'une que l'autre, et dont je puis vous assurer
également : l'une, que vous avez un absolu pouvoir sur
moi, et que vous ne sauriez m'ordonner rien où je ne
réponde aussitôt par une obéissance aveugle ; l'autre, que
je regarde l'hyménée ainsi que le trépas, et qu'il m'est
impossible de forcer cette aversion naturelle. Me donner
un mari, et me donner la mort, c'est une même chose ;
mais votre volonté va la première, et mon obéissance
m'est bien plus chère que ma vie. Après cela, parlez, seigneur, prononcez librement ce que vous voulez.

LE PRINCE. — Ma fille, tu as tort de prendre de telles
alarmes, et je me plains de toi, qui peux mettre dans ta
pensée que je sois assez mauvais père pour vouloir faire
violence à tes sentiments, et me servir tyranniquement
de la puissance que le Ciel me donne sur toi. Je souhaite,
à la vérité, que ton cœur puisse aimer quelqu'un : tous mes

vœux seraient satisfaits, si cela pouvait arriver; et je n'ai proposé les fêtes et les jeux que je fais célébrer ici qu'afin d'y pouvoir attirer tout ce que la Grèce a d'illustre, et que, parmi cette noble jeunesse, tu puisses enfin rencontrer où arrêter tes yeux et déterminer tes pensées. Je ne demande, dis-je, au Ciel autre bonheur que celui de te voir un époux. J'ai, pour obtenir cette grâce, fait encore ce matin un sacrifice à Vénus; et si je sais bien expliquer le langage des dieux, elle m'a promis un miracle. Mais, quoi qu'il en soit, je veux en user avec toi en père qui chérit sa fille. Si tu trouves où attacher tes vœux, ton choix sera le mien, et je ne considérerai ni intérêts d'État, ni avantages d'alliance; si ton cœur demeure insensible, je n'entreprendrai point de le forcer. Mais au moins sois complaisante aux civilités qu'on te rend, et ne m'oblige point à faire les excuses de ta froideur. Traite ces princes avec l'estime que tu leur dois, reçois avec reconnaissance les témoignages de leur zèle, et viens voir cette course où leur adresse va paraître.

THÉOCLE. — Tout le monde va faire des efforts pour remporter le prix de cette course. Mais, à vous dire vrai, j'ai peu d'ardeur pour la victoire, puisque ce n'est pas votre cœur qu'on y doit disputer.

ARISTOMÈNE. — Pour moi, Madame, vous êtes le seul prix que je me propose partout; c'est vous que je crois disputer dans ces combats d'adresse, et je n'aspire maintenant à remporter l'honneur de cette course que pour obtenir un degré de gloire qui m'approche de votre cœur.

EURYALE. — Pour moi, Madame, je n'y vais point du tout avec cette pensée. Comme j'ai fait toute ma vie profession de ne rien aimer, tous les soins que je prends ne vont point où tendent les autres. Je n'ai aucune prétention sur votre cœur, et le seul honneur de la course est tout l'avantage où j'aspire.

Ils la quittent.

LA PRINCESSE. — D'où sort cette fierté où l'on ne s'attendait point? Princesses, que dites-vous de ce jeune prince? Avez-vous remarqué de quel ton il l'a pris?

AGLANTE. — Il est vrai que cela est un peu fier.

MORON. — Ah! quelle brave botte il vient là de lui porter!

LA PRINCESSE. — Ne trouvez-vous pas qu'il y aurait plaisir d'abaisser son orgueil, et de soumettre un peu ce cœur qui tranche tant du brave?

CYNTHIE. — Comme vous êtes accoutumée à ne jamais

recevoir que des hommages et des adorations de tout le monde, un compliment pareil au sien doit vous surprendre, à la vérité.

LA PRINCESSE. — Je vous avoue que cela m'a donné de l'émotion, et que je souhaiterais fort de trouver les moyens de châtier cette hauteur. Je n'avais pas beaucoup d'envie de me trouver à cette course; mais j'y veux aller exprès, et employer toute chose pour lui donner de l'amour.

CYNTHIE. — Prenez garde, Madame : l'entreprise est périlleuse, et lorsqu'on veut donner de l'amour, on court risque d'en recevoir.

LA PRINCESSE. — Ah! n'appréhendez rien, je vous prie. Allons, je vous réponds de moi.

TROISIÈME INTERMÈDE

SCÈNE I

MORON, PHILIS

MORON. — Philis, demeure ici.

PHILIS. — Non, laisse-moi suivre les autres.

MORON. — Ah! cruelle! si c'était Tircis qui t'en priât, tu demeurerais bien vite.

PHILIS. — Cela se pourrait faire, et je demeure d'accord que je trouve bien mieux mon compte avec l'un qu'avec l'autre; car il me divertit avec sa voix, et toi, tu m'étourdis de ton caquet. Lorsque tu chanteras aussi bien que lui, je te promets de t'écouter.

MORON. — Eh! demeure un peu.

PHILIS. — Je ne saurais.

MORON. — De grâce!

PHILIS. — Point, te dis-je.

MORON. — Je ne te laisserai point aller.

PHILIS. — Ah! que de façons!

MORON. — Je ne te demande qu'un moment à être avec toi.

PHILIS. — Eh bien! oui, j'y demeurerai, pourvu que tu me promettes une chose.

MORON. — Et quelle ?

PHILIS. — De ne me point parler du tout.

MORON. — Eh! Philis!

PHILIS. — A moins que de cela, je ne demeurerai point avec toi.

MORON. — Veux-tu me... ?

PHILIS. — Laisse-moi aller.

MORON. — Eh bien! oui, demeure. Je ne dirai mot.

PHILIS. — Prends-y bien garde, au moins; car à la moindre parole, je prends la fuite.

MORON. *Il fait une scène de gestes.* — Soit. Ah! Philis!... Eh!... Elle s'enfuit, et je ne saurais l'attraper. Voilà ce que c'est : si je savais chanter, j'en ferais bien mieux mes affaires. La plupart des femmes aujourd'hui se laissent prendre par les oreilles; elles sont cause que tout le monde se mêle de musique, et l'on ne réussit auprès d'elles que par les petites chansons et les petits vers qu'on leur fait entendre. Il faut que j'apprenne à chanter pour faire comme les autres. Bon, voici justement mon homme.

SCÈNE II

SATYRE, MORON

SATYRE. — La, la, la.

MORON. — Ah! Satyre, mon ami, tu sais bien ce que tu m'as promis il y a longtemps : apprends-moi à chanter, je te prie.

SATYRE. — Je le veux. Mais auparavant, écoute une chanson que je viens de faire.

MORON. — Il est si accoutumé à chanter qu'il ne saurait parler d'autre façon. Allons, chante, j'écoute.

SATYRE. — Je portais...

MORON. — Une chanson, dis-tu ?

SATYRE. — Je port...

MORON. — Une chanson à chanter.

SATYRE. — Je port...

MORON. — Chanson amoureuse, peste!

SATYRE

Je portais dans une cage
Deux moineaux que j'avais pris,
Lorsque la jeune Chloris
Fit dans un sombre bocage
Briller à mes yeux surpris
Les fleurs de son beau visage.

Hélas ! dis-je aux moineaux, en recevant les coups
De ses yeux si savants à faire des conquêtes,
   Consolez-vous, pauvres petites bêtes,
Celui qui vous a pris est bien plus pris que vous.
       Dans vos chants si doux
       Chantez à ma belle,
       Oiseaux chantez tous
       Ma peine mortelle.
       Mais si la cruelle
       Se met en courroux
       Au récit fidèle
   Des maux que je sens pour elle,
       Oiseaux, taisez-vous.
       Oiseaux, taisez-vous.

MORON. — Ah! qu'elle est belle! Apprends-la-moi.
SATYRE. — La, la, la, la.
MORON. — La, la, la, la.
SATYRE. — Fa, fa, fa, fa.
MORON. — Fa toi-même.

ACTE III

SCÈNE I

LA PRINCESSE, AGLANTE, CYNTHIE, PHILIS

CYNTHIE. — Il est vrai, Madame, que ce jeune prince
a fait voir une adresse non commune, et que l'air dont il
a paru a été quelque chose de surprenant. Il sort vainqueur
de cette course. Mais je doute fort qu'il en sorte avec le
même cœur qu'il y a porté; car enfin vous lui avez tiré
des traits dont il est difficile de se défendre; et sans parler
de tout le reste, la grâce de votre danse et la douceur de
votre voix ont eu des charmes aujourd'hui à toucher les
plus insensibles.

LA PRINCESSE. — Le voici qui s'entretient avec Moron :
nous saurons un peu de quoi il lui parle. Ne rompons
point encore leur entretien, et prenons cette route pour
revenir à leur rencontre.

SCÈNE II

EURYALE, MORON, ARBATE

EURYALE. — Ah! Moron, je te l'avoue, j'ai été enchanté; et jamais tant de charmes n'ont frappé tout ensemble mes yeux et mes oreilles. Elle est adorable en tout temps, il est vrai; mais ce moment l'a emporté sur tous les autres, et des grâces nouvelles ont redoublé l'éclat de ses beautés. Jamais son visage ne s'est paré de plus vives couleurs, ni ses yeux ne se sont armés de traits plus vifs et plus perçants. La douceur de sa voix a voulu se faire paraître dans un air tout charmant qu'elle a daigné chanter; et les sons merveilleux qu'elle formait passaient jusqu'au fond de mon âme, et tenaient tous mes sens dans un ravissement à ne pouvoir en revenir. Elle a fait éclater ensuite une disposition toute divine, et ses pieds amoureux, sur l'émail d'un tendre gazon, traçaient d'aimables caractères qui m'enlevaient hors de moi-même, et m'attachaient par des nœuds invincibles aux doux et justes mouvements dont tout son corps suivait les mouvements de l'harmonie. Enfin jamais âme n'a eu de plus puissantes émotions que la mienne; et j'ai pensé plus de vingt fois oublier ma résolution, pour me jeter à ses pieds et lui faire un aveu sincère de l'ardeur que je sens pour elle.

MORON. — Donnez-vous-en bien de garde, seigneur, si vous m'en voulez croire. Vous avez trouvé la meilleure invention du monde, et je me trompe fort si elle ne vous réussit. Les femmes sont des animaux d'un naturel bizarre; nous les gâtons par nos douceurs; et je crois tout de bon que nous les verrions nous courir, sans tous ces respects et ces soumissions où les hommes les acoquinent.

ARBATE. — Seigneur, voici la Princesse qui s'est un peu éloignée de sa suite.

MORON. — Demeurez ferme au moins dans le chemin que vous avez pris. Je m'en vais voir ce qu'elle me dira. Cependant promenez-vous ici dans ces petites routes, sans faire aucun semblant d'avoir envie de la joindre; et si vous l'abordez, demeurez avec elle le moins qu'il vous sera possible.

SCÈNE III

LA PRINCESSE, MORON

LA PRINCESSE. — Tu as donc familiarité, Moron, avec le prince d'Ithaque ?

MORON. — Ah! Madame, il y a longtemps que nous nous connaissons.

LA PRINCESSE. — D'où vient qu'il n'est pas venu jusqu'ici, et qu'il a pris cette autre route quand il m'a vue ?

MORON. — C'est un homme bizarre, qui ne se plaît qu'à entretenir ses pensées.

LA PRINCESSE. — Étais-tu tantôt au compliment qu'il m'a fait ?

MORON. — Oui, Madame, j'y étais; et je l'ai trouvé un peu impertinent, n'en déplaise à Sa Principauté.

LA PRINCESSE. — Pour moi, je le confesse, Moron, cette fuite m'a choquée; et j'ai toutes les envies du monde de l'engager, pour rabattre un peu son orgueil.

MORON. — Ma foi, Madame, vous ne feriez pas mal : il le mériterait bien; mais à vous dire vrai, je doute fort que vous y puissiez réussir.

LA PRINCESSE. — Comment ?

MORON. — Comment ? C'est le plus orgueilleux petit vilain que vous ayez jamais vu. Il lui semble qu'il n'y a personne au monde qui le mérite, et que la terre n'est pas digne de le porter.

LA PRINCESSE. — Mais encore, ne t'a-t-il point parlé de moi ?

MORON. — Lui ? non.

LA PRINCESSE. — Il ne t'a rien dit de ma voix et de ma danse ?

MORON. — Pas le moindre mot.

LA PRINCESSE. — Certes ce mépris est choquant, et je ne puis souffrir cette hauteur étrange de ne rien estimer.

MORON. — Il n'estime et n'aime que lui.

LA PRINCESSE. — Il n'y a rien que je ne fasse pour le soumettre comme il faut.

MORON. — Nous n'avons point de marbre dans nos montagnes qui soit plus dur et plus insensible que lui.

LA PRINCESSE. — Le voilà.

MORON. — Voyez-vous comme il passe, sans prendre garde à vous ?

LA PRINCESSE. — De grâce, Moron, va le faire aviser
que je suis ici, et l'oblige à me venir aborder.

SCÈNE IV

LA PRINCESSE, EURYALE, MORON, ARBATE

MORON. — Seigneur, je vous donne avis que tout va
bien. La Princesse souhaite que vous l'abordiez; mais
songez bien à continuer votre rôle; et de peur de l'oublier,
ne soyez pas longtemps avec elle.

LA PRINCESSE. — Vous êtes bien solitaire, seigneur :
et c'est une humeur bien extraordinaire que la vôtre, de
renoncer ainsi à notre sexe, et de fuir, à votre âge, cette
galanterie dont se piquent tous vos pareils.

EURYALE. — Cette humeur, Madame, n'est pas si
extraordinaire, qu'on n'en trouvât des exemples sans aller
loin d'ici; et vous ne sauriez condamner la résolution que
j'ai prise de n'aimer jamais rien, sans condamner aussi
vos sentiments.

LA PRINCESSE. — Il y a grande différence; et ce qui sied
bien à un sexe ne sied pas bien à l'autre. Il est beau qu'une
femme soit insensible, et conserve son cœur exempt des
flammes de l'amour; mais ce qui est vertu en elle devient
un crime dans un homme; et comme la beauté est le
partage de notre sexe, vous ne sauriez ne nous point aimer,
sans nous dérober les hommages qui nous sont dus, et
commettre une offense dont nous devons toutes nous
ressentir.

EURYALE. — Je ne vois pas, Madame, que celles qui
ne veulent point aimer doivent prendre aucun intérêt à
ces sortes d'offenses.

LA PRINCESSE. — Ce n'est pas une raison, seigneur; et
sans vouloir aimer, on est toujours bien aise d'être aimée.

EURYALE. — Pour moi, je ne suis pas de même; et dans
le dessein où je suis de ne rien aimer, je serais fâché d'être
aimé.

LA PRINCESSE. — Et la raison ?

EURYALE. — C'est qu'on a obligation à ceux qui nous
aiment, et que je serais fâché d'être ingrat.

LA PRINCESSE. — Si bien donc que, pour fuir l'ingratitude, vous aimeriez qui vous aimerait ?

EURYALE. — Moi, Madame ? point du tout. Je dis

bien que je serais fâché d'être ingrat; mais je me résoudrais plutôt de l'être que d'aimer.

La Princesse. — Telle personne vous aimerait, peut-être que votre cœur...

Euryale. — Non! Madame, rien n'est capable de toucher mon cœur. Ma liberté est la seule maîtresse à qui je consacre mes vœux; et quand le Ciel emploierait ses soins à composer une beauté parfaite, quand il assemblerait en elle tous les dons les plus merveilleux et du corps et de l'âme, enfin quand il exposerait à mes yeux un miracle d'esprit, d'adresse et de beauté, et que cette personne m'aimerait avec toutes les tendresses imaginables, je vous l'avoue franchement, je ne l'aimerais pas.

La Princesse. — A-t-on jamais rien vu de tel?

Moron. — Peste soit du petit brutal! J'aurais envie de lui bailler un coup de poing.

La Princesse, *parlant en soi.* — Cet orgueil me confond, et j'ai un tel dépit que je ne me sens pas.

Moron, *parlant au Prince.* — Bon courage, seigneur! Voilà qui va le mieux du monde.

Euryale. — Ah! Moron, je n'en puis plus! et je me suis fait des efforts étranges.

La Princesse. — C'est avoir une insensibilité bien grande, que de parler comme vous faites.

Euryale. — Le Ciel ne m'a pas fait d'une autre humeur. Mais, Madame, j'interromps votre promenade, et mon respect doit m'avertir que vous aimez la solitude.

SCÈNE V

LA PRINCESSE, MORON, PHILIS, TIRCIS

Moron. — Il ne vous en doit rien, Madame, en dureté de cœur.

La Princesse. — Je donnerais volontiers tout ce que j'ai au monde pour avoir l'avantage d'en triompher.

Moron. — Je le crois.

La Princesse. — Ne pourrais-tu, Moron, me servir dans un tel dessein?

Moron. — Vous savez bien, Madame, que je suis tout à votre service.

La Princesse. — Parle-lui de moi dans tes entretiens; vante-lui adroitement ma personne et les avantages de ma naissance; et tâche d'ébranler ses sentiments par la douceur de quelque espoir. Je te permets de dire tout ce que tu voudras, pour tâcher à me l'engager.

MORON. — Laissez-moi faire.

LA PRINCESSE. — C'est une chose qui me tient au cœur. Je souhaite ardemment qu'il m'aime.

MORON. — Il est bien fait, oui, ce petit pendard-là; il a bon air, bonne physionomie; et je crois qu'il serait assez le fait d'une jeune princesse.

LA PRINCESSE. — Enfin tu peux tout espérer de moi, si tu trouves moyen d'enflammer pour moi son cœur.

MORON. — Il n'y a rien qui ne se puisse faire. Mais, Madame, s'il venait à vous aimer, que feriez-vous, s'il vous plaît ?

LA PRINCESSE. — Ah! ce serait lors que je prendrais plaisir à triompher pleinement de sa vanité, à punir son mépris par mes froideurs, et exercer sur lui toutes les cruautés que je pourrais imaginer.

MORON. — Il ne se rendra jamais.

LA PRINCESSE. — Ah! Moron, il faut faire en sorte qu'il se rende.

MORON. — Non, il n'en fera rien. Je le connais : ma peine sera inutile.

LA PRINCESSE. — Si faut-il pourtant tenter toute chose, et éprouver si son âme est entièrement insensible. Allons, je veux lui parler, et suivre une pensée qui vient de me venir.

QUATRIÈME INTERMÈDE

SCÈNE I

PHILIS, TIRCIS

PHILIS. — Viens, Tircis. Laissons-les aller, et me dis un peu ton martyre de la façon que tu sais faire. Il y a longtemps que tes yeux me parlent; mais je suis plus aise d'ouïr ta voix.

TIRCIS, *en chantant.*
Tu m'écoutes, hélas ! dans ma triste langueur ;
Mais je n'en suis pas mieux, ô beauté sans pareille ;
Et je touche ton oreille,
Sans que je touche ton cœur.

PHILIS. — Va, va, c'est déjà quelque chose que de toucher l'oreille, et le temps amène tout. Chante-moi cependant quelque plainte nouvelle que tu aies composée pour moi.

SCÈNE II

MORON, PHILIS, TIRCIS

MORON. — Ah! ah! je vous y prends, cruelle. Vous vous écartez des autres pour ouïr mon rival.

PHILIS. — Oui, je m'écarte pour cela. Je te le dis encore, je me plais avec lui; et l'on écoute volontiers les amants, lorsqu'ils se plaignent aussi agréablement qu'il fait. Que ne chantes-tu comme lui? Je prendrais plaisir à t'écouter.

MORON. — Si je ne sais chanter, je sais faire autre chose; et quand...

PHILIS. — Tais-toi; je veux l'entendre. Dis, Tircis, ce que tu voudras.

MORON. — Ah! cruelle!...

PHILIS. — Silence, dis-je, ou je me mettrai en colère.

TIRCIS

Arbres épais, et vous, prés émaillés,
La beauté dont l'hiver vous avait dépouillés
Par le printemps vous est rendue.
Vous reprenez tous vos appas;
Mais mon âme ne reprend pas
La joie, hélas! que j'ai perdue!

MORON. — Morbleu! que n'ai-je de la voix! Ah! nature marâtre, pourquoi ne m'as-tu pas donné de quoi chanter comme à un autre?

PHILIS. — En vérité, Tircis, il ne se peut rien de plus agréable, et tu l'emportes sur tous les rivaux que tu as.

MORON. — Mais pourquoi est-ce que je ne puis pas chanter? N'ai-je pas un estomac, un gosier et une langue comme un autre? Oui, oui, allons: je veux chanter aussi, et te montrer que l'amour fait faire toutes choses. Voici une chanson que j'ai faite pour toi.

PHILIS. — Oui, dis; je veux bien t'écouter pour la rareté du fait.

MORON. — Courage, Moron! il n'y a qu'à avoir de la hardiesse.

(Moron chante.)

> *Ton extrême rigueur*
> *S'acharne sur mon cœur.*
> *Ah! Philis, je trépasse ;*
> *Daigne me secourir :*
> *En seras-tu plus grasse*
> *De m'avoir fait mourir ?*

Vivat! Moron.

PHILIS. — Voilà qui est le mieux du monde. Mais, Moron, je souhaiterais bien d'avoir la gloire que quelque amant fût mort pour moi. C'est un avantage dont je n'ai point encore joui; et je trouve que j'aimerais de tout mon cœur une personne qui m'aimerait assez pour se donner la mort.

MORON. — Tu aimerais une personne qui se tuerait pour toi!

PHILIS. — Oui.

MORON. — Il ne faut que cela pour te plaire ?

PHILIS. — Non.

MORON. — Voilà qui est fait. Je te veux montrer que je me sais tuer quand je veux.

TIRCIS *chante.*

> *Ah! quelle douceur extrême,*
> *De mourir pour ce qu'on aime! (bis)*

MORON. — C'est un plaisir que vous aurez quand vous voudrez.

TIRCIS *chante.*

> *Courage, Moron! meurs promptement*
> *En généreux amant.*

MORON. — Je vous prie de vous mêler de vos affaires, et de me laisser tuer à ma fantaisie. Allons, je vais faire honte à tous les amants. Tiens, je ne suis pas homme à faire tant de façons. Vois ce poignard. Prends bien garde comme je vais me percer le cœur. *(Se riant de Tircis.)* Je suis votre serviteur : quelque niais.

PHILIS. — Allons, Tircis. Viens-t'en me redire à l'écho ce que tu m'as chanté.

ACTE IV

SCÈNE I

EURYALE, LA PRINCESSE, MORON

LA PRINCESSE. — Prince, comme jusques ici nous avons
fait paraître une conformité de sentiments, et que le Ciel a
semblé mettre en nous mêmes attachements pour notre
liberté, et même aversion pour l'amour, je suis bien aise de
vous ouvrir mon cœur, et de vous faire confidence d'un
changement dont vous serez surpris. J'ai toujours regardé
l'hymen comme une chose affreuse, et j'avais fait serment
d'abandonner plutôt la vie que de me résoudre jamais à
perdre cette liberté pour qui j'avais des tendresses si
grandes; mais enfin un moment a dissipé toutes ces résolutions. Le mérite d'un prince m'a frappé aujourd'hui les
yeux; et mon âme tout d'un coup, comme par un miracle,
est devenue sensible aux traits de cette passion que j'avais
toujours méprisée. J'ai trouvé d'abord des raisons pour
autoriser ce changement, et je puis l'appuyer de la volonté
de répondre aux ardentes sollicitations d'un père, et aux
vœux de tout un État; mais, à vous dire vrai, je suis en
peine du jugement que vous ferez de moi, et je voudrais
savoir si vous condamnerez, ou non, le dessein que j'ai de
me donner un époux.

EURYALE. — Vous pourriez faire un tel choix, Madame,
que je l'approuverais sans doute.

LA PRINCESSE. — Qui croyez-vous, à votre avis, que je
veuille choisir ?

EURYALE. — Si j'étais dans votre cœur, je pourrais vous
le dire; mais comme je n'y suis pas, je n'ai garde de vous
répondre.

LA PRINCESSE. — Devinez pour voir, et nommez quelqu'un.

EURYALE. — J'aurais trop peur de me tromper.

LA PRINCESSE. — Mais encore, pour qui souhaiteriez-
vous que je me déclarasse ?

EURYALE. — Je sais bien, à vous dire vrai, pour qui je le

souhaiterais; mais, avant que de m'expliquer, je dois savoir votre pensée.

LA PRINCESSE. — Eh bien! Prince, je veux bien vous la découvrir. Je suis sûre que vous allez approuver mon choix; et pour ne vous point tenir en suspens davantage, le prince de Messène est celui de qui le mérite s'est attiré mes vœux.

EURYALE. — O Ciel!

LA PRINCESSE. — Mon invention a réussi, Moron : le voilà qui se trouble.

MORON, *parlant à la Princesse.* — Bon, Madame. *(Au Prince.)* Courage, seigneur! *(A la Princesse.)* Il en tient. *(Au Prince.)* Ne vous défaites pas.

LA PRINCESSE. — Ne trouvez-vous pas que j'ai raison, et que ce prince a tout le mérite qu'on peut avoir ?

MORON, *au Prince.* — Remettez-vous et songez à répondre.

LA PRINCESSE. — D'où vient, Prince, que vous ne dites mot, et semblez interdit ?

EURYALE. — Je le suis, à la vérité; et j'admire, Madame, comme le Ciel a pu former deux âmes aussi semblables en tout que les nôtres, deux âmes en qui l'on ait vu une plus grande conformité de sentiments, qui aient fait éclater, dans le même temps, une résolution à braver les traits de l'Amour, et qui, dans le même moment, aient fait paraître une égale facilité à perdre le nom d'insensibles. Car enfin, Madame, puisque votre exemple m'autorise, je ne feindrai point de vous dire que l'amour aujourd'hui s'est rendu maître de mon cœur, et qu'une des princesses vos cousines, l'aimable et belle Aglante, a renversé d'un coup d'œil tous les projets de ma fierté. Je suis ravi, Madame, que, par cette égalité de défaite, nous n'ayons rien à nous reprocher l'un et l'autre, et je ne doute point que, comme je vous loue infiniment de votre choix, vous n'approuviez aussi le mien. Il faut que ce miracle éclate aux yeux de tout le monde, et nous ne devons point différer à nous rendre tous deux contents. Pour moi, Madame, je vous sollicite de vos suffrages pour obtenir celle que je souhaite, et vous trouverez bon que j'aille de ce pas en faire la demande au prince votre père.

MORON. — Ah! digne, ah! brave cœur!

SCÈNE II

LA PRINCESSE, MORON

LA PRINCESSE. — Ah! Moron, je n'en puis plus; et ce coup, que je n'attendais pas, triomphe absolument de toute ma fermeté.

MORON. — Il est vrai que le coup est surprenant, et j'avais cru d'abord que votre stratagème avait fait son effet.

LA PRINCESSE. — Ah! ce m'est un dépit à me désespérer, qu'une autre ait l'avantage de soumettre ce cœur que je voulais soumettre.

SCÈNE III

LA PRINCESSE, AGLANTE, MORON

LA PRINCESSE. — Princesse, j'ai à vous prier d'une chose qu'il faut absolument que vous m'accordiez. Le prince d'Ithaque vous aime et veut vous demander au prince mon père.

AGLANTE. — Le prince d'Ithaque, Madame?

LA PRINCESSE. — Oui. Il vient de m'en assurer lui-même, et m'a demandé mon suffrage pour vous obtenir; mais je vous conjure de rejeter cette proposition, et de ne point prêter l'oreille à tout ce qu'il pourra vous dire.

AGLANTE. — Mais, Madame, s'il était vrai que ce prince m'aimât effectivement, pourquoi, n'ayant aucun dessein de vous engager, ne voudriez-vous pas souffrir...?

LA PRINCESSE. — Non, Aglante. Je vous le demande; faites-moi ce plaisir, je vous prie, et trouvez bon que, n'ayant pu avoir l'avantage de le soumettre, je lui dérobe la joie de vous obtenir.

AGLANTE. — Madame, il faut vous obéir; mais je croirais que la conquête d'un tel cœur ne serait pas une victoire à dédaigner.

LA PRINCESSE. — Non, non, il n'aura pas la joie de me braver entièrement.

SCÈNE IV

ARISTOMÈNE, MORON, LA PRINCESSE, AGLANTE

ARISTOMÈNE. — Madame, je viens à vos pieds rendre
grâce à l'Amour de mes heureux destins, et vous témoigner,
avec mes transports, le ressentiment où je suis des bontés
surprenantes dont vous daignez favoriser le plus soumis de
vos captifs.

LA PRINCESSE. — Comment ?

ARISTOMÈNE. — Le prince d'Ithaque, Madame, vient
de m'assurer tout à l'heure que votre cœur avait eu la
bonté de s'expliquer en ma faveur sur ce célèbre choix
qu'attend toute la Grèce.

LA PRINCESSE. — Il vous a dit qu'il tenait cela de ma
bouche ?

ARISTOMÈNE. — Oui, Madame.

LA PRINCESSE. — C'est un étourdi; et vous êtes un peu
trop crédule, Prince, d'ajouter foi si promptement à ce
qu'il vous a dit. Une pareille nouvelle mériterait bien, ce
me semble, qu'on en doutât un peu de temps; et c'est tout
ce que vous pourriez faire de la croire, si je vous l'avais dite
moi-même.

ARISTOMÈNE. — Madame, si j'ai été trop prompt à me
persuader...

LA PRINCESSE. — De grâce, Prince, brisons là ce discours; et si vous voulez m'obliger, souffrez que je puisse
jouir de deux moments de solitude.

SCÈNE V

LA PRINCESSE, AGLANTE, MORON

LA PRINCESSE. — Ah! qu'en cette aventure le Ciel me
traite avec une rigueur étrange! Au moins, Princesse, souvenez-vous de la prière que je vous ai faite.

AGLANTE. — Je vous l'ai dit déjà, Madame, il faut vous
obéir.

MORON. — Mais, Madame, s'il vous aimait, vous n'en
voudriez point, et cependant vous ne voulez pas qu'il soit à
un autre. C'est faire justement comme le chien du jardinier.

LA PRINCESSE. — Non, je ne puis souffrir qu'il soit

heureux avec une autre; et si la chose était, je crois que j'en mourrais de déplaisir.

MORON. — Ma foi, Madame, avouons la dette : vous voudriez qu'il fût à vous; et dans toutes vos actions il est aisé de voir que vous aimez un peu ce jeune prince.

LA PRINCESSE. — Moi, je l'aime ? O Ciel! je l'aime ? Avez-vous l'insolence de prononcer ces paroles ? Sortez de ma vue, impudent, et ne vous présentez jamais devant moi.

MORON. — Madame...

LA PRINCESSE. — Retirez-vous d'ici, vous dis-je, ou je vous en ferai retirer d'une autre manière.

MORON. — Ma foi, son cœur en a sa provision, et...

Il rencontre un regard de la Princesse, qui l'oblige
à se retirer.

SCÈNE VI

LA PRINCESSE

De quelle émotion inconnue sens-je mon cœur atteint, et quelle inquiétude secrète est venue troubler tout d'un coup la tranquillité de mon âme ? Ne serait-ce point aussi ce qu'on vient de me dire! et, sans en rien savoir, n'aimerais-je point ce jeune prince ? Ah! si cela était, je serais personne à me désespérer; mais il est impossible que cela soit, et je vois bien que je ne puis pas l'aimer. Quoi ? je serais capable de cette lâcheté! J'ai vu toute la terre à mes pieds avec la plus grande insensibilité du monde; les respects, les hommages et les soumissions n'ont jamais pu toucher mon âme, et la fierté et le dédain en auraient triomphé! J'ai méprisé tous ceux qui m'ont aimée, et j'aimerais le seul qui me méprise! Non, non, je sais bien que je ne l'aime pas. Il n'y a pas de raison à cela. Mais si ce n'est pas de l'amour que ce que je sens maintenant, qu'est-ce donc que ce peut être ? Et d'où vient ce poison qui me court par toutes les veines, et ne me laisse point en repos avec moi-même ? Sors de mon cœur, qui que tu sois, ennemi qui te caches. Attaque-moi visiblement, et deviens à mes yeux la plus affreuse bête de tous nos bois, afin que mon dard et mes flèches me puissent défaire de toi. O vous, admirables personnes, qui par la douceur de vos chants avez l'art d'adoucir les plus fâcheuses inquiétudes, approchez-vous d'ici, de grâce, et tâchez de charmer avec votre musique le chagrin où je suis.

CINQUIÈME INTERMÈDE

CLYMÈNE, PHILIS

CLYMÈNE

Chère Philis, dis-moi, que crois-tu de l'amour ?

PHILIS

Toi-même, qu'en crois-tu, ma compagne fidèle ?

CLYMÈNE

On m'a dit que sa flamme est pire qu'un vautour,
Et qu'on souffre en aimant une peine cruelle.

PHILIS

On m'a dit qu'il n'est point de passion plus belle,
Et que ne pas aimer, c'est renoncer au jour.

CLYMÈNE

A qui des deux donnerons-nous victoire ?

PHILIS

Qu'en croirons-nous ? ou le mal ou le bien ?

CLYMÈNE ET PHILIS, *ensemble*

Aimons, c'est le vrai moyen
De savoir ce qu'on en doit croire.

PHILIS

Chloris vante partout l'amour et ses ardeurs.

CLYMÈNE.

Amarante pour lui verse en tous lieux des larmes.

PHILIS

Si de tant de tourments il accable les cœurs,
    D'où vient qu'on aime à lui rendre les armes ?

CLYMÈNE

Si sa flamme, Philis, est si pleine de charmes,
Pourquoi nous défend-on d'en goûter les douceurs ?

PHILIS

A qui des deux donnerons-nous victoire ?

CLYMÈNE

Qu'en croirons-nous ? ou le mal ou le bien?

TOUTES DEUX ENSEMBLE

Aimons, c'est le vrai moyen
De savoir ce qu'on en doit croire.

LA PRINCESSE *les interrompt en cet endroit et leur dit :*

Achevez seules, si vous voulez. Je ne saurais demeurer en repos; et quelque douceur qu'aient vos chants, ils ne font que redoubler mon inquiétude.

ACTE V

SCÈNE I

LE PRINCE, EURYALE, MORON, AGLANTE, CYNTHIE

MORON. — Oui, seigneur, ce n'est point raillerie : j'en suis ce qu'on appelle disgracié; il m'a fallu tirer mes chausses au plus vite, et jamais vous n'avez vu un emportement plus brusque que le sien.

LE PRINCE. — Ah! Prince, que je devrai de grâces à ce stratagème amoureux, s'il faut qu'il ait trouvé secret de toucher son cœur!

EURYALE. — Quelque chose, seigneur, que l'on vienne de vous en dire, je n'ose encore, pour moi, me flatter de ce doux espoir; mais enfin, si ce n'est pas à moi trop de témérité que d'oser aspirer à l'honneur de votre alliance, si ma personne et mes États...

LE PRINCE. — Prince, n'entrons point dans ces compliments. Je trouve en vous de quoi remplir tous les souhaits d'un père; et si vous avez le cœur de ma fille, il ne vous manque rien.

SCÈNE II

LA PRINCESSE, LE PRINCE, EURYALE,
AGLANTE, CYNTHIE, MORON

LA PRINCESSE. — O Ciel! que vois-je ici?

LE PRINCE. — Oui, l'honneur de votre alliance m'est d'un prix très considérable, et je souscris aisément de tous mes suffrages à la demande que vous me faites.

LA PRINCESSE. — Seigneur, je me jette à vos pieds pour vous demander une grâce. Vous m'avez toujours témoigné une tendresse extrême, et je crois vous devoir bien plus par les bontés que vous m'avez fait voir que par le jour que vous m'avez donné. Mais si jamais pour moi vous avez eu de l'amitié, je vous en demande aujourd'hui la plus sensible preuve que vous me puissiez accorder : c'est de n'écouter point, seigneur, la demande de ce prince, et de ne pas souffrir que la princesse Aglante soit unie avec lui.

LE PRINCE. — Et par quelle raison, ma fille, voudrais-tu t'opposer à cette union?

LA PRINCESSE. — Par la raison que je hais ce prince, et que je veux, si je puis, traverser ses desseins.

LE PRINCE. — Tu le hais, ma fille?

LA PRINCESSE. — Oui, et de tout mon cœur, je vous l'avoue.

LE PRINCE. — Et que t'a-t-il fait?

LA PRINCESSE. — Il m'a méprisée.

LE PRINCE. — Et comment?

LA PRINCESSE. — Il ne m'a pas trouvée assez bien faite pour m'adresser ses vœux.

LE PRINCE. — Et quelle offense te fait cela? Tu ne veux accepter personne.

LA PRINCESSE. — N'importe. Il me devait aimer comme les autres, et me laisser au moins la gloire de le refuser. Sa déclaration me fait un affront; et ce m'est une honte sensible qu'à mes yeux, et au milieu de votre cour, il a recherché une autre que moi.

LE PRINCE. — Mais quel intérêt dois-tu prendre à lui?

LA PRINCESSE. — J'en prends, seigneur, à me venger de son mépris; et comme je sais bien qu'il aime Aglante avec beaucoup d'ardeur, je veux empêcher, s'il vous plaît, qu'il ne soit heureux avec elle.

LE PRINCE. — Cela te tient donc bien au cœur?

LA PRINCESSE. — Oui, seigneur, sans doute; et s'il obtient ce qu'il demande, vous me verrez expirer à vos yeux.

LE PRINCE. — Va, va, ma fille, avoue franchement la chose : le mérite de ce prince t'a fait ouvrir les yeux, et tu l'aimes enfin, quoi que tu puisses dire.

LA PRINCESSE. — Moi, seigneur ?

LE PRINCE. — Oui, tu l'aimes.

LA PRINCESSE. — Je l'aime, dites-vous ? et vous m'imputez cette lâcheté! O Ciel! quelle est mon infortune! Puis-je bien, sans mourir, entendre ces paroles ? et faut-il que je sois si malheureuse, qu'on me soupçonne de l'aimer ? Ah! si c'était un autre que vous, seigneur, qui me tînt ce discours, je ne sais pas ce que je ne ferais point.

LE PRINCE. — Eh bien! oui, tu ne l'aimes pas, tu le hais, j'y consens; et je veux bien, pour te contenter, qu'il n'épouse pas la princesse Aglante.

LA PRINCESSE. — Ah! seigneur, vous me donnez la vie.

LE PRINCE. — Mais afin d'empêcher qu'il ne puisse être jamais à elle, il faut que tu le prennes pour toi.

LA PRINCESSE. — Vous vous moquez, seigneur, et ce n'est pas ce qu'il demande.

EURYALE. — Pardonnez-moi, Madame, je suis assez téméraire pour cela, et je prends à témoin le prince votre père si ce n'est pas vous que j'ai demandée. C'est trop vous tenir dans l'erreur; il faut lever le masque, et, dussiez-vous vous en prévaloir contre moi, découvrir à vos yeux les véritables sentiments de mon cœur. Je n'ai jamais aimé que vous, et jamais je n'aimerai que vous : c'est vous, Madame, qui m'avez enlevé cette qualité d'insensible que j'avais toujours affectée; et tout ce que j'ai pu vous dire n'a été qu'une feinte, qu'un mouvement secret m'a inspirée, et que je n'ai suivie qu'avec toutes les violences imaginables. Il fallait qu'elle cessât bientôt, sans doute, et je m'étonne seulement qu'elle ait pu durer la moitié d'un jour; car enfin, je mourais, je brûlais dans l'âme, quand je vous déguisais mes sentiments; et jamais cœur n'a souffert une contrainte égale à la mienne. Que si cette feinte, Madame, a quelque chose qui vous offense, je suis tout prêt de mourir pour vous en venger : vous n'avez qu'à parler, et ma main sur-le-champ fera gloire d'exécuter l'arrêt que vous prononcerez.

LA PRINCESSE. — Non, non, Prince, je ne vous sais pas mauvais gré de m'avoir abusée; et tout ce que vous m'avez dit, je l'aime bien mieux une feinte que non pas une vérité.

LE PRINCE. — Si bien donc, ma fille, que tu veux bien accepter ce prince pour époux ?

LA PRINCESSE. — Seigneur, je ne sais pas encore ce que je veux. Donnez-moi le temps d'y songer, je vous prie, et m'épargnez un peu la confusion où je suis.

LE PRINCE. — Vous jugez, Prince, ce que cela veut dire, et vous vous pouvez fonder là-dessus.

EURYALE. — Je l'attendrai tant qu'il vous plaira, Madame, cet arrêt de ma destinée ; et s'il me condamne à la mort, je le suivrai sans murmure.

LE PRINCE. — Viens, Moron. C'est ici un jour de paix, et je te remets en grâce avec la Princesse.

MORON. — Seigneur, je serai meilleur courtisan une autre fois, et je me garderai bien de dire ce que je pense.

SCÈNE III

ARISTOMÈNE, THÉOCLE, LE PRINCE, LA PRINCESSE, AGLANTE, CYNTHIE, MORON

LE PRINCE. — Je crains bien, Princes, que le choix de ma fille ne soit pas en votre faveur ; mais voilà deux princesses qui peuvent bien vous consoler de ce petit malheur.

ARISTOMÈNE. — Seigneur, nous savons prendre notre parti ; et si ces aimables princesses n'ont point trop de mépris pour les cœurs qu'on a rebutés, nous pouvons revenir par elles à l'honneur de votre alliance.

SCÈNE IV

PHILIS, ARISTOMÈNE, THÉOCLE, LE PRINCE, LA PRINCESSE, AGLANTE, CYNTHIE, MORON

PHILIS. — Seigneur, la déesse Vénus vient d'annoncer partout le changement du cœur de la Princesse. Tous les pasteurs et toutes les bergères en témoignent leur joie par des danses et des chansons ; et si ce n'est point un spectacle que vous méprisiez, vous allez voir l'allégresse publique se répandre jusques ici.

SIXIÈME INTERMÈDE

CHŒUR DE PASTEURS ET DE BERGÈRES QUI DANSENT

CHANSON

Usez mieux, ô beautés fières,
Du pouvoir de tout charmer;
Aimez, aimables bergères :
Nos cœurs sont faits pour aimer.
Quelque fort qu'on s'en défende,
Il y faut venir un jour :
Il n'est rien qui ne se rende
Aux doux charmes de l'Amour.

Songez de bonne heure à suivre
Le plaisir de s'enflammer :
Un cœur ne commence à vivre
Que du jour qu'il sait aimer.
Quelque fort qu'on s'en défende,
Il y faut venir un jour :
Il n'est rien qui ne se rende
Aux doux charmes de l'Amour.

LE TARTUFFE

NOTICE
SUR
LE TARTUFFE

Le Tartuffe est, avec *le Misanthrope*, l'un des deux
grands chefs-d'œuvre de Molière. Il est peut-être le plus
populaire parce qu'il s'attaque à un vice répandu dans
toutes les classes de la société, l'hypocrisie. On a tout dit
sur la rigueur de la composition de cette comédie, l'intérêt soutenu par les renversements de situation, la puissance de l'analyse psychologique, la beauté littéraire de
la forme.

Mais ce qu'il faut souligner tout d'abord, c'est la hardiesse de l'entreprise. Porter à la scène les problèmes de
la religion, devant la société toute chrétienne du XVIIᵉ siècle,
c'était une gageure. L'Antiquité chrétienne, au même
titre que la païenne, pouvait, d'un commun accord, inspirer les dramaturges : *Polyeucte* est là pour le prouver.
Il suffisait de remplacer le mot *église* par celui, plus général,
de *temple*, pour apaiser toutes les susceptibilités.

Mais attaquer la fausse dévotion, l'hypocrisie religieuse,
c'était suspecter toute l'Église. Sans doute Molière plaida-
t-il habilement qu'il respectait la vraie dévotion et n'atta-
quait que la fausse et qu'il n'y avait pas de vice privilégié
qui échappât à la censure de la comédie. Il avait déjà
fait une semblable distinction au temps des *Précieuses
ridicules* entre les précieuses de province et celles de Paris.
Mais, cette fois, l'argument, aux yeux des dévots sincères,
restait sans valeur. Le propre de l'hypocrite étant de singer
en tout les manières du vrai dévot et donc de lui ressembler
pour mieux abuser ses victimes, la confusion restait toujours possible, puisque, extérieurement, les faux dévots
ne se distinguaient pas des vrais.

Ces faux dévots, prêts à s'alarmer à tout propos, Molière
les avait déjà rencontrés sur son chemin, alliés à ses autres
ennemis, dans la querelle de *l'École des Femmes ;* c'est

eux qui avaient crié au scandale à propos du « sermon »
d'Arnolphe et des maximes du mariage. C'est contre eux
d'abord qu'il entreprit d'écrire *le Tartuffe*.

Déjà Régnier dans sa *Macette* et Scarron dans sa nouvelle des *Hypocrites* s'étaient attaqués à ce vice de l'hypocrisie. Mais il ne s'agissait là que de littérature satirique
où la liberté d'expression était de rigueur.

Les contemporains, et les historiens après eux, ont,
selon l'habitude, recherché l'« original » du *Tartuffe*. Une
dizaine de noms ont été proposés, et il s'agit de personnages que Molière a connus ou pu connaître. Mais il
est évident que sa comédie vise beaucoup plus haut qu'un
portrait satirique. Elle prétend atteindre et stigmatiser
un vice répandu, socialement redoutable ; tous les hypocrites pourraient y être reconnus. La meilleure preuve en
est que les jésuites la déclarèrent dirigée contre les jansénistes et réciproquement.

Un autre groupement de dévots s'inquiéta, la puissante
et secrète Compagnie du Saint-Sacrement, qui joignait
à une œuvre de bienfaisance très efficace le souci de redresser les mœurs corrompues, de relever la moralité publique
et de fournir aux familles des directeurs de conscience
zélés. A ses débuts parisiens, en 1644, Molière l'avait
déjà rencontrée en la personne de M. Olier, curé de Saint-
Sulpice. On a la preuve, par les procès-verbaux mêmes
de cette société, qu'un mois avant la première représentation de la comédie elle manœuvrait déjà dans l'ombre
pour faire interdire cette pièce encore inconnue, mais
dont le sujet seul apparaissait comme un objet de scandale.

Est-ce à dire que Molière visait spécialement la Compagnie du Saint-Sacrement ? En dépit de la part que ses
membres les plus éminents, le président de Lamoignon,
le prince de Conti, allaient prendre à la persécution contre
l'auteur, nous ne le croyons pas. Sans doute Molière
connaissait-il bien l'œuvre discrète de cette Compagnie,
protégée par la reine mère et qui devait être dissoute dès
la mort de celle-ci ; mais elle n'était pour lui, dans certaines de ses manifestations, qu'un exemple parmi d'autres
de cette hypocrisie qu'on retrouvait diffuse, dans différents milieux dévots et qui prétendait donner à la religion
une rigueur insupportable aux honnêtes gens et les enser-
rer dans un réseau de dénonciations et d'intrigues. Si l'on
osait un anachronisme, on pourrait dire que Molière
dénonçait un certain « cléricalisme ».

Nous ignorons tout des sentiments profonds de Molière sur la religion, mais nous savons qu'il faisait régulièrement ses pâques, et qu'à l'heure suprême il demanda un prêtre, qui, d'ailleurs, refusa de venir. Il se conduisait donc, comme tout honnête homme de son temps, en chrétien; ce n'est que contre les excès de la religion qu'il s'élevait, et l'hypocrisie était le plus dangereux de ces abus.

Que Molière ait emprunté tel ou tel trait à un personnage de sa connaissance pour peindre son *Tartuffe*, c'est possible et même probable; mais ce n'est pas un portrait qu'il a voulu peindre; son hypocrite est une création de son génie, d'une valeur universelle, puisque chaque génération y reconnaît l'image même du vice éternel qu'est l'hypocrisie.

Pour comble de scandale, la comédie ne fut pas créée au Palais-Royal, mais à Versailles, le 12 mai 1664, au cours des fêtes des *Plaisirs de l'Ile enchantée*, fait significatif qui implique une permission et peut-être une complicité royale. Car le parti dévot s'agitait beaucoup à la cour à propos des amours adultères de Louis XIV, qui n'entendait pas être contraint en ces affaires.

La pièce était encore inachevée, et l'on ne joua ce jour-là que trois actes. Les historiens discutent encore pour savoir s'il s'agit des trois premiers actes, comme le dit formellement La Grange, qui y jouait le rôle de Valère, ou d'une première version en trois actes. On a supposé aussi qu'il pouvait s'agir des actes I, III et IV qui constitueraient en effet une pièce complète, mais plus hardie encore et plus dangereuse que celle que nous connaissons, puisqu'elle se terminerait sur le triomphe du fourbe luxurieux et la ruine d'Orgon. Faute de documents, il nous semble plus sage de s'en tenir à l'affirmation de La Grange.

Quoi qu'il en soit, Louis XIV, devant le scandale, recula et, sans doute à regret, interdit la représentation publique du *Tartuffe*. C'était un coup très dur pour Molière, qui espérait un grand succès au Palais-Royal. Il protesta, lut sa pièce au légat du Pape, qui voulut bien l'approuver. Mais la cabale des dévots, encouragée par ce premier succès, reprit ses attaques. Un curé de Paris, Pierre Roullé, dans un petit livret tout à la gloire du Roi, traita Molière d'*impie* et de *libertin*, de « démon vêtu de chair et habillé en homme » et le voua proprement au feu.

Molière protesta solennellement dans un placet remis au roi et le libelle du curé Roullé disparut.

Contre la cabale des dévots déchaînée, Molière chercha des appuis en faisant des lectures de sa pièce, chez Ninon de Lenclos, chez Habert de Montmort, chez une amie de Port-Royal, Madame de Longueville ou Madame de Sablé. Il la représenta en septembre à Villers-Cotterêts, devant le duc d'Orléans. Il donna à sa comédie sa forme définitive et à la fin de novembre la joua au Raincy chez la princesse Palatine, par ordre du prince de Condé, qui ne cessa de lui apporter son appui.

En 1667, trois ans après la naissance avortée du *Tartuffe*, Molière, qui avait sans doute obtenu du roi, parti pour la campagne des Flandres, des promesses, crut pouvoir présenter sa pièce au public du Palais-Royal, moyennant quelques adoucissements (5 août). Tartuffe devenait Panulphe et, abandonnant sa soutane, paraissait habillé en homme du monde, l'épée au côté. *Le Tartuffe* devenait *l'Imposteur*, et le dénouement comportait le nécessaire châtiment du coupable ainsi qu'un éloge de la justice du roi.

Ces concessions ne servirent de rien; le lendemain de la première représentation publique, le Premier Président du Parlement de Paris, M. de Lamoignon, interdit la pièce. A l'auteur qui s'était rendu chez lui avec Boileau pour essayer de la défendre il répondit que « ce n'était pas au théâtre à se mêler de prêcher l'Évangile ». Molière eut beau dépêcher deux de ses compagnons, munis d'un placet, vers le Roi, en Flandres, il n'en obtint que de vagues paroles apaisantes. Le 11 août, l'archevêque de Paris renforça la défense de M. de Lamoignon en publiant un mandement interdisant de lire ou d'entendre *l'Imposteur* sous peine d'excommunication.

Molière, désemparé devant la cabale triomphante, obligé de fermer son théâtre un certain temps, continuait de lutter. Le 20 août 1667, paraissait un livret anonyme intitulé *Lettre sur la Comédie de l'Imposteur*. Elle est très probablement de Donneau de Visé, qui s'était joint aux ennemis de Molière pendant la querelle de *l'École des Femmes* et qui s'était rallié depuis que Molière, sans rancune, avait bien voulu jouer au Palais-Royal certaines de ses comédies. Cette lettre, qui connut plusieurs éditions et alimenta la querelle du *Tartuffe*, est pour nous fort précieuse. Elle nous donne d'abord de nombreux renseignements sur l'unique représentation, le 5 août 1667, de *l'Imposteur* dont nous ignorons le texte exact. Mais surtout elle plaide, intelligemment, l'affaire au fond et tend à justifier l'entreprise de Molière. L'auteur invoquait les précédents du théâtre antique, des mystères du Moyen Age et des tragédies religieuses de Corneille lui-même pour justifier l'évocation des problèmes de la religion sur la scène. Selon lui, la vraie religion, célébrée dans les lieux saints, pouvait être défendue dans les lieux profanes, comme le théâtre, contre les imposteurs qui la déshonoraient. C'était répondre directement à l'objection de M. de Lamoignon. Donneau de Visé soulignait le caractère comique de la pièce et l'imposture sans équivoque de Tartuffe. L'argumentation de ce petit livret se rapproche si étrangement de celle de Molière, dans la préface qu'il mettra bientôt en tête de sa comédie, qu'on a pu légitimement se demander s'il n'a pas, au moins par ses conseils, aidé Donneau de Visé dans sa rédaction.

Tant d'efforts persévérants portèrent enfin leurs fruits ; après deux représentations en 1668 devant le prince de Condé, *le Tartuffe*, dans sa forme définitive et sous son vrai titre, reparut enfin au Palais-Royal, le 5 février 1669. La première représentation rapporta une recette encore inégalée de 2 860 livres et la pièce connut un succès considérable, qui ne s'est jamais démenti, puisque *le Tartuffe* est, de loin, la comédie de Molière qui a connu, depuis sa création jusqu'à nos jours, le plus grand nombre de représentations à la Comédie-Française. Tous les grands comédiens ont voulu s'essayer dans ce rôle admirable, mais difficile. Plusieurs l'ont marqué du sceau de leur talent, tels Silvain et, plus récemment, Jouvet. Le personnage est si riche, si complexe, que les interprétations les plus différentes, et même opposées, peuvent trouver leur justification.

Après cinq années d'une véritable persécution, Molière sortait, toujours avec l'appui du roi, vainqueur d'une lutte périlleuse. Sa joie et sa fierté éclatent dans la préface qu'il rédigea après « la grande résurrection » du *Tartuffe*, et qui est un véritable cri de triomphe. Deux éditions parues en trois mois, l'an 1669, attestent que ceux qui n'avaient pu applaudir la pièce furent nombreux à vouloir la lire.

LE TARTUFFE

OU

L'IMPOSTEUR

COMÉDIE

LES TROIS PREMIERS ACTES ONT ÉTÉ REPRÉSENTÉS
A VERSAILLES POUR LE ROI
LE 12e JOUR DU MOIS DE MAI 1664.
LA COMÉDIE, ENTIÈRE ET ACHEVÉE EN CINQ ACTES,
A ÉTÉ REPRÉSENTÉE AU CHATEAU DU RAINCY PRÈS PARIS
POUR S. A. S. MONSEIGNEUR LE PRINCE
LE 29e NOVEMBRE 1664 ET DONNÉE DEPUIS AU PUBLIC
DANS LA SALLE DU PALAIS-ROYAL
LE 5e AOUT 1667, PUIS LE 5e FÉVRIER 1669

PAR LA

TROUPE DU ROI

PRÉFACE

Voici une comédie dont on a fait beaucoup de bruit, qui a été long-temps persécutée, et les gens qu'elle joue ont bien fait voir qu'ils étaient plus puissants en France que tous ceux que j'ai joués jusqu'ici. Les marquis, les précieuses, les cocus et les médecins, ont souffert doucement qu'on les ait représentés, et ils ont fait semblant de se divertir, avec tout le monde, des peintures que l'on a faites d'eux; mais les hypocrites n'ont point entendu raillerie; ils se sont effarouchés d'abord, et ont trouvé étrange que j'eusse la hardiesse de jouer leurs grimaces et de vouloir décrier un métier dont tant d'honnêtes gens se mêlent. C'est un crime qu'ils ne sauraient me pardonner; et ils se sont tous armés contre ma comédie avec une fureur épouvantable. Ils n'ont eu garde de l'attaquer par le côté qui les a blessés : ils sont trop poli-tiques pour cela, et savent trop bien vivre pour découvrir le fond de leur âme. Suivant leur louable coutume, ils ont couvert leurs intérêts de la cause de Dieu; et *le Tartuffe*, dans leur bouche, est une pièce qui offense la piété. Elle est, d'un bout à l'autre, pleine d'abominations, et l'on n'y trouve rien qui ne mérite le feu. Toutes les syllabes en sont impies; les gestes mêmes y sont criminels; et le moindre coup d'œil, le moindre branlement de tête, le moindre pas à droite ou à gauche, y cachent des mystères qu'ils trouvent moyen d'expliquer à mon désavantage.

J'ai eu beau la soumettre aux lumières de mes amis, et à la censure de tout le monde, les corrections que j'y ai pu faire, le jugement du roi et de la reine, qui l'ont vue, l'approbation des grands princes et de messieurs les ministres, qui l'ont honorée publiquement de leur présence, le témoignage des gens de bien, qui l'ont trouvée profitable, tout cela n'a de rien servi. Ils n'en veulent point démordre; et, tous les jours encore, ils font crier en public des zélés indiscrets, qui me disent des injures pieusement, et me damnent par charité.

Je me soucierais fort peu de tout ce qu'ils peuvent dire, n'était l'artifice qu'ils ont de me faire des ennemis que je respecte, et de jeter dans leur parti de véritables gens de bien, dont ils préviennent la bonne foi, et qui, par la chaleur qu'ils ont pour les intérêts du ciel, sont faciles à recevoir les impressions qu'on veut leur donner. Voilà ce qui m'oblige à me défendre. C'est aux vrais dévots que je veux partout me justifier sur la conduite de ma comédie; et je les conjure, de tout mon cœur, de ne point condamner les choses avant que de les voir, de se défaire de toute prévention, et de ne point servir la passion de ceux dont les grimaces les déshonorent.

Si l'on prend la peine d'examiner de bonne foi ma comédie, on verra sans doute que mes intentions y sont partout innocentes, et qu'elle ne tend nullement à jouer les choses que l'on doit révérer; que je l'ai traitée avec toutes les précautions que demandait la délicatesse de la matière et que j'ai mis tout l'art et tous les soins qu'il m'a été possible pour bien distinguer le personnage de l'hypocrite d'avec celui du vrai dévot. J'ai employé pour cela deux actes entiers à préparer la venue de mon scélérat. Il ne tient pas un seul moment l'auditeur en balance; on le connaît d'abord aux marques que je lui donne; et, d'un bout à l'autre, il ne dit pas un mot, il ne fait pas une action, qui ne peigne aux spectateurs le caractère d'un méchant homme, et ne fasse éclater celui du véritable homme de bien que je lui oppose.

Je sais bien que, pour réponse, ces messieurs tâchent d'insinuer que ce n'est point au théâtre à parler de ces matières; mais je leur demande, avec leur permission, sur quoi ils fondent cette belle maxime. C'est une proposition qu'ils ne font que supposer, et qu'ils ne prouvent en aucune façon; et, sans doute, il ne serait pas difficile de leur faire voir que la comédie, chez les anciens, a pris son origine de la religion, et faisait partie de leurs mystères; que les Espagnols, nos voisins, ne célèbrent guère de fêtes où la comédie ne soit mêlée, et que même, parmi nous, elle doit sa naissance aux soins d'une confrérie à qui appartient encore aujourd'hui l'hôtel de Bourgogne; que c'est un lieu qui fut donné pour y représenter les plus importants mystères de notre foi; qu'on en voit encore des comédies imprimées en lettres gothiques, sous le nom d'un docteur de Sorbonne et, sans aller chercher si loin, que l'on a joué, de notre temps, des pièces saintes de M. de Corneille, qui ont été l'admiration de toute la France.

Si l'emploi de la comédie est de corriger les vices des hommes, je ne vois pas par quelle raison il y en aura de privilégiés. Celui-ci est, dans l'État, d'une conséquence bien plus dangereuse que tous les autres; et nous avons vu que le théâtre a une grande vertu pour la correction. Les plus beaux traits d'une sérieuse morale sont moins puissants, le plus souvent, que ceux de la satire; et rien ne reprend mieux la plupart des hommes que la peinture de leurs défauts. C'est une grande atteinte aux vices que de les exposer à la risée de tout le monde. On souffre aisément des répréhensions; mais on ne souffre point la raillerie. On veut bien être méchant; mais on ne veut point être ridicule.

On me reproche d'avoir mis des termes de piété dans la bouche de mon imposteur. Eh! pouvais-je m'en empêcher, pour bien représenter le caractère d'un hypocrite? Il suffit, ce me semble, que je fasse connaître les motifs criminels qui lui font dire les choses, et que j'en aie retranché les termes consacrés, dont on aurait eu peine à lui entendre faire un mauvais usage. — Mais il débite au quatrième acte une morale pernicieuse. — Mais cette morale est-elle quelque chose dont tout le monde n'eût les oreilles rebattues? Dit-elle rien de nouveau dans ma comédie? Et peut-on craindre que des choses si généralement détestées fassent quelque impression dans les esprits; que je les rende dangereuses en les faisant monter sur le théâtre;

qu'elles reçoivent quelque autorité de la bouche d'un scélérat ? Il n'y a nulle apparence à cela ; et l'on doit approuver la comédie du *Tartuffe*, ou condamner généralement toutes les comédies.

C'est à quoi l'on s'attache furieusement depuis un temps ; et jamais on ne s'était si fort déchaîné contre le théâtre. Je ne puis pas nier qu'il n'y ait eu des Pères de l'Église qui ont condamné la comédie ; mais on ne peut pas me nier aussi qu'il n'y en ait eu quelques-uns qui l'ont traitée un peu plus doucement. Ainsi l'autorité dont on prétend appuyer la censure est détruite par ce partage : et toute la conséquence qu'on peut tirer de cette diversité d'opinions en des esprits éclairés des mêmes lumières, c'est qu'ils ont pris la comédie différemment, et que les uns l'ont considérée dans sa pureté, lorsque les autres l'ont regardée dans sa corruption, et confondue avec tous ces vilains spectacles qu'on a eu raison de nommer des spectacles de turpitude.

Et, en effet, puisqu'on doit discourir des choses et non pas des mots, et que la plupart des contrariétés viennent de ne pas entendre et d'envelopper dans un même mot des choses opposées, il ne faut qu'ôter le voile de l'équivoque, et regarder ce qu'est la comédie en soi, pour voir si elle est condamnable. On connaîtra, sans doute, que, n'étant autre chose qu'un poème ingénieux, qui, par des leçons agréables, reprend les défauts des hommes, on ne saurait la censurer sans injustice ; et, si nous voulons ouïr là-dessus le témoignage de l'antiquité, elle nous dira que ses plus célèbres philosophes ont donné des louanges à la comédie, eux qui faisaient profession d'une sagesse si austère, et qui criaient sans cesse après les vices de leur siècle. Elle nous fera voir qu'Aristote a consacré des veilles au théâtre, et s'est donné le soin de réduire en préceptes l'art de faire des comédies. Elle nous apprendra que ses plus grands hommes, et des premiers en dignité, ont fait gloire d'en composer eux-mêmes, qu'il y en a eu d'autres qui n'ont pas dédaigné de réciter en public celles qu'ils avaient composées ; que la Grèce a fait pour cet art éclater son estime par les prix glorieux et par les superbes théâtres dont elle a voulu l'honorer ; et que, dans Rome enfin, ce même art a reçu aussi des honneurs extraordinaires : je ne dis pas dans Rome débauchée, et sous la licence des empereurs, mais dans Rome disciplinée, sous la sagesse des consuls, et dans le temps de la vigueur de la vertu romaine.

J'avoue qu'il y a eu des temps où la comédie s'est corrompue. Et qu'est-ce que dans le monde on ne corrompt point tous les jours ? Il n'y a chose si innocente où les hommes ne puissent porter du crime ; point d'art si salutaire dont ils ne soient capables de renverser les intentions ; rien de si bon en soi qu'ils ne puissent tourner à de mauvais usages. La médecine est un art profitable, et chacun la révère comme une des plus excellentes choses que nous ayons ; et cependant il y a eu des temps où elle s'est rendue odieuse, et souvent on en a fait un art d'empoisonner les hommes. La philosophie est un présent du ciel ; elle nous a été donnée pour porter nos esprits à la connaissance d'un Dieu par la contemplation des merveilles de la nature ; et pourtant on n'ignore pas que souvent on l'a détournée de son emploi, et qu'on l'a occupée publiquement à soutenir l'impiété. Les choses même les plus saintes ne sont point à couvert de la corruption des hommes ; et nous voyons des scélérats qui, tous les jours, abusent de la piété et la font servir méchamment aux crimes les plus grands. Mais on ne laisse pas pour cela de faire les distinctions qu'il est besoin de faire. On n'enveloppe point dans une fausse conséquence la bonté des choses que l'on corrompt, avec la malice des corrupteurs. On sépare toujours le mauvais usage d'avec l'intention de l'art; et comme on ne s'avise point de défendre la médecine pour avoir été bannie de Rome, ni la philosophie pour avoir été condamnée publiquement dans Athènes, on ne doit point aussi vouloir interdire la comédie pour avoir été censurée en de certains temps. Cette censure a eu ses raisons, qui ne subsistent point ici. Elle s'est renfermée dans ce qu'elle a pu voir; et nous ne devons point la tirer des bornes qu'elle s'est données, l'étendre plus loin qu'il ne faut, et lui faire embrasser l'innocent avec le coupable. La comédie qu'elle a eu dessein d'attaquer n'est point du tout la comédie que nous voulons défendre. Il se faut bien garder de confondre celle-là avec celle-ci. Ce sont deux personnes de qui les mœurs sont tout à fait opposées. Elles n'ont aucun rapport l'une avec l'autre que la ressemblance du nom; et ce serait une injustice épouvantable que de vouloir condamner Olympe, qui est femme de bien, parce qu'il y a une Olympe qui a été une débauchée. De semblables arrêts, sans doute, feraient un grand désordre dans le monde. Il n'y aurait rien par là qui ne fût condamné; et, puisque l'on ne garde point cette rigueur à tant de choses dont on abuse tous les jours, on doit bien faire la même grâce à la comédie, et approuver les pièces de théâtre où l'on verra régner l'instruction et l'honnêteté.

Je sais qu'il y a des esprits dont la délicatesse ne peut souffrir aucune comédie; qui disent que les plus honnêtes sont les plus dangereuses; que les passions que l'on y dépeint sont d'autant plus touchantes qu'elles sont pleines de vertu, et que les âmes sont attendries par ces sortes de représentations. Je ne vois pas quel grand crime c'est que de s'attendrir à la vue d'une passion honnête; et c'est un haut étage de vertu que cette pleine insensibilité où ils veulent faire monter notre âme. Je doute qu'une si grande perfection soit dans les forces de la nature humaine; et je ne sais s'il n'est pas mieux de travailler à rectifier et adoucir les passions des hommes que de vouloir les retrancher entièrement. J'avoue qu'il y a des lieux qu'il vaut mieux fréquenter que le théâtre; et, si l'on veut blâmer toutes les choses qui ne regardent pas directement Dieu et notre salut, il est certain que la comédie en doit être, et je ne trouve point mauvais qu'elle soit condamnée avec le reste; mais, supposé, comme il est vrai, que les exercices de la piété souffrent des intervalles et que les hommes aient besoin de divertissement, je soutiens qu'on ne leur en peut trouver un qui soit plus innocent que la comédie. Je me suis étendu trop loin. Finissons par un mot d'un grand prince sur la comédie du *Tartuffe*.

Huit jours après qu'elle eut été défendue, on représenta devant la cour une pièce intitulée *Scaramouche ermite;* et le roi, en sortant, dit au grand prince que je veux dire : « Je voudrais bien savoir pourquoi les gens qui se scandalisent si fort de la comédie de Molière ne disent mot de celle de *Scaramouche* ? »; à quoi le prince répondit : « La raison de cela, c'est que la comédie de *Scaramouche* joue le ciel et la religion, dont ces messieurs-là ne se soucient point; mais celle de Molière les joue eux-mêmes; c'est ce qu'ils ne peuvent souffrir. »

PREMIER PLACET

PRÉSENTÉ AU ROI

Sur la comédie du *Tartuffe*

SIRE,

Le devoir de la comédie étant de corriger les hommes en les divertissant, j'ai cru, que, dans l'emploi où je me trouve, je n'avais rien de mieux à faire que d'attaquer par des peintures ridicules les vices de mon siècle; et, comme l'hypocrisie, sans doute, en est un des plus en usage, des plus incommodes et des plus dangereux, j'avais eu, SIRE, la pensée que je ne rendrais pas un petit service à tous les honnêtes gens de votre royaume, si je faisais une comédie qui décriât les hypocrites, et mît en vue, comme il faut, toutes les grimaces étudiées de ces gens de bien à outrance, toutes les friponneries couvertes de ces faux monnayeurs en dévotion, qui veulent attraper les hommes avec un zèle contrefait et une charité sophistique.

Je l'ai faite, SIRE, cette comédie, avec tout le soin, comme je crois, et toutes les circonspections que pouvait demander la délicatesse de la matière; et, pour mieux conserver l'estime et le respect qu'on doit aux vrais dévots, j'en ai distingué le plus que j'ai pu le caractère que j'avais à toucher. Je n'ai point laissé d'équivoque, j'ai ôté ce qui pouvait confondre le bien avec le mal, et ne me suis servi dans cette peinture que des couleurs expresses et des traits essentiels qui font reconnaître d'abord un véritable et franc hypocrite.

Cependant toutes mes précautions ont été inutiles. On a profité, SIRE, de la délicatesse de votre âme sur les matières de religion, et l'on a su vous prendre par l'endroit seul que vous êtes prenable, je veux dire par le respect des choses saintes. Les tartuffes, sous main, ont eu l'adresse de trouver grâce auprès de VOTRE MAJESTÉ; et les originaux enfin ont fait supprimer la copie, quelque innocente qu'elle fût, et quelque ressemblante qu'on la trouvât.

Bien que ce m'eût été un coup sensible que la suppression de cet ouvrage, mon malheur, pourtant, était adouci par la manière dont VOTRE MAJESTÉ s'était expliquée sur ce sujet; et j'ai cru, SIRE, qu'elle m'ôtait tout lieu de me plaindre, ayant eu la bonté de déclarer qu'elle ne trouvait rien à dire dans cette comédie qu'elle me défendait de produire en public.

Mais, malgré cette glorieuse déclaration du plus grand roi du monde et du plus éclairé, malgré l'approbation encore de M. le légat, et de la plus grande partie de nos prélats, qui tous, dans les lectures particulières que je leur ai faites de mon ouvrage, se sont trouvés d'accord avec les sentiments de VOTRE MAJESTÉ; malgré tout cela, dis-je, on voit un livre composé par le curé de..., qui donne hautement un démenti à tous ces augustes témoignages. VOTRE MAJESTÉ a beau

dire, et M. le légat et MM. les prélats ont beau donner leur jugement,
ma comédie, sans l'avoir vue, est diabolique, et diabolique mon cer-
veau; je suis un démon vêtu de chair et habillé en homme, un libertin,
un impie digne d'un supplice exemplaire. Ce n'est pas assez que le feu
expie en public mon offense, j'en serais quitte à trop bon marché;
le zèle charitable de ce galant homme de bien n'a garde de demeurer là;
il ne veut point que j'aie de miséricorde auprès de Dieu; il veut
absolument que je sois damné, c'est une affaire résolue.

Ce livre, SIRE, a été présenté à VOTRE MAJESTÉ; et, sans doute, elle
juge bien elle-même combien il m'est fâcheux de me voir exposé tous
les jours aux insultes de ces messieurs; quel tort me feront dans le
monde de telles calomnies, s'il faut qu'elles soient tolérées; et quel
intérêt j'ai enfin à me purger de son imposture, et à faire voir au
public que ma comédie n'est rien moins que ce qu'on veut qu'elle soit.
Je ne dirai point, SIRE, ce que j'aurais à demander pour ma réputation
et pour justifier à tout le monde l'innocence de mon ouvrage : les
rois éclairés comme vous n'ont pas besoin qu'on leur marque ce qu'on
souhaite; ils voient, comme Dieu, ce qu'il nous faut, et savent mieux
que nous ce qu'ils nous doivent accorder. Il me suffit de mettre mes
intérêts entre les mains de VOTRE MAJESTÉ; et j'attends d'elle, avec
respect, tout ce qu'il lui plaira d'ordonner là-dessus.

SECOND PLACET

PRÉSENTÉ AU ROI

Dans son camp devant la ville de Lille en Flandre, par les nommés DE LA
THORILLIÈRE *et* DE LA GRANGE, *comédiens de* SA MAJESTÉ, *et compa-*
gnons du sieur MOLIÈRE, *sur la défense qui fut faite, le 6 août 1667,*
de représenter le Tartuffe *jusques à nouvel ordre de* SA MAJESTÉ.

SIRE,

C'est une chose bien téméraire à moi que de venir importuner un
grand monarque au milieu de ses glorieuses conquêtes; mais, dans
l'état où je me vois, où trouver, SIRE, une protection qu'au lieu où
je la viens chercher? et qui puis-je solliciter contre l'autorité de la
puissance qui m'accable, que la source de la puissance et de l'autorité,
que le juste dispensateur des ordres absolus, que le souverain juge et le
maître de toutes choses?

Ma comédie, SIRE, n'a pu jouir ici des bontés de VOTRE MAJESTÉ.
En vain je l'ai produite sous le titre de *l'Imposteur*, et déguisé le personnage sous l'ajustement d'un homme du monde; j'ai eu beau lui
donner un petit chapeau, de grands cheveux, un grand collet, une épée,
et des dentelles sur tout l'habit, mettre en plusieurs endroits des adoucissements, et retrancher avec soin tout ce que j'ai jugé capable de
fournir l'ombre d'un prétexte aux célèbres originaux du portrait que
je voulais faire : tout cela n'a de rien servi. La cabale s'est réveillée

aux simples conjectures qu'ils ont pu avoir de la chose. Ils ont trouvé moyen de surprendre des esprits qui, dans toute autre matière, font une haute profession de ne se point laisser surprendre. Ma comédie n'a pas plutôt paru qu'elle s'est vue foudroyée par le coup d'un pouvoir qui doit imposer du respect; et tout ce que j'ai pu faire en cette rencontre pour me sauver moi-même de l'éclat de cette tempête, c'est de dire que Votre Majesté avait eu la bonté de m'en permettre la représentation, et que je n'avais pas cru qu'il fût besoin de demander cette permission à d'autres, puisqu'il n'y avait qu'elle seule qui me l'eût défendue.

Je ne doute point, Sire, que les gens que je peins dans ma comédie ne remuent bien des ressorts auprès de Votre Majesté, et ne jettent dans leur parti, comme ils l'ont déjà fait, de véritables gens de bien, qui sont d'autant plus prompts à se laisser tromper qu'ils jugent d'autrui par eux-mêmes. Ils ont l'art de donner de belles couleurs à toutes leurs intentions. Quelque mine qu'ils fassent, ce n'est point du tout l'intérêt de Dieu qui les peut émouvoir : ils l'ont assez montré dans les comédies qu'ils ont souffert qu'on ait jouées tant de fois en public, sans en dire le moindre mot. Celles-là n'attaquaient que la piété et la religion, dont ils se soucient fort peu : mais celle-ci les attaque et les joue eux-mêmes; et c'est ce qu'ils ne peuvent souffrir. Ils ne sauraient me pardonner de dévoiler leurs impostures aux yeux de tout le monde; et, sans doute, on ne manquera pas de dire à Votre Majesté que chacun s'est scandalisé de ma comédie. Mais la vérité pure, Sire, c'est que tout Paris ne s'est scandalisé que de la défense qu'on en a faite, que les plus scrupuleux en ont trouvé la représentation profitable, et qu'on s'est étonné que des personnes d'une probité si connue aient eu une si grande déférence pour des gens qui devraient être l'horreur de tout le monde et sont si opposés à la véritable piété, dont elles font profession.

J'attends avec respect l'arrêt que Votre Majesté daignera prononcer sur cette matière; mais il est très assuré, Sire, qu'il ne faut plus que je songe à faire des comédies, si les tartuffes ont l'avantage; qu'ils prendront droit par là de me persécuter plus que jamais, et voudront trouver à redire aux choses les plus innocentes qui pourront sortir de ma plume.

Daignent vos bontés, Sire, me donner une protection contre leur rage envenimée; et puissé-je, au retour d'une campagne si glorieuse, délasser Votre Majesté des fatigues de ses conquêtes, lui donner d'innocents plaisirs après de si nobles travaux, et faire rire le monarque qui fait trembler toute l'Europe!

TROISIÈME PLACET

PRÉSENTÉ AU ROI

LE 5 FÉVRIER 1669

SIRE,

Un fort honnête médecin, dont j'ai l'honneur d'être le malade, me promet et veut s'obliger par-devant notaire de me faire vivre encore trente années, si je puis lui obtenir une grâce de VOTRE MAJESTÉ. Je lui ai dit, sur sa promesse, que je ne lui demandais pas tant, et que je serais satisfait de lui pourvu qu'il s'obligeât de ne me point tuer. Cette grâce, SIRE, est un canonicat de votre chapelle royale de Vincennes, vacant par la mort de...

Oserais-je demander encore cette grâce à VOTRE MAJESTÉ le propre jour de la grande résurrection de *Tartuffe*, ressuscité par vos bontés ? Je suis, par cette première faveur, réconcilié avec les dévots; et je le serais, par cette seconde, avec les médecins. C'est pour moi, sans doute, trop de grâces à la fois; mais peut-être n'en est-ce pas trop pour VOTRE MAJESTÉ; et j'attends, avec un peu d'espérance respectueuse, la réponse de mon placet.

PERSONNAGES

Mme PERNELLE, mère d'Orgon.
ORGON, mari d'Elmire.
ELMIRE, femme d'Orgon.
DAMIS, fils d'Orgon.
MARIANE, fille d'Orgon et amante de Valère.
VALÈRE, amant de Mariane.
CLÉANTE, beau-frère d'Orgon.
TARTUFFE, faux dévot.
DORINE, suivante de Mariane.
M. LOYAL, sergent.
UN EXEMPT.
FLIPOTE, servante de Mme Pernelle.

La scène est à Paris.

ACTE PREMIER

SCÈNE I

MADAME PERNELLE ET FLIPOTE *sa servante,*
ELMIRE, MARIANE, DORINE, DAMIS, CLÉANTE

MADAME PERNELLE

Allons, Flipote, allons, que d'eux je me délivre.

ELMIRE

Vous marchez d'un tel pas qu'on a peine à vous suivre.

MADAME PERNELLE

Laissez, ma bru, laissez, ne venez pas plus loin :
Ce sont toutes façons dont je n'ai pas besoin.

ELMIRE

De ce que l'on vous doit envers vous on s'acquitte.   5
Mais, ma mère, d'où vient que vous sortez si vite ?

MADAME PERNELLE

C'est que je ne puis voir tout ce ménage-ci,
Et que de me complaire on ne prend nul souci.
Oui, je sors de chez vous fort mal édifiée :
Dans toutes mes leçons j'y suis contrariée,   10
On n'y respecte rien, chacun y parle haut,
Et c'est tout justement la cour du roi Pétaud.

DORINE

Si...

MADAME PERNELLE

Vous êtes, ma mie, une fille suivante
Un peu trop forte en gueule, et fort impertinente :
Vous vous mêlez sur tout de dire votre avis.   15

DAMIS

Mais...

MADAME PERNELLE

Vous êtes un sot en trois lettres, mon fils;
C'est moi qui vous le dis, qui suis votre grand-mère;
Et j'ai prédit cent fois à mon fils, votre père,
Que vous preniez tout l'air d'un méchant garnement,
Et ne lui donneriez jamais que du tourment.   20

MARIANE

Je crois...

MADAME PERNELLE

Mon Dieu, sa sœur, vous faites la discrète,
Et vous n'y touchez pas, tant vous semblez doucette;
Mais il n'est, comme on dit, pire eau que l'eau qui dort,
Et vous menez sous chape un train que je hais fort.

ELMIRE

Mais, ma mère...

MADAME PERNELLE

Ma bru, qu'il ne vous en déplaise,   25
Votre conduite en tout est tout à fait mauvaise;
Vous devriez leur mettre un bon exemple aux yeux,
Et leur défunte mère en usait beaucoup mieux.
Vous êtes dépensière; et cet état me blesse,
Que vous alliez vêtue ainsi qu'une princesse.   30
Quiconque à son mari veut plaire seulement,
Ma bru, n'a pas besoin de tant d'ajustement.

CLÉANTE

Mais, Madame, après tout...

MADAME PERNELLE

Pour vous, Monsieur son frère,
Je vous estime fort, vous aime, et vous révère;
Mais enfin, si j'étais de mon fils, son époux,   35
Je vous prierais bien fort de n'entrer point chez nous.
Sans cesse vous prêchez des maximes de vivre
Qui par d'honnêtes gens ne se doivent point suivre.
Je vous parle un peu franc; mais c'est là mon humeur,
Et je ne mâche point ce que j'ai sur le cœur.   40

DAMIS

Votre Monsieur Tartuffe est bien heureux sans doute...

MADAME PERNELLE

C'est un homme de bien, qu'il faut que l'on écoute;
Et je ne puis souffrir sans me mettre en courroux
De le voir querellé par un fou comme vous.

DAMIS

Quoi ? je souffrirai, moi, qu'un cagot de critique   45
Vienne usurper céans un pouvoir tyrannique,
Et que nous ne puissions à rien nous divertir,
Si ce beau Monsieur-là n'y daigne consentir ?

DORINE

S'il le faut écouter et croire à ses maximes,
On ne peut faire rien qu'on ne fasse des crimes;   50
Car il contrôle tout, ce critique zélé.

MADAME PERNELLE

Et tout ce qu'il contrôle est fort bien contrôlé.
C'est au chemin du Ciel qu'il prétend vous conduire,
Et mon fils à l'aimer vous devrait tous induire.

DAMIS

Non, voyez-vous, ma mère, il n'est père ni rien   55
Qui me puisse obliger à lui vouloir du bien :
Je trahirais mon cœur de parler d'autre sorte;
Sur ses façons de faire à tous coups je m'emporte;
J'en prévois une suite, et qu'avec ce pied plat
Il faudra que j'en vienne à quelque grand éclat.   60

DORINE

Certes, c'est une chose aussi qui scandalise,
De voir qu'un inconnu céans s'impatronise,
Qu'un gueux qui, quand il vint, n'avait pas de souliers
Et dont l'habit entier valait bien six deniers,
En vienne jusque-là que de se méconnaître,   65
De contrarier tout, et de faire le maître.

MADAME PERNELLE

Hé! merci de ma vie! il en irait bien mieux,
Si tout se gouvernait par ses ordres pieux.

DORINE

Il passe pour un saint dans votre fantaisie :
Tout son fait, croyez-moi, n'est rien qu'hypocrisie.   70

MADAME PERNELLE

Voyez la langue!

DORINE

A lui, non plus qu'à son Laurent,
Je ne me fierais, moi, que sur un bon garant.

MADAME PERNELLE

J'ignore ce qu'au fond le serviteur peut être;
Mais pour homme de bien je garantis le maître.
Vous ne lui voulez mal et ne le rebutez   75
Qu'à cause qu'il vous dit à tous vos vérités.
C'est contre le péché que son cœur se courrouce,
Et l'intérêt du Ciel est tout ce qui le pousse.

DORINE

Oui! mais pourquoi, surtout depuis un certain temps,
Ne saurait-il souffrir qu'aucun hante céans ?   80
En quoi blesse le Ciel une visite honnête,
Pour en faire un vacarme à nous rompre la tête ?
Veut-on que là-dessus je m'explique entre nous ?
Je crois que de Madame il est, ma foi, jaloux.

MADAME PERNELLE

Taisez-vous, et songez aux choses que vous dites.   85
Ce n'est pas lui tout seul qui blâme ces visites.
Tout ce tracas qui suit les gens que vous hantez,
Ces carrosses sans cesse à la porte plantés,
Et de tant de laquais le bruyant assemblage
Font un éclat fâcheux dans tout le voisinage.   90
Je veux croire qu'au fond il ne se passe rien;
Mais enfin on en parle, et cela n'est pas bien.

CLÉANTE

Hé! voulez-vous, Madame, empêcher qu'on ne cause ?
Ce serait dans la vie une fâcheuse chose,
Si pour les sots discours où l'on peut être mis,   95
Il fallait renoncer à ses meilleurs amis.
Et quand même on pourrait se résoudre à le faire,
Croiriez-vous obliger tout le monde à se taire ?
Contre la médisance il n'est point de rempart.
A tous les sots caquets n'ayons donc nul égard;   100
Efforçons-nous de vivre avec toute innocence,
Et laissons aux causeurs une pleine licence.

DORINE

Daphné, notre voisine, et son petit époux
Ne seraient-ils point ceux qui parlent mal de nous ?
Ceux de qui la conduite offre le plus à rire   105
Sont toujours sur autrui les premiers à médire;

Ils ne manquent jamais de saisir promptement
L'apparente lueur du moindre attachement,
D'en semer la nouvelle avec beaucoup de joie,
Et d'y donner le tour qu'ils veulent qu'on y croie : 110
Des actions d'autrui, teintes de leurs couleurs,
Ils pensent dans le monde autoriser les leurs,
Et sous le faux espoir de quelque ressemblance,
Aux intrigues qu'ils ont donner de l'innocence,
Ou faire ailleurs tomber quelques traits partagés 115
De ce blâme public dont ils sont trop chargés.

MADAME PERNELLE

Tous ces raisonnements ne font rien à l'affaire.
On sait qu'Orante mène une vie exemplaire :
Tous ses soins vont au Ciel ; et j'ai su par des gens
Qu'elle condamne fort le train qui vient céans. 120

DORINE

L'exemple est admirable, et cette dame est bonne !
Il est vrai qu'elle vit en austère personne ;
Mais l'âge dans son âme a mis ce zèle ardent,
Et l'on sait qu'elle est prude à son corps défendant.
Tant qu'elle a pu des cœurs attirer les hommages, 125
Elle a fort bien joui de tous ses avantages ;
Mais, voyant de ses yeux tous les brillants baisser,
Au monde, qui la quitte, elle veut renoncer,
Et du voile pompeux d'une haute sagesse
De ses attraits usés déguiser la faiblesse. 130
Ce sont là les retours des coquettes du temps.
Il leur est dur de voir déserter les galants.
Dans un tel abandon, leur sombre inquiétude
Ne voit d'autre recours que le métier de prude ;
Et la sévérité de ces femmes de bien 135
Censure toute chose, et ne pardonne à rien ;
Hautement d'un chacun elles blâment la vie,
Non point par charité, mais par un trait d'envie,
Qui ne saurait souffrir qu'une autre ait les plaisirs
Dont le penchant de l'âge a sevré leurs désirs. 140

MADAME PERNELLE

Voilà les contes bleus qu'il vous faut pour vous plaire.
Ma bru, l'on est chez vous contrainte de se taire,
Car Madame à jaser tient le dé tout le jour.
Mais enfin je prétends discourir à mon tour :
Je vous dis que mon fils n'a rien fait de plus sage 145
Qu'en recueillant chez soi ce dévot personnage ;
Que le Ciel au besoin l'a céans envoyé

Pour redresser à tous votre esprit fourvoyé;
Que pour votre salut vous le devez entendre,
Et qu'il ne reprend rien qui ne soit à reprendre.   150
Ces visites, ces bals, ces conversations
Sont du malin esprit toutes inventions.
Là jamais on n'entend de pieuses paroles :
Ce sont propos oisifs, chansons et fariboles;
Bien souvent le prochain en a sa bonne part,   155
Et l'on y sait médire et du tiers et du quart.
Enfin les gens sensés ont leurs têtes troublées
De la confusion de telles assemblées :
Mille caquets divers s'y font en moins de rien;
Et comme l'autre jour un docteur dit fort bien,   160
C'est véritablement la tour de Babylone,
Car chacun y babille, et tout du long de l'aune;
Et pour conter l'histoire où ce point l'engagea...
Voilà-t-il pas Monsieur qui ricane déjà!
Allez chercher vos fous qui vous donnent à rire,   165
Et sans... Adieu, ma bru : je ne veux plus rien dire.
Sachez que pour céans j'en rabats de moitié,
Et qu'il fera beau temps quand j'y mettrai le pied.

Donnant un soufflet à Flipote.

Allons, vous, vous rêvez, et bayez aux corneilles.
Jour de Dieu! je saurai vous frotter les oreilles.   170
Marchons, gaupe, marchons.

SCÈNE II

CLÉANTE, DORINE

CLÉANTE

                    Je n'y veux point aller,
De peur qu'elle ne vînt encor me quereller,
Que cette bonne femme...

DORINE

                    Ah! certes, c'est dommage
Qu'elle ne vous ouït tenir un tel langage :
Elle vous dirait bien qu'elle vous trouve bon,   175
Et qu'elle n'est point d'âge à lui donner ce nom.

CLÉANTE

Comme elle s'est pour rien contre nous échauffée!
Et que de son Tartuffe elle paraît coiffée!

DORINE

Oh! vraiment tout cela n'est rien au prix du fils,
Et si vous l'aviez vu, vous diriez : « C'est bien pis! »   180
Nos troubles l'avaient mis sur le pied d'homme sage,
Et pour servir son prince il montra du courage;
Mais il est devenu comme un homme hébété,
Depuis que de Tartuffe on le voit entêté;
Il l'appelle son frère, et l'aime dans son âme   185
Cent fois plus qu'il ne fait mère, fils, fille, et femme.
C'est de tous ses secrets l'unique confident,
Et de ses actions le directeur prudent;
Il le choie, il l'embrasse, et pour une maîtresse
On ne saurait, je pense, avoir plus de tendresse;   190
A table, au plus haut bout il veut qu'il soit assis;
Avec joie il l'y voit manger autant que six;
Les bons morceaux de tout, il fait qu'on les lui cède;
Et s'il vient à roter, il lui dit : « Dieu vous aide! »

                                        C'est une servante qui parle.

Enfin il en est fou; c'est son tout, son héros;   195
Il l'admire à tous coups, le cite à tout propos;
Ses moindres actions lui semblent des miracles,
Et tous les mots qu'il dit sont pour lui des oracles.
Lui, qui connaît sa dupe et qui veut en jouir,
Par cent dehors fardés a l'art de l'éblouir;   200
Son cagotisme en tire à toute heure des sommes,
Et prend droit de gloser sur tous tant que nous sommes.
Il n'est pas jusqu'au fat qui lui sert de garçon
Qui ne se mêle aussi de nous faire leçon;
Il vient nous sermonner avec des yeux farouches,   205
Et jeter nos rubans, notre rouge et nos mouches.
Le traître, l'autre jour, nous rompit de ses mains
Un mouchoir qu'il trouva dans une *Fleur des Saints*,
Disant que nous mêlions, par un crime effroyable,
Avec la sainteté les parures du diable.   210

SCÈNE III

ELMIRE, MARIANE, DAMIS, CLÉANTE, DORINE

ELMIRE

Vous êtes bien heureux de n'être point venu
Au discours qu'à la porte elle nous a tenu.
Mais j'ai vu mon mari! comme il ne m'a point vue,
Je veux aller là-haut attendre sa venue.

CLÉANTE

Moi, je l'attends ici pour moins d'amusement,   215
Et je vais lui donner le bonjour seulement.

DAMIS

De l'hymen de ma sœur touchez-lui quelque chose.
J'ai soupçon que Tartuffe à son effet s'oppose,
Qu'il oblige mon père à des détours si grands ;
Et vous n'ignorez pas quel intérêt j'y prends.   220
Si même ardeur enflamme et ma sœur et Valère,
La sœur de cet ami, vous le savez, m'est chère ;
Et s'il fallait...

DORINE

Il entre.

SCÈNE IV

ORGON, CLÉANTE, DORINE

ORGON

Ah ! mon frère, bonjour.

CLÉANTE

Je sortais, et j'ai joie à vous voir de retour.
La campagne à présent n'est pas beaucoup fleurie.   225

ORGON

Dorine... Mon beau-frère, attendez, je vous prie :
Vous voulez bien souffrir, pour m'ôter de souci,
Que je m'informe un peu des nouvelles d'ici.
Tout s'est-il, ces deux jours, passé de bonne sorte ?   [230
Qu'est-ce qu'on fait céans ? comme est-ce qu'on s'y porte ?

DORINE

Madame eut avant-hier la fièvre jusqu'au soir,
Avec un mal de tête étrange à concevoir.

ORGON

Et Tartuffe ?

DORINE

Tartuffe ? Il se porte à merveille.
Gros et gras, le teint frais, et la bouche vermeille.

ORGON

Le pauvre homme !

DORINE

Le soir, elle eut un grand dégoût, 235
Et ne put au souper toucher à rien du tout,
Tant sa douleur de tête était encor cruelle !

ORGON

Et Tartuffe ?

DORINE

Il soupa, lui tout seul, devant elle,
Et fort dévotement il mangea deux perdrix,
Avec une moitié de gigot en hachis.   240

ORGON

Le pauvre homme !

DORINE

La nuit se passa tout entière
Sans qu'elle pût fermer un moment la paupière ;
Des chaleurs l'empêchaient de pouvoir sommeiller,
Et jusqu'au jour près d'elle il nous fallut veiller.

ORGON

Et Tartuffe ?

DORINE

Pressé d'un sommeil agréable,   245
Il passa dans sa chambre au sortir de la table,
Et dans son lit bien chaud il se mit tout soudain,
Où sans trouble il dormit jusques au lendemain.

ORGON

Le pauvre homme !

DORINE

A la fin, par nos raisons gagnée,
Elle se résolut à souffrir la saignée,   250
Et le soulagement suivit tout aussitôt.

ORGON

Et Tartuffe ?

DORINE

Il reprit courage comme il faut,
Et contre tous les maux fortifiant son âme,
Pour réparer le sang qu'avait perdu Madame,
But à son déjeuner quatre grands coups de vin.   255

ORGON

Le pauvre homme !

DORINE

Tous deux se portent bien enfin !

Et je vais à Madame annoncer par avance
La part que vous prenez à sa convalescence.

SCÈNE V

ORGON, CLÉANTE

CLÉANTE

A votre nez, mon frère, elle se rit de vous;
Et sans avoir dessein de vous mettre en courroux,   260
Je vous dirai tout franc que c'est avec justice.
A-t-on jamais parlé d'un semblable caprice ?
Et se peut-il qu'un homme ait un charme aujourd'hui
A vous faire oublier toutes choses pour lui,
Qu'après avoir chez vous réparé sa misère,   265
Vous en veniez au point ?...

ORGON

                    Halte-là, mon beau-frère :
Vous ne connaissez pas celui dont vous parlez.

CLÉANTE

Je ne le connais pas, puisque vous le voulez;
Mais enfin, pour savoir quel homme ce peut être...

ORGON

Mon frère, vous seriez charmé de le connaître,   270
Et vos ravissements ne prendraient point de fin.
C'est un homme... qui,... ha! un homme... un homme
                                        [enfin.
Qui suit bien ses leçons goûte une paix profonde,
Et comme du fumier regarde tout le monde.
Oui, je deviens tout autre avec son entretien;   275
Il m'enseigne à n'avoir affection pour rien,
De toutes amitiés il détache mon âme;
Et je verrais mourir frère, enfants, mère et femme,
Que je m'en soucierais autant que de cela.

CLÉANTE

Les sentiments humains, mon frère, que voilà !   280

ORGON

Ha! si vous aviez vu comme j'en fis rencontre,
Vous auriez pris pour lui l'amitié que je montre.

Chaque jour à l'église il venait, d'un air doux,
Tout vis-à-vis de moi se mettre à deux genoux.
Il attirait les yeux de l'assemblée entière					285
Par l'ardeur dont au Ciel il poussait sa prière ;
Il faisait des soupirs, de grands élancements,
Et baisait humblement la terre à tous moments ;
Et lorsque je sortais, il me devançait vite,
Pour m'aller à la porte offrir de l'eau bénite.					290
Instruit par son garçon, qui dans tout l'imitait,
Et de son indigence, et de ce qu'il était,
Je lui faisais des dons ; mais avec modestie
Il me voulait toujours en rendre une partie.
« C'est trop, me disait-il, c'est trop de la moitié ;			295
Je ne mérite pas de vous faire pitié » ;
Et quand je refusais de le vouloir reprendre,
Aux pauvres, à mes yeux, il allait le répandre.
Enfin le Ciel chez moi me le fit retirer,
Et depuis ce temps-là tout semble y prospérer.				300
Je vois qu'il reprend tout, et qu'à ma femme même
Il prend, pour mon honneur, un intérêt extrême ;
Il m'avertit des gens qui lui font les yeux doux,
Et plus que moi six fois il s'en montre jaloux.
Mais vous ne croiriez point jusqu'où monte son zèle : 305
Il s'impute à péché la moindre bagatelle ;
Un rien presque suffit pour le scandaliser ;
Jusque-là qu'il se vint l'autre jour accuser
D'avoir pris une puce en faisant sa prière,
Et de l'avoir tuée avec trop de colère.					310

CLÉANTE

Parbleu ! vous êtes fou, mon frère, que je crois.
Avec de tels discours vous moquez-vous de moi ?
Et que prétendez-vous que tout ce badinage ?...

ORGON

Mon frère, ce discours sent le libertinage :
Vous en êtes un peu dans votre âme entiché ;			315
Et comme je vous l'ai plus de dix fois prêché,
Vous vous attirerez quelque méchante affaire.

CLÉANTE

Voilà de vos pareils le discours ordinaire :
Ils veulent que chacun soit aveugle comme eux.
C'est être libertin que d'avoir de bons yeux,			320
Et qui n'adore pas de vaines simagrées
N'a ni respect ni foi pour les choses sacrées.

Allez, tous vos discours ne me font point de peur :
Je sais comme je parle, et le Ciel voit mon cœur.
De tous vos façonniers on n'est point les esclaves.   325
Il est de faux dévots ainsi que de faux braves;
Et comme on ne voit pas qu'où l'honneur les conduit
Les vrais braves soient ceux qui font beaucoup de bruit,
Les bons et vrais dévots, qu'on doit suivre à la trace,
Ne sont pas ceux aussi qui font tant de grimace.   330
Hé quoi ? vous ne ferez nulle distinction
Entre l'hypocrisie et la dévotion ?
Vous les voulez traiter d'un semblable langage,
Et rendre même honneur au masque qu'au visage,
Égaler l'artifice à la sincérité,   335
Confondre l'apparence avec la vérité,
Estimer le fantôme autant que la personne,
Et la fausse monnaie à l'égal de la bonne ?
Les hommes la plupart sont étrangement faits!
Dans la juste nature on ne les voit jamais;   340
La raison a pour eux des bornes trop petites;
En chaque caractère ils passent ses limites;
Et la plus noble chose, ils la gâtent souvent
Pour la vouloir outrer et pousser trop avant.
Que cela vous soit dit en passant, mon beau-frère.   345

ORGON

Oui, vous êtes sans doute un docteur qu'on révère;
Tout le savoir du monde est chez vous retiré;
Vous êtes le seul sage et le seul éclairé,
Un oracle, un Caton dans le siècle où nous sommes;
Et près de vous ce sont des sots que tous les hommes. 350

CLÉANTE

Je ne suis point, mon frère, un docteur révéré,
Et le savoir chez moi n'est pas tout retiré.
Mais, en un mot, je sais, pour toute ma science,
Du faux avec le vrai faire la différence.
Et comme je ne vois nul genre de héros   355
Qui soient plus à priser que les parfaits dévots,
Aucune chose au monde et plus noble et plus belle
Que la sainte ferveur d'un véritable zèle,
Aussi ne vois-je rien qui soit plus odieux
Que le dehors plâtré d'un zèle spécieux,   360
Que ces francs charlatans, que ces dévots de place,
De qui la sacrilège et trompeuse grimace
Abuse impunément et se joue à leur gré
De ce qu'ont les mortels de plus saint et sacré,

Ces gens qui, par une âme à l'intérêt soumise,   365
Font de dévotion métier et marchandise,
Et veulent acheter crédit et dignités
A prix de faux clins d'yeux et d'élans affectés,
Ces gens, dis-je, qu'on voit d'une ardeur non commune
Par le chemin du Ciel courir à leur fortune,   370
Qui, brûlants et priants, demandent chaque jour,
Et prêchent la retraite au milieu de la cour,
Qui savent ajuster leur zèle avec leurs vices,
Sont prompts, vindicatifs, sans foi, pleins d'artifices,
Et pour perdre quelqu'un couvrent insolemment   375
De l'intérêt du Ciel leur fier ressentiment,
D'autant plus dangereux dans leur âpre colère
Qu'ils prennent contre nous des armes qu'on révère,
Et que leur passion, dont on leur sait bon gré,
Veut nous assassiner avec un fer sacré.   380
De ce faux caractère on en voit trop paraître;
Mais les dévots de cœur sont aisés à connaître.
Notre siècle, mon frère, en expose à nos yeux
Qui peuvent nous servir d'exemples glorieux :
Regardez Ariston, regardez Périandre,   385
Oronte, Alcidamas, Polydore, Clitandre;
Ce titre par aucun ne leur est débattu;
Ce ne sont point du tout fanfarons de vertu;
On ne voit point en eux ce faste insupportable,
Et leur dévotion est humaine, est traitable;   390
Ils ne censurent point toutes nos actions :
Ils trouvent trop d'orgueil dans ces corrections;
Et laissant la fierté des paroles aux autres,
C'est par leurs actions qu'ils reprennent les nôtres.
L'apparence du mal a chez eux peu d'appui,   395
Et leur âme est portée à juger bien d'autrui.
Point de cabale en eux, point d'intrigues à suivre;
On les voit, pour tous soins, se mêler de bien vivre;
Jamais contre un pécheur ils n'ont d'acharnement;
Ils attachent leur haine au péché seulement,   400
Et ne veulent point prendre, avec un zèle extrême,
Les intérêts du Ciel plus qu'il ne veut lui-même.
Voilà mes gens, voilà comme il en faut user,
Voilà l'exemple enfin qu'il se faut proposer.
Votre homme, à dire vrai, n'est pas de ce modèle :   405
C'est de fort bonne foi que vous vantez son zèle :
Mais par un faux éclat je vous crois ébloui.

ORGON

Monsieur mon cher beau-frère, avez-vous tout dit ?

CLÉANTE

Oui.

ORGON

Je suis votre valet. *(Il veut s'en aller.)*

CLÉANTE

De grâce, un mot, mon frère.
Laissons là ce discours. Vous savez que Valère   410
Pour être votre gendre a parole de vous ?

ORGON

Oui.

CLÉANTE

Vous aviez pris jour pour un lien si doux.

ORGON

Il est vrai.

CLÉANTE

Pourquoi donc en différer la fête ?

ORGON

Je ne sais.

CLÉANTE

Auriez-vous autre pensée en tête ?

ORGON

Peut-être.

CLÉANTE

Vous voulez manquer à votre foi ?   415

ORGON

Je ne dis pas cela.

CLÉANTE

Nul obstacle, je crois,
Ne vous peut empêcher d'accomplir vos promesses.

ORGON

Selon.

CLÉANTE

Pour dire un mot faut-il tant de finesses ?
Valère sur ce point me fait vous visiter.

ORGON

Le Ciel en soit loué !

CLÉANTE

Mais que lui reporter ?   420

ORGON

Tout ce qu'il vous plaira.

CLÉANTE

Mais il est nécessaire
De savoir vos desseins. Quels sont-ils donc ?

ORGON

De faire
Ce que le Ciel voudra.

CLÉANTE

Mais parlons tout de bon.
Valère a votre foi : la tiendrez-vous, ou non ?

ORGON

Adieu.

CLÉANTE

Pour son amour je crains une disgrâce,   425
Et je dois l'avertir de tout ce qui se passe.

ACTE II

SCÈNE I

ORGON, MARIANE

ORGON

Mariane.

MARIANE

Mon père.

ORGON

Approchez, j'ai de quoi
Vous parler en secret.

MARIANE

Que cherchez-vous ?

ORGON. *Il regarde dans un petit cabinet.*

Je vois

Si quelqu'un n'est point là qui pourrait nous entendre;
Car ce petit endroit est propre pour surprendre.   430
Or sus, nous voilà bien. J'ai, Mariane, en vous
Reconnu de tout temps un esprit assez doux,
Et de tout temps aussi vous m'avez été chère.

MARIANE

Je suis fort redevable à cet amour de père.

ORGON

C'est fort bien dit, ma fille; et pour le mériter,   435
Vous devez n'avoir soin que de me contenter.

MARIANE

C'est où je mets aussi ma gloire la plus haute.

ORGON

Fort bien. Que dites-vous de Tartuffe notre hôte ?

MARIANE

Qui, moi ?

ORGON

Vous. Voyez bien comme vous répondrez.

MARIANE

Hélas! j'en dirai, moi, tout ce que vous voudrez.   440

ORGON

C'est parler sagement. Dites-moi donc, ma fille,
Qu'en toute sa personne un haut mérite brille,
Qu'il touche votre cœur, et qu'il vous serait doux
De le voir par mon choix devenir votre époux.
Eh ?

Mariane se recule avec surprise.

MARIANE

Eh ?

ORGON

Qu'est-ce ?

MARIANE

Plaît-il ?

ORGON

Quoi ?

MARIANE

Me suis-je méprise ?   445

ORGON

Comment ?

MARIANE

Qui voulez-vous, mon père, que je dise
Qui me touche le cœur, et qu'il me serait doux
De voir par votre choix devenir mon époux ?

ORGON

Tartuffe.

MARIANE

Il n'en est rien, mon père, je vous jure.
Pourquoi me faire dire une telle imposture ?   450

ORGON

Mais je veux que cela soit une vérité;
Et c'est assez pour vous que je l'aie arrêté.

MARIANE

Quoi ? vous voulez, mon père ?...

ORGON

Oui, je prétends, ma fille,
Unir par votre hymen Tartuffe à ma famille.
Il sera votre époux, j'ai résolu cela;   455
Et comme sur vos vœux je...

SCÈNE II

DORINE, ORGON, MARIANE

ORGON

Que faites-vous là ?
La curiosité qui vous presse est bien forte,
Ma mie, à nous venir écouter de la sorte.

DORINE

Vraiment, je ne sais pas si c'est un bruit qui part
De quelque conjecture, ou d'un coup de hasard   460
Mais de ce mariage on m'a dit la nouvelle,
Et j'ai traité cela de pure bagatelle.

ORGON

Quoi donc ? la chose est-elle incroyable ?

DORINE

A tel point,
Que vous-même, Monsieur, je ne vous en crois point.

ORGON

Je sais bien le moyen de vous le faire croire.   465

DORINE

Oui, oui, vous nous contez une plaisante histoire.

ORGON

Je conte justement ce qu'on verra dans peu.

DORINE

Chansons!

ORGON

Ce que je dis, ma fille, n'est point jeu.

DORINE

Allez, ne croyez point à Monsieur votre père :
Il raille.

ORGON

Je vous dis...

DORINE

Non, vous avez beau faire,   470
On ne vous croira point.

ORGON

A la fin mon courroux...

DORINE

Hé bien! on vous croit donc, et c'est tant pis pour vous.
Quoi ? se peut-il, Monsieur, qu'avec l'air d'homme sage
Et cette large barbe au milieu du visage,
Vous soyez assez fou pour vouloir ?...

ORGON

Écoutez :   475
Vous avez pris céans certaines privautés
Qui ne me plaisent point; je vous le dis, ma mie.

DORINE

Parlons sans nous fâcher, Monsieur, je vous supplie.
Vous moquez-vous des gens d'avoir fait ce complot ?
Votre fille n'est point l'affaire d'un bigot :   480
Il a d'autres emplois auxquels il faut qu'il pense.
Et puis, que vous apporte une telle alliance ?

A quel sujet aller, avec tout votre bien,
Choisir un gendre gueux ?...

ORGON

               Taisez-vous. S'il n'a rien,
Sachez que c'est par là qu'il faut qu'on le révère.   485
Sa misère est sans doute une honnête misère ;
Au-dessus des grandeurs elle doit l'élever,
Puisque enfin de son bien il s'est laissé priver
Par son trop peu de soin des choses temporelles,
Et sa puissante attache aux choses éternelles.   490
Mais mon secours pourra lui donner les moyens
De sortir d'embarras et rentrer dans ses biens :
Ce sont fiefs qu'à bon titre au pays on renomme ;
Et tel que l'on le voit, il est bien gentilhomme.

DORINE

Oui, c'est lui qui le dit ; et cette vanité,   495
Monsieur, ne sied pas bien avec la piété.
Qui d'une sainte vie embrasse l'innocence
Ne doit point tant prôner son nom et sa naissance,
Et l'humble procédé de la dévotion
Souffre mal les éclats de cette ambition.   500
A quoi bon cet orgueil ?... Mais ce discours vous blesse :
Parlons de sa personne, et laissons sa noblesse.
Ferez-vous possesseur, sans quelque peu d'ennui,
D'une fille comme elle un homme comme lui ?
Et ne devez-vous pas songer aux bienséances,   505
Et de cette union prévoir les conséquences ?
Sachez que d'une fille on risque la vertu,
Lorsque dans son hymen son goût est combattu,
Que le dessein d'y vivre en honnête personne
Dépend des qualités du mari qu'on lui donne,   510
Et que ceux dont partout on montre au doigt le front
Font leurs femmes souvent ce qu'on voit qu'elles sont.
Il est bien difficile enfin d'être fidèle
A de certains maris faits d'un certain modèle ;
Et qui donne à sa fille un homme qu'elle hait   515
Est responsable au Ciel des fautes qu'elle fait.
Songez à quels périls votre dessein vous livre.

ORGON

Je vous dis qu'il me faut apprendre d'elle à vivre.

DORINE

Vous n'en feriez que mieux de suivre mes leçons.

ORGON

Ne nous amusons point, ma fille, à ces chansons :   520
Je sais ce qu'il vous faut, et je suis votre père.
J'avais donné pour vous ma parole à Valère;
Mais outre qu'à jouer on dit qu'il est enclin,
Je le soupçonne encor d'être un peu libertin :
Je ne remarque point qu'il hante les églises.   525

DORINE

Voulez-vous qu'il y coure à vos heures précises,
Comme ceux qui n'y vont que pour être aperçus ?

ORGON

Je ne demande pas votre avis là-dessus.
Enfin avec le Ciel l'autre est le mieux du monde,
Et c'est une richesse à nulle autre seconde,   530
Cet hymen de tous biens comblera vos désirs,
Il sera tout confit en douceurs et plaisirs.
Ensemble vous vivrez, dans vos ardeurs fidèles,
Comme deux vrais enfants, comme deux tourterelles;
A nul fâcheux débat jamais vous n'en viendrez,   535
Et vous ferez de lui tout ce que vous voudrez.

DORINE

Elle ? elle n'en fera qu'un sot, je vous assure.

ORGON

Ouais! quels discours!

DORINE

                    Je dis qu'il en a l'encolure,
Et que son ascendant, Monsieur, l'emportera
Sur toute la vertu que votre fille aura.   540

ORGON

Cessez de m'interrompre, et songez à vous taire,
Sans mettre votre nez où vous n'avez que faire.

DORINE

Je n'en parle, Monsieur, que pour votre intérêt.

*Elle l'interrompt toujours au moment qu'il se
retourne pour parler à sa fille.*

ORGON

C'est prendre trop de soin : taisez-vous, s'il vous plaît.

DORINE

Si l'on ne vous aimait...

ORGON

Je ne veux pas qu'on m'aime. 545

DORINE

Et je veux vous aimer, Monsieur, malgré vous-même.

ORGON

Ah!

DORINE

Votre honneur m'est cher, et je ne puis souffrir
Qu'aux brocards d'un chacun vous alliez vous offrir.

ORGON

Vous ne vous tairez point?

DORINE

C'est une conscience
Que de vous laisser faire une telle alliance. 550

ORGON

Te tairas-tu, serpent, dont les traits effrontés...?

DORINE

Ah! vous êtes dévot, et vous vous emportez?

ORGON

Oui, ma bile s'échauffe à toutes ces fadaises,
Et tout résolument je veux que tu te taises.

DORINE

Soit. Mais, ne disant mot, je n'en pense pas moins. 555

ORGON

Pense, si tu le veux; mais applique tes soins

Se retournant vers sa fille.

A ne m'en point parler, ou... : suffit. Comme sage,
J'ai pesé mûrement toutes choses.

DORINE

J'enrage
De ne pouvoir parler.

Elle se tait lorsqu'il tourne la tête.

ORGON

Sans être damoiseau,
Tartuffe est fait de sorte...

DORINE

Oui, c'est un beau museau. 560

ORGON

Que quand tu n'aurais même aucune sympathie
Pour tous les autres dons...

Il se retourne devant elle, et la regarde les bras
croisés.

DORINE

La voilà bien lotie!
Si j'étais en sa place, un homme assurément
Ne m'épouserait pas de force impunément;
Et je lui ferais voir bientôt après la fête   565
Qu'une femme a toujours une vengeance prête.

ORGON

Donc de ce que je dis on ne fera nul cas?

DORINE

De quoi vous plaignez-vous? Je ne vous parle pas.

ORGON

Qu'est-ce que tu fais donc?

DORINE

Je me parle à moi-même.

ORGON

Fort bien. Pour châtier son insolence extrême,   570
Il faut que je lui donne un revers de ma main.

Il se met en posture de lui donner un soufflet;
et Dorine, à chaque coup d'œil qu'il jette, se
tient droite sans parler.

Ma fille, vous devez approuver mon dessein...
Croire que le mari... que j'ai su vous élire...
Que ne te parles-tu?

DORINE

Je n'ai rien à me dire.

ORGON

Encore un petit mot.

DORINE

Il ne me plaît pas, moi.   575

ORGON

Certes, je t'y guettais.

DORINE

Quelque sotte, ma foi!

ORGON

Enfin, ma fille, il faut payer d'obéissance,
Et montrer pour mon choix entière déférence.

DORINE, *en s'enfuyant.*

Je me moquerais fort de prendre un tel époux.

Il lui veut donner un soufflet et la manque.

ORGON

Vous avez là, ma fille, une peste avec vous,   580
Avec qui sans péché je ne saurais plus vivre.
Je me sens hors d'état maintenant de poursuivre :
Ses discours insolents m'ont mis l'esprit en feu,
Et je vais prendre l'air pour me rasseoir un peu.

SCÈNE III

DORINE, MARIANE

DORINE

Avez-vous donc perdu, dites-moi, la parole,   585
Et faut-il qu'en ceci je fasse votre rôle ?
Souffrir qu'on vous propose un projet insensé,
Sans que du moindre mot vous l'ayez repoussé!

MARIANE

Contre un père absolu que veux-tu que je fasse ?

DORINE

Ce qu'il faut pour parer une telle menace.   590

MARIANE

Quoi ?

DORINE

Lui dire qu'un cœur n'aime point par autrui,
Que vous vous mariez pour vous, non pas pour lui,
Qu'étant celle pour qui se fait toute l'affaire,
C'est à vous, non à lui, que le mari doit plaire,
Et que si son Tartuffe est pour lui si charmant,   595
Il le peut épouser sans nul empêchement.

MARIANE

Un père, je l'avoue, a sur nous tant d'empire
Que je n'ai jamais eu la force de rien dire.

DORINE

Mais raisonnons. Valère a fait pour vous des pas ;
L'aimez-vous, je vous prie, ou ne l'aimez-vous pas ?   600

MARIANE

Ah ! qu'envers mon amour ton injustice est grande,
Dorine ! me dois-tu faire cette demande ?
T'ai-je pas là-dessus ouvert cent fois mon cœur,
Et sais-tu pas pour lui jusqu'où va mon ardeur ?

DORINE

Que sais-je si le cœur a parlé par la bouche,   605
Et si c'est tout de bon que cet amant vous touche ?

MARIANE

Tu me fais un grand tort, Dorine, d'en douter,
Et mes vrais sentiments ont su trop éclater.

DORINE

Enfin, vous l'aimez donc ?

MARIANE

                    Oui, d'une ardeur extrême.

DORINE

Et selon l'apparence il vous aime de même ?   610

MARIANE

Je le crois.

DORINE

                Et tous deux brûlez également
De vous voir mariés ensemble ?

MARIANE

                            Assurément.

DORINE

Sur cette autre union quelle est donc votre attente ?

MARIANE

De me donner la mort si l'on me violente.

DORINE

Fort bien : c'est un recours où je ne songeais pas ;   615
Vous n'avez qu'à mourir pour sortir d'embarras ;

Le remède sans doute est merveilleux. J'enrage
Lorsque j'entends tenir ces sortes de langage.

MARIANE

Mon Dieu! de quelle humeur, Dorine, tu te rends!
Tu ne compatis point aux déplaisirs des gens.   620

DORINE

Je ne compatis point à qui dit des sornettes
Et dans l'occasion mollit comme vous faites.

MARIANE

Mais que veux-tu? si j'ai de la timidité.

DORINE

Mais l'amour dans un cœur veut de la fermeté.

MARIANE

Mais n'en gardé-je pas pour les feux de Valère?   625
Et n'est-ce pas à lui de m'obtenir d'un père?

DORINE

Mais quoi? si votre père est un bourru fieffé,
Qui s'est de son Tartuffe entièrement coiffé
Et manque à l'union qu'il avait arrêtée,
La faute à votre amant doit-elle être imputée?   630

MARIANE

Mais par un haut refus et d'éclatants mépris
Ferai-je dans mon choix voir un cœur trop épris?
Sortirai-je pour lui, quelque éclat dont il brille,
De la pudeur du sexe et du devoir de fille?
Et veux-tu que mes feux par le monde étalés...?   635

DORINE

Non, non, je ne veux rien. Je vois que vous voulez
Être à Monsieur Tartuffe; et j'aurais, quand j'y pense,
Tort de vous détourner d'une telle alliance.
Quelle raison aurais-je à combattre vos vœux?
Le parti de soi-même est fort avantageux.   640
Monsieur Tartuffe! oh! oh! n'est-ce rien qu'on propose?
Certes Monsieur Tartuffe, à bien prendre la chose,
N'est pas un homme, non, qui se mouche du pied,
Et ce n'est pas peu d'heur que d'être sa moitié.
Tout le monde déjà de gloire le couronne;   645
Il est noble chez lui, bien fait de sa personne;
Il a l'oreille rouge et le teint bien fleuri:
Vous vivrez trop contente avec un tel mari.

MARIANE

Mon Dieu!...

DORINE

Quelle allégresse aurez-vous dans votre âme,
Quand d'un époux si beau vous vous verrez la femme! 650

MARIANE

Ha! cesse, je te prie, un semblable discours,
Et contre cet hymen ouvre-moi du secours,
C'en est fait, je me rends, et suis prête à tout faire.

DORINE

Non, il faut qu'une fille obéisse à son père,
Voulût-il lui donner un singe pour époux.   655
Votre sort est fort beau : de quoi vous plaignez-vous ?
Vous irez par le coche en sa petite ville,
Qu'en oncles et cousins vous trouverez fertile,
Et vous vous plairez fort à les entretenir.
D'abord chez le beau monde on vous fera venir;   660
Vous irez visiter, pour votre bienvenue,
Madame la baillive et Madame l'élue,
Qui d'un siège pliant vous feront honorer.
Là, dans le carnaval, vous pourrez espérer
Le bal et la grand-bande, à savoir deux musettes, 665
Et parfois Fagotin et les marionnettes,
Si pourtant votre époux...

MARIANE

Ah! tu me fais mourir.
De tes conseils plutôt songe à me secourir.

DORINE

Je suis votre servante.

MARIANE

Eh! Dorine, de grâce...

DORINE

Il faut, pour vous punir, que cette affaire passe.   670

MARIANE

Ma pauvre fille!

DORINE

Non.

MARIANE

Si mes vœux déclarés...

DORINE

Point : Tartuffe est votre homme, et vous en tâterez.

MARIANE

Tu sais qu'à toi toujours je me suis confiée :
Fais-moi...

DORINE

Non, vous serez, ma foi! tartuffiée.

MARIANE

Hé bien! puisque mon sort ne saurait t'émouvoir,   675
Laisse-moi désormais toute à mon désespoir :
C'est de lui que mon cœur empruntera de l'aide,
Et je sais de mes maux l'infaillible remède.

Elle veut s'en aller.

DORINE

Hé! là, là, revenez. Je quitte mon courroux.
Il faut, nonobstant tout, avoir pitié de vous.   680

MARIANE

Vois-tu, si l'on m'expose à ce cruel martyre,
Je te le dis, Dorine, il faudra que j'expire.

DORINE

Ne vous tourmentez point. On peut adroitement
Empêcher... Mais voici Valère, votre amant.

SCÈNE IV

VALÈRE, MARIANE, DORINE

VALÈRE

On vient de débiter, Madame, une nouvelle   685
Que je ne savais pas, et qui sans doute est belle.

MARIANE

Quoi ?

VALÈRE

Que vous épousez Tartuffe.

MARIANE

Il est certain
Que mon père s'est mis en tête ce dessein.

VALÈRE

Votre père, Madame...

MARIANE

A changé de visée :
La chose vient par lui de m'être proposée.   690

VALÈRE

Quoi ? sérieusement ?

MARIANE

Oui, sérieusement.
Il s'est pour cet hymen déclaré hautement.

VALÈRE

Et quel est le dessein où votre âme s'arrête,
Madame ?

MARIANE

Je ne sais.

VALÈRE

La réponse est honnête.
Vous ne savez ?

MARIANE

Non.

VALÈRE

Non ?

MARIANE

Que me conseillez-vous ?   695

VALÈRE

Je vous conseille, moi, de prendre cet époux.

MARIANE

Vous me le conseillez ?

VALÈRE

Oui.

MARIANE

Tout de bon ?

VALÈRE

Sans doute :
Le choix est glorieux, et vaut bien qu'on l'écoute.

MARIANE

Hé bien ! c'est un conseil, Monsieur, que je reçois.

VALÈRE

Vous n'aurez pas grand-peine à le suivre, je crois.   700

MARIANE

Pas plus qu'à le donner en a souffert votre âme.

VALÈRE

Moi, je vous l'ai donné pour vous plaire, Madame.

MARIANE

Et moi, je le suivrai pour vous faire plaisir.

DORINE

Voyons ce qui pourra de ceci réussir.

VALÈRE

C'est donc ainsi qu'on aime ? Et c'était tromperie   705
Quand vous...

MARIANE

　　　　　　　Ne parlons point de cela, je vous prie.
Vous m'avez dit tout franc que je dois accepter
Celui que pour époux on me veut présenter :
Et je déclare, moi, que je prétends le faire,
Puisque vous m'en donnez le conseil salutaire.   710

VALÈRE

Ne vous excusez point sur mes intentions.
Vous aviez pris déjà vos résolutions
Et vous vous saisissez d'un prétexte frivole
Pour vous autoriser à manquer de parole.

MARIANE

Il est vrai, c'est bien dit.

VALÈRE

　　　　　　　Sans doute ; et votre cœur   715
N'a jamais eu pour moi de véritable ardeur.

MARIANE

Hélas ! permis à vous d'avoir cette pensée.

VALÈRE

Oui, oui, permis à moi ; mais mon âme offensée
Vous préviendra peut-être en un pareil dessein ;
Et je sais où porter et mes vœux et ma main.   720

MARIANE

Ah ! je n'en doute point ; et les ardeurs qu'excite
Le mérite...

VALÈRE

Mon Dieu, laissons là le mérite :
J'en ai fort peu sans doute, et vous en faites foi.
Mais j'espère aux bontés qu'une autre aura pour moi.
Et j'en sais de qui l'âme, à ma retraite ouverte,   725
Consentira sans honte à réparer ma perte.

MARIANE

La perte n'est pas grande; et de ce changement
Vous vous consolerez assez facilement.

VALÈRE

J'y ferai mon possible, et vous le pouvez croire.
Un cœur qui nous oublie engage notre gloire;   730
Il faut à l'oublier mettre aussi tous nos soins :
Si l'on n'en vient à bout, on le doit feindre au moins;
Et cette lâcheté jamais ne se pardonne,
De montrer de l'amour pour qui nous abandonne.

MARIANE

Ce sentiment, sans doute, est noble et relevé.   735

VALÈRE

Fort bien; et d'un chacun il doit être approuvé.
Hé quoi ? vous voudriez qu'à jamais dans mon âme
Je gardasse pour vous les ardeurs de ma flamme,
Et vous visse, à mes yeux, passer en d'autres bras,
Sans mettre ailleurs un cœur dont vous ne voulez pas ? 740

MARIANE

Au contraire : pour moi, c'est ce que je souhaite;
Et je voudrais déjà que la chose fût faite.

VALÈRE

Vous le voudriez ?

MARIANE

Oui.

VALÈRE

C'est assez m'insulter,
Madame; et de ce pas je vais vous contenter.

Il fait un pas pour s'en aller et revient toujours.

MARIANE

Fort bien.

VALÈRE

Souvenez-vous au moins que c'est vous-même
Qui contraignez mon cœur à cet effort extrême.   [745

MARIANE

Oui.

VALÈRE

Et que le dessein que mon âme conçoit
N'est rien qu'à votre exemple.

MARIANE

A mon exemple, soit.

VALÈRE

Suffit : vous allez être à point nommé servie.

MARIANE

Tant mieux.

VALÈRE

Vous me voyez, c'est pour toute ma vie.   750

MARIANE

A la bonne heure.

VALÈRE

Euh ?

*Il s'en va, et, lorsqu'il est vers la porte, il se
retourne.*

MARIANE

Quoi ?

VALÈRE

Ne m'appelez-vous pas ?

MARIANE

Moi ? Vous rêvez.

VALÈRE

Hé bien! je poursuis donc mes pas.
Adieu, Madame.

MARIANE

Adieu, Monsieur.

DORINE

Pour moi, je pense
Que vous perdez l'esprit par cette extravagance :
Et je vous ai laissé tout du long quereller.   755
Pour voir où tout cela pourrait enfin aller.
Holà! seigneur Valère.

*Elle va l'arrêter par le bras, et lui fait mine de
grande résistance*

VALÈRE

Hé! que veux-tu, Dorine?

DORINE

Venez ici.

VALÈRE

Non, non, le dépit me domine.
Ne me détourne point de ce qu'elle a voulu.

DORINE

Arrêtez.

VALÈRE

Non, vois-tu? c'est un point résolu.   760

DORINE

Ah!

MARIANE

Il souffre à me voir, ma présence le chasse,
Et je ferai bien mieux de lui quitter la place.

DORINE. *Elle quitte Valère et court à Mariane.*

A l'autre. Où courez-vous?

MARIANE

Laisse.

DORINE

Il faut revenir.

MARIANE

Non, non, Dorine; en vain tu veux me retenir.

VALÈRE

Je vois bien que ma vue est pour elle un supplice,   765
Et sans doute il vaut mieux que je l'en affranchisse.

DORINE. *Elle quitte Mariane et court à Valère.*

Encor? Diantre soit fait de vous si je le veux!
Cessez ce badinage, et venez çà tous deux.

Elle les tire l'un et l'autre.

VALÈRE

Mais quel est ton dessein?

MARIANE

Qu'est-ce que tu veux faire?

DORINE

Vous bien remettre ensemble, et vous tirer d'affaire.   770
Êtes-vous fou d'avoir un pareil démêlé ?

VALÈRE

N'as-tu pas entendu comme elle m'a parlé ?

DORINE

Êtes-vous folle, vous, de vous être emportée ?

MARIANE

N'as-tu pas vu la chose, et comme il m'a traitée ?

DORINE

Sottise des deux parts. Elle n'a d'autre soin   775
Que de se conserver à vous, j'en suis témoin.
Il n'aime que vous seule, et n'a point d'autre envie
Que d'être votre époux; j'en réponds sur ma vie.

MARIANE

Pourquoi donc me donner un semblable conseil ?

VALÈRE

Pourquoi m'en demander sur un sujet pareil ?   780

DORINE

Vous êtes fous tous deux. Çà, la main l'un et l'autre.
Allons, vous.

VALÈRE, *en donnant sa main à Dorine.*
A quoi bon ma main ?

DORINE

Ah! çà, la vôtre.

MARIANE, *en donnant aussi sa main.*
De quoi sert tout cela ?

DORINE

Mon Dieu! vite, avancez.
Vous vous aimez tous deux plus que vous ne pensez.

VALÈRE

Mais ne faites donc point les choses avec peine,   785
Et regardez un peu les gens sans nulle haine.

*Mariane tourne l'œil sur Valère et fait un petit
souris.*

DORINE

A vous dire le vrai, les amants sont bien fous !

VALÈRE

Ho çà, n'ai-je pas lieu de me plaindre de vous ?
Et pour n'en point mentir, n'êtes-vous pas méchante
De vous plaire à me dire une chose affligeante ?   790

MARIANE

Mais vous, n'êtes-vous pas l'homme le plus ingrat... ?

DORINE

Pour une autre saison laissons tout ce débat,
Et songeons à parer ce fâcheux mariage.

MARIANE

Dis-nous donc quels ressorts il faut mettre en usage.

DORINE

Nous en ferons agir de toutes les façons.   795
Votre père se moque, et ce sont des chansons ;
Mais pour vous, il vaut mieux qu'à son extravagance
D'un doux consentement vous prêtiez l'apparence,
Afin qu'en cas d'alarme il vous soit plus aisé
De tirer en longueur cet hymen proposé.   800
En attrapant du temps, à tout on remédie.
Tantôt vous payerez de quelque maladie,
Qui viendra tout à coup et voudra des délais ;
Tantôt vous payerez de présages mauvais :
Vous aurez fait d'un mort la rencontre fâcheuse,   805
Cassé quelque miroir, ou songé d'eau bourbeuse.
Enfin le bon de tout, c'est qu'à d'autres qu'à lui
On ne vous peut lier, que vous ne disiez « oui ».
Mais pour mieux réussir, il est bon, ce me semble,   [810
Qu'on ne vous trouve point tous deux parlant ensemble.

A Valère.

Sortez, et sans tardez employez vos amis,
Pour vous faire tenir ce qu'on vous a promis.
Nous allons réveiller les efforts de son frère,
Et dans notre parti jeter la belle-mère.
Adieu.

VALÈRE, *à Mariane.*

     Quelques efforts que nous préparions tous,   815
Ma plus grande espérance, à vrai dire, est en vous.

MARIANE, *à Valère.*

Je ne vous réponds pas des volontés d'un père;
Mais je ne serai point à d'autre qu'à Valère.

VALÈRE

Que vous me comblez d'aise! Et quoi que puisse oser...

DORINE

Ah! jamais les amants ne sont las de jaser.   820
Sortez, vous dis-je.

VALÈRE. *Il fait un pas et revient.*

Enfin...

DORINE

Quel caquet est le vôtre!

Les poussant chacun par l'épaule.

Tirez de cette part; et vous, tirez de l'autre.

ACTE III

SCÈNE I

DAMIS, DORINE

DAMIS

Que la foudre sur l'heure achève mes destins,
Qu'on me traite partout du plus grand des faquins,
S'il est aucun respect ni pouvoir qui m'arrête,   825
Et si je ne fais pas quelque coup de ma tête!

DORINE

De grâce, modérez un tel emportement :
Votre père n'a fait qu'en parler simplement.
On n'exécute pas tout ce qui se propose,
Et le chemin est long du projet à la chose.   830

DAMIS

Il faut que de ce fat j'arrête les complots,
Et qu'à l'oreille un peu je lui dise deux mots.

DORINE

Ha! tout doux! Envers lui, comme envers votre père,
Laissez agir les soins de votre belle-mère.
Sur l'esprit de Tartuffe elle a quelque crédit;   835
Il se rend complaisant à tout ce qu'elle dit,
Et pourrait bien avoir douceur de cœur pour elle.
Plût à Dieu qu'il fût vrai! la chose serait belle.
Enfin votre intérêt l'oblige à le mander;
Sur l'hymen qui vous trouble elle veut le sonder,   840
Savoir ses sentiments, et lui faire connaître
Quels fâcheux démêlés il pourra faire naître,
S'il faut qu'à ce dessein il prête quelque espoir.
Son valet dit qu'il prie, et je n'ai pu le voir;
Mais ce valet m'a dit qu'il s'en allait descendre.   845
Sortez donc, je vous prie, et me laissez l'attendre.

DAMIS

Je puis être présent à tout cet entretien.

DORINE

Point. Il faut qu'ils soient seuls.

DAMIS

                        Je ne lui dirai rien.

DORINE

Vous vous moquez : on sait vos transports ordinaires,
Et c'est le vrai moyen de gâter les affaires.   850
Sortez.

DAMIS

        Non : je veux voir, sans me mettre en courroux.

DORINE

Que vous êtes fâcheux! Il vient. Retirez-vous.

SCÈNE II

TARTUFFE, LAURENT, DORINE

TARTUFFE, *apercevant Dorine.*

Laurent, serrez ma haire avec ma discipline,
Et priez que toujours le Ciel vous illumine.
Si l'on vient pour me voir, je vais aux prisonniers   855
Des aumônes que j'ai partager les deniers.

DORINE

Que d'affectation et de forfanterie!

TARTUFFE

Que voulez-vous ?

DORINE

Vous dire...

TARTUFFE. *Il tire un mouchoir de sa poche.*

Ah! mon Dieu, je vous prie,
Avant que de parler prenez-moi ce mouchoir.

DORINE

Comment ?

TARTUFFE

Couvrez ce sein que je ne saurais voir :   860
Par de pareils objets les âmes sont blessées,
Et cela fait venir de coupables pensées.

DORINE

Vous êtes donc bien tendre à la tentation,
Et la chair sur vos sens fait grande impression ?
Certes, je ne sais pas quelle chaleur vous monte :   865
Mais à convoiter, moi, je ne suis point si prompte,
Et je vous verrais nu du haut jusques en bas,
Que toute votre peau ne me tenterait pas.

TARTUFFE

Mettez dans vos discours un peu de modestie,
Ou je vais sur-le-champ vous quitter la partie.   870

DORINE

Non, non, c'est moi qui vais vous laisser en repos,
Et je n'ai seulement qu'à vous dire deux mots
Madame va venir dans cette salle basse,
Et d'un mot d'entretien vous demande la grâce.

TARTUFFE

Hélas! très volontiers.

DORINE, *en soi-même.*

Comme il se radoucit!   875
Ma foi, je suis toujours pour ce que j'en ai dit.

TARTUFFE

Viendra-t-elle bientôt ?

DORINE

Je l'entends, ce me semble.
Oui, c'est elle en personne, et je vous laisse ensemble.

SCÈNE III

ELMIRE, TARTUFFE

TARTUFFE

Que le Ciel à jamais par sa toute bonté
Et de l'âme et du corps vous donne la santé,   880
Et bénisse vos jours autant que le désire
Le plus humble de ceux que son amour inspire.

ELMIRE

Je suis fort obligée à ce souhait pieux.
Mais prenons une chaise, afin d'être un peu mieux.

TARTUFFE

Comment de votre mal vous sentez-vous remise ?   885

ELMIRE

Fort bien; et cette fièvre a bientôt quitté prise.

TARTUFFE

Mes prières n'ont pas le mérite qu'il faut
Pour avoir attiré cette grâce d'en haut;
Mais je n'ai fait au Ciel nulle dévote instance
Qui n'ait eu pour objet votre convalescence.   890

ELMIRE

Votre zèle pour moi s'est trop inquiété.

TARTUFFE

On ne peut trop chérir votre chère santé,
Et pour la rétablir j'aurais donné la mienne.

ELMIRE

C'est pousser bien avant la charité chrétienne,
Et je vous dois beaucoup pour toutes ces bontés.   895

TARTUFFE

Je fais bien moins pour vous que vous ne méritez.

ELMIRE

J'ai voulu vous parler en secret d'une affaire,
Et suis bien aise ici qu'aucun ne nous éclaire.

TARTUFFE

J'en suis ravi de même, et sans doute il m'est doux,
Madame, de me voir seul à seul avec vous :   900
C'est une occasion qu'au Ciel j'ai demandée,
Sans que jusqu'à cette heure il me l'ait accordée.

ELMIRE

Pour moi, ce que je veux, c'est un mot d'entretien,
Où tout votre cœur s'ouvre et ne me cache rien.

TARTUFFE

Et je ne veux aussi pour grâce singulière   905
Que montrer à vos yeux mon âme tout entière,
Et vous faire serment que les bruits que j'ai faits
Des visites qu'ici reçoivent vos attraits
Ne sont pas envers vous l'effet d'aucune haine,
Mais plutôt d'un transport de zèle qui m'entraîne,   910
Et d'un pur mouvement...

ELMIRE

                    Je le prends bien aussi,
Et crois que mon salut vous donne ce souci.

TARTUFFE. *Il lui serre le bout des doigts.*

Oui, Madame, sans doute, et ma ferveur est telle...

ELMIRE

Ouf ! vous me serrez trop.

TARTUFFE

                    C'est par excès de zèle.
De vous faire autre mal je n'eus jamais dessein,   915
Et j'aurais bien plutôt...

                              Il lui met la main sur le genou.

ELMIRE

                    Que fait là votre main ?

TARTUFFE

Je tâte votre habit : l'étoffe en est moelleuse.

ELMIRE

Ah ! de grâce, laissez, je suis fort chatouilleuse.

                    Elle recule sa chaise, et Tartuffe rapproche la
                                                        sienne.

TARTUFFE

Mon Dieu ! que de ce point l'ouvrage est merveilleux !
On travaille aujourd'hui d'un air miraculeux ;   920
Jamais, en toute chose, on n'a vu si bien faire.

ELMIRE

Il est vrai. Mais parlons un peu de notre affaire.
On tient que mon mari veut dégager sa foi,
Et vous donner sa fille. Est-il vrai, dites-moi ?

TARTUFFE

Il m'en a dit deux mots ; mais, Madame, à vrai dire,   925
Ce n'est pas le bonheur après quoi je soupire ;
Et je vois autre part les merveilleux attraits
De la félicité qui fait tous mes souhaits.

ELMIRE

C'est que vous n'aimez rien des choses de la terre.

TARTUFFE

Mon sein n'enferme pas un cœur qui soit de pierre.   930

ELMIRE

Pour moi, je crois qu'au Ciel tendent tous vos soupirs,
Et que rien ici-bas n'arrête vos désirs.

TARTUFFE

L'amour qui nous attache aux beautés éternelles
N'étouffe pas en nous l'amour des temporelles ;
Nos sens facilement peuvent être charmés   935
Des ouvrages parfaits que le Ciel a formés.
Ses attraits réfléchis brillent dans vos pareilles ;
Mais il étale en vous ses plus rares merveilles :
Il a sur votre face épanché des beautés
Dont les yeux sont surpris, et les cœurs transportés,   940
Et je n'ai pu vous voir, parfaite créature,
Sans admirer en vous l'auteur de la nature,
Et d'une ardente amour sentir mon cœur atteint,
Au plus beau des portraits où lui-même il s'est peint.
D'abord, j'appréhendai que cette ardeur secrète   945
Ne fût du noir esprit une surprise adroite ;
Et même à fuir vos yeux mon cœur se résolut,
Vous croyant un obstacle à faire mon salut.
Mais enfin je connus, ô beauté toute aimable,
Que cette passion peut n'être point coupable,   950
Que je puis l'ajuster avecque la pudeur,
Et c'est ce qui m'y fait abandonner mon cœur.
Ce m'est, je le confesse, une audace bien grande
Que d'oser de ce cœur vous adresser l'offrande ;
Mais j'attends en mes vœux tout de votre bonté,   955
Et rien des vains efforts de mon infirmité ;

En vous est mon espoir, mon bien, ma quiétude,
De vous dépend ma peine ou ma béatitude,
Et je vais être enfin, par votre seul arrêt,
Heureux, si vous voulez, malheureux, s'il vous plaît.   960

ELMIRE

La déclaration est tout à fait galante,
Mais elle est, à vrai dire, un peu bien surprenante.
Vous deviez, ce me semble, armer mieux votre sein,
Et raisonner un peu sur un pareil dessein.
Un dévot comme vous, et que partout on nomme...   965

TARTUFFE

Ah! pour être dévot, je n'en suis pas moins homme;
Et lorsqu'on vient à voir vos célestes appas,
Un cœur se laisse prendre, et ne raisonne pas.
Je sais qu'un tel discours de moi paraît étrange;
Mais, Madame, après tout, je ne suis pas un ange;   970
Et si vous condamnez l'aveu que je vous fais,
Vous devez vous en prendre à vos charmants attraits.
Dès que j'en vis briller la splendeur plus qu'humaine,
De mon intérieur vous fûtes souveraine;
De vos regards divins l'ineffable douceur   975
Força la résistance où s'obstinait mon cœur;
Elle surmonta tout, jeûnes, prières, larmes,
Et tourna tous mes vœux du côté de vos charmes.
Mes yeux et mes soupirs vous l'ont dit mille fois,
Et pour mieux m'expliquer j'emploie ici la vôix.   980
Que si vous contemplez d'une âme un peu bénigne
Les tribulations de votre esclave indigne,
S'il faut que vos bontés veuillent me consoler
Et jusqu'à mon néant daignent se ravaler,
J'aurai toujours pour vous, ô suave merveille,   985
Une dévotion à nulle autre pareille.
Votre honneur avec moi ne court point de hasard,
Et n'a nulle disgrâce à craindre de ma part.
Tous ces galants de cour, dont les femmes sont folles,
Sont bruyants dans leurs faits et vains dans leurs paroles,
De leurs progrès sans cesse on les voit se targuer;   [990
Ils n'ont point de faveurs qu'ils n'aillent divulguer,
Et leur langue indiscrète, en qui l'on se confie,
Déshonore l'autel où leur cœur sacrifie.
Mais les gens comme nous brûlent d'un feu discret,   995
Avec qui pour toujours on est sûr du secret :
Le soin que nous prenons de notre renommée
Répond de toute chose à la personne aimée,

Et c'est en nous qu'on trouve, acceptant notre cœur,
De l'amour sans scandale et du plaisir sans peur.   1000

ELMIRE

Je vous écoute dire, et votre rhétorique
En termes assez forts à mon âme s'explique.
N'appréhendez-vous point que je ne sois d'humeur
A dire à mon mari cette galante ardeur,
Et que le prompt avis d'un amour de la sorte   1005
Ne pût bien altérer l'amitié qu'il vous porte ?

TARTUFFE

Je sais que vous avez trop de bénignité,
Et que vous ferez grâce à ma témérité,
Que vous m'excuserez sur l'humaine faiblesse
Des violents transports d'un amour qui vous blesse,   1010
Et considérerez, en regardant votre air,
Que l'on n'est pas aveugle, et qu'un homme est de chair.

ELMIRE

D'autres prendraient cela d'autre façon peut-être ;
Mais ma discrétion se veut faire paraître.
Je ne redirai point l'affaire à mon époux ;   1015
Mais je veux en revanche une chose de vous :
C'est de presser tout franc et sans nulle chicane
L'union de Valère avecque Mariane,
De renoncer vous-même à l'injuste pouvoir
Qui veut du bien d'un autre enrichir votre espoir,   1020
Et...

SCÈNE IV

DAMIS, ELMIRE, TARTUFFE

DAMIS, *sortant du petit cabinet où il s'était retiré.*

Non, Madame, non : ceci doit se répandre.
J'étais en cet endroit, d'où j'ai pu tout entendre ;
Et la bonté du Ciel m'y semble avoir conduit
Pour confondre l'orgueil d'un traître qui me nuit,
Pour m'ouvrir une voie à prendre la vengeance   1025
De son hypocrisie et de son insolence,
A détromper mon père, et lui mettre en plein jour
L'âme d'un scélérat qui vous parle d'amour.

ELMIRE

Non, Damis : il suffit qu'il se rende plus sage,
Et tâche à mériter la grâce où je m'engage.   1030
Puisque je l'ai promis, ne m'en dédites pas.
Ce n'est point mon humeur de faire des éclats :
Une femme se rit de sottises pareilles,
Et jamais d'un mari n'en trouble les oreilles.

DAMIS

Vous avez vos raisons pour en user ainsi,   1035
Et pour faire autrement j'ai les miennes aussi.
Le vouloir épargner est une raillerie;
Et l'insolent orgueil de sa cagoterie
N'a triomphé que trop de mon juste courroux,
Et que trop excité de désordre chez nous.   1040
Le fourbe trop longtemps a gouverné mon père,
Et desservi mes feux avec ceux de Valère.
Il faut que du perfide il soit désabusé,
Et le Ciel pour cela m'offre un moyen aisé.
De cette occasion je lui suis redevable,   1045
Et pour la négliger, elle est trop favorable :
Ce serait mériter qu'il me la vînt ravir
Que de l'avoir en main et ne m'en pas servir.

ELMIRE

Damis...

DAMIS

Non, s'il vous plaît, il faut que je me croie.
Mon âme est maintenant au comble de sa joie;   1050
Et vos discours en vain prétendent m'obliger
A quitter le plaisir de me pouvoir venger.
Sans aller plus avant, je vais vider l'affaire;
Et voici justement de quoi me satisfaire.

SCÈNE V

ORGON, DAMIS, TARTUFFE, ELMIRE

DAMIS

Nous allons régaler, mon père, votre abord   1055
D'un incident tout frais qui vous surprendra fort.
Vous êtes bien payé de toutes vos caresses,
Et Monsieur d'un beau prix reconnaît vos tendresses.

Son grand zèle pour vous vient de se déclarer :
Il ne va pas à moins qu'à vous déshonorer;   1060
Et je l'ai surpris là qui faisait à Madame
L'injurieux aveu d'une coupable flamme,
Elle est d'une humeur douce, et son cœur trop discret
Voulait à toute force en garder le secret;
Mais je ne puis flatter une telle impudence,   1065
Et crois que vous la taire est vous faire une offense.

ELMIRE

Oui, je tiens que jamais de tous ces vains propos
On ne doit d'un mari traverser le repos,
Que ce n'est point de là que l'honneur peut dépendre,
Et qu'il suffit pour nous de savoir nous défendre :   1070
Ce sont mes sentiments; et vous n'auriez rien dit,
Damis, si j'avais eu sur vous quelque crédit.

SCÈNE VI

ORGON, DAMIS, TARTUFFE

ORGON

Ce que je viens d'entendre, ô Ciel! est-il croyable ?

TARTUFFE

Oui, mon frère, je suis un méchant, un coupable,
Un malheureux pécheur, tout plein d'iniquité,   1075
Le plus grand scélérat qui jamais ait été;
Chaque instant de ma vie est chargé de souillures;
Elle n'est qu'un amas de crimes et d'ordures;
Et je vois que le Ciel, pour ma punition,
Me veut mortifier en cette occasion.   1080
De quelque grand forfait qu'on me puisse reprendre,
Je n'ai garde d'avoir l'orgueil de m'en défendre.
Croyez ce qu'on vous dit, armez votre courroux,
Et comme un criminel chassez-moi de chez vous :
Je ne saurais avoir tant de honte en partage,   1085
Que je n'en aie encor mérité davantage.

ORGON, à son fils.

Ah! traître, oses-tu bien par cette fausseté
Vouloir de sa vertu ternir la pureté ?

DAMIS

Quoi ? la feinte douceur de cette âme hypocrite
Vous fera démentir...

ORGON

Tais-toi, peste maudite.   1090

TARTUFFE

Ah! laissez-le parler : vous l'accusez à tort,
Et vous ferez bien mieux de croire à son rapport.
Pourquoi sur un tel fait m'être si favorable ?
Savez-vous, après tout, de quoi je suis capable ?
Vous fiez-vous, mon frère, à mon extérieur ?   1095
Et, pour tout ce qu'on voit, me croyez-vous meilleur ?
Non, non : vous vous laissez tromper à l'apparence,
Et je ne suis rien moins, hélas! que ce qu'on pense;
Tout le monde me prend pour un homme de bien;
Mais la vérité pure est que je ne vaux rien.   1100
(S'adressant à Damis.)
Oui, mon cher fils, parlez; traitez-moi de perfide,
D'infâme, de perdu, de voleur, d'homicide;
Accablez-moi de noms encor plus détestés :
Je n'y contredis point, je les ai mérités;
Et j'en veux à genoux souffrir l'ignominie,   1105
Comme une honte due aux crimes de ma vie.

ORGON

(A Tartuffe.)   (A son fils.)
Mon frère, c'en est trop. Ton cœur ne se rend point,
Traître ?

DAMIS

Quoi ? ses discours vous séduiront au point...

ORGON

(A Tartuffe.)
Tais-toi, pendard. Mon frère, eh! levez-vous, de grâce!
(A son fils.)
Infâme!

DAMIS

Il peut...

ORGON

Tais-toi.

DAMIS

J'enrage! Quoi ? je passe...   1110

ORGON

Si tu dis un seul mot, je te romprai les bras.

TARTUFFE

Mon frère, au nom de Dieu, ne vous emportez pas.
J'aimerais mieux souffrir la peine la plus dure
Qu'il eût reçu pour moi la moindre égratignure.

ORGON

(*A son fils.*)
Ingrat!

TARTUFFE

   Laissez-le en paix. S'il faut, à deux genoux, 1115
Vous demander sa grâce...

ORGON, *à Tartuffe.*

      Hélas! vous moquez-vous?
(*A son fils.*)
Coquin! vois sa bonté.

DAMIS

   Donc...

ORGON

   Paix.

DAMIS

      Quoi? je...

ORGON

        Paix, dis-je.
Je sais bien quel motif à l'attaquer t'oblige :
Vous le haïssez tous; et je vois aujourd'hui
Femme, enfants et valets déchaînés contre lui; 1120
On met impudemment toute chose en usage,
Pour ôter de chez moi ce dévot personnage.
Mais plus on fait d'effort afin de l'en bannir,
Plus j'en veux employer à l'y mieux retenir;
Et je vais me hâter de lui donner ma fille, 1125
Pour confondre l'orgueil de toute ma famille.

DAMIS

A recevoir sa main on pense l'obliger?

ORGON

Oui, traître, et dès ce soir, pour vous faire enrager.
Ah! je vous brave tous, et vous ferai connaître
Qu'il faut qu'on m'obéisse et que je suis le maître. 1130

Allons, qu'on se rétracte, et qu'à l'instant, fripon,
On se jette à ses pieds pour demander pardon.

DAMIS

Qui, moi ? de ce coquin, qui, par ses impostures...

ORGON

Oh! tu résistes, gueux, et lui dis des injures ?
         (A Tartuffe.)
Un bâton! un bâton! Ne me retenez pas.   1135
    (A son fils.)
Sus, que de ma maison on sorte de ce pas,
Et que d'y revenir on n'ait jamais l'audace.

DAMIS

Oui, je sortirai; mais...

ORGON

        Vite, quittons la place.
Je te prive, pendard, de ma succession,
Et te donne de plus ma malédiction.   1140

SCÈNE VII

ORGON, TARTUFFE

ORGON

Offenser de la sorte une sainte personne!

TARTUFFE

O Ciel, pardonne-lui la douleur qu'il me donne!
    (A Orgon.)
Si vous pouviez savoir avec quel déplaisir
Je vois qu'envers mon frère on tâche à me noircir...

ORGON

Hélas!

TARTUFFE

      Le seul penser de cette ingratitude   1145
Fait souffrir à mon âme un supplice si rude...
L'horreur que j'en conçois... J'ai le cœur si serré
Que je ne puis parler, et crois que j'en mourrai.

ORGON

               Il court tout en larmes à la porte par où il a
                              chassé son fils.
Coquin! je me repens que ma main t'ait fait grâce,
Et ne t'ait pas d'abord assommé sur la place.   1150

Remettez-vous, mon frère, et ne vous fâchez pas.

TARTUFFE

Rompons, rompons le cours de ces fâcheux débats.
Je regarde céans quels grands troubles j'apporte,
Et crois qu'il est besoin, mon frère, que j'en sorte.

ORGON

Comment ? vous moquez-vous ?

TARTUFFE

On m'y hait, et je vois   1155
Qu'on cherche à vous donner des soupçons de ma foi.

ORGON

Qu'importe ? Voyez-vous que mon cœur les écoute ?

TARTUFFE

On ne manquera pas de poursuivre, sans doute ;
Et ces mêmes rapports qu'ici vous rejetez
Peut-être une autre fois seront-ils écoutés.   1160

ORGON

Non, mon frère, jamais.

TARTUFFE

Ah ! mon frère, une femme
Aisément d'un mari peut bien surprendre l'âme.

ORGON

Non, non.

TARTUFFE

Laissez-moi vite, en m'éloignant d'ici,
Leur ôter tout sujet de m'attaquer ainsi.

ORGON

Non, vous demeurerez : il y va de ma vie.   1165

TARTUFFE

Hé bien ! il faudra donc que je me mortifie.
Pourtant, si vous vouliez...

ORGON

Ah !

TARTUFFE

Soit : n'en parlons plus.
Mais je sais comme il faut en user là-dessus.
L'honneur est délicat, et l'amitié m'engage
A prévenir les bruits et les sujets d'ombrage.   1170
Je fuirai votre épouse, et vous ne me verrez...

ORGON

Non, en dépit de tous, vous la fréquenterez.
Faire enrager le monde est ma plus grande joie,
Et je veux qu'à toute heure avec elle on vous voie.
Ce n'est pas tout encor : pour les mieux braver tous,   1175
Je ne veux point avoir d'autre héritier que vous,
Et je vais de ce pas, en fort bonne manière,
Vous faire de mon bien donation entière.
Un bon et franc ami, que pour gendre je prends,   [1180
M'est bien plus cher que fils, que femme, et que parents.
N'accepterez-vous pas ce que je vous propose ?

TARTUFFE

La volonté du Ciel soit faite en toute chose.

ORGON

Le pauvre homme ! Allons vite en dresser un écrit,
Et que puisse l'envie en crever de dépit !

ACTE IV

SCÈNE I

CLÉANTE, TARTUFFE

CLÉANTE

Oui, tout le monde en parle, et vous m'en pouvez croire,
L'éclat que fait ce bruit n'est point à votre gloire ;   [1185
Et je vous ai trouvé, Monsieur, fort à propos,
Pour vous en dire net ma pensée en deux mots.
Je n'examine point à fond ce qu'on expose ;
Je passe là-dessus, et prends au pis la chose.   1190
Supposons que Damis n'en ait pas bien usé,
Et que ce soit à tort qu'on vous ait accusé :
N'est-il pas d'un chrétien de pardonner l'offense,
Et d'éteindre en son cœur tout désir de vengeance ?
Et devez-vous souffrir, pour votre démêlé,   1195
Que du logis d'un père un fils soit exilé ?
Je vous le dis encore, et parle avec franchise,
Il n'est petit ni grand qui ne s'en scandalise ;

Et si vous m'en croyez, vous pacifierez tout,
Et ne pousserez point les affaires à bout.   1200
Sacrifiez à Dieu toute votre colère,
Et remettez le fils en grâce avec le père.

TARTUFFE

Hélas! je le voudrais, quant à moi, de bon cœur :
Je ne garde pour lui, Monsieur, aucune aigreur;
Je lui pardonne tout, de rien je ne le blâme,   1205
Et voudrais le servir du meilleur de mon âme;
Mais l'intérêt du Ciel n'y saurait consentir,
Et s'il rentre céans, c'est à moi d'en sortir.
Après son action, qui n'eut jamais d'égale,
Le commerce entre nous porterait du scandale :   1210
Dieu sait ce que d'abord tout le monde en croirait!
A pure politique on me l'imputerait;
Et l'on dirait partout que, me sentant coupable,
Je feins pour qui m'accuse un zèle charitable,
Que mon cœur l'appréhende et veut le ménager,   1215
Pour le pouvoir sous main au silence engager.

CLÉANTE

Vous nous payez ici d'excuses colorées,
Et toutes vos raisons, Monsieur, sont trop tirées.
Des intérêts du Ciel pourquoi vous chargez-vous ?
Pour punir le coupable a-t-il besoin de nous ?   1220
Laissez-lui, laissez-lui le soin de ses vengeances :
Ne songez qu'au pardon qu'il prescrit des offenses;
Et ne regardez point aux jugements humains,
Quand vous suivez du Ciel les ordres souverains.
Quoi ? le faible intérêt de ce qu'on pourra croire   1225
D'une bonne action empêchera la gloire ?
Non, non : faisons toujours ce que le Ciel prescrit,
Et d'aucun autre soin ne nous brouillons l'esprit.

TARTUFFE

Je vous ai déjà dit que mon cœur lui pardonne,
Et c'est faire, Monsieur, ce que le Ciel ordonne;   1230
Mais après le scandale et l'affront d'aujourd'hui,
Le Ciel n'ordonne pas que je vive avec lui.

CLÉANTE

Et vous ordonne-t-il, Monsieur, d'ouvrir l'oreille
A ce qu'un pur caprice à son père conseille,
Et d'accepter le don qui vous est fait d'un bien   1235
Où le droit vous oblige à ne prétendre rien ?

TARTUFFE

Ceux qui me connaîtront n'auront pas la pensée
Que ce soit un effet d'une âme intéressée.
Tous les biens de ce monde ont pour moi peu d'appas,
De leur éclat trompeur je ne m'éblouis pas;   1240
Et si je me résous à recevoir du père
Cette donation qu'il a voulu me faire,
Ce n'est, à dire vrai, que parce que je crains
Que tout ce bien ne tombe en de méchantes mains,
Qu'il ne trouve des gens qui, l'ayant en partage,   1245
En fassent dans le monde un criminel usage,
Et ne s'en servent pas, ainsi que j'ai dessein,
Pour la gloire du Ciel et le bien du prochain.

CLÉANTE

Hé, Monsieur, n'ayez point ces délicates craintes,
Qui d'un juste héritier peuvent causer les plaintes;   1250
Souffrez, sans vous vouloir embarrasser de rien,
Qu'il soit à ses périls possesseur de son bien;
Et songez qu'il vaut mieux encor qu'il en mésuse
Que si de l'en frustrer il faut qu'on vous accuse.
J'admire seulement que sans confusion   1255
Vous en ayez souffert la proposition;
Car enfin le vrai zèle a-t-il quelque maxime
Qui montre à dépouiller l'héritier légitime ?
Et s'il faut que le Ciel dans votre cœur ait mis
Un invincible obstacle à vivre avec Damis,   1260
Ne vaudrait-il pas mieux qu'en personne discrète
Vous fissiez de céans une honnête retraite
Que de souffrir ainsi, contre toute raison,
Qu'on en chasse pour vous le fils de la maison ?
Croyez-moi, c'est donner de votre prud'homie,   1265
Monsieur...

TARTUFFE

        Il est, Monsieur, trois heures et demie :
Certain devoir pieux me demande là-haut,
Et vous m'excuserez de vous quitter sitôt.

CLÉANTE

Ah!

SCÈNE II

ELMIRE, MARIANE, DORINE, CLÉANTE

DORINE

De grâce, avec nous employez-vous pour elle,
Monsieur : son âme souffre une douleur mortelle ;   1270
Et l'accord que son père a conclu pour ce soir
La fait, à tous moments, entrer en désespoir.
Il va venir. Joignons nos efforts, je vous prie,
Et tâchons d'ébranler, de force ou d'industrie,
Ce malheureux dessein qui nous a tous troublés.   1275

SCÈNE III

ORGON, ELMIRE, MARIANE, CLÉANTE, DORINE

ORGON

Ha ! je me réjouis de vous voir assemblés :

A Mariane.

Je porte en ce contrat de quoi vous faire rire,
Et vous savez déjà ce que cela veut dire.

MARIANE, *à genoux.*

Mon père, au nom du Ciel, qui connaît ma douleur,
Et par tout ce qui peut émouvoir votre cœur,   1280
Relâchez-vous un peu des droits de la naissance,
Et dispensez mes vœux de cette obéissance ;
Ne me réduisez point par cette dure loi
Jusqu'à me plaindre au Ciel de ce que je vous dois,
Et cette vie, hélas ! que vous m'avez donnée,   1285
Ne me la rendez pas, mon père, infortunée.
Si, contre un doux espoir que j'avais pu former,
Vous me défendez d'être à ce que j'ose aimer,
Au moins, par vos bontés, qu'à vos genoux j'implore,
Sauvez-moi du tourment d'être à ce que j'abhorre,   1290
Et ne me portez point à quelque désespoir,
En vous servant sur moi de tout votre pouvoir.

ORGON, *se sentant attendrir.*

Allons, ferme, mon cœur, point de faiblesse humaine.

MARIANE

Vos tendresses pour lui ne me font point de peine;
Faites-les éclater, donnez-lui votre bien,   1295
Et, si ce n'est assez, joignez-y tout le mien :
J'y consens de bon cœur, et je vous l'abandonne;
Mais au moins n'allez pas jusques à ma personne,
Et souffrez qu'un couvent dans les austérités
Use les tristes jours que le Ciel m'a comptés.   1300

ORGON

Ah! voilà justement de mes religieuses,
Lorsqu'un père combat leurs flammes amoureuses!
Debout! Plus votre cœur répugne à l'accepter,
Plus ce sera pour vous matière à mériter :
Mortifiez vos sens avec ce mariage,   1305
Et ne me rompez pas la tête davantage.

DORINE

Mais quoi... ?

ORGON

            Taisez-vous, vous; parlez à votre écot :
Je vous défends tout net d'oser dire un seul mot.

CLÉANTE

Si par quelque conseil vous souffrez qu'on réponde...

ORGON

Mon frère, vos conseils sont les meilleurs du monde,   1310
Ils sont bien raisonnés, et j'en fais un grand cas;
Mais vous trouverez bon que je n'en use pas.

ELMIRE, à son mari.

A voir ce que je vois, je ne sais plus que dire,
Et votre aveuglement fait que je vous admire :
C'est être bien coiffé, bien prévenu de lui,   1315
Que de nous démentir sur le fait d'aujourd'hui.

ORGON

Je suis votre valet, et crois les apparences.
Pour mon fripon de fils je sais vos complaisances
Et vous avez eu peur de le désavouer
Du trait qu'à ce pauvre homme il a voulu jouer;   1320
Vous étiez trop tranquille enfin pour être crue
Et vous auriez paru d'autre manière émue.

ELMIRE

Est-ce qu'au simple aveu d'un amoureux transport
Il faut que notre honneur se gendarme si fort ?

Et ne peut-on répondre à tout ce qui le touche   1325
Que le feu dans les yeux et l'injure à la bouche ?
Pour moi, de tels propos je me ris simplement,
Et l'éclat là-dessus ne me plaît nullement;
J'aime qu'avec douceur nous nous montrions sages,
Et ne suis point du tout pour ces prudes sauvages   1330
Dont l'honneur est armé de griffes et de dents,
Et veut au moindre mot dévisager les gens :
Me préserve le Ciel d'une telle sagesse!
Je veux une vertu qui ne soit point diablesse,
Et crois que d'un refus la discrète froideur   1335
N'en est pas moins puissante à rebuter un cœur.

ORGON

Enfin je sais l'affaire et ne prends point le change.

ELMIRE

J'admire, encore un coup, cette faiblesse étrange.
Mais que me répondrait votre incrédulité
Si je vous faisais voir qu'on vous dit vérité ?   1340

ORGON

Voir ?

ELMIRE

Oui.

ORGON

Chansons.

ELMIRE

Mais quoi! si je trouvais manière
De vous le faire voir avec pleine lumière ?

ORGON

Contes en l'air.

ELMIRE

Quel homme! Au moins répondez-moi.
Je ne vous parle pas de nous ajouter foi;
Mais supposons ici que, d'un lieu qu'on peut prendre, 1345
On vous fît clairement tout voir et tout entendre,
Que diriez-vous alors de votre homme de bien ?

ORGON

En ce cas, je dirais que... Je ne dirais rien,
Car cela ne se peut.

ELMIRE

L'erreur trop longtemps dure,
Et c'est trop condamner ma bouche d'imposture.   1350

Il faut que par plaisir, et sans aller plus loin,
De tout ce qu'on vous dit je vous fasse témoin.

ORGON

Soit : je vous prends au mot. Nous verrons votre adresse,
Et comment vous pourrez remplir cette promesse.

ELMIRE

Faites-le-moi venir.

DORINE

             Son esprit est rusé,   1355
Et peut-être à surprendre il sera malaisé.

ELMIRE

Non! on est aisément dupé par ce qu'on aime.
Et l'amour-propre engage à se tromper soi-même.
Faites-le-moi descendre.

Parlant à Cléante et à Mariane.

Et vous, retirez-vous.

SCÈNE IV

ELMIRE, ORGON

ELMIRE

Approchons cette table, et vous mettez dessous.   1360

ORGON

Comment ?

ELMIRE

        Vous bien cacher est un point nécessaire.

ORGON

Pourquoi sous cette table ?

ELMIRE

              Ah, mon Dieu! laissez faire :
J'ai mon dessein en tête, et vous en jugerez.
Mettez-vous là, vous dis-je; et quand vous y serez,
Gardez qu'on ne vous voie et qu'on ne vous entende. 1365

ORGON

Je confesse qu'ici ma complaisance est grande;
Mais de votre entreprise il vous faut voir sortir.

ELMIRE

Vous n'aurez, que je crois, rien à me repartir.

A son mari qui est sous la table.

Au moins, je vais toucher une étrange matière :
Ne vous scandalisez en aucune manière.   1370
Quoi que je puisse dire, il doit m'être permis,
Et c'est pour vous convaincre, ainsi que j'ai promis.
Je vais par des douceurs, puisque j'y suis réduite,
Faire poser le masque à cette âme hypocrite,
Flatter de son amour les désirs effrontés,   1375
Et donner un champ libre à ses témérités.
Comme c'est pour vous seul, et pour mieux le confondre,
Que mon âme à ses vœux va feindre de répondre,
J'aurai lieu de cesser dès que vous vous rendrez,
Et les choses n'iront que jusqu'où vous voudrez.   1380
C'est à vous d'arrêter son ardeur insensée,
Quand vous croirez l'affaire assez avant poussée,
D'épargner votre femme, et de ne m'exposer
Qu'à ce qu'il vous faudra pour vous désabuser :
Ce sont vos intérêts; vous en serez le maître,   1385
Et... L'on vient. Tenez-vous, et gardez de paraître.

SCÈNE V

TARTUFFE, ELMIRE, ORGON

TARTUFFE

On m'a dit qu'en ce lieu vous me vouliez parler.

ELMIRE

Oui. L'on a des secrets à vous y révéler.
Mais tirez cette porte avant qu'on vous les dise,
Et regardez partout de crainte de surprise.   1390
Une affaire pareille à celle de tantôt
N'est pas assurément ici ce qu'il nous faut.
Jamais il ne s'est vu de surprise de même;
Damis m'a fait pour vous une frayeur extrême,
Et vous avez bien vu que j'ai fait mes efforts   1395
Pour rompre son dessein et calmer ses transports.
Mon trouble, il est bien vrai, m'a si fort possédée
Que de le démentir je n'ai point eu l'idée;
Mais par là, grâce au Ciel, tout a bien mieux été,
Et les choses en sont dans plus de sûreté.   1400

L'estime où l'on vous tient a dissipé l'orage,
Et mon mari de vous ne peut prendre d'ombrage.
Pour mieux braver l'éclat des mauvais jugements,
Il veut que nous soyons ensemble à tous moments;
Et c'est par où je puis, sans peur d'être blâmée,   1405
Me trouver ici seule avec vous enfermée,
Et ce qui m'autorise à vous ouvrir un cœur
Un peu trop prompt peut-être à souffrir votre ardeur.

TARTUFFE

Ce langage à comprendre est assez difficile,
Madame, et vous parliez tantôt d'un autre style.   1410

ELMIRE

Ah! si d'un tel refus vous êtes en courroux,
Que le cœur d'une femme est mal connu de vous!
Et que vous savez peu ce qu'il veut faire entendre
Lorsque si faiblement on le voit se défendre!
Toujours notre pudeur combat dans ces moments   1415
Ce qu'on peut nous donner de tendres sentiments.
Quelque raison qu'on trouve à l'amour qui nous dompte,
On trouve à l'avouer toujours un peu de honte;
On s'en défend d'abord; mais de l'air qu'on s'y prend,
On fait connaître assez que notre cœur se rend,   1420
Qu'à nos vœux par honneur notre bouche s'oppose,
Et que de tels refus promettent toute chose.
C'est vous faire sans doute un assez libre aveu,
Et sur notre pudeur me ménager bien peu;
Mais puisque la parole enfin en est lâchée,   1425
A retenir Damis me serais-je attachée,
Aurais-je, je vous prie, avec tant de douceur
Écouté tout au long l'offre de votre cœur,
Aurais-je pris la chose ainsi qu'on m'a vu faire,
Si l'offre de ce cœur n'eût eu de quoi me plaire?   1430
Et lorsque j'ai voulu moi-même vous forcer
A refuser l'hymen qu'on venait d'annoncer,
Qu'est-ce que cette instance a dû vous faire entendre,
Que l'intérêt qu'en vous on s'avise de prendre,
Et l'ennui qu'on aurait que ce nœud qu'on résout   1435
Vînt partager du moins un cœur que l'on veut tout?

TARTUFFE

C'est sans doute, Madame, une douceur extrême
Que d'entendre ces mots d'une bouche qu'on aime:
Leur miel dans tous mes sens fait couler à longs traits
Une suavité qu'on ne goûta jamais.   1440

Le bonheur de vous plaire est ma suprême étude,
Et mon cœur de vos vœux fait sa béatitude;
Mais ce cœur vous demande ici la liberté
D'oser douter un peu de sa félicité.
Je puis croire ces mots un artifice honnête   1445
Pour m'obliger à rompre un hymen qui s'apprête;
Et s'il faut librement m'expliquer avec vous,
Je ne me fierai point à des propos si doux,
Qu'un peu de vos faveurs, après quoi je soupire,
Ne vienne m'assurer tout ce qu'ils m'ont pu dire,   1450
Et planter dans mon âme une constante foi
Des charmantes bontés que vous avez pour moi.

           ELMIRE. *Elle tousse pour avertir son mari.*

Quoi ? vous voulez aller avec cette vitesse,
Et d'un cœur tout d'abord épuiser la tendresse ?
On se tue à vous faire un aveu des plus doux;   1455
Cependant ce n'est pas encore assez pour vous,
Et l'on ne peut aller jusqu'à vous satisfaire,
Qu'aux dernières faveurs on ne pousse l'affaire ?

                          TARTUFFE

Moins on mérite un bien, moins on l'ose espérer.
Nos vœux sur des discours ont peine à s'assurer.   1460
On soupçonne aisément un sort tout plein de gloire,
Et l'on veut en jouir avant que de le croire.
Pour moi, qui crois si peu mériter vos bontés,
Je doute du bonheur de mes témérités;
Et je ne croirai rien que vous n'ayez, Madame,   1465
Par des réalités su convaincre ma flamme.

                          ELMIRE

Mon Dieu, que votre amour en vrai tyran agit,
Et qu'en un trouble étrange il me jette l'esprit!
Que sur les cœurs il prend un furieux empire,
Et qu'avec violence il veut ce qu'il désire!   1470
Quoi ? de votre poursuite on ne peut se parer,
Et vous ne donnez pas le temps de respirer ?
Sied-il bien de tenir une rigueur si grande,
De vouloir sans quartier les choses qu'on demande,
Et d'abuser ainsi par vos efforts pressants   1475
Du faible que pour vous vous voyez qu'ont les gens ?

                          TARTUFFE

Mais si d'un œil bénin vous voyez mes hommages,
Pourquoi m'en refuser d'assurés témoignages ?

ELMIRE

Mais comment consentir à ce que vous voulez,
Sans offenser le Ciel, dont toujours vous parlez ?   1480

TARTUFFE

Si ce n'est que le Ciel qu'à mes vœux on oppose,
Lever un tel obstacle est à moi peu de chose,
Et cela ne doit pas retenir votre cœur.

ELMIRE

Mais des arrêts du Ciel on nous fait tant de peur !

TARTUFFE

Je puis vous dissiper ces craintes ridicules,   1485
Madame, et je sais l'art de lever les scrupules.
Le Ciel défend, de vrai, certains contentements ;

C'est un scélérat qui parle.

Mais on trouve avec lui des accommodements ;
Selon divers besoins, il est une science
D'étendre les liens de notre conscience   1490
Et de rectifier le mal de l'action
Avec la pureté de notre intention.
De ces secrets, Madame, on saura vous instruire ;
Vous n'avez seulement qu'à vous laisser conduire.
Contentez mon désir, et n'ayez point d'effroi :   1495
Je vous réponds de tout, et prends le mal sur moi.
Vous toussez fort, Madame.

ELMIRE

Oui, je suis au supplice.

TARTUFFE

Vous plaît-il un morceau de ce jus de réglisse ?

ELMIRE

C'est un rhume obstiné, sans doute ; et je vois bien
Que tous les jus du monde ici ne feront rien.   1500

TARTUFFE

Cela certes est fâcheux.

ELMIRE

Oui, plus qu'on ne peut dire.

TARTUFFE

Enfin votre scrupule est facile à détruire :
Vous êtes assurée ici d'un plein secret,
Et le mal n'est jamais que dans l'éclat qu'on fait ;

Le scandale du monde est ce qui fait l'offense,   1505
Et ce n'est pas pécher que pécher en silence.

ELMIRE, *après avoir encore toussé.*

Enfin je vois qu'il faut se résoudre à céder,
Qu'il faut que je consente à vous tout accorder,
Et qu'à moins de cela je ne dois point prétendre
Qu'on puisse être content, et qu'on veuille se rendre.   1510
Sans doute il est fâcheux d'en venir jusque-là,
Et c'est bien malgré moi que je franchis cela;
Mais puisque l'on s'obstine à m'y vouloir réduire,
Puisqu'on ne veut point croire à tout ce qu'on peut dire
Et qu'on veut des témoins qui soient plus convaincants,
Il faut bien s'y résoudre, et contenter les gens.   [1515
Si ce consentement porte en soi quelque offense,
Tant pis pour qui me force à cette violence;
La faute assurément n'en doit pas être à moi.

TARTUFFE

Oui, Madame, on s'en charge; et la chose de soi...   1520

ELMIRE

Ouvrez un peu la porte, et voyez, je vous prie,
Si mon mari n'est point dans cette galerie.

TARTUFFE

Qu'est-il besoin pour lui du soin que vous prenez?
C'est un homme, entre nous, à mener par le nez;
De tous nos entretiens il est pour faire gloire,   1525
Et je l'ai mis au point de voir tout sans rien croire.

ELMIRE

Il n'importe: sortez, je vous prie, un moment,
Et partout là dehors voyez exactement.

SCÈNE VI

ORGON, ELMIRE

ORGON, *sortant de dessous la table.*

Voilà, je vous l'avoue, un abominable homme!
Je n'en puis revenir, et tout ceci m'assomme.   1530

ELMIRE

Quoi? vous sortez si tôt? vous vous moquez des gens.
Rentrez sous le tapis, il n'est pas encor temps;

Attendez jusqu'au bout pour voir les choses sûres,
Et ne vous fiez point aux simples conjectures.

ORGON

Non, rien de plus méchant n'est sorti de l'enfer.   1535

ELMIRE

Mon Dieu! l'on ne doit point croire trop de léger.
Laissez-vous bien convaincre avant que de vous rendre,
Et ne vous hâtez point, de peur de vous méprendre.

Elle fait mettre son mari derrière elle.

SCÈNE VII

TARTUFFE, ELMIRE, ORGON

TARTUFFE

Tout conspire, Madame, à mon contentement :
J'ai visité de l'œil tout cet appartement;   1540
Personne ne s'y trouve; et mon âme ravie...

ORGON, *en l'arrêtant.*

Tout doux! vous suivez trop votre amoureuse envie,
Et vous ne devez pas vous tant passionner.
Ah! ah! l'homme de bien, vous m'en voulez donner!
Comme aux tentations s'abandonne votre âme!   1545
Vous épousiez ma fille, et convoitiez ma femme!
J'ai douté fort longtemps que ce fût tout de bon,
Et je croyais toujours qu'on changerait de ton;
Mais c'est assez avant pousser le témoignage :
Je m'y tiens, et n'en veux, pour moi, pas davantage. 1550

ELMIRE, *à Tartuffe.*

C'est contre mon humeur que j'ai fait tout ceci :
Mais on m'a mise au point de vous traiter ainsi.

TARTUFFE

Quoi ? vous croyez... ?

ORGON

Allons, point de bruit, je vous prie.
Dénichons de céans, et sans cérémonie.

TARTUFFE

Mon dessein...

ORGON

Ces discours ne sont plus de saison : 1555
Il faut, tout sur-le-champ, sortir de la maison.

TARTUFFE

C'est à vous d'en sortir, vous qui parlez en maître :
La maison m'appartient, je le ferai connaître,
Et vous montrerai bien qu'en vain on a recours,
Pour me chercher querelle, à ces lâches détours, 1560
Qu'on n'est pas où l'on pense en me faisant injure,
Que j'ai de quoi confondre et punir l'imposture,
Venger le Ciel qu'on blesse, et faire repentir
Ceux qui parlent ici de me faire sortir.

SCÈNE VIII

ELMIRE, ORGON

ELMIRE

Quel est donc ce langage ? et qu'est-ce qu'il veut dire ?

[1565

ORGON

Ma foi, je suis confus, et n'ai pas lieu de rire.

ELMIRE

Comment ?

ORGON

Je vois ma faute aux choses qu'il me dit,
Et la donation m'embarrasse l'esprit.

ELMIRE

La donation...

ORGON

Oui, c'est une affaire faite
Mais j'ai quelque autre chose encor qui m'inquiète. 1570

ELMIRE

Et quoi ?

ORGON

Vous saurez tout. Mais voyons au plus tôt
Si certaine cassette est encore là-haut.

ACTE V

SCÈNE I

ORGON, CLÉANTE

CLÉANTE

Où voulez-vous courir ?

ORGON

Las ! que sais-je ?

CLÉANTE

Il me semble
Que l'on doit commencer par consulter ensemble
Les choses qu'on peut faire en cet événement.   1575

ORGON

Cette cassette-là me trouble entièrement ;
Plus que le reste encore elle me désespère.

CLÉANTE

Cette cassette est donc un important mystère ?

ORGON

C'est un dépôt qu'Argas, cet ami que je plains,
Lui-même, en grand secret, m'a mis entre les mains : 1580
Pour cela, dans sa fuite, il me voulut élire ;
Et ce sont des papiers, à ce qu'il m'a pu dire,
Où sa vie et ses biens se trouvent attachés.

CLÉANTE

Pourquoi donc les avoir en d'autres mains lâchés ?

ORGON

Ce fut par un motif de cas de conscience :   1585
J'allai droit à mon traître en faire confidence ;
Et son raisonnement me vint persuader
De lui donner plutôt la cassette à garder,
Afin que, pour nier, en cas de quelque enquête,
J'eusse d'un faux-fuyant la faveur toute prête,   1590

Par où ma conscience eût pleine sûreté
A faire des serments contre la vérité.

CLÉANTE

Vous voilà mal, au moins si j'en crois l'apparence;
Et la donation, et cette confidence,
Sont, à vous en parler selon mon sentiment,   1595
Des démarches par vous faites légèrement.
On peut vous mener loin avec de pareils gages;
Et cet homme sur vous ayant ces avantages,
Le pousser est encor grande imprudence à vous,
Et vous deviez chercher quelque biais plus doux.   1600

ORGON

Quoi! sous un beau semblant de ferveur si touchante
Cacher un cœur si double, une âme si méchante!
Et moi qui l'ai reçu gueusant et n'ayant rien...
C'en est fait, je renonce à tous les gens de bien :
J'en aurai désormais une horreur effroyable.   1605
Et m'en vais devenir pour eux pire qu'un diable.

CLÉANTE

Hé bien! ne voilà pas de vos emportements!
Vous ne gardez en rien les doux tempéraments;
Dans la droite raison jamais n'entre la vôtre,
Et toujours d'un excès vous vous jetez dans l'autre. 1610
Vous voyez votre erreur, et vous avez connu
Que par un zèle feint vous étiez prévenu;
Mais pour vous corriger, quelle raison demande
Que vous alliez passer dans une erreur plus grande,
Et qu'avecque le cœur d'un perfide vaurien   1615
Vous confondiez les cœurs de tous les gens de bien ?
Quoi ? parce qu'un fripon vous dupe avec audace
Sous le pompeux éclat d'une austère grimace,
Vous voulez que partout on soit fait comme lui,
Et qu'aucun vrai dévot ne se trouve aujourd'hui ?   1620
Laissez aux libertins ces sottes conséquences;
Démêlez la vertu d'avec ses apparences,
Ne hasardez jamais votre estime trop tôt,
Et soyez pour cela dans le milieu qu'il faut :
Gardez-vous, s'il se peut, d'honorer l'imposture,   1625
Mais au vrai zèle aussi n'allez pas faire injure;
Et s'il vous faut tomber dans une extrémité,
Péchez plutôt encor de cet autre côté.

SCÈNE II

DAMIS, ORGON, CLÉANTE

DAMIS

Quoi ? mon père, est-il vrai qu'un coquin vous menace ?
Qu'il n'est point de bienfait qu'en son âme il n'efface,   1630
Et que son lâche orgueil, trop digne de courroux,
Se fait de vos bontés des armes contre vous ?

ORGON

Oui, mon fils, et j'en sens des douleurs nonpareilles.

DAMIS

Laissez-moi, je lui veux couper les deux oreilles :
Contre son insolence on ne doit point gauchir;   1635
C'est à moi, tout d'un coup, de vous en affranchir,
Et pour sortir d'affaire, il faut que je l'assomme.

CLÉANTE

Voilà tout justement parler en vrai jeune homme.
Modérez, s'il vous plaît, ces transports éclatants :
Nous vivons sous un règne et sommes dans un temps   1640
Où par la violence on fait mal ses affaires.

SCÈNE III

MADAME PERNELLE, MARIANE,
ELMIRE, DORINE, DAMIS, ORGON, CLÉANTE

MADAME PERNELLE

Qu'est-ce ? J'apprends ici de terribles mystères.

ORGON

Ce sont des nouveautés dont mes yeux sont témoins,
Et vous voyez le prix dont sont payés mes soins.
Je recueille avec zèle un homme en sa misère,   1645
Je le loge, et le tiens comme mon propre frère;
De bienfaits chaque jour il est par moi chargé;
Je lui donne ma fille et tout le bien que j'ai;
Et, dans le même temps, le perfide, l'infâme,
Tente le noir dessein de suborner ma femme,   1650

Et non content encor de ces lâches essais,
Il m'ose menacer de mes propres bienfaits,
Et veut, à ma ruine, user des avantages
Dont le viennent d'armer mes bontés trop peu sages,
Me chasser de mes biens, où je l'ai transféré,   1655
Et me réduire au point d'où je l'ai retiré.

DORINE

Le pauvre homme !

MADAME PERNELLE

                    Mon fils, je ne puis du tout croire
Qu'il ait voulu commettre une action si noire.

ORGON

Comment ?

MADAME PERNELLE

          Les gens de bien sont enviés toujours.

ORGON

Que voulez-vous donc dire avec votre discours,   1660
Ma mère ?

MADAME PERNELLE

          Que chez vous on vit d'étrange sorte,
Et qu'on ne sait que trop la haine qu'on lui porte.

ORGON

Qu'a cette haine à faire avec ce qu'on vous dit ?

MADAME PERNELLE

Je vous l'ai dit cent fois quand vous étiez petit :
La vertu dans le monde est toujours poursuivie ;   1665
Les envieux mourront, mais non jamais l'envie.

ORGON

Mais que fait ce discours aux choses d'aujourd'hui ?

MADAME PERNELLE

On vous aura forgé cent sots contes de lui.

ORGON

Je vous ai dit déjà que j'ai vu tout moi-même.

MADAME PERNELLE

Des esprits médisants la malice est extrême.   1670

ORGON

Vous me feriez damner, ma mère. Je vous dis
Que j'ai vu de mes yeux un crime si hardi.

MADAME PERNELLE

Les langues ont toujours du venin à répandre,
Et rien n'est ici-bas qui s'en puisse défendre.

ORGON

C'est tenir un propos de sens bien dépourvu.   1675
Je l'ai vu, dis-je, vu, de mes propres yeux vu,
Ce qu'on appelle vu : faut-il vous le rebattre
Aux oreilles cent fois, et crier comme quatre ?

MADAME PERNELLE

Mon Dieu, le plus souvent l'apparence déçoit :
Il ne faut pas toujours juger sur ce qu'on voit.   1680

ORGON

J'enrage.

MADAME PERNELLE

              Aux faux soupçons la nature est sujette,
Et c'est souvent à mal que le bien s'interprète.

ORGON

Je dois interpréter à charitable soin
Le désir d'embrasser ma femme ?

MADAME PERNELLE

                              Il est besoin,
Pour accuser les gens, d'avoir de justes causes ;   1685
Et vous deviez attendre à vous voir sûr des choses.

ORGON

Hé ! diantre ! le moyen de m'en assurer mieux ?
Je devais donc, ma mère, attendre qu'à mes yeux
Il eût... Vous me feriez dire quelque sottise.

MADAME PERNELLE

Enfin d'un trop pur zèle on voit son âme éprise ;   1690
Et je ne puis du tout me mettre dans l'esprit
Qu'il ait voulu tenter les choses que l'on dit.

ORGON

Allez, je ne sais pas, si vous n'étiez ma mère,
Ce que je vous dirais, tant je suis en colère.

DORINE

Juste retour, Monsieur, des choses d'ici-bas :   1695
Vous ne vouliez point croire, et l'on ne vous croit pas.

CLÉANTE

Nous perdons des moments en bagatelles pures,
Qu'il faudrait employer à prendre des mesures.
Aux menaces du fourbe on doit ne dormir point.

DAMIS

Quoi ? son effronterie irait jusqu'à ce point ?   1700

ELMIRE

Pour moi, je ne crois pas cette instance possible,
Et son ingratitude est ici trop visible.

CLÉANTE

Ne vous y fiez pas : il aura des ressorts
Pour donner contre vous raison à ses efforts;
Et sur moins que cela, le poids d'une cabale   1705
Embarrasse les gens dans un fâcheux dédale.
Je vous le dis encore : armé de ce qu'il a,
Vous ne deviez jamais le pousser jusque-là.

ORGON

Il est vrai; mais qu'y faire ? A l'orgueil de ce traître,
De mes ressentiments je n'ai pas été maître.   1710

CLÉANTE

Je voudrais, de bon cœur, qu'on pût entre vous deux
De quelque ombre de paix raccommoder les nœuds.

ELMIRE

Si j'avais su qu'en main il a de telles armes,
Je n'aurais pas donné matière à tant d'alarmes,
Et mes...

ORGON

          Que veut cet homme ? Allez tôt le savoir.   1715
Je suis bien en état que l'on me vienne voir !

SCÈNE IV

MONSIEUR LOYAL, MADAME PERNELLE,
ORGON, DAMIS, MARIANE, DORINE, ELMIRE, CLÉANTE

MONSIEUR LOYAL

Bonjour, ma chère sœur; faites, je vous supplie,
Que je parle à Monsieur.

DORINE

Il est en compagnie,
Et je doute qu'il puisse à présent voir quelqu'un.

MONSIEUR LOYAL

Je ne suis pas pour être en ces lieux importun.   1720
Mon abord n'aura rien, je crois, qui lui déplaise;
Et je viens pour un fait dont il sera bien aise.

DORINE

Votre nom ?

MONSIEUR LOYAL

Dites-lui seulement que je viens
De la part de Monsieur Tartuffe, pour son bien.

DORINE

C'est un homme qui vient, avec douce manière,   1725
De la part de Monsieur Tartuffe, pour affaire
Dont vous serez, dit-il, bien aise.

CLÉANTE

Il vous faut voir
Ce que c'est que cet homme, et ce qu'il peut vouloir.

ORGON

Pour nous raccommoder il vient ici peut-être :
Quels sentiments aurai-je à lui faire paraître ?   1730

CLÉANTE

Votre ressentiment ne doit point éclater;
Et s'il parle d'accord, il le faut écouter.

MONSIEUR LOYAL

Salut, Monsieur. Le Ciel perde qui vous veut nuire,
Et vous soit favorable autant que je désire!

ORGON

Ce doux début s'accorde avec mon jugement,   1735
Et présage déjà quelque accommodement.

MONSIEUR LOYAL

Toute votre maison m'a toujours été chère,
Et j'étais serviteur de Monsieur votre père.

ORGON

Monsieur, j'ai grande honte et demande pardon
D'être sans vous connaître ou savoir votre nom.   1740

MONSIEUR LOYAL

Je m'appelle Loyal, natif de Normandie,
Et suis huissier à verge, en dépit de l'envie.
J'ai depuis quarante ans, grâce au Ciel, le bonheur
D'en exercer la charge avec beaucoup d'honneur;
Et je vous viens, Monsieur, avec votre licence,   1745
Signifier l'exploit de certaine ordonnance...

ORGON

Quoi ? vous êtes ici... ?

MONSIEUR LOYAL

                    Monsieur, sans passion :
Ce n'est rien seulement qu'une sommation,
Un ordre de vider d'ici, vous et les vôtres,
Mettre vos meubles hors, et faire place à d'autres,   1750
Sans délai ni remise, ainsi que besoin est...

ORGON

Moi, sortir de céans ?

MONSIEUR LOYAL

                    Oui, Monsieur, s'il vous plaît.
La maison à présent, comme savez de reste,
Au bon Monsieur Tartuffe appartient sans conteste.
De vos biens désormais il est maître et seigneur,   1755
En vertu d'un contrat duquel je suis porteur :
Il est en bonne forme, et l'on n'y peut rien dire.

DAMIS

Certes cette impudence est grande, et je l'admire.

MONSIEUR LOYAL

Monsieur, je ne dois point avoir affaire à vous;
C'est à Monsieur : il est et raisonnable et doux,   1760
Et d'un homme de bien il sait trop bien l'office,
Pour se vouloir du tout opposer à justice.

ORGON

Mais...

MONSIEUR LOYAL

            Oui, Monsieur, je sais que pour un million
Vous ne voudriez pas faire rébellion,
Et que vous souffrirez, en honnête personne,   1765
Que j'exécute ici les ordres qu'on me donne.

DAMIS

Vous pourriez bien ici sur votre noir jupon,
Monsieur l'huissier à verge, attirer le bâton.

MONSIEUR LOYAL

Faites que votre fils se taise ou se retire,
Monsieur. J'aurais regret d'être obligé d'écrire,   1770
Et de vous voir couché dans mon procès-verbal.

DORINE

Ce Monsieur Loyal porte un air bien déloyal!

MONSIEUR LOYAL

Pour tous les gens de bien j'ai de grandes tendresses,
Et ne me suis voulu, Monsieur, charger des pièces
Que pour vous obliger et vous faire plaisir,   1775
Que pour ôter par là le moyen d'en choisir
Qui, n'ayant pas pour vous le zèle qui me pousse,
Auraient pu procéder d'une façon moins douce.

ORGON

Et que peut-on de pis que d'ordonner aux gens
De sortir de chez eux ?

MONSIEUR LOYAL

                        On vous donne du temps,   1780
Et jusques à demain je ferai surséance
A l'exécution, Monsieur, de l'ordonnance.
Je viendrai seulement passer ici la nuit,
Avec dix de mes gens, sans scandale et sans bruit.
Pour la forme, il faudra, s'il vous plaît, qu'on m'apporte,
Avant que se coucher, les clefs de votre porte.   [1785
J'aurai soin de ne pas troubler votre repos,
Et de ne rien souffrir qui ne soit à propos.
Mais demain, du matin, il vous faut être habile
A vider de céans jusqu'au moindre ustensile :   1790
Mes gens vous aideront, et je les ai pris forts,
Pour vous faire service à tout mettre dehors.
On n'en peut pas user mieux que je fais, je pense;
Et comme je vous traite avec grande indulgence,
Je vous conjure aussi, Monsieur, d'en user bien,   1795
Et qu'au dû de ma charge on ne me trouble en rien.

ORGON

Du meilleur de mon cœur je donnerais sur l'heure
Les cent plus beaux louis de ce qui me demeure,
Et pouvoir, à plaisir, sur ce mufle assener
Le plus grand coup de poing qui se puisse donner.   1800

CLÉANTE

Laissez, ne gâtons rien.

DAMIS

A cette audace étrange,
J'ai peine à me tenir, et la main me démange.

DORINE

Avec un si bon dos, ma foi, Monsieur Loyal,
Quelques coups de bâton ne vous siéraient pas mal.

MONSIEUR LOYAL

On pourrait bien punir ces paroles infâmes,   1805
Ma mie, et l'on décrète aussi contre les femmes.

CLÉANTE

Finissons tout cela, Monsieur : c'en est assez;
Donnez tôt ce papier, de grâce, et nous laissez.

MONSIEUR LOYAL

Jusqu'au revoir. Le Ciel vous tienne tous en joie!

ORGON

Puisse-t-il te confondre, et celui qui t'envoie!   1810

SCÈNE V

ORGON, CLÉANTE, MARIANE, ELMIRE, MADAME PERNELLE, DORINE, DAMIS

ORGON

Hé bien, vous le voyez, ma mère, si j'ai droit,
Et vous pouvez juger du reste par l'exploit :
Ses trahisons enfin vous sont-elles connues ?

MADAME PERNELLE

Je suis tout ébaubie, et je tombe des nues!

DORINE

Vous vous plaignez à tort, à tort vous le blâmez,   1815
Et ses pieux desseins par là sont confirmés :
Dans l'amour du prochain sa vertu se consomme;
Il sait que très souvent les biens corrompent l'homme,
Et, par charité pure, il veut vous enlever
Tout ce qui vous peut faire obstacle à vous sauver.   1820

ORGON

Taisez-vous : c'est le mot qu'il vous faut toujours dire.

CLÉANTE

Allons voir quel conseil on doit vous faire élire.

ELMIRE

Allez faire éclater l'audace de l'ingrat.
Ce procédé détruit la vertu du contrat;
Et sa déloyauté va paraître trop noire,   1825
Pour souffrir qu'il en ait le succès qu'on veut croire.

SCÈNE VI

VALÈRE, ORGON, CLÉANTE, ELMIRE, MARIANE, etc.

VALÈRE

Avec regret, Monsieur, je viens vous affliger;
Mais je m'y vois contraint par le pressant danger.
Un ami, qui m'est joint d'une amitié fort tendre,
Et qui sait l'intérêt qu'en vous j'ai lieu de prendre,   1830
A violé pour moi, par un pas délicat,
Le secret que l'on doit aux affaires d'État,
Et me vient d'envoyer un avis dont la suite
Vous réduit au parti d'une soudaine fuite.
Le fourbe qui longtemps a pu vous imposer   1835
Depuis une heure au Prince a su vous accuser,
Et remettre en ses mains, dans les traits qu'il vous jette,
D'un criminel d'État l'importante cassette
Dont, au mépris, dit-il, du devoir d'un sujet,
Vous avez conservé le coupable secret.   1840
J'ignore le détail du crime qu'on vous donne;
Mais un ordre est donné contre votre personne;
Et lui-même est chargé, pour mieux l'exécuter,
D'accompagner celui qui vous doit arrêter.

CLÉANTE

Voilà ses droits armés; et c'est par où le traître   1845
De vos biens qu'il prétend cherche à se rendre maître.

ORGON

L'homme, est, je vous l'avoue, un méchant animal!

VALÈRE

Le moindre amusement vous peut être fatal.
J'ai, pour vous emmener, mon carrosse à la porte,
Avec mille louis qu'ici je vous apporte.   1850

Ne perdons point de temps : le trait est foudroyant,
Et ce sont de ces coups que l'on pare en fuyant.
A vous mettre en lieu sûr je m'offre pour conduite,
Et veux accompagner jusqu'au bout votre fuite.

ORGON

Las! que ne dois-je point à vos soins obligeants!   1855
Pour vous en rendre grâce il faut un autre temps;
Et je demande au Ciel de m'être assez propice,
Pour reconnaître un jour ce généreux service.
Adieu : prenez le soin, vous autres...

CLÉANTE

                    Allez tôt :
Nous songerons, mon frère, à faire ce qu'il faut.   1860

SCÈNE DERNIÈRE

L'EXEMPT, TARTUFFE,
VALÈRE, ORGON, ELMIRE, MARIANE, ETC.

TARTUFFE

Tout beau, Monsieur, tout beau, ne courez point si vite :
Vous n'irez pas fort loin pour trouver votre gîte,
Et de la part du Prince on vous fait prisonnier.

ORGON

Traître, tu me gardais ce trait pour le dernier;
C'est le coup, scélérat, par où tu m'expédies,   1865
Et voilà couronner toutes tes perfidies.

TARTUFFE

Vos injures n'ont rien à me pouvoir aigrir,
Et je suis pour le Ciel appris à tout souffrir.

CLÉANTE

La modération est grande, je l'avoue.

DAMIS

Comme du Ciel l'infâme impudemment se joue!   1870

TARTUFFE

Tous vos emportements ne sauraient m'émouvoir,
Et je ne songe à rien qu'à faire mon devoir.

MARIANE

Vous avez de ceci grande gloire à prétendre,
Et cet emploi pour vous est fort honnête à prendre.

TARTUFFE

Un emploi ne saurait être que glorieux,   1875
Quand il part du pouvoir qui m'envoie en ces lieux.

ORGON

Mais t'es-tu souvenu que ma main charitable,
Ingrat, t'a retiré d'un état misérable ?

TARTUFFE

Oui, je sais quels secours j'en ai pu recevoir;
Mais l'intérêt du Prince est mon premier devoir;   1880
De ce devoir sacré la juste violence
Étouffe dans mon cœur toute reconnaissance,
Et je sacrifierais à de si puissants nœuds
Ami, femme, parents, et moi-même avec eux.

ELMIRE

L'imposteur!

DORINE

              Comme il sait, de traîtresse manière,   1885
Se faire un beau manteau de tout ce qu'on révère!

CLÉANTE

Mais s'il est si parfait que vous le déclarez,
Ce zèle qui vous pousse et dont vous vous parez,
D'où vient que pour paraître il s'avise d'attendre
Qu'à poursuivre sa femme il ait su vous surprendre,   1890
Et que vous ne songez à l'aller dénoncer
Que lorsque son honneur l'oblige à vous chasser ?
Je ne vous parle point, pour devoir en distraire,
Du don de tout son bien qu'il venait de vous faire;
Mais le voulant traiter en coupable aujourd'hui,   1895
Pourquoi consentiez-vous à rien prendre de lui ?

TARTUFFE, à l'Exempt.

Délivrez-moi, Monsieur, de la criaillerie,
Et daignez accomplir votre ordre, je vous prie.

L'EXEMPT

Oui, c'est trop demeurer sans doute à l'accomplir :
Votre bouche à propos m'invite à le remplir;   1900
Et pour l'exécuter, suivez-moi tout à l'heure
Dans la prison qu'on doit vous donner pour demeure.

TARTUFFE

Qui ? moi, Monsieur ?

L'EXEMPT

Oui, vous.

TARTUFFE

Pourquoi donc la prison ?

L'EXEMPT

Ce n'est pas vous à qui j'en veux rendre raison.

A Orgon.

Remettez-vous, Monsieur, d'une alarme si chaude. 1905
Nous vivons sous un prince ennemi de la fraude,
Un prince dont les yeux se font jour dans les cœurs,
Et que ne peut tromper tout l'art des imposteurs.
D'un fin discernement sa grande âme pourvue
Sur les choses toujours jette une droite vue; 1910
Chez elle jamais rien ne surprend trop d'accès,
Et sa ferme raison ne tombe en nul excès.
Il donne aux gens de bien une gloire immortelle;
Mais sans aveuglement il fait briller ce zèle,
Et l'amour pour les vrais ne ferme point son cœur 1915
A tout ce que les faux doivent donner d'horreur.
Celui-ci n'était pas pour le pouvoir surprendre,
Et de pièges plus fins on le voit se défendre.
D'abord il a percé, par ses vives clartés,
Des replis de son cœur toutes les lâchetés. 1920
Venant vous accuser, il s'est trahi lui-même,
Et par un juste trait de l'équité suprême
S'est découvert au Prince un fourbe renommé,
Dont sous un autre nom il était informé;
Et c'est un long détail d'actions toutes noires 1925
Dont on pourrait former des volumes d'histoires.
Ce monarque, en un mot, a vers vous détesté
Sa lâche ingratitude et sa déloyauté;
A ses autres horreurs il a joint cette suite,
Et ne m'a jusqu'ici soumis à sa conduite 1930
Que pour voir l'impudence aller jusques au bout,
Et vous faire par lui faire raison de tout.
Oui, de tous vos papiers, dont il se dit le maître,
Il veut qu'entre vos mains je dépouille le traître.
D'un souverain pouvoir, il brise les liens 1935
Du contrat qui lui fait un don de tous vos biens,
Et vous pardonne enfin cette offense secrète
Où vous a d'un ami fait tomber la retraite;

Et c'est le prix qu'il donne au zèle qu'autrefois
On vous vit témoigner en appuyant ses droits,   1940
Pour montrer que son cœur sait, quand moins on y pense,
D'une bonne action verser la récompense,
Que jamais le mérite avec lui ne perd rien,
Et que mieux que du mal il se souvient du bien.

DORINE

Que le Ciel soit loué!

MADAME PERNELLE

                        Maintenant je respire.   1945

ELMIRE

Favorable succès!

MARIANE

                    Qui l'aurait osé dire ?

ORGON, *à Tartuffe.*

Hé bien! te voilà, traître...

CLÉANTE

                              Ah! mon frère, arrêtez,
Et ne descendez point à des indignités;
A son mauvais destin laissez un misérable,
Et ne vous joignez point au remords qui l'accable : 1950
Souhaitez bien plutôt que son cœur en ce jour
Au sein de la vertu fasse un heureux retour,
Qu'il corrige sa vie en détestant son vice
Et puisse du grand Prince adoucir la justice,
Tandis qu'à sa bonté vous irez à genoux   1955
Rendre ce que demande un traitement si doux.

ORGON

Oui, c'est bien dit : allons à ses pieds avec joie
Nous louer des bontés que son cœur nous déploie.
Puis, acquittés un peu de ce premier devoir,
Aux justes soins d'un autre il nous faudra pourvoir, 1960
Et par un doux hymen couronner en Valère
La flamme d'un amant généreux et sincère.

DOM JUAN

NOTICE
SUR
DOM JUAN OU LE FESTIN DE PIERRE

L'interdiction du *Tartuffe* avait privé Molière d'un succès public qu'il espérait très grand. Il se trouva désemparé et dut faire de fréquents relâches au Palais-Royal. Sans doute savons-nous qu'il avait déjà mis à cette date *le Misanthrope* sur le chantier, mais il ne voulut pas gâter cette comédie, qu'il entendait soigner tout particulièrement, par une rédaction hâtive et prématurée. Il laissa donc reposer son manuscrit et songea à écrire, rapidement, une comédie nouvelle.

Il chercha un sujet tout prêt, qui ne lui demanderait aucun effort d'imagination et le trouva dans le thème éternel de Dom Juan, qui était alors dans tout l'éclat de sa nouveauté. Mise sur la scène probablement par Tirso de Molina, au début du siècle, dans *El Burlador de Sevilla y Convidado de piedra (Le Trompeur de Séville et le Convié de pierre)*, cette histoire de l'athée foudroyé nous était venue en France par l'intermédiaire des Italiens. Deux adaptations, l'une de Giliberto, perdue, l'autre de Cicognini, conservée, avaient popularisé le thème. Les Français avaient suivi : deux comédiens-auteurs l'avaient repris, Dorimond, chef de la troupe de Mademoiselle, à Lyon en 1658 puis à Paris en 1661, et Villiers, à l'Hôtel de Bourgogne, en 1660 [1]. Le public s'était plu à ces pièces à grand spectacle, qui mettaient en scène une statue animée et qui se terminaient par le foudroiement du libertin. Molière se résolut donc à profiter de cet engouement et à faire, lui aussi, son *Dom Juan*. Quatre ans plus tard d'ailleurs, le théâtre du Marais devait jouer une comédie de Rosimond sur le même sujet (1669).

---

1. La pièce de Dorimond et celle de Villiers portaient le même titre, *le Festin de pierre ou le Fils criminel*.

Pressé, Molière écrivit sa pièce en prose, se souciant peu des règles sur l'unité de temps, d'action et de lieu. *Dom Juan* apparaît comme une série de scènes mal liées entre elles dans une construction sans rigueur, mais qui, du moins, sont toutes centrées sur le héros et contribuent chacune à éclairer le personnage. Débarrassant sa pièce des lazzi dont les Italiens l'avaient gâtée, des scènes de violence qui se trouvaient dans les tragi-comédies de ses deux devanciers français, il en fit sans peine une étude magistrale de caractère, une peinture bien vivante du libertin athée, dressé comme un défi devant Dieu, type dont la cour offrait alors maints exemples. Molière dessina en Dom Juan un grand seigneur, « épouseur à toutes mains », méprisant, du haut de son orgueil insensé, l'humanité entière, à la recherche de sa liberté sur les chemins du mal, à l'écart de la voie de Dieu.

Ayant ainsi donné une ampleur nouvelle au personnage traditionnel du séducteur, Molière le compléta, en le transformant, au dernier acte, en hypocrite. On a souligné à juste titre que ce dernier avatar de Dom Juan s'accordait assez mal au héros des premiers actes, qui le montraient sensible au point d'honneur, franc jusqu'au cynisme et au blasphème; mais il est vrai qu'il ne s'agit là que d'une attitude concertée, d'une « grimace » et d'un « stratagème », d'une dernière tromperie du *Burlador*.

Il est évident que ce *Dom Juan*, sous ses différents aspects, athée agressif ou hypocrite papelard, reprend le problème de la religion, et s'insère directement dans la querelle du *Tartuffe*. On a pu avancer que, pour peindre son Dom Juan hypocrite, Molière a emprunté plus d'un trait au prince de Conti, frère du Grand Condé. Conti, du temps de sa jeunesse dissipée, avait été le protecteur de la troupe de Molière circulant en Languedoc, dont il était gouverneur. Une conversion retentissante l'avait amené à renier ses comédiens et en avait fait un des membres influents de la Compagnie du Saint-Sacrement, acharnée à perdre Molière. Il écrivit d'ailleurs un traité sur la comédie, qui fut publié après sa mort et où il dénonce précisément *Dom Juan* comme une « école d'impiété », reprochant notamment à Molière de n'avoir opposé aux blasphèmes de son héros que le pauvre Sganarelle, plus familier avec la superstition qu'avec la vraie piété, et fort ridicule dans sa défense de la religion outragée. En dépit du dénouement moral imposé par la tradition, il est certain que Dom Juan triomphe insolemment jusqu'au bout,

et que ni Sganarelle ni la statue du Commandeur ne contre-
balancent efficacement, aux yeux du spectateur, ses actions
immorales et ses déclarations subversives et impies.

Comme il fallait s'y attendre, la pièce, représentée
au Palais-Royal le 15 février 1665, fit un nouveau scandale,
qui lui assura un succès certain. Dès la seconde représentation, Molière dut faire des coupures, notamment dans la
scène du Pauvre où Dom Juan opposait insolemment
« l'amour de l'humanité » à l'amour de Dieu. La pièce
n'eut que quinze représentations et disparut de l'affiche.
On a parlé, mais à tort, d'une nouvelle interdiction royale
qui paraîtrait bien étonnante au moment même où
Louis XIV prenait officiellement sous sa protection la
troupe de Molière, dont il faisait « la Troupe du Roi »
et qu'il gratifiait de 6 000 livres de pension. Molière reçut-
il cependant des conseils discrets de prudence ou estima-
t-il de lui-même qu'une nouvelle attaque contre les faux
dévots était de nature à ranimer leur hostilité et à compro-
mettre la « résurrection » du *Tartuffe* tant attendue ?
On ne sait, mais il est certain que Molière ne reprit jamais
son *Dom Juan* et ne le publia pas. Après sa mort, sa veuve
demanda à Thomas Corneille d'en faire une adaptation
en vers, qui fut jouée en 1677. Cette version édulcorée,
émasculée, se maintint pendant près de deux siècles; ce
n'est qu'en 1847 que la Comédie-Française reprit le texte
original de Molière.

La pièce, sans doute avec quelques adoucissements,
fut publiée dans l'édition posthume des *Œuvres complètes*
de Molière parue en 1682. La censure exigea encore des
coupures et des corrections et l'édition fut « cartonnée »
en conséquence. Mais on possède l'exemplaire de l'édition originale sur lequel travailla le lieutenant général de
police, La Reynie. Peu après, des contrefaçons, faites sans
doute sur une copie dérobée, parurent à Amsterdam en
1683 et à Bruxelles en 1694, contenant des passages qui
ne se lisent pas dans le *Dom Juan* de 1682, même non
cartonné. On admet aujourd'hui que le texte qu'elles
donnent est le plus proche de celui de Molière.

Sitôt la pièce retirée au Palais-Royal, une polémique
s'institua à son propos. Un sieur de Rochemont, dont on
ne sait rien, mais qui, manifestement, appartenait aux
milieux jansénistes, publia des *Observations sur une comédie
de Molière intitulée le Festin de Pierre*. Ce libelle bien composé, écrit avec rigueur, reprenait contre Molière les tradi-
tionnelles accusations d'impiété et d'athéisme, identifiant

l'auteur dramatique et son héros. Des gens intéressés assurèrent à ce pamphlet une très large diffusion puisqu'on n'en connaît pas moins de cinq éditions différentes, datées de 1665. Le venimeux Rochemont s'attira deux répliques, une *Réponse aux observations*, sans grand intérêt, et une *Lettre sur les observations* beaucoup plus pertinente. Il se peut qu'elle soit de Donneau de Visé, décidément converti au parti de Molière et qui allait bientôt écrire la *Lettre sur la Comédie de l'Imposteur*. Il est fort possible que cette défense ait bénéficié des conseils de Molière ou même ait été concertée avec lui. Après cet échange de libelles, tout rentra dans l'ordre et *Dom Juan* s'enfonça doucement dans l'oubli.

En dépit de ses irrégularités de forme, qui en font une pièce à part dans l'œuvre de Molière, *Dom Juan* est aujourd'hui considéré, à juste titre, comme un de ses chefs-d'œuvre. Molière a nourri la vieille légende du *Burlador* de ses propres réflexions sur les problèmes de la religion; il a refondu le personnage de Dom Juan dans le creuset de son génie, en a fait un être divers, complexe, mais qu'on ne peut voir ni entendre sans rêver au problème de la destinée humaine. Même s'il a mêlé à sa comédie quelques scènes qui relèvent de la technique de la farce, il lui a donné une ampleur, une grandeur qui dépasse de cent coudées les prédécesseurs italiens et français dont il a pu s'inspirer. On s'est servi de *Dom Juan* pour scruter le cœur de Molière; les uns y ont vu la preuve de sa piété, les autres de son indifférence religieuse.

Ce sont bien les problèmes philosophiques et religieux, posés par son *Dom Juan*, qui ont attiré vers ce personnage pétri d'orgueil et de hautain mépris, obstiné dans son athéisme, l'intérêt croissant du public; et les comédiens eux-mêmes ont été attirés par le personnage, tels Jouvet et Jean Vilar, qui en ont donné des incarnations saisissantes, en dépit de leur diversité, qui traduit elle-même la complexité du personnage.

DOM JUAN

OU

LE FESTIN DE PIERRE

COMÉDIE

REPRÉSENTÉE POUR LA PREMIÈRE FOIS
LE 15ᵉ FÉVRIER 1665
SUR LE THÉATRE DE LA SALLE DU PALAIS-ROYAL

PAR LA

TROUPE DE MONSIEUR, FRÈRE UNIQUE DU ROI

PERSONNAGES

DOM JUAN, fils de Dom Louis.
SGANARELLE, valet de Dom Juan.
ELVIRE, femme de Dom Juan.
GUSMAN, écuyer d'Elvire.
DOM CARLOS ⎫ frères d'Elvire.
DOM ALONSE ⎭
DOM LOUIS, père de Dom Juan.
FRANCISQUE, pauvre.
CHARLOTTE ⎫ paysannes.
MATHURINE ⎭
PIERROT, paysan.
LA STATUE DU COMMANDEUR.
LA VIOLETTTE ⎫ laquais de Dom Juan.
RAGOTIN ⎭
MONSIEUR DIMANCHE, marchand.
LA RAMÉE, spadassin.
SUITE de Dom Juan.
SUITE de Dom Carlos et de Dom Alonse, frères.
UN SPECTRE.

La scène est en Sicile.

ACTE PREMIER

SCÈNE I

SGANARELLE, GUSMAN

SGANARELLE, *tenant une tabatière*. — Quoi que puisse dire Aristote et toute la Philosophie, il n'est rien d'égal au tabac : c'est la passion des honnêtes gens, et qui vit sans tabac n'est pas digne de vivre. Non seulement il réjouit et purge les cerveaux humains, mais encore il instruit les âmes à la vertu, et l'on apprend avec lui à devenir honnête homme. Ne voyez-vous pas bien, dès qu'on en prend, de quelle manière obligeante on en use avec tout le monde, et comme on est ravi d'en donner à droit et à gauche, partout où l'on se trouve ? On n'attend pas même qu'on en demande, et l'on court au-devant du souhait des gens : tant il est vrai que le tabac inspire des sentiments d'honneur et de vertu à tous ceux qui en prennent. Mais c'est assez de cette matière. Reprenons un peu notre discours. Si bien donc, cher Gusman, que Done Elvire, ta maîtresse, surprise de notre départ, s'est mise en campagne après nous, et son cœur, que mon maître a su toucher trop fortement, n'a pu vivre, dis-tu, sans le venir chercher ici. Veux-tu qu'entre nous je te dise ma pensée ? J'ai peur qu'elle ne soit mal payée de son amour, que son voyage en cette ville produise peu de fruit, et que vous eussiez autant gagné à ne bouger de là.

GUSMAN. — Et la raison encore ? Dis-moi, je te prie, Sganarelle, qui peut t'inspirer une peur d'un si mauvais augure ? Ton maître t'a-t-il ouvert son cœur là-dessus, et t'a-t-il dit qu'il eût pour nous quelque froideur qui l'ait obligé à partir ?

SGANARELLE. — Non pas; mais, à vue de pays, je connais à peu près le train des choses; et sans qu'il m'ait encore rien dit, je gagerais presque que l'affaire va là. Je pourrais peut-être me tromper; mais enfin, sur de tels sujets, l'expérience m'a pu donner quelques lumières.

GUSMAN. — Quoi ? ce départ si peu prévu serait une infidélité de Dom Juan ? Il pourrait faire cette injure aux chastes feux de Done Elvire ?

SGANARELLE. — Non, c'est qu'il est jeune encore, et qu'il n'a pas le courage...

GUSMAN. — Un homme de sa qualité ferait une action si lâche ?

SGANARELLE. — Eh oui, sa qualité! La raison en est belle, et c'est par là qu'il s'empêcherait des choses.

GUSMAN. — Mais les saints nœuds du mariage le tiennent engagé.

SGANARELLE. — Eh! mon pauvre Gusman, mon ami, tu ne sais pas encore, crois-moi, quel homme est Dom Juan.

GUSMAN. — Je ne sais pas, de vrai, quel homme il peut être, s'il faut qu'il nous ait fait cette perfidie; et je ne comprends point comme après tant d'amour et tant d'impatience témoignée, tant d'hommages pressants, de vœux, de soupirs et de larmes, tant de lettres passionnées, de protestations ardentes et de serments réitérés, tant de transports enfin et tant d'emportements qu'il a fait paraître, jusqu'à forcer, dans sa passion, l'obstacle sacré d'un couvent, pour mettre Done Elvire en sa puissance, je ne comprends pas, dis-je, comme, après tout cela, il aurait le cœur de pouvoir manquer à sa parole.

SGANARELLE. — Je n'ai pas grande peine à le comprendre, moi; et si tu connaissais le pèlerin, tu trouverais la chose assez facile pour lui. Je ne dis pas qu'il ait changé de sentiments pour Done Elvire, je n'en ai point de certitude encore : tu sais que, par son ordre, je partis avant lui, et depuis son arrivée il ne m'a point entretenu; mais, par précaution, je t'apprends, *inter nos*, que tu vois en Dom Juan, mon maître, le plus grand scélérat que la terre ait jamais porté, un enragé, un chien, un diable, un Turc, un hérétique, qui ne croit ni Ciel, ni Enfer, ni loup-garou, qui passe cette vie en véritable bête brute, un pourceau d'Épicure, un vrai Sardanapale, qui ferme l'oreille à toutes les remontrances chrétiennes qu'on lui peut faire, et traite de billevesées tout ce que nous croyons. Tu me dis qu'il a épousé ta maîtresse : crois qu'il aurait plus fait pour sa passion, et qu'avec elle il aurait encore épousé toi, son chien et son chat. Un mariage ne lui coûte rien à contracter; il ne se sert point d'autres pièges pour attraper les belles, et c'est un épouseur à toutes mains. Dame, demoiselle, bourgeoise, paysanne, il ne trouve rien de trop chaud ni de trop froid pour lui; et si je te disais le nom de toutes celles qu'il a épousées en divers lieux, ce serait un chapitre à durer jusques au soir. Tu demeures surpris et changes de couleur à ce discours; ce n'est là qu'une ébauche du personnage, et pour en achever le portrait, il faudrait bien d'autres coups de pinceau. Suffit qu'il faut que le courroux du Ciel l'accable quelque jour; qu'il me vaudrait bien mieux d'être au diable que d'être à lui, et qu'il me fait voir tant d'horreurs que je souhaiterais qu'il fût déjà je ne sais où. Mais un grand seigneur méchant homme est une terrible chose; il faut que je lui sois fidèle, en dépit que j'en aie : la crainte en moi fait l'office du zèle, bride mes sentiments, et me réduit d'applaudir bien souvent à ce que mon âme déteste. Le voilà qui vient se promener dans ce palais : séparons-nous. Écoute au moins : je t'ai fait cette confidence avec franchise, et cela m'est sorti un peu bien vite de la bouche; mais s'il fallait qu'il en vînt quelque chose à ses oreilles, je dirais hautement que tu aurais menti.

SCÈNE II

DOM JUAN, SGANARELLE

DOM JUAN. — Quel homme te parlait là ? Il a bien de l'air, ce me semble, du bon Gusman de Done Elvire.

SGANARELLE. — C'est quelque chose aussi à peu près de cela.

DOM JUAN. — Quoi ? c'est lui ?

SGANARELLE. — Lui-même.

DOM JUAN. — Et depuis quand est-il en cette ville ?

SGANARELLE. — D'hier au soir.

DOM JUAN. — Et quel sujet l'amène ?

SGANARELLE. — Je crois que vous jugez assez ce qui le peut inquiéter.

DOM JUAN. — Notre départ sans doute ?

SGANARELLE. — Le bonhomme en est tout mortifié, et m'en demandait le sujet.

360 DOM JUAN OU LE FESTIN DE PIERRE

Dom Juan. — Et quelle réponse as-tu faite ?

Sganarelle. — Que vous ne m'en aviez rien dit.

Dom Juan. — Mais encore, quelle est ta pensée là-dessus ? Que t'imagines-tu de cette affaire ?

Sganarelle. — Moi, je crois, sans vous faire tort, que vous avez quelque nouvel amour en tête.

Dom Juan. — Tu le crois ?

Sganarelle. — Oui.

Dom Juan. — Ma foi! tu ne te trompes pas, et je dois t'avouer qu'un autre objet a chassé Elvire de ma pensée.

Sganarelle. — Eh! mon Dieu! je sais mon Dom Juan sur le bout du doigt, et connais votre cœur pour le plus grand coureur du monde : il se plaît à se promener de liens en liens, et n'aime guère demeurer en place.

Dom Juan. — Et ne trouves-tu pas, dis-moi, que j'ai raison d'en user de la sorte ?

Sganarelle. — Eh! Monsieur.

Dom Juan. — Quoi ? Parle.

Sganarelle. — Assurément que vous avez raison, si vous le voulez; on ne peut pas aller là contre. Mais si vous ne le vouliez pas, ce serait peut-être une autre affaire.

Dom Juan. — Eh bien! je te donne la liberté de parler et de me dire tes sentiments.

Sganarelle. — En ce cas, Monsieur, je vous dirai franchement que je n'approuve point votre méthode, et que je trouve fort vilain d'aimer de tous côtés comme vous faites.

Dom Juan. — Quoi ? tu veux qu'on se lie à demeurer au premier objet qui nous prend, qu'on renonce au monde pour lui, et qu'on n'ait plus d'yeux pour personne ? La belle chose de vouloir se piquer d'un faux honneur d'être fidèle, de s'ensevelir pour toujours dans une passion, et d'être mort dès sa jeunesse à toutes les autres beautés qui nous peuvent frapper les yeux! Non, non : la constance n'est bonne que pour des ridicules; toutes les belles ont droit de nous charmer, et l'avantage d'être rencontrée la première ne doit point dérober aux autres les justes prétentions qu'elles ont toutes sur nos cœurs. Pour moi, la beauté me ravit partout où je la trouve, et je cède facilement à cette douce violence dont elle nous entraîne. J'ai beau être engagé, l'amour que j'ai pour une belle n'engage point mon âme à faire injustice aux autres; je conserve des yeux pour voir le mérite de toutes, et rends à chacune les hommages et les tributs où la nature nous oblige. Quoi qu'il en soit, je ne puis refuser mon cœur à tout ce que je vois d'aimable; et dès qu'un beau visage me le demande, si j'en avais dix mille, je les donnerais tous. Les inclinations naissantes, après tout, ont des charmes inexplicables, et tout le plaisir de l'amour est dans le changement. On goûte une douceur extrême à réduire, par cent hommages, le cœur d'une jeune beauté, à voir de jour en jour les petits progrès qu'on y fait, à combattre par des transports, par des larmes et des soupirs, l'innocente pudeur d'une âme qui a peine à rendre les armes, à forcer pied à pied toutes les petites résistances qu'elle nous oppose, à vaincre les scrupules dont elle se fait un honneur et la mener doucement où nous avons envie de la faire venir. Mais lorsqu'on en est maître une fois, il n'y a plus rien à dire ni rien à souhaiter; tout le beau de la passion est fini, et nous nous endormons dans la tranquillité d'un tel amour, si quelque objet nouveau ne vient réveiller nos désirs, et présenter à notre cœur les charmes attrayants d'une conquête à faire. Enfin il n'est rien de si doux que de triompher de la résistance d'une belle personne, et j'ai sur ce sujet l'ambition des conquérants, qui volent perpétuellement de victoire en victoire, et ne peuvent se résoudre à borner leurs souhaits. Il n'est rien qui puisse arrêter l'impétuosité de mes désirs : je me sens un cœur à aimer toute la terre; et comme Alexandre, je souhaiterais qu'il y eût d'autres mondes, pour y pouvoir étendre mes conquêtes amoureuses.

SGANARELLE. — Vertu de ma vie, comme vous débitez! Il semble que vous avez appris cela par cœur, et vous parlez tout comme un livre.

DOM JUAN. — Qu'as-tu à dire là-dessus ?

SGANARELLE. — Ma foi! j'ai à dire..., je ne sais que dire; car vous tournez les choses d'une manière qu'il semble que vous avez raison; et cependant il est vrai que vous ne l'avez pas. J'avais les plus belles pensées du monde, et vos discours m'ont brouillé tout cela. Laissez faire : une autre fois je mettrai mes raisonnements par écrit, pour disputer avec vous.

DOM JUAN. — Tu feras bien.

SGANARELLE. — Mais, Monsieur, cela serait-il de la permission que vous m'avez donnée, si je vous disais que je suis tant soit peu scandalisé de la vie que vous menez ?

DOM JUAN. — Comment ? quelle vie est-ce que je mène ?

SGANARELLE. — Fort bonne. Mais, par exemple, de vous voir tous les mois vous marier comme vous faites...

DOM JUAN. — Y a-t-il rien de plus agréable ?

SGANARELLE. — Il est vrai, je conçois que cela est fort agréable et fort divertissant, et je m'en accommoderais assez, moi, s'il n'y avait point de mal, mais, Monsieur, se jouer ainsi d'un mystère sacré, et...

DOM JUAN. — Va, va, c'est une affaire entre le Ciel et moi, et nous démêlerons bien ensemble, sans que tu t'en mettes en peine.

SGANARELLE. — Ma foi ! Monsieur, j'ai toujours ouï dire que c'est une méchante raillerie que de se railler du Ciel, et que les libertins ne font jamais une bonne fin.

DOM JUAN. — Holà ! maître sot, vous savez que je vous ai dit que je n'aime pas les faiseurs de remontrances.

SGANARELLE. — Je ne parle pas aussi à vous, Dieu m'en garde. Vous savez ce que vous faites, vous ; et si vous ne croyez rien, vous avez vos raisons ; mais il y a de certains petits impertinents dans le monde, qui sont libertins sans savoir pourquoi, qui font les esprits forts, parce qu'ils croient que cela leur sied bien ; et si j'avais un maître comme cela, je lui dirais fort nettement, le regardant en face : « Osez-vous bien ainsi vous jouer au Ciel, et ne tremblez-vous point de vous moquer comme vous faites des choses les plus saintes ? C'est bien à vous, petit ver de terre, petit mirmidon que vous êtes (je parle au maître que j'ai dit), c'est bien à vous à vouloir vous mêler de tourner en raillerie ce que tous les hommes révèrent ? Pensez-vous que pour être de qualité, pour avoir une perruque blonde et bien frisée, des plumes à votre chapeau, un habit bien doré, et des rubans couleur de feu (ce n'est pas à vous que je parle, c'est à l'autre), pensez-vous, dis-je, que vous en soyez plus habile homme, que tout vous soit permis, et qu'on n'ose vous dire vos vérités ? Apprenez de moi, qui suis votre valet, que le Ciel punit tôt ou tard les impies, qu'une méchante vie amène une méchante mort, et que... »

DOM JUAN. — Paix !

SGANARELLE. — De quoi est-il question ?

DOM JUAN. — Il est question de te dire qu'une beauté me tient au cœur, et qu'entraîné par ses appas, je l'ai suivie jusques en cette ville.

SGANARELLE. — Et n'y craignez-vous rien, Monsieur, de la mort de ce commandeur que vous tuâtes il y a six mois ?

DOM JUAN. — Et pourquoi craindre ? Ne l'ai-je pas bien tué ?

SGANARELLE. — Fort bien, le mieux du monde, et il aurait tort de se plaindre.

DOM JUAN. — J'ai eu ma grâce de cette affaire.

SGANARELLE. — Oui, mais cette grâce n'éteint pas peut-être le ressentiment des parents et des amis, et...

DOM JUAN. — Ah! n'allons point songer au mal qui nous peut arriver, et songeons seulement à ce qui nous peut donner du plaisir. La personne dont je te parle est une jeune fiancée, la plus agréable du monde, qui a été conduite ici par celui même qu'elle y vient épouser; et le hasard me fit voir ce couple d'amants trois ou quatre jours avant leur voyage. Jamais je n'ai vu deux personnes être si contents l'un de l'autre, et faire éclater plus d'amour. La tendresse visible de leurs mutuelles ardeurs me donna de l'émotion; j'en fus frappé au cœur et mon amour commença par la jalousie. Oui, je ne pus souffrir d'abord de les voir si bien ensemble; le dépit alarma mes désirs, et je me figurai un plaisir extrême à pouvoir troubler leur intelligence, et rompre cet attachement, dont la délicatesse de mon cœur se tenait offensée; mais jusques ici tous mes efforts ont été inutiles, et j'ai recours au dernier remède. Cet époux prétendu doit aujourd'hui régaler sa maîtresse d'une promenade sur mer. Sans t'en avoir rien dit, toutes choses sont préparées pour satisfaire mon amour, et j'ai une petite barque et des gens, avec quoi fort facilement je prétends enlever la belle.

SGANARELLE. — Ha! Monsieur...

DOM JUAN. — Hein ?

SGANARELLE. — C'est fort bien à vous, et vous le prenez comme il faut. Il n'est rien tel en ce monde que de se contenter.

DOM JUAN. — Prépare-toi donc à venir avec moi, et prends soin toi-même d'apporter toutes mes armes, afin que... Ah! rencontre fâcheuse. Traître, tu ne m'avais pas dit qu'elle était ici elle-même.

SGANARELLE. — Monsieur, vous ne me l'avez pas demandé.

DOM JUAN. — Est-elle folle, de n'avoir pas changé d'habit, et de venir en ce lieu-ci avec son équipage de campagne ?

364 DOM JUAN OU LE FESTIN DE PIERRE

SCÈNE III

DONE ELVIRE, DOM JUAN, SGANARELLE

DONE ELVIRE. — Me ferez-vous la grâce, Dom Juan, de vouloir bien me reconnaître ? et puis-je au moins espérer que vous daigniez tourner le visage de ce côté ?

DOM JUAN. — Madame, je vous avoue que je suis surpris, et que je ne vous attendais pas ici.

DONE ELVIRE. — Oui, je vois bien que vous ne m'y attendiez pas ; et vous êtes surpris, à la vérité, mais tout autrement que je ne l'espérais ; et la manière dont vous le paraissez me persuade pleinement ce que je refusais de croire. J'admire ma simplicité et la faiblesse de mon cœur à douter d'une trahison que tant d'apparences me confirmaient. J'ai été assez bonne, je le confesse, ou plutôt assez sotte pour me vouloir tromper moi-même, et travailler à démentir mes yeux et mon jugement. J'ai cherché des raisons pour excuser à ma tendresse le relâchement d'amitié qu'elle voyait en vous ; et je me suis forgé exprès cent sujets légitimes d'un départ si précipité, pour vous justifier du crime dont ma raison vous accusait. Mes justes soupçons chaque jour avaient beau me parler : j'en rejetais la voix qui vous rendait criminel à mes yeux, et j'écoutais avec plaisir mille chimères ridicules qui vous peignaient innocent à mon cœur. Mais enfin cet abord ne me permet plus de douter, et le coup d'œil qui m'a reçue m'apprend bien plus de choses que je ne voudrais en savoir. Je serai bien aise pourtant d'ouïr de votre bouche les raisons de votre départ. Parlez, Dom Juan, je vous prie, et voyons de quel air vous saurez vous justifier !

DOM JUAN. — Madame, voilà Sganarelle qui sait pourquoi je suis parti.

SGANARELLE. — Moi, Monsieur ? Je n'en sais rien, s'il vous plaît.

DONE ELVIRE. — Hé bien ! Sganarelle, parlez. Il n'importe de quelle bouche j'entende ces raisons.

DOM JUAN, *faisant signe d'approcher à Sganarelle.* — Allons, parle donc à Madame.

SGANARELLE. — Que voulez-vous que je dise ?

DONE ELVIRE. — Approchez, puisqu'on le veut ainsi, et me dites un peu les causes d'un départ si prompt.

DOM JUAN. — Tu ne répondras pas ?

SGANARELLE. — Je n'ai rien à répondre. Vous vous
moquez de votre serviteur.

DOM JUAN. — Veux-tu répondre, te dis-je ?

SGANARELLE. — Madame...

DONE ELVIRE. — Quoi ?

SGANARELLE, *se retournant vers son maître.* — Monsieur...

DOM JUAN. — Si...

SGANARELLE. — Madame, les conquérants, Alexandre
et les autres mondes sont causes de notre départ. Voilà,
Monsieur, tout ce que je puis dire.

DONE ELVIRE. — Vous plaît-il, Dom Juan, nous éclaircir ces beaux mystères ?

DOM JUAN. — Madame, à vous dire la vérité...

DONE ELVIRE. — Ah! que vous savez mal vous défendre
pour un homme de cour, et qui doit être accoutumé à
ces sortes de choses! J'ai pitié de vous voir la confusion
que vous avez. Que ne vous armez-vous le front d'une
noble effronterie ? Que ne me jurez-vous que vous êtes
toujours dans les mêmes sentiments pour moi, que vous
m'aimez toujours avec une ardeur sans égale, et que rien
n'est capable de vous détacher de moi que la mort ? Que
ne me dites-vous que des affaires de la dernière conséquence vous ont obligé à partir sans m'en donner avis;
qu'il faut que, malgré vous, vous demeuriez ici quelque
temps, et que je n'ai qu'à m'en retourner d'où je viens,
assurée que vous suivrez mes pas le plus tôt qu'il vous
sera possible; qu'il est certain que vous brûlez de me
rejoindre, et qu'éloigné de moi, vous souffrez ce que
souffre un corps qui est séparé de son âme ? Voilà comme
il faut vous défendre, et non pas être interdit comme vous
êtes.

DOM JUAN. — Je vous avoue, Madame, que je n'ai point
le talent de dissimuler, et que je porte un cœur sincère.
Je ne vous dirai point que je suis toujours dans les mêmes
sentiments pour vous, et que je brûle de vous rejoindre,
puisque enfin il est assuré que je ne suis parti que pour
vous fuir; non point par les raisons que vous pouvez vous
figurer, mais par un pur motif de conscience, et pour ne
croire pas qu'avec vous davantage je puisse vivre sans
péché. Il m'est venu des scrupules, Madame, et j'ai ouvert
les yeux de l'âme sur ce que je faisais. J'ai fait réflexion
que, pour vous épouser, je vous ai dérobée à la clôture
d'un couvent, que vous avez rompu des vœux qui vous
engageaient autre part, et que le Ciel est fort jaloux de
ces sortes de choses. Le repentir m'a pris, et j'ai craint le

courroux céleste; j'ai cru que notre mariage n'était qu'un adultère déguisé, qu'il nous attirerait quelque disgrâce d'en haut, et qu'enfin je devais tâcher de vous oublier, et vous donner moyen de retourner à vos premières chaînes. Voudriez-vous, Madame, vous opposer à une si sainte pensée, et que j'allasse, en vous retenant, me mettre le Ciel sur les bras, que par... ?

DONE ELVIRE. — Ah! scélérat, c'est maintenant que je te connais tout entier; et pour mon malheur, je te connais lorsqu'il n'en est plus temps, et qu'une telle connaissance ne peut plus me servir qu'à me désespérer. Mais sache que ton crime ne demeurera pas impuni, et que le même Ciel dont tu te joues me saura venger de ta perfidie.

DOM JUAN. — Sganarelle, le Ciel!

SGANARELLE. — Vraiment oui, nous nous moquons bien de cela, nous autres.

DOM JUAN. — Madame...

DONE ELVIRE. — Il suffit. Je n'en veux pas ouïr davantage, et je m'accuse même d'en avoir trop entendu. C'est une lâcheté que de se faire expliquer trop sa honte; et, sur de tels sujets, un noble cœur, au premier mot, doit prendre son parti. N'attends pas que j'éclate ici en reproches et en injures : non, non, je n'ai point un courroux à exhaler en paroles vaines, et toute sa chaleur se réserve pour sa vengeance. Je te le dis encore, le Ciel te punira, perfide, de l'outrage que tu me fais; et si le Ciel n'a rien que tu puisses appréhender, appréhende du moins la colère d'une femme offensée.

SGANARELLE. — Si le remords le pouvait prendre!

DOM JUAN, *après une petite réflexion.* — Allons songer à l'exécution de notre entreprise amoureuse.

SGANARELLE. — Ah! quel abominable maître me vois-je obligé de servir!

ACTE II

SCÈNE I

CHARLOTTE, PIERROT

CHARLOTTE. — Nostre-dinse, Piarrot, tu t'es trouvé là bien à point.

PIERROT. — Parquienne, il ne s'en est pas fallu l'épaisseur d'une éplinque qu'ils ne se sayant nayés tous deux.

CHARLOTTE. — C'est donc le coup de vent da matin qui les avait renvarsés dans la mar ?

PIERROT. — Aga, guien, Charlotte, je m'en vas te conter tout fin drait comme cela est venu ; car, comme dit l'autre, je les ai le premier avisés, avisés le premier je les ai. Enfin donc j'étions sur le bord de la mar, moi et le gros Lucas, et je nous amusions à batifoler avec des mottes de tarre que je nous jesquions à la tête ; car, comme tu sais bian, le gros Lucas aime à batifoler, et moi par fouas je batifole itou. En batifolant donc, pisque batifoler y a, j'ai aparçu de tout loin queuque chose qui grouillait dans gliau, et qui venait comme envars nous par secousse. Je voyais cela fixiblement, et pis tout d'un coup je voyais que je ne voyais plus rien. « Eh ! Lucas, ç'ai-je fait, je pense que vlà des hommes qui nageant là-bas. — Voire, ce m'a-t-il fait, t'as été au trépassement d'un chat, t'as la vue trouble. — Palsanquienne, ç'ai-je fait, je n'ai point la vue trouble : ce sont des hommes. — Point du tout, ce m'a-t-il fait, t'as la barlue. — Veux-tu gager, ç'ai-je fait, que je n'ai point la barlue, ç'ai-je fait, et que ce sont deux hommes, ç'ai-je fait, qui nageant droit ici ? ç'ai-je fait. — Morquenne, ce m'a-t-il fait, je gage que non. — O ! ça, ç'ai-je fait, veux-tu gager dix sols que si ? — Je le veux bian, ce m'a-t-il fait ; et pour te montrer, vlà argent su jeu », ce m'a-t-il fait. Moi, je n'ai point été ni fou, ni étourdi ; j'ai bravement bouté à tarre quatre pièces tapées et cinq sols en doubles, jergniguenne, aussi hardiment que si j'avais avalé un varre de vin ; car je ses hasardeux, moi, et je vas à la débandade. Je savais bian ce que je faisais pourtant. Queuque niais ! Enfin donc, je n'avons pas putôt eu gagé, que j'avons vu les deux hommes tout à plain, qui nous faisiant signe de

les aller quérir; et moi de tirer auparavant les enjeux.
« Allons, Lucas, ç'ai-je dit, tu vois bian qu'ils nous appel-
lont : allons vite à leu secours. — Non, ce m'a-t-il dit, ils
m'ont fait pardre. » O! donc, tanquia qu'à la parfin,
pour le faire court, je l'ai tant sarmonné, que je nous
sommes boutés dans une barque, et pis j'avons tant fait
cahin-caha, que je les avons tirés de gliau, et pis je les
avons menés cheux nous auprès du feu, et pis ils se sant
dépouillés tous nus pour se sécher, et pis il y en est venu
encore deux de la même bande, qui s'équiant sauvés tout
seuls, et pis Mathurine est arrivée là, à qui l'en a fait les
doux yeux. Vlà justement, Charlotte, comme tout ça
s'est fait.

CHARLOTTE. — Ne m'as-tu pas dit, Piarrot, qu'il y
en a un qu'est bien pus mieux fait que les autres ?

PIERROT. — Oui, c'est le maître. Il faut que ce soit
queuque gros, gros Monsieur, car il a du dor à son habit
tout depis le haut jusqu'en bas; et ceux qui le servont sont
des Monsieux eux-mêmes; et stapandant, tout gros Monsieur qu'il est, il serait, par ma fique, nayé, si je naviomme
esté là.

CHARLOTTE. — Ardez un peu.

PIERROT. — O! parquenne, sans nous, il en avait pour
sa maine de fèves.

CHARLOTTE. — Est-il encore cheux toi tout nu, Piarrot ?

PIERROT. — Nannain : ils l'avont rhabillé tout devant
nous. Mon quieu, je n'en avais jamais vu s'habiller. Que
d'histoires et d'angigorniaux boutont ces Messieus-là les
courtisans! Je me pardrais là-dedans, pour moi, et j'étais
tout ébobi de voir ça. Quien, Charlotte, ils avont des
cheveux qui ne tenont point à leu tête; et ils boutont ça
après tout, comme un gros bonnet de filesse. Ils ant des
chemises qui ant des manches où j'entrerions tout brandis,
toi et moi. En glieu d'haut-de-chausses, ils portont un
garde-robe aussi large que d'ici à Pâques; en glieu de
pourpoint, de petites brassières, qui ne leu venont pas
usqu'au brichet; et en glieu de rabats, un grand mouchoir
de cou à réziau, aveuc quatre grosses houppes de linge
qui leu pendont sur l'estomaque. Ils avont itou d'autres
petits rabats au bout des bras, et de grands entonnois de
passement aux jambes, et parmi tout ça tant de rubans,
tant de rubans, que c'est une vraie piquié. Ignia pas
jusqu'aux souliers qui n'en soiont farcis tout depis un
bout jusqu'à l'autre; et ils sont faits d'eune façon que je me
romprais le cou aveuc.

CHARLOTTE. — Par ma fi, Piarrot, il faut que j'aille voir un peu ça.

PIERROT. — O! acoute un peu auparavant, Charlotte : j'ai queuque autre chose à te dire, moi.

CHARLOTTE. — Eh bian! dis, qu'est-ce que c'est ?

PIERROT. — Vois-tu, Charlotte, il faut, comme dit l'autre, que je débonde mon cœur. Je t'aime, tu le sais bian, et je sommes pour être mariés ensemble; mais marquenne, je ne suis point satisfait de toi.

CHARLOTTE. — Quement ? qu'est-ce que c'est donc qu'igla ?

PIERROT. — Iglia que tu me chagraignes l'esprit, franchement.

CHARLOTTE. — Et quement donc ?

PIERROT. — Testiguienne, tu ne m'aimes point.

CHARLOTTE. — Ah! ah! n'est que ça ?

PIERROT. — Oui, ce n'est que ça, et c'est bian assez.

CHARLOTTE. — Mon quieu, Piarrot, tu me viens toujou dirc la même chose.

PIERROT. — Je te dis toujou la même chose, parce que c'est toujou la même chose; et si ce n'était pas toujou la même chose, je ne te dirais pas toujou la même chose.

CHARLOTTE. — Mais qu'est-ce qu'il te faut ? Que veux-tu ?

PIERROT. — Jerniquenne! je veux que tu m'aimes.

CHARLOTTE. — Est-ce que je ne t'aime pas ?

PIERROT. — Non, tu ne m'aimes pas; et si, je fais tout ce que je pis pour ça : je t'achète, sans reproche, des rubans à tous les marciers qui passont; je me romps le cou à t'aller dénicher des marles; je fais jouer pour toi les vielleux quand ce vient ta fête; et tout ça, comme si je me frappais la tête contre un mur. Vois-tu, ça n'est ni biau ni honnête de n'aimer pas les gens qui nous aimont.

CHARLOTTE. — Mais, mon gnieu, je t'aime aussi.

PIERROT. — Oui, tu m'aimes d'une belle dégaine!

CHARLOTTE. — Quement veux-tu donc qu'on fasse ?

PIERROT. — Je veux que l'en fasse comme l'en fait quand l'en aime comme il faut.

CHARLOTTE. — Ne t'aimé-je pas aussi comme il faut ?

PIERROT. — Non : quand ça est, ça se voit, et l'en fait mille petites singeries aux personnes quand on les aime du bon du cœur. Regarde la grosse Thomasse, comme elle est assotée du jeune Robain : alle est toujou autour de li à l'agacer, et ne le laisse jamais en repos; toujou al li fait queuque niche ou li baille queuque taloche en passant; et

l'autre jour qu'il était assis sur un escabiau, al fut le tirer
de dessous li, et le fit choir tout de son long par tarre.
Jarni! vlà où l'en voit les gens qui aimont; mais toi, tu ne
me dis jamais mot, t'es toujou là comme eune vraie souche
de bois; et je passerais vingt fois devant toi, que tu ne te
grouillerais pas pour me bailler le moindre coup, ou me
dire la moindre chose. Ventrequenne! ça n'est pas bian,
après tout, et t'es trop froide pour les gens.

CHARLOTTE. — Que veux-tu que j'y fasse? C'est mon
himeur, et je ne me pis refondre.

PIERROT. — Ignia himeur qui quienne. Quand en a de
l'amiquié pour les personnes, l'an en baille toujou queuque
petite signifiance.

CHARLOTTE. — Enfin je t'aime tout autant que je pis,
et si tu n'es pas content de ça, tu n'as qu'à en aimer queuque autre.

PIERROT. — Eh bien! vlà pas mon compte. Testigué! si
tu m'aimais, me dirais-tu ça?

CHARLOTTE. — Pourquoi me viens-tu aussi tarabuster
l'esprit?

PIERROT. — Morqué! queu mal te fais-je! Je ne te
demande qu'un peu d'amiquié.

CHARLOTTE. — Eh bian! laisse faire aussi, et ne me
presse point tant. Peut-être que ça viendra tout d'un coup
sans y songer.

PIERROT. — Touche donc là, Charlotte.

CHARLOTTE. — Eh bien! quien.

PIERROT. — Promets-moi donc que tu tâcheras de
m'aimer davantage.

CHARLOTTE. — J'y ferai tout ce que je pourrai, mais il
faut que ça vienne de lui-même. Piarrot, est-ce là ce
Monsieur?

PIERROT. — Oui, le vlà.

CHARLOTTE. — Ah! mon quieu, qu'il est genti, et que
ç'aurait été dommage qu'il eût été nayé.

PIERROT. — Je revians tout à l'heure : je m'en vas boire
chopaine, pour me rebouter tant soit peu de la fatigue que
j'ais eue.

SCÈNE II

DOM JUAN, SGANARELLE, CHARLOTTE

DOM JUAN. — Nous avons manqué notre coup, Sganarelle, et cette bourrasque imprévue a renversé avec notre

barque le projet que nous avions fait; mais, à te dire vrai, la paysanne que je viens de quitter répare ce malheur, et je lui ai trouvé des charmes qui effacent de mon esprit tout le chagrin que me donnait le mauvais succès de notre entreprise. Il ne faut pas que ce cœur m'échappe, et j'y ai déjà jeté des dispositions à ne pas me souffrir longtemps de pousser des soupirs.

SGANARELLE. — Monsieur, j'avoue que vous m'étonnez. A peine sommes-nous échappés d'un péril de mort qu'au lieu de rendre grâce au Ciel de la pitié qu'il a daigné prendre de nous, vous travaillez tout de nouveau à attirer sa colère par vos fantaisies accoutumées et vos amours cr... Paix! coquin que vous êtes; vous ne savez ce que vous dites, et Monsieur sait ce qu'il fait. Allons.

DOM JUAN, *apercevant Charlotte.* — Ah! ah! d'où sort cette autre paysanne, Sganarelle? As-tu rien vu de plus joli? et ne trouves-tu pas, dis-moi, que celle-ci vaut bien l'autre?

SGANARELLE. — Assurément. Autre pièce nouvelle.

DOM JUAN. — D'où me vient, la belle, une rencontre si agréable? Quoi? dans ces lieux champêtres, parmi ces arbres et ces rochers, on trouve des personnes faites comme vous êtes?

CHARLOTTE. — Vous voyez, Monsieur.

DOM JUAN. — Êtes-vous de ce village?

CHARLOTTE. — Oui, Monsieur.

DOM JUAN. — Et vous y demeurez?

CHARLOTTE. — Oui, Monsieur.

DOM JUAN. — Vous vous appelez?

CHARLOTTE. — Charlotte, pour vous servir.

DOM JUAN. — Ah! la belle personne, et que ses yeux sont pénétrants!

CHARLOTTE. — Monsieur, vous me rendez toute honteuse.

DOM JUAN. — Ah! n'ayez point de honte d'entendre dire vos vérités. Sganarelle, qu'en dis-tu? Peut-on voir rien de plus agréable? Tournez-vous un peu, s'il vous plaît. Ah! que cette taille est jolie! Haussez un peu la tête, de grâce. Ah! que ce visage est mignon! Ouvrez vos yeux entièrement. Ah! qu'ils sont beaux! Que je voie un peu vos dents, je vous prie. Ah! qu'elles sont amoureuses, et ces lèvres appétissantes! Pour moi, je suis ravi, et je n'ai jamais vu une si charmante personne.

CHARLOTTE. — Monsieur, cela vous plaît à dire, et je ne sais pas si c'est pour vous railler de moi.

DOM JUAN. — Moi, me railler de vous ? Dieu m'en garde ! Je vous aime trop pour cela, et c'est du fond du cœur que je vous parle.

CHARLOTTE. — Je vous suis bien obligée, si ça est.

DOM JUAN. — Point du tout ; vous ne m'êtes point obligée de tout ce que je dis, et ce n'est qu'à votre beauté que vous en êtes redevable.

CHARLOTTE. — Monsieur, tout ça est trop bien dit pour moi, et je n'ai pas d'esprit pour vous répondre.

DOM JUAN. — Sganarelle, regarde un peu ses mains.

CHARLOTTE. — Fi ! Monsieur, elles sont noires comme je ne sais quoi.

DOM JUAN. — Ha ! que dites-vous là ? Elles sont les plus belles du monde ; souffrez que je les baise, je vous prie.

CHARLOTTE. — Monsieur, c'est trop d'honneur que vous me faites, et si j'avais su ça tantôt, je n'aurais pas manqué de les laver avec du son.

DOM JUAN. — Et dites-moi un peu, belle Charlotte, vous n'êtes pas mariée sans doute ?

CHARLOTTE. — Non, Monsieur ; mais je dois bientôt l'être avec Piarrot, le fils de la voisine Simonette.

DOM JUAN. — Quoi ? une personne comme vous serait la femme d'un simple paysan ! Non, non : c'est profaner tant de beautés, et vous n'êtes pas née pour demeurer dans un village. Vous méritez sans doute une meilleure fortune, et le Ciel, qui le connaît bien, m'a conduit ici tout exprès pour empêcher ce mariage, et rendre justice à vos charmes ; car enfin, belle Charlotte, je vous aime de tout mon cœur, et il ne tiendra qu'à vous que je vous arrache de ce misérable lieu, et ne vous mette dans l'état où vous méritez d'être. Cet amour est bien prompt sans doute ; mais quoi ? c'est un effet, Charlotte, de votre grande beauté, et l'on vous aime autant en un quart d'heure qu'on ferait une autre en six mois.

CHARLOTTE. — Aussi vrai, Monsieur, je ne sais comment faire quand vous parlez. Ce que vous dites me fait aise, et j'aurais toutes les envies du monde de vous croire ; mais on m'a toujou dit qu'il ne faut jamais croire les Monsieux, et que vous autres courtisans êtes des enjôleurs, qui ne songez qu'à abuser les filles.

DOM JUAN. — Je ne suis pas de ces gens-là.

SGANARELLE. — Il n'a garde.

CHARLOTTE. — Voyez-vous, Monsieur, il n'y a pas plaisir à se laisser abuser. Je suis une pauvre paysanne ;

mais j'ai l'honneur en recommandation, et j'aimerais mieux me voir morte que de me voir déshonorée.

DOM JUAN. — Moi, j'aurais l'âme assez méchante pour abuser une personne comme vous ? Je serais assez lâche pour vous déshonorer ? Non, non : j'ai trop de conscience pour cela. Je vous aime, Charlotte, en tout bien et en tout honneur ; et pour vous montrer que je vous dis vrai, sachez que je n'ai point d'autre dessein que de vous épouser : en voulez-vous un plus grand témoignage ? M'y voilà prêt quand vous voudrez ; et je prends à témoin l'homme que voilà de la parole que je vous donne.

SGANARELLE. — Non, non, ne craignez point : il se mariera avec vous tant que vous voudrez.

DOM JUAN. — Ah ! Charlotte, je vois bien que vous ne me connaissez pas encore. Vous me faites grand tort de juger de moi par les autres ; et s'il y a des fourbes dans le monde, des gens qui ne cherchent qu'à abuser des filles, vous devez me tirer du nombre, et ne pas mettre en doute la sincérité de ma foi. Et puis votre beauté vous assure de tout. Quand on est faite comme vous, on doit être à couvert de toutes ces sortes de crainte ; vous n'avez point l'air, croyez-moi, d'une personne qu'on abuse ; et pour moi, je l'avoue, je me percerais le cœur de mille coups, si j'avais eu la moindre pensée de vous trahir.

CHARLOTTE. — Mon Dieu ! je ne sais si vous dites vrai, ou non ; mais vous faites que l'on vous croit.

DOM JUAN. — Lorsque vous me croirez, vous me rendrez justice assurément, et je vous réitère encore la promesse que je vous ai faite. Ne l'acceptez-vous pas, et ne voulez-vous pas consentir à être ma femme ?

CHARLOTTE. — Oui, pourvu que ma tante le veuille.

DOM JUAN. — Touchez donc là, Charlotte, puisque vous le voulez bien de votre part.

CHARLOTTE. — Mais au moins, Monsieur, ne m'allez pas tromper, je vous prie : il y aurait de la conscience à vous, et vous voyez comme j'y vais à la bonne foi.

DOM JUAN. — Comment ? Il semble que vous doutiez encore de ma sincérité ! Voulez-vous que je fasse des serments épouvantables ? Que le Ciel...

CHARLOTTE. — Mon Dieu, ne jurez point, je vous crois.

DOM JUAN. — Donnez-moi donc un petit baiser pour gage de votre parole.

CHARLOTTE. — Oh ! Monsieur, attendez que je soyons mariés, je vous prie ; après ça, je vous baiserai tant que vous voudrez.

DOM JUAN. — Eh bien! belle Charlotte, je veux tout ce que vous voulez; abandonnez-moi seulement votre main, et souffrez que, par mille baisers, je lui exprime le ravissement où je suis...

SCÈNE III

DOM JUAN, SGANARELLE, PIERROT, CHARLOTTE

PIERROT, *se mettant entre deux et poussant Dom Juan.* — Tout doucement, Monsieur, tenez-vous, s'il vous plaît. Vous vous échauffez trop, et vous pourriez gagner la purésie.

DOM JUAN, *repoussant rudement Pierrot.* — Qui m'amène cet impertinent?

PIERROT. — Je vous dis qu'ou vous tegniez, et qu'ou ne caressiais point nos accordées.

DOM JUAN, *continue de le repousser.* — Ah! que de bruit!

PIERROT. — Jerniquenne! ce n'est pas comme ça qu'il faut pousser les gens.

CHARLOTTE, *prenant Pierrot par le bras.* — Et laisse-le faire aussi, Piarrot.

PIERROT. — Quement? que je le laisse faire? Je ne veux pas, moi.

DOM JUAN. — Ah!

PIERROT. — Testiguenne! parce qu'ous êtes Monsieu, ous viendrez caresser nos femmes à notre barbe? Allez-v's-en caresser les vostres.

DOM JUAN. — Heu?

PIERROT. — Heu. (*Dom Juan lui donne un soufflet.*) Testigué! ne me frappez pas. (*Autre soufflet.*) Oh! jernigué! (*Autre soufflet.*) Ventrequé! (*Autre soufflet.*) Palsanqué! Morquenne! ça n'est pas bian de battre les gens, et ce n'est pas là la récompense de v's avoir sauvé d'estre nayé.

CHARLOTTE. — Piarrot, ne te fâche point.

PIERROT. — Je me veux fâcher; et t'es une vilaine, toi, d'endurer qu'on te cajole.

CHARLOTTE. — Oh! Piarrot, ce n'est pas ce que tu penses. Ce Monsieur veut m'épouser, et tu ne dois pas te bouter en colère.

PIERROT. — Quement? Jerni! tu m'es promise.

CHARLOTTE. — Ça n'y fait rien, Piarrot. Si tu m'aimes, ne dois-tu pas être bien aise que je devienne Madame ?

PIERROT. — Jerniqué! non. J'aime mieux te voir crevée que de te voir à un autre.

CHARLOTTE. — Va, va, Piarrot, ne te mets point en peine : si je sis Madame, je te ferai gagner queuque chose, et tu apporteras du beurre et du fromage cheux nous.

PIERROT. — Ventrequenne! je gni en porterai jamais, quand tu m'en paierais deux fois autant. Est-ce donc comme ça que t'écoutes ce qu'il te dit ? Morquenne! si j'avais su ça tantôt, je me serais bian gardé de le tirer de gliau, et je gli aurais baillé un bon coup d'aviron sur la tête.

DOM JUAN, *s'approchant de Pierrot pour le frapper.* — Qu'est-ce que vous dites ?

PIERROT, *s'éloignant derrière Charlotte.* — Jerniquenne! je ne crains parsonne.

DOM JUAN *passe du côté où est Pierrot.* — Attendez-moi un peu.

PIERROT *repasse de l'autre côté de Charlotte.* — Je me moque de tout, moi.

DOM JUAN *court après Pierrot.* — Voyons cela.

PIERROT *se sauve encore derrière Charlotte.* — J'en avons bien vu d'autres.

DOM JUAN. — Houais!

SGANARELLE. — Eh! Monsieur, laissez là ce pauvre misérable. C'est conscience de le battre. Écoute, mon pauvre garçon, retire-toi, et ne lui dis rien.

PIERROT *passe devant Sganarelle, et dit fièrement à Dom Juan.* — Je veux lui dire, moi.

DOM JUAN *lève la main pour donner un soufflet à Pierrot, qui baisse la tête et Sganarelle reçoit le soufflet.* — Ah! je vous apprendrai.

SGANARELLE, *regardant Pierrot qui s'est baissé pour éviter le soufflet.* — Peste soit du maroufle!

DOM JUAN. — Te voilà payé de ta charité.

PIERROT. — Jarni! je vas dire à sa tante tout ce ménage-ci.

DOM JUAN. — Enfin je m'en vais être le plus heureux de tous les hommes, et je ne changerais pas mon bonheur à toutes les choses du monde. Que de plaisirs quand vous serez ma femme! et que...

SCÈNE IV

DOM JUAN, SGANARELLE, CHARLOTTE, MATHURINE

SGANARELLE, *apercevant Mathurine*. — Ah! ah!

MATHURINE, *à Dom Juan*. — Monsieur, que faites-vous donc là avec Charlotte ? Est-ce que vous lui parlez d'amour aussi ?

DOM JUAN, *bas, à Mathurine*. — Non, au contraire, c'est elle qui me témoignait une envie d'être ma femme, et je lui répondais que j'étais engagé à vous.

CHARLOTTE. — Qu'est-ce que c'est donc que vous veut Mathurine ?

DOM JUAN, *bas, à Charlotte*. — Elle est jalouse de me voir vous parler, et voudrait bien que je l'épousasse; mais je lui dis que c'est vous que je veux.

MATHURINE. — Quoi ? Charlotte...

DOM JUAN, *bas, à Mathurine*. — Tout ce que vous lui direz sera inutile; elle s'est mis cela dans la tête.

CHARLOTTE. — Quement donc! Mathurine...

DOM JUAN, *bas, à Charlotte*. — C'est en vain que vous lui parlerez; vous ne lui ôterez point cette fantaisie.

MATHURINE. — Est-ce que... ?

DOM JUAN, *bas, à Mathurine*. — Il n'y a pas moyen de lui faire entendre raison.

CHARLOTTE. — Je voudrais...

DOM JUAN, *bas, à Charlotte*. — Elle est obstinée comme tous les diables.

MATHURINE. — Vraiment...

DOM JUAN, *bas, à Mathurine*. — Ne lui dites rien, c'est une folle.

CHARLOTTE. — Je pense...

DOM JUAN, *bas, à Charlotte*. — Laissez-la là, c'est une extravagante.

MATHURINE. — Non, non : il faut que je lui parle.

CHARLOTTE. — Je veux voir un peu ses raisons.

MATHURINE. — Quoi ?...

DOM JUAN, *bas, à Mathurine*. — Je gage qu'elle va vous dire que je lui ai promis de l'épouser.

CHARLOTTE. — Je...

DOM JUAN, *bas, à Charlotte*. — Gageons qu'elle vous soutiendra que je lui ai donné parole de la prendre pour femme.

MATHURINE. — Holà! Charlotte, ça n'est pas bian de courir sur le marché des autres.

CHARLOTTE. — Ça n'est pas honnête, Mathurine, d'être jalouse que Monsieur me parle.

MATHURINE. — C'est moi que Monsieur a vue la première.

CHARLOTTE. — S'il vous a vue la première, il m'a vue la seconde, et m'a promis de m'épouser.

DOM JUAN, *bas, à Mathurine.* — Eh bien! que vous ai-je dit?

MATHURINE. — Je vous baise les mains, c'est moi, et non pas vous, qu'il a promis d'épouser.

DOM JUAN, *bas, à Charlotte.* — N'ai-je pas deviné?

CHARLOTTE. — A d'autres, je vous prie; c'est moi, vous dis-je.

MATHURINE. — Vous vous moquez des gens; c'est moi, encore un coup.

CHARLOTTE. — Le vlà qui est pour le dire, si je n'ai pas raison.

MATHURINE. — Le vlà qui est pour me démentir, si je ne dis pas vrai.

CHARLOTTE. — Est-ce, Monsieur, que vous lui avez promis de l'épouser?

DOM JUAN, *bas, à Charlotte.* — Vous vous raillez de moi.

MATHURINE. — Est-il vrai, Monsieur, que vous lui avez donné parole d'être son mari?

DOM JUAN, *bas, à Mathurine.* — Pouvez-vous avoir cette pensée?

CHARLOTTE. — Vous voyez qu'al le soutient.

DOM JUAN, *bas, à Charlotte.* — Laissez-la faire.

MATHURINE. — Vous êtes témoin comme al l'assure.

DOM JUAN, *bas, à Mathurine.* — Laissez-la dire.

CHARLOTTE. — Non, non : il faut savoir la vérité.

MATHURINE. — Il est question de juger ça.

CHARLOTTE. — Oui, Mathurine. je veux que Monsieur vous montre votre bec jaune.

MATHURINE. — Oui, Charlotte, je veux que Monsieur vous rende un peu camuse.

CHARLOTTE. — Monsieur, videz la querelle, s'il vous plaît.

MATHURINE. — Mettez-nous d'accord, Monsieur.

CHARLOTTE, *à Mathurine.* — Vous allez voir.

MATHURINE, *à Charlotte.* — Vous allez voir vous-même.

CHARLOTTE, *à Dom Juan.* — Dites.

MATHURINE, *à Dom Juan.* — Parlez.

DOM JUAN, *embarrassé, leur dit à toutes deux.* — Que voulez-vous que je dise ? Vous soutenez également toutes deux que je vous ai promis de vous prendre pour femmes. Est-ce que chacune de vous ne sait pas ce qui en est, sans qu'il soit nécessaire que je m'explique davantage ? Pourquoi m'obliger là-dessus à des redites ? Celle à qui j'ai promis effectivement n'a-t-elle pas en elle-même de quoi se moquer des discours de l'autre, et doit-elle se mettre en peine, pourvu que j'accomplisse ma promesse ? Tous les discours n'avancent point les choses; il faut faire et non pas dire, et les effets décident mieux que les paroles. Aussi n'est-ce rien que par là que je vous veux mettre d'accord, et l'on verra, quand je me marierai, laquelle des deux a mon cœur. (*Bas, à Mathurine :*) Laissez-lui croire ce qu'elle voudra. (*Bas, à Charlotte :*) Laissez-la se flatter dans son imagination. (*Bas, à Mathurine :*) Je vous adore. (*Bas, à Charlotte :*) Je suis tout à vous. (*Bas, à Mathurine :*) Tous les visages sont laids auprès du vôtre. (*Bas, à Charlotte :*) On ne peut plus souffrir les autres quand on vous a vue. J'ai un petit ordre à donner; je viens vous retrouver dans un quart d'heure.

CHARLOTTE, *à Mathurine.* — Je suis celle qu'il aime, au moins.

MATHURINE. — C'est moi qu'il épousera.

SGANARELLE. — Ah! pauvres filles que vous êtes, j'ai pitié de votre innocence, et je ne puis souffrir de vous voir courir à votre malheur. Croyez-moi l'une et l'autre : ne vous amusez point à tous les contes qu'on vous fait, et demeurez dans votre village.

DOM JUAN, *revenant.* — Je voudrais bien savoir pourquoi Sganarelle ne me suit pas.

SGANARELLE. — Mon maître est un fourbe; il n'a dessein que de vous abuser, et en a bien abusé d'autres; c'est l'épouseur du genre humain, et... (*Il aperçoit Dom Juan.*) Cela est faux; et quiconque vous dira cela, vous lui devez dire qu'il en a menti. Mon maître n'est point l'épouseur du genre humain, il n'est point fourbe, il n'a pas dessein de vous tromper, et n'en a point abusé d'autres. Ah! tenez, le voilà! demandez-le plutôt à lui-même.

DOM JUAN. — Oui.

SGANARELLE. — Monsieur, comme le monde est plein de médisants, je vais au-devant des choses; et je leur disais que, si quelqu'un leur venait dire du mal de vous, elles se gardassent bien de le croire, et ne manquassent pas de lui dire qu'il en aurait menti.

DOM JUAN. — Sganarelle!

SGANARELLE. — Oui, Monsieur est homme d'honneur,
je le garantis tel.

DOM JUAN. — Hon!

SGANARELLE. — Ce sont des impertinents.

SCÈNE V

DOM JUAN, LA RAMÉE, CHARLOTTE, MATHURINE, SGANARELLE

LA RAMÉE. — Monsieur, je viens vous avertir qu'il ne
fait pas bon ici pour vous.

DOM JUAN. — Comment ?

LA RAMÉE. — Douze hommes à cheval vous cherchent,
qui doivent arriver ici dans un moment; je ne sais pas
par quel moyen ils peuvent vous avoir suivi; mais j'ai
appris cette nouvelle d'un paysan qu'ils ont interrogé, et
auquel ils vous ont dépeint. L'affaire presse, et le plus tôt
que vous pourrez sortir d'ici sera le meilleur.

DOM JUAN, *à Charlotte et Mathurine*. — Une affaire
pressante m'oblige à partir d'ici; mais je vous prie de vous
ressouvenir de la parole que je vous ai donnée, et de croire
que vous aurez de mes nouvelles avant qu'il soit demain
au soir. Comme la partie n'est pas égale, il faut user de
stratagème, et éluder adroitement le malheur qui me
cherche. Je veux que Sganarelle se revête de mes habits,
et moi...

SGANARELLE. — Monsieur, vous vous moquez. M'exposer à être tué sous vos habits, et...

DOM JUAN. — Allons vite, c'est trop d'honneur que je
vous fais, et bien heureux est le valet qui peut avoir la
gloire de mourir pour son maître.

SGANARELLE. — Je vous remercie d'un tel honneur. O
Ciel, puisqu'il s'agit de mort, fais-moi la grâce de n'être
point pris pour un autre!

ACTE III

SCÈNE I

DOM JUAN, *en habit de campagne,*
SGANARELLE, *en médecin*

SGANARELLE. — Ma foi, Monsieur, avouez que j'ai eu raison, et que nous voilà l'un et l'autre déguisés à merveille. Votre premier dessein n'était point du tout à propos, et ceci nous cache bien mieux que tout ce que vous vouliez faire.

DOM JUAN. — Il est vrai que te voilà bien, et je ne sais où tu as été déterrer cet attirail ridicule.

SGANARELLE. — Oui ? C'est l'habit d'un vieux médecin, qui a été laissé en gage au lieu où je l'ai pris, et il m'en a coûté de l'argent pour l'avoir. Mais savez-vous, Monsieur, que cet habit me met déjà en considération, que je suis salué des gens que je rencontre, et que l'on me vient consulter ainsi qu'un habile homme ?

DOM JUAN. — Comment donc ?

SGANARELLE. — Cinq ou six paysans et paysannes, en me voyant passer, me sont venus demander mon avis sur différentes maladies.

DOM JUAN. — Tu leur as répondu que tu n'y entendais rien ?

SGANARELLE. — Moi ? Point du tout. J'ai voulu soutenir l'honneur de mon habit : j'ai raisonné sur le mal, et leur ai fait des ordonnances à chacun.

DOM JUAN. — Et quels remèdes encore leur as-tu ordonnés ?

SGANARELLE. — Ma foi! Monsieur, j'en ai pris par où j'en ai pu attraper; j'ai fait mes ordonnances à l'aventure, et ce serait une chose plaisante si les malades guérissaient, et qu'on m'en vînt remercier.

DOM JUAN. — Et pourquoi non ? Par quelle raison n'aurais-tu pas les mêmes privilèges qu'ont tous les autres médecins ? Ils n'ont pas plus de part que toi aux guérisons des malades, et tout leur art est pure grimace. Ils ne font rien que recevoir la gloire des heureux succès, et tu peux profiter comme eux du bonheur du malade, et voir attri-

buer à tes remèdes tout ce qui peut venir des faveurs du
hasard et des forces de la nature.

SGANARELLE. — Comment, Monsieur, vous êtes aussi
impie en médecine ?

DOM JUAN. — C'est une des grandes erreurs qui soit
parmi les hommes.

SGANARELLE. — Quoi ? vous ne croyez pas au séné, ni
à la casse, ni au vin émétique ?

DOM JUAN. — Et pourquoi veux-tu que j'y croie ?

SGANARELLE. — Vous avez l'âme bien mécréante. Cependant vous voyez, depuis un temps, que le vin émétique
fait bruire ses fuseaux. Ses miracles ont converti les plus
incrédules esprits, et il n'y a pas trois semaines que j'en ai
vu, moi qui vous parle, un effet merveilleux.

DOM JUAN. — Et quel ?

SGANARELLE. — Il y avait un homme qui, depuis six
jours, était à l'agonie; on ne savait plus que lui ordonner,
et tous les remèdes ne faisaient rien; on s'avisa à la fin de
lui donner de l'émétique.

DOM JUAN. — Il réchappa, n'est-ce pas ?

SGANARELLE. — Non, il mourut.

DOM JUAN. — L'effet est admirable.

SGANARELLE. — Comment ? il y avait six jours entiers
qu'il ne pouvait mourir, et cela le fit mourir tout d'un
coup. Voulez-vous rien de plus efficace ?

DOM JUAN. — Tu as raison.

SGANARELLE. — Mais laissons là la médecine, où vous ne
croyez point, et parlons des autres choses, car cet habit
me donne de l'esprit, et je me sens en humeur de disputer
contre vous : vous savez bien que vous me permettez les
disputes, et que vous ne me défendez que les remontrances.

DOM JUAN. — Eh bien ?

SGANARELLE. — Je veux savoir un peu vos pensées à
fond. Est-il possible que vous ne croyiez point du tout
au Ciel ?

DOM JUAN. — Laissons cela.

SGANARELLE. — C'est-à-dire que non. Et à l'Enfer ?

DOM JUAN. — Eh !

SGANARELLE. — Tout de même. Et au diable, s'il vous
plaît ?

DOM JUAN. — Oui, oui.

SGANARELLE. — Aussi peu. Ne croyez-vous point l'autre
vie ?

DOM JUAN. — Ah! ah! ah!

SGANARELLE. — Voilà un homme que j'aurai bien de la

peine à convertir. Et dites-moi un peu, le Moine bourru, qu'en croyez-vous, eh!

DOM JUAN. — La peste soit du fat!

SGANARELLE. — Et voilà ce que je ne puis souffrir, car il n'y a rien de plus vrai que le Moine bourru, et je me ferais pendre pour celui-là. Mais encore faut-il croire quelque chose dans le monde : qu'est-ce donc que vous croyez ?

DOM JUAN. — Ce que je crois ?

SGANARELLE. — Oui.

DOM JUAN. — Je crois que deux et deux sont quatre, Sganarelle, et que quatre et quatre sont huit.

SGANARELLE. — La belle croyance et les beaux articles de foi que voilà! Votre religion, à ce que je vois, est donc l'arithmétique ? Il faut avouer qu'il se met d'étranges folies dans la tête des hommes, et que pour avoir bien étudié on est bien moins sage le plus souvent. Pour moi, Monsieur, je n'ai point étudié comme vous, Dieu merci, et personne ne saurait se vanter de m'avoir jamais rien appris; mais avec mon petit sens, mon petit jugement, je vois les choses mieux que tous les livres, et je comprends fort bien que ce monde que nous voyons n'est pas un champignon, qui soit venu tout seul en une nuit. Je voudrais bien vous demander qui a fait ces arbres-là, ces rochers, cette terre, et ce ciel que voilà là-haut, et si tout cela s'est bâti de lui-même. Vous voilà vous, par exemple, vous êtes là : est-ce que vous vous êtes fait tout seul, et n'a-t-il pas fallu que votre père ait engrossé votre mère pour vous faire ? Pouvez-vous voir toutes les inventions dont la machine de l'homme est composée sans admirer de quelle façon cela est agencé l'un dans l'autre : ces nerfs, ces os, ces veines, ces artères, ces... ce poumon, ce cœur, ce foie, et tous ces autres ingrédients qui sont là, et qui... Oh! dame, interrompez-moi donc si vous voulez : je ne saurais disputer si l'on ne m'interrompt; vous vous taisez exprès et me laissez parler par belle malice.

DOM JUAN. — J'attends que ton raisonnement soit fini.

SGANARELLE. — Mon raisonnement est qu'il y a quelque chose d'admirable dans l'homme, quoi que vous puissiez dire, que tous les savants ne sauraient expliquer. Cela n'est-il pas merveilleux que me voilà ici, et que j'aie quelque chose dans la tête qui pense cent choses différentes en un moment, et fait de mon corps tout ce qu'elle veut ? Je veux frapper des mains, hausser le bras, lever les yeux au ciel, baisser la tête, remuer les pieds, aller à droit, à gauche, en avant, en arrière, tourner...

Il se laisse tomber en tournant.

DOM JUAN. — Bon! voilà ton raisonnement qui a le nez cassé.

SGANARELLE. — Morbleu! je suis bien sot de m'amuser à raisonner avec vous. Croyez ce que vous voudrez : il m'importe bien que vous soyez damné!

DOM JUAN. — Mais tout en raisonnant, je crois que nous sommes égarés. Appelle un peu cet homme que voilà là-bas, pour lui demander le chemin.

SGANARELLE. — Holà, ho, l'homme! ho, mon compère! ho, l'ami! un petit mot s'il vous plaît.

SCÈNE II

DOM JUAN, SGANARELLE, UN PAUVRE

SGANARELLE. — Enseignez-nous un peu le chemin qui mène à la ville.

LE PAUVRE. — Vous n'avez qu'à suivre cette route, Messieurs, et détourner à main droite quand vous serez au bout de la forêt. Mais je vous donne avis que vous devez vous tenir sur vos gardes, et que depuis quelque temps il y a des voleurs ici autour.

DOM JUAN. — Je te suis bien obligé, mon ami, et je te rends grâce de tout mon cœur.

LE PAUVRE. — Si vous vouliez, Monsieur, me secourir de quelque aumône?

DOM JUAN. — Ah! ah! ton avis est intéressé, à ce que je vois.

LE PAUVRE. — Je suis un pauvre homme, Monsieur, retiré tout seul dans ce bois depuis dix ans, et je ne manquerai pas de prier le Ciel qu'il vous donne toute sorte de biens.

DOM JUAN. — Eh! prie-le qu'il te donne un habit, sans te mettre en peine des affaires des autres.

SGANARELLE. — Vous ne connaissez pas Monsieur, bonhomme! il ne croit qu'en deux et deux sont quatre et en quatre et quatre sont huit.

DOM JUAN. — Quelle est ton occupation parmi ces arbres?

LE PAUVRE. — De prier le Ciel tout le jour pour la prospérité des gens de bien qui me donnent quelque chose.

DOM JUAN. — Il ne se peut donc pas que tu ne sois bien à ton aise?

Le Pauvre. — Hélas! Monsieur, je suis dans la plus grande nécessité du monde.

Dom Juan. — Tu te moques : un homme qui prie le Ciel tout le jour ne peut pas manquer d'être bien dans ses affaires.

Le Pauvre. — Je vous assure, Monsieur, que le plus souvent je n'ai pas un morceau de pain à me mettre sous les dents.

Dom Juan. — Voilà qui est étrange, et tu es bien mal reconnu de tes soins. Ah! ah! je m'en vais te donner un louis d'or tout à l'heure, pourvu que tu veuilles jurer.

Le Pauvre. — Ah! Monsieur, voudriez-vous que je commisse un tel péché ?

Dom Juan. — Tu n'as qu'à voir si tu veux gagner un louis d'or ou non. En voici un que je te donne, si tu jures; tiens, il faut jurer.

Le Pauvre. — Monsieur!

Dom Juan. — A moins de cela, tu ne l'auras pas.

Sganarelle. — Va, va, jure un peu, il n'y a pas de mal.

Dom Juan. — Prends, le voilà; prends, te dis-je, mais jure donc.

Le Pauvre. — Non, Monsieur, j'aime mieux mourir de faim.

Dom Juan. — Va, va, je te le donne pour l'amour de l'humanité. Mais que vois-je là ? un homme attaqué par trois autres ? La partie est trop inégale, et je ne dois pas souffrir cette lâcheté.

Il court au lieu du combat.

SCÈNE III

DOM JUAN, DOM CARLOS, SGANARELLE

Sganarelle. — Mon maître est un vrai enragé d'aller se présenter à un péril qui ne le cherche pas; mais, ma foi! le secours a servi, et les deux ont fait fuir les trois.

Dom Carlos, *l'épée à la main.* — On voit, par la fuite de ces voleurs, de quel secours est votre bras. Souffrez, Monsieur, que je vous rende grâce d'une action si généreuse, et que...

Dom Juan, *revenant l'épée à la main.* — Je n'ai rien fait, Monsieur, que vous n'eussiez fait en ma place. Notre propre honneur est intéressé dans de pareilles aventures, et l'action de ces coquins était si lâche que c'eût été y prendre part que de ne s'y pas opposer. Mais par quelle rencontre vous êtes-vous trouvé entre leurs mains ?

DOM CARLOS. — Je m'étais par hasard égaré d'un frère et de tous ceux de notre suite ; et comme je cherchais à les rejoindre, j'ai fait rencontre de ces voleurs, qui d'abord ont tué mon cheval, et qui, sans votre valeur, en auraient fait autant de moi.

DOM JUAN. — Votre dessein est-il d'aller du côté de la ville ?

DOM CARLOS. — Oui, mais sans y vouloir entrer ; et nous nous voyons obligés, mon frère et moi, à tenir la campagne pour une de ces fâcheuses affaires qui réduisent les gentilshommes à se sacrifier, eux et leur famille, à la sévérité de leur honneur, puisque enfin le plus doux succès en est toujours funeste, et que, si l'on ne quitte pas la vie, on est contraint de quitter le Royaume ; et c'est en quoi je trouve la condition d'un gentilhomme malheureuse, de ne pouvoir point s'assurer sur toute la prudence et toute l'honnêteté de sa conduite, d'être asservi par les lois de l'honneur au dérèglement de la conduite d'autrui, et de voir sa vie, son repos et ses biens dépendre de la fantaisie du premier téméraire qui s'avisera de lui faire une de ces injures pour qui un honnête homme doit périr.

DOM JUAN. — On a cet avantage, qu'on fait courir le même risque et passer mal aussi le temps à ceux qui prennent fantaisie de nous venir faire une offense de gaieté de cœur. Mais ne serait-ce point une indiscrétion que de vous demander quelle peut être votre affaire ?

DOM CARLOS. — La chose en est aux termes de n'en plus faire de secret, et lorsque l'injure a une fois éclaté, notre honneur ne va point à vouloir cacher notre honte, mais à faire éclater notre vengeance, et à publier même le dessein que nous en avons. Ainsi, Monsieur, je ne feindrai point de vous dire que l'offense que nous cherchons à venger est une sœur séduite et enlevée d'un couvent, et que l'auteur de cette offense est un Dom Juan Tenorio, fils de Dom Louis Tenorio. Nous le cherchons depuis quelques jours, et nous l'avons suivi ce matin sur le rapport d'un valet qui nous a dit qu'il sortait à cheval, accompagné de quatre ou cinq, et qu'il avait pris le long de cette côte ; mais tous nos soins ont été inutiles, et nous n'avons pu découvrir ce qu'il est devenu.

DOM JUAN. — Le connaissez-vous, Monsieur, ce Dom Juan dont vous parlez ?

DOM CARLOS. — Non, quant à moi. Je ne l'ai jamais vu, et je l'ai seulement ouï dépeindre à mon frère; mais la renommée n'en dit pas force bien, et c'est un homme dont la vie...

DOM JUAN. — Arrêtez, Monsieur, s'il vous plaît. Il est un peu de mes amis, et ce serait à moi une espèce de lâcheté que d'en ouïr dire du mal.

DOM CARLOS. — Pour l'amour de vous, Monsieur, je n'en dirai rien du tout, et c'est bien la moindre chose que je vous doive, après m'avoir sauvé la vie, que de me taire devant vous d'une personne que vous connaissez, lorsque je ne puis en parler sans en dire du mal; mais, quelque ami que vous lui soyez, j'ose espérer que vous n'approuverez pas son action, et ne trouverez pas étrange que nous cherchions d'en prendre la vengeance.

DOM JUAN. — Au contraire, je vous y veux servir, et vous épargner des soins inutiles. Je suis ami de Dom Juan, je ne puis pas m'en empêcher; mais il n'est pas raisonnable qu'il offense impunément des gentilshommes, et je m'engage à vous faire faire raison par lui.

DOM CARLOS. — Et quelle raison peut-on faire à ces sortes d'injures ?

DOM JUAN. — Toute celle que votre honneur peut souhaiter; et, sans vous donner la peine de chercher Dom Juan davantage, je m'oblige à le faire trouver au lieu que vous voudrez, et quand il vous plaira.

DOM CARLOS. — Cet espoir est bien doux, Monsieur, à des cœurs offensés; mais, après ce que je vous dois, ce me serait une trop sensible douleur que vous fussiez de la partie.

DOM JUAN. — Je suis si attaché à Dom Juan qu'il ne saurait se battre que je ne me batte aussi; mais enfin j'en réponds comme de moi-même, et vous n'avez qu'à dire quand vous voulez qu'il paraisse et vous donne satisfaction.

DOM CARLOS. — Que ma destinée est cruelle! Faut-il que je vous doive la vie, et que Dom Juan soit de vos amis ?

SCÈNE IV

DOM ALONSE, *et trois Suivants,*
DOM CARLOS, DOM JUAN, SGANARELLE

DOM ALONSE. — Faites boire là mes chevaux, et qu'on les amène après nous; je veux un peu marcher à pied. O

Ciel! que vois-je ici! Quoi ? mon frère, vous voilà avec notre ennemi mortel ?

Dom Carlos. — Notre ennemi mortel ?

Dom Juan, *se reculant de trois pas et mettant fièrement la main sur la garde de son épée.* — Oui, je suis Dom Juan moi-même, et l'avantage du nombre ne m'obligera pas à vouloir déguiser mon nom.

Dom Alonse. — Ah! traître, il faut que tu périsses, et...

Dom Carlos. — Ah! mon frère, arrêtez. Je lui suis redevable de la vie; et sans le secours de son bras, j'aurais été tué par des voleurs que j'ai trouvés.

Dom Alonse. — Et voulez-vous que cette considération empêche notre vengeance ? Tous les services que nous rend une main ennemie ne sont d'aucun mérite pour engager notre âme; et s'il faut mesurer l'obligation à l'injure, votre reconnaissance, mon frère, est ici ridicule; et comme l'honneur est infiniment plus précieux que la vie, c'est ne devoir rien proprement que d'être redevable de la vie à qui nous a ôté l'honneur.

Dom Carlos. — Je sais la différence, mon frère, qu'un gentilhomme doit toujours mettre entre l'un et l'autre, et la reconnaissance de l'obligation n'efface point en moi le ressentiment de l'injure; mais souffrez que je lui rende ici ce qu'il m'a prêté, que je m'acquitte sur-le-champ de la vie que je lui dois, par un délai de notre vengeance, et lui laisse la liberté de jouir, durant quelques jours, du fruit de son bienfait.

Dom Alonse. — Non, non, c'est hasarder notre vengeance que de la reculer et l'occasion de la prendre peut ne plus revenir. Le Ciel nous l'offre ici, c'est à nous d'en profiter. Lorsque l'honneur est blessé mortellement, on ne doit point songer à garder aucunes mesures; et si vous répugnez à prêter votre bras à cette action, vous n'avez qu'à vous retirer et laisser à ma main la gloire d'un tel sacrifice.

Dom Carlos. — De grâce, mon frère...

Dom Alonse. — Tous ces discours sont superflus : il faut qu'il meure.

Dom Carlos. — Arrêtez-vous, dis-je, mon frère. Je ne souffrirai point du tout qu'on attaque ses jours, et je jure le Ciel que je le défendrai ici contre qui que ce soit, et je saurai lui faire un rempart de cette même vie qu'il a sauvée; et pour adresser vos coups, il faudra que vous me perciez.

Dom Alonse. — Quoi ? vous prenez le parti de notre

ennemi contre moi; et loin d'être saisi à son aspect des
mêmes transports que je sens, vous faites voir pour lui
des sentiments pleins de douceur ?

DOM CARLOS. — Mon frère, montrons de la modération
dans une action légitime, et ne vengeons point notre honneur avec cet emportement que vous témoignez. Ayons
du cœur dont nous soyons les maîtres, une valeur qui
n'ait rien de farouche, et qui se porte aux choses par une
pure délibération de notre raison, et non point par le
mouvement d'une aveugle colère. Je ne veux point, mon
frère, demeurer redevable à mon ennemi, et je lui ai une
obligation dont il faut que je m'acquitte avant toute chose.
Notre vengeance, pour être différée, n'en sera pas moins
éclatante : au contraire, elle en tirera de l'avantage; et
cette occasion de l'avoir pu prendre la fera paraître plus
juste aux yeux de tout le monde.

DOM ALONSE. — O l'étrange faiblesse, et l'aveuglement
effroyable d'hasarder ainsi les intérêts de son honneur
pour la ridicule pensée d'une obligation chimérique!

DOM CARLOS. — Non, mon frère, ne vous mettez pas
en peine. Si je fais une faute, je saurai bien la réparer, et
je me charge de tout le soin de notre honneur; je sais à
quoi il nous oblige, et cette suspension d'un jour, que ma
reconnaissance lui demande, ne fera qu'augmenter l'ardeur
que j'ai de le satisfaire. Dom Juan, vous voyez que j'ai
soin de vous rendre le bien que j'ai reçu de vous, et vous
devez par là juger du reste, croire que je m'acquitte avec
même chaleur de ce que je dois, et que je ne serai pas
moins exact à vous payer l'injure que le bienfait. Je ne
veux point vous obliger ici à expliquer vos sentiments, et
je vous donne la liberté de penser à loisir aux résolutions
que vous avez à prendre. Vous connaissez assez la grandeur de l'offense que vous nous avez faite, et je vous fais
juge vous-même des réparations qu'elle demande. Il est
des moyens doux pour nous satisfaire; il en est de violents
et de sanglants; mais enfin, quelque choix que vous fassiez,
vous m'avez donné parole de me faire faire raison par
Dom Juan : songez à me la faire, je vous prie, et vous
ressouvenez que, hors d'ici, je ne dois plus qu'à mon
honneur.

DOM JUAN. — Je n'ai rien exigé de vous, et vous tiendrai
ce que j'ai promis.

DOM CARLOS. — Allons, mon frère : un moment de
douceur ne fait aucune injure à la sévérité de notre devoir.

SCÈNE V

DOM JUAN, SGANARELLE

DOM JUAN. — Holà, hé, Sganarelle!

SGANARELLE. — Plaît-il ?

DOM JUAN. — Comment ? coquin, tu fuis quand on m'attaque ?

SGANARELLE. — Pardonnez-moi, Monsieur; je viens seulement d'ici près. Je crois que cet habit est purgatif, et que c'est prendre médecine que de le porter.

DOM JUAN. — Peste soit l'insolent! Couvre au moins ta poltronnerie d'un voile plus honnête. Sais-tu bien qui est celui à qui j'ai sauvé la vie!

SGANARELLE. — Moi ? Non.

DOM JUAN. — C'est un frère d'Elvire.

SGANARELLE. — Un...

DOM JUAN. — Il est assez honnête homme, il en a bien usé, et j'ai regret d'avoir démêlé avec lui.

SGANARELLE. — Il vous serait aisé de pacifier toutes choses.

DOM JUAN. — Oui; mais ma passion est usée pour Done Elvire, et l'engagement ne compatit point avec mon humeur. J'aime la liberté en amour, tu le sais, et je ne saurais me résoudre à renfermer mon cœur entre quatre murailles. Je te l'ai dit vingt fois, j'ai une pente naturelle à me laisser aller à tout ce qui m'attire. Mon cœur est à toutes les belles, et c'est à elles à le prendre tour à tour et à le garder tant qu'elles le pourront. Mais quel est le superbe édifice que je vois entre ces arbres ?

SGANARELLE. — Vous ne le savez pas ?

DOM JUAN. — Non, vraiment.

SGANARELLE. — Bon! c'est le tombeau que le Commandeur faisait faire lorsque vous le tuâtes.

DOM JUAN. — Ah! tu as raison. Je ne savais pas que c'était de ce côté-ci qu'il était. Tout le monde m'a dit des merveilles de cet ouvrage, aussi bien que de la statue du Commandeur, et j'ai envie de l'aller voir.

SGANARELLE. — Monsieur, n'allez point là.

DOM JUAN. — Pourquoi ?

SGANARELLE. — Cela n'est pas civil, d'aller voir un homme que vous avez tué.

DOM JUAN. — Au contraire, c'est une visite dont je lui veux faire civilité, et qu'il doit recevoir de bonne grâce, s'il est galant homme. Allons, entrons dedans.

Le tombeau s'ouvre, où l'on voit un superbe
mausolée et la statue du Commandeur.

SGANARELLE. — Ah! que cela est beau! Les belles statues! le beau marbre! les beaux piliers! Ah! que cela est beau! Qu'en dites-vous, Monsieur?

DOM JUAN. — Qu'on ne peut voir aller plus loin l'ambition d'un homme mort; et ce que je trouve admirable, c'est qu'un homme qui s'est passé, durant sa vie, d'une assez simple demeure en veuille avoir une si magnifique pour quand il n'en a plus que faire.

SGANARELLE. — Voici la statue du Commandeur.

DOM JUAN. — Parbleu! le voilà bon, avec son habit d'empereur romain!

SGANARELLE. — Ma foi, Monsieur, voilà qui est bien fait. Il semble qu'il est en vie, et qu'il s'en va parler. Il jette des regards sur nous qui me feraient peur, si j'étais tout seul, et je pense qu'il ne prend pas plaisir de nous voir.

DOM JUAN. — Il aurait tort, et ce serait mal recevoir l'honneur que je lui fais. Demande-lui s'il veut venir souper avec moi.

SGANARELLE. — C'est une chose dont il n'a pas besoin, je crois.

DOM JUAN. — Demande-lui, te dis-je.

SGANARELLE. — Vous moquez-vous? Ce serait être fou que d'aller parler à une statue.

DOM JUAN. — Fais ce que je te dis.

SGANARELLE. — Quelle bizarrerie! Seigneur Commandeur... je ris de ma sottise, mais c'est mon maître qui me la fait faire. Seigneur Commandeur, mon maître Dom Juan vous demande si vous voulez lui faire l'honneur de venir souper avec lui. *(La statue baisse la tête.)* Ha!

DOM JUAN. — Qu'est-ce? qu'as-tu? Dis donc, veux-tu parler?

SGANARELLE *fait le même signe que lui a fait la Statue et baisse la tête.* — La Statue...

DOM JUAN. — Eh bien! que veux-tu dire, traître?

SGANARELLE. — Je vous dis que la Statue...

DOM JUAN. — Eh bien! la Statue? je t'assomme, si tu ne parles.

SGANARELLE. — La Statue m'a fait signe.

DOM JUAN. — La peste le coquin !

SGANARELLE. — Elle m'a fait signe, vous dis-je ; il n'est rien de plus vrai. Allez-vous-en lui parler vous-même pour voir. Peut-être...

DOM JUAN. — Viens, maraud, viens, je te veux bien faire toucher au doigt ta poltronnerie. Prends garde. Le Seigneur Commandeur voudrait-il venir souper avec moi ?

La Statue baisse encore la tête.

SGANARELLE. — Je ne voudrais pas en tenir dix pistoles. Eh bien ! Monsieur ?

DOM JUAN. — Allons, sortons d'ici.

SGANARELLE. — Voilà de mes esprits forts, qui ne veulent rien croire.

ACTE IV

SCÈNE I

DOM JUAN, SGANARELLE

DOM JUAN. — Quoi qu'il en soit, laissons cela : c'est une bagatelle, et nous pouvons avoir été trompés par un faux jour, ou surpris de quelque vapeur qui nous ait troublé la vue.

SGANARELLE. — Eh ! Monsieur, ne cherchez point à démentir ce que nous avons vu des yeux que voilà. Il n'est rien de plus véritable que ce signe de tête ; et je ne doute point que le Ciel, scandalisé de votre vie, n'ait produit ce miracle pour vous convaincre, et pour vous retirer de...

DOM JUAN. — Écoute. Si tu m'importunes davantage de tes sottes moralités, si tu me dis encore le moindre mot là-dessus, je vais appeler quelqu'un, demander un nerf de bœuf, te faire tenir par trois ou quatre, et te rouer de mille coups. M'entends-tu bien ?

SGANARELLE. — Fort bien, Monsieur, le mieux du monde. Vous vous expliquez clairement ; c'est ce qu'il y a de bon en vous, que vous n'allez point chercher de détours : vous dites les choses avec une netteté admirable.

DOM JUAN. — Allons, qu'on me fasse souper le plus tôt que l'on pourra. Une chaise, petit garçon.

SCÈNE II

DOM JUAN, LA VIOLETTE, SGANARELLE

LA VIOLETTE. — Monsieur, voilà votre marchand, M. Dimanche, qui demande à vous parler.

SGANARELLE. — Bon, voilà ce qu'il nous faut, qu'un compliment de créancier. De quoi s'avise-t-il de nous venir demander de l'argent, et que ne lui disais-tu que Monsieur n'y est pas ?

LA VIOLETTE. — Il y a trois quarts d'heure que je lui dis ; mais il ne veut pas le croire, et s'est assis là-dedans pour attendre.

SGANARELLE. — Qu'il attende, tant qu'il voudra.

DOM JUAN. — Non, au contraire, faites-le entrer. C'est une fort mauvaise politique que de se faire celer aux créanciers. Il est bon de les payer de quelque chose, et j'ai le secret de les renvoyer satisfaits sans leur donner un double.

SCÈNE III

DOM JUAN, M. DIMANCHE, SGANARELLE, Suite

DOM JUAN, *faisant de grandes civilités*. — Ah ! Monsieur Dimanche, approchez. Que je suis ravi de vous voir, et que je veux de mal à mes gens de ne vous pas faire entrer d'abord ! J'avais donné ordre qu'on ne me fît parler personne ; mais cet ordre n'est pas pour vous, et vous êtes en droit de ne trouver jamais de porte fermée chez moi.

M. DIMANCHE. — Monsieur, je vous suis fort obligé.

DOM JUAN, *parlant à ses laquais*. — Parbleu ! coquins, je vous apprendrai à laisser M. Dimanche dans une antichambre, et je vous ferai connaître les gens.

M. DIMANCHE. — Monsieur, cela n'est rien.

DOM JUAN. — Comment ! vous dire que je n'y suis pas, à M. Dimanche, au meilleur de mes amis !

M. DIMANCHE. — Monsieur, je suis votre serviteur. J'étais venu...

DOM JUAN. — Allons vite, un siège pour M. Dimanche.

M. DIMANCHE. — Monsieur, je suis bien comme cela.

DOM JUAN. — Point, point, je veux que vous soyez assis contre moi.

M. DIMANCHE. — Cela n'est point nécessaire.

DOM JUAN. — Otez ce pliant, et apportez un fauteuil.

M. DIMANCHE. — Monsieur, vous vous moquez, et...

DOM JUAN. — Non, non, je sais ce que je vous dois, et je ne veux point qu'on mette de différence entre nous deux.

M. DIMANCHE. — Monsieur...

DOM JUAN. — Allons, asseyez-vous.

M. DIMANCHE. — Il n'est pas besoin, Monsieur, et je n'ai qu'un mot à vous dire. J'étais...

DOM JUAN. — Mettez-vous là, vous dis-je.

M. DIMANCHE. — Non, Monsieur, je suis bien. Je viens pour...

DOM JUAN. — Non, je ne vous écoute point si vous n'êtes assis.

M. DIMANCHE. — Monsieur, je fais ce que vous voulez. Je...

DOM JUAN. — Parbleu! Monsieur Dimanche, vous vous portez bien.

M. DIMANCHE. — Oui, Monsieur, pour vous rendre service. Je suis venu...

DOM JUAN. — Vous avez un fonds de santé admirable, des lèvres fraîches, un teint vermeil, et des yeux vifs.

M. DIMANCHE. — Je voudrais bien...

DOM JUAN. — Comment se porte Madame Dimanche, votre épouse?

M. DIMANCHE. — Fort bien, Monsieur, Dieu merci.

DOM JUAN. — C'est une brave femme.

M. DIMANCHE. — Elle est votre servante, Monsieur. Je venais...

DOM JUAN. — Et votre petite fille Claudine, comment se porte-t-elle?

M. DIMANCHE. — Le mieux du monde.

DOM JUAN. — La jolie petite fille que c'est! je l'aime de tout mon cœur.

M. DIMANCHE. — C'est trop d'honneur que vous lui faites, Monsieur. Je vous...

DOM JUAN. — Et le petit Colin, fait-il toujours bien du bruit avec son tambour?

M. DIMANCHE. — Toujours de même, Monsieur. Je...

DOM JUAN. — Et votre petit chien Brusquet? gronde-t-il toujours aussi fort, et mord-il toujours bien aux jambes les gens qui vont chez vous?

M. DIMANCHE. — Plus que jamais, Monsieur, et nous ne saurions en chevir.

DOM JUAN. — Ne vous étonnez pas si je m'informe des nouvelles de toute la famille, car j'y prends beaucoup d'intérêt.

M. DIMANCHE. — Nous vous sommes, Monsieur, infiniment obligés. Je...

DOM JUAN, *lui tendant la main*. — Touchez donc là, Monsieur Dimanche. Êtes-vous bien de mes amis ?

M. DIMANCHE. — Monsieur, je suis votre serviteur.

DOM JUAN. — Parbleu! je suis à vous de tout mon cœur.

M. DIMANCHE. — Vous m'honorez trop. Je...

DOM JUAN. — Il n'y a rien que je ne fisse pour vous.

M. DIMANCHE. — Monsieur, vous avez trop de bonté pour moi.

DOM JUAN. — Et cela sans intérêt, je vous prie de le croire.

M. DIMANCHE. — Je n'ai point mérité cette grâce assurément. Mais, Monsieur...

DOM JUAN. — Oh! çà, Monsieur Dimanche, sans façon, voulez-vous souper avec moi ?

M. DIMANCHE. — Non, Monsieur, il faut que je m'en retourne tout à l'heure. Je...

DOM JUAN, *se levant*. — Allons, vite un flambeau pour conduire M. Dimanche et que quatre ou cinq de mes gens prennent des mousquetons pour l'escorter.

M. DIMANCHE, *se levant de même*. — Monsieur, il n'est pas nécessaire, et je m'en irai bien tout seul. Mais...

Sganarelle ôte les sièges promptement.

DOM JUAN. — Comment ? Je veux qu'on vous escorte, et je m'intéresse trop à votre personne. Je suis votre serviteur, et de plus votre débiteur.

M. DIMANCHE. — Ah! Monsieur...

DOM JUAN. — C'est une chose que je ne cache pas, et je le dis à tout le monde.

M. DIMANCHE. — Si...

DOM JUAN. — Voulez-vous que je vous reconduise ?

M. DIMANCHE. — Ah! Monsieur, vous vous moquez, Monsieur...

DOM JUAN. — Embrassez-moi donc, s'il vous plaît. Je vous prie encore une fois d'être persuadé que je suis tout à vous, et qu'il n'y a rien au monde que je ne fisse pour votre service. (*Il sort.*)

SGANARELLE. — Il faut avouer que vous avez en Monsieur un homme qui vous aime bien.

M. DIMANCHE. — Il est vrai; il me fait tant de civilités

et tant de compliments que je ne saurais jamais lui demander de l'argent.

SGANARELLE. — Je vous assure que toute sa maison périrait pour vous; et je voudrais qu'il vous arrivât quelque chose, que quelqu'un s'avisât de vous donner des coups de bâton; vous verriez de quelle manière...

M. DIMANCHE. — Je le crois; mais, Sganarelle, je vous prie de lui dire un petit mot de mon argent.

SGANARELLE. — Oh! ne vous mettez pas en peine, il vous payera le mieux du monde.

M. DIMANCHE. — Mais vous, Sganarelle, vous me devez quelque chose en votre particulier.

SGANARELLE. — Fi! ne parlez pas de cela.

M. DIMANCHE. — Comment? Je...

SGANARELLE. — Ne sais-je pas bien que je vous dois?

M. DIMANCHE. — Oui, mais...

SGANARELLE. — Allons, Monsieur Dimanche, je vais vous éclairer.

M. DIMANCHE. — Mais mon argent...

SGANARELLE, *prenant M. Dimanche par le bras.* — Vous moquez-vous?

M. DIMANCHE. — Je veux...

SGANARELLE, *le tirant.* — Eh!

M. DIMANCHE. — J'entends...

SGANARELLE, *le poussant.* — Bagatelles.

M. DIMANCHE. — Mais...

SGANARELLE, *le poussant.* — Fi!

M. DIMANCHE. — Je...

SGANARELLE, *le poussant tout à fait hors du théâtre.* — Fi! vous dis-je.

SCÈNE IV

DOM LOUIS, DOM JUAN,
LA VIOLETTE, SGANARELLE

LA VIOLETTE. — Monsieur, voilà Monsieur votre père.

DOM JUAN. — Ah! me voici bien: il me fallait cette visite pour me faire enrager.

DOM LOUIS. — Je vois bien que je vous embarrasse et que vous vous passeriez fort aisément de ma venue. A dire vrai, nous nous incommodons étrangement l'un et l'autre; et si vous êtes las de me voir, je suis bien las aussi de vos déportements. Hélas! que nous savons peu ce que

nous faisons quand nous ne laissons pas au Ciel le soin
des choses qu'il nous faut, quand nous voulons être plus
avisés que lui, et que nous venons à l'importuner par nos
souhaits aveugles et nos demandes inconsidérées! J'ai
souhaité un fils avec des ardeurs nonpareilles; je l'ai
demandé sans relâche avec des transports incroyables;
et ce fils, que j'obtiens en fatiguant le Ciel de vœux, est
le chagrin et le supplice de cette vie même dont je croyais
qu'il devait être la joie et la consolation. De quel œil, à
votre avis, pensez-vous que je puisse voir cet amas d'actions
indignes, dont on a peine, aux yeux du monde, d'adoucir
le mauvais visage, cette suite continuelle de méchantes
affaires, qui nous réduisent, à toutes heures, à lasser les
bontés du Souverain, et qui ont épuisé auprès de lui le
mérite de mes services et le crédit de mes amis ? Ah!
quelle bassesse est la vôtre! Ne rougissez-vous point de
mériter si peu votre naissance ? Êtes-vous en droit, dites-
moi, d'en tirer quelque vanité ? Et qu'avez-vous fait dans
le monde pour être gentilhomme ? Croyez-vous qu'il
suffise d'en porter le nom et les armes, et que ce nous soit
une gloire d'être sorti d'un sang noble lorsque nous vivons
en infâmes ? Non, non, la naissance n'est rien où la vertu
n'est pas. Aussi nous n'avons part à la gloire de nos ancêtres
qu'autant que nous nous efforçons de leur ressembler;
et cet éclat de leurs actions qu'ils répandent sur nous nous
impose un engagement de leur faire le même honneur, de
suivre les pas qu'ils nous tracent, et de ne point dégénérer
de leurs vertus, si nous voulons être estimés leurs véritables descendants. Ainsi vous descendez en vain des aïeux
dont vous êtes né : ils vous désavouent pour leur sang, et
tout ce qu'ils ont fait d'illustre ne vous donne aucun avantage; au contraire, l'éclat n'en rejaillit sur vous qu'à votre
déshonneur, et leur gloire est un flambeau qui éclaire aux
yeux d'un chacun la honte de vos actions. Apprenez enfin
qu'un gentilhomme qui vit mal est un monstre dans la
nature, que la vertu est le premier titre de noblesse, que
je regarde bien moins au nom qu'on signe qu'aux actions
qu'on fait, et que je ferais plus d'état du fils d'un croche-
teur qui serait honnête homme que du fils d'un monarque
qui vivrait comme vous.

Dom Juan. — Monsieur, si vous étiez assis, vous en
seriez mieux pour parler.

Dom Louis. — Non, insolent, je ne veux point m'asseoir,
ni parler davantage, et je vois bien que toutes mes paroles
ne font rien sur ton âme. Mais sache, fils indigne, que la

tendresse paternelle est poussée à bout par tes actions, que je saurai, plus tôt que tu ne penses, mettre une borne à tes dérèglements, prévenir sur toi le courroux du Ciel, et laver par ta punition la honte de t'avoir fait naître. *(Il sort.)*

SCÈNE V

DOM JUAN, SGANARELLE

DOM JUAN. — Eh! mourez le plus tôt que vous pourrez, c'est le mieux que vous puissiez faire. Il faut que chacun ait son tour, et j'enrage de voir des pères qui vivent autant que leurs fils. *(Il se met dans son fauteuil.)*

SGANARELLE. — Ah! Monsieur, vous avez tort.

DOM JUAN. — J'ai tort?

SGANARELLE. — Monsieur...

DOM JUAN *se lève de son siège*. — J'ai tort?

SGANARELLE. — Oui, Monsieur, vous avez tort d'avoir souffert ce qu'il vous a dit, et vous le deviez mettre dehors par les épaules. A-t-on jamais rien vu de plus impertinent? Un père venir faire des remontrances à son fils, et lui dire de corriger ses actions, de se ressouvenir de sa naissance, de mener une vie d'honnête homme, et cent autres sottises de pareille nature! Cela se peut-il souffrir à un homme comme vous, qui savez comme il faut vivre? J'admire votre patience; et si j'avais été en votre place, je l'aurais envoyé promener. O complaisance maudite! à quoi me réduis-tu?

DOM JUAN. — Me fera-t-on souper bientôt?

SCÈNE VI

DOM JUAN, DONE ELVIRE, RAGOTIN, SGANARELLE

RAGOTIN. — Monsieur, voici une dame voilée qui vient vous parler.

DOM JUAN. — Que pourrait-ce être?

SGANARELLE. — Il faut voir.

DONE ELVIRE. — Ne soyez point surpris, Dom Juan, de me voir à cette heure et dans cet équipage. C'est un motif pressant qui m'oblige à cette visite, et ce que j'ai à vous dire ne veut point du tout de retardement. Je ne

viens point ici pleine de ce courroux que j'ai tantôt fait
éclater, et vous me voyez bien changée de ce que j'étais
ce matin. Ce n'est plus cette Done Elvire qui faisait des
vœux contre vous, et dont l'âme irritée ne jetait que
menaces et ne respirait que vengeance. Le Ciel a banni
de mon âme toutes ces insignes ardeurs que je sentais
pour vous, tous ces transports tumultueux d'un attachement criminel, tous ces honteux emportements d'un amour
terrestre et grossier; et il n'a laissé dans mon cœur pour
vous qu'une flamme épurée de tout le commerce des sens,
une tendresse toute sainte, un amour détaché de tout, qui
n'agit point pour soi, et ne se met en peine que de votre
intérêt.

DOM JUAN, *à Sganarelle*. — Tu pleures, je pense.

SGANARELLE. — Pardonnez-moi.

DONE ELVIRE. — C'est ce parfait et pur amour qui me
conduit ici pour votre bien, pour vous faire part d'un avis
du Ciel, et tâcher de vous retirer du précipice où vous
courez. Oui, Dom Juan, je sais tous les dérèglements de
votre vie, et ce même Ciel, qui m'a touché le cœur et fait
jeter les yeux sur les égarements de ma conduite, m'a
inspiré de vous venir trouver, et de vous dire, de sa part,
que vos offenses ont épuisé sa miséricorde, que sa colère
redoutable est prête de tomber sur vous, qu'il est en vous
de l'éviter par un prompt repentir, et que peut-être vous
n'avez pas encore un jour à vous pouvoir soustraire au
plus grand de tous les malheurs. Pour moi, je ne tiens plus
à vous par aucun attachement du monde; je suis revenue,
grâces au Ciel, de toutes mes folles pensées; ma retraite
est résolue, et je ne demande qu'assez de vie pour pouvoir
expier la faute que j'ai faite, et mériter, par une austère
pénitence, le pardon de l'aveuglement où m'ont plongée
les transports d'une passion condamnable. Mais, dans
cette retraite, j'aurais une douleur extrême qu'une personne
que j'ai chérie tendrement devînt un exemple funeste
de la justice du Ciel; et ce me sera une joie incroyable
si je puis vous porter à détourner de dessus votre tête
l'épouvantable coup qui vous menace. De grâce, Dom Juan,
accordez-moi, pour dernière faveur, cette douce consolation; ne me refusez point votre salut, que je vous demande
avec larmes; et si vous n'êtes point touché de votre intérêt,
soyez-le au moins de mes prières, et m'épargnez le cruel
déplaisir de vous voir condamner à des supplices éternels.

SGANARELLE. — Pauvre femme!

DONE ELVIRE. — Je vous ai aimé avec une tendresse

extrême, rien au monde ne m'a été si cher que vous ; j'ai oublié mon devoir pour vous, j'ai fait toutes choses pour vous ; et toute la récompense que je vous en demande, c'est de corriger votre vie, et de prévenir votre perte. Sauvez-vous, je vous prie, ou pour l'amour de vous, ou pour l'amour de moi. Encore une fois, Dom Juan, je vous le demande avec larmes ; et si ce n'est assez des larmes d'une personne que vous avez aimée, je vous en conjure par tout ce qui est le plus capable de vous toucher.

SGANARELLE. — Cœur de tigre !

DONE ELVIRE. — Je m'en vais, après ce discours, et voilà tout ce que j'avais à vous dire.

DOM JUAN. — Madame, il est tard, demeurez ici : on vous y logera le mieux qu'on pourra.

DONE ELVIRE. — Non, Dom Juan, ne me retenez pas davantage.

DOM JUAN. — Madame, vous me ferez plaisir de demeurer, je vous assure.

DONE ELVIRE. — Non, vous dis-je, ne perdons point de temps en discours superflus. Laissez-moi vite aller, ne faites aucune instance pour me conduire, et songez seulement à profiter de mon avis.

SCÈNE VII

DOM JUAN, SGANARELLE, SUITE

DOM JUAN. — Sais-tu bien que j'ai encore senti quelque peu d'émotion pour elle, que j'ai trouvé de l'agrément dans cette nouveauté bizarre, et que son habit négligé, son air languissant et ses larmes ont réveillé en moi quelques petits restes d'un feu éteint ?

SGANARELLE. — C'est-à-dire que ses paroles n'ont fait aucun effet sur vous.

DOM JUAN. — Vite à souper.

SGANARELLE. — Fort bien.

DOM JUAN, *se mettant à table*. — Sganarelle, il faut songer à s'amender pourtant.

SGANARELLE. — Oui-da !

DOM JUAN. — Oui, ma foi ! il faut s'amender ; encore vingt ou trente ans de cette vie-ci, et puis nous songerons à nous.

SGANARELLE. — Oh !

DOM JUAN. — Qu'en dis-tu ?

SGANARELLE. — Rien. Voilà le souper.

*Il prend un morceau d'un des plats qu'on
apporte et le met dans sa bouche.*

DOM JUAN. — Il me semble que tu as la joue enflée ;
Qu'est-ce que c'est ? Parle donc, qu'as-tu là ?

SGANARELLE. — Rien.

DOM JUAN. — Montre un peu. Parbleu ! c'est une fluxion
qui lui est tombée sur la joue. Vite une lancette pour
percer cela. Le pauvre garçon n'en peut plus, et cet abcès
le pourrait étouffer. Attends : voyez comme il était mûr. Ah !
coquin que vous êtes !

SGANARELLE. — Ma foi ! Monsieur, je voulais voir si
votre cuisinier n'avait point mis trop de sel ou trop de
poivre.

DOM JUAN. — Allons, mets-toi là, et mange. J'ai affaire
de toi quand j'aurai soupé. Tu as faim, à ce que je vois.

SGANARELLE *se met à table.* — Je le crois bien, Monsieur :
je n'ai point mangé depuis ce matin. Tâtez de cela, voilà
qui est le meilleur du monde.

*Un laquais ôte les assiettes de Sganarelle
d'abord qu'il y a dessus à manger.*

Mon assiette, mon assiette ! tout doux, s'il vous plaît,
Vertubleu ! petit compère, que vous êtes habile à donner
des assiettes nettes ! et vous, petit la Violette, que vous
savez présenter à boire à propos !

*Pendant qu'un laquais donne à boire à Sgana-
relle, l'autre laquais ôte encore son assiette.*

DOM JUAN. — Qui peut frapper de cette sorte ?

SGANARELLE. — Qui diable nous vient troubler dans
notre repas ?

DOM JUAN. — Je veux souper en repos au moins, et
qu'on ne laisse entrer personne.

SGANARELLE. — Laissez-moi faire, je m'y en vais moi-
même.

DOM JUAN. — Qu'est-ce donc ? Qu'y a-t-il ?

SGANARELLE, *baissant la tête comme a fait la Statue.* —
Le... qui est là !

DOM JUAN. — Allons voir, et montrons que rien ne me
saurait ébranler.

SGANARELLE. — Ah ! pauvre Sganarelle, où te cacheras-tu ?

SCÈNE VIII

DOM JUAN, LA STATUE DU COMMANDEUR,
qui vient se mettre à table, SGANARELLE, Suite.

Dom Juan. — Une chaise et un couvert, vite donc.
(*A Sganarelle.*) Allons, mets-toi à table.

Sganarelle. — Monsieur, je n'ai plus de faim.

Dom Juan. — Mets-toi là, te dis-je. A boire. A la santé
du Commandeur : je te la porte, Sganarelle. Qu'on lui
donne du vin.

Sganarelle. — Monsieur, je n'ai pas soif.

Dom Juan. — Bois, et chante ta chanson, pour régaler le
Commandeur.

Sganarelle. — Je suis enrhumé, Monsieur.

Dom Juan. — Il n'importe. Allons. Vous autres, venez,
accompagnez sa voix.

La Statue. — Dom Juan, c'est assez. Je vous invite à
venir demain souper avec moi. En aurez-vous le courage ?

Dom Juan. — Oui, j'irai, accompagné du seul Sganarelle.

Sganarelle. — Je vous rends grâce, il est demain jeûne
pour moi.

Dom Juan, *à Sganarelle*. — Prends ce flambeau.

La Statue. — On n'a pas besoin de lumière, quand on
est conduit par le Ciel.

ACTE V

SCÈNE I

DOM LOUIS, DOM JUAN, SGANARELLE

Dom Louis. — Quoi ? mon fils, serait-il possible que
la bonté du Ciel eût exaucé mes vœux ? Ce que vous me
dites est-il bien vrai ? ne m'abusez-vous point d'un faux
espoir, et puis-je prendre quelque assurance sur la nouveauté surprenante d'une telle conversion ?

Dom Juan, *faisant l'hypocrite*. — Oui, vous me voyez

revenu de toutes mes erreurs! je ne suis plus le même d'hier au soir, et le Ciel tout d'un coup a fait en moi un changement qui va surprendre tout le monde : il a touché mon âme et dessillé mes yeux, et je regarde avec horreur le long aveuglement où j'ai été, et les désordres criminels de la vie que j'ai menée. J'en repasse dans mon esprit toutes les abominations, et m'étonne comme le Ciel les a pu souffrir si longtemps, et n'a pas vingt fois sur ma tête laissé tomber les coups de sa justice redoutable. Je vois les grâces que sa bonté m'a faites en ne me punissant point de mes crimes ; et je prétends en profiter comme je dois, faire éclater aux yeux du monde un soudain changement de vie, réparer par là le scandale de mes actions passées, et m'efforcer d'en obtenir du Ciel une pleine rémission. C'est à quoi je vais travailler; et je vous prie, Monsieur, de vouloir bien contribuer à ce dessein, et de m'aider vous-même à faire choix d'une personne qui me serve de guide, et sous la conduite de qui je puisse marcher sûrement dans le chemin où je m'en vais entrer.

DOM LOUIS. — Ah! mon fils, que la tendresse d'un père est aisément rappelée, et que les offenses d'un fils s'évanouissent vite au moindre mot de repentir! Je ne me souviens plus déjà de tous les déplaisirs que vous m'avez donnés, et tout est effacé par les paroles que vous venez de me faire entendre. Je ne me sens pas, je l'avoue; je jette des larmes de joie; tous mes vœux sont satisfaits, et je n'ai plus rien désormais à demander au Ciel. Embrassez-moi, mon fils, et persistez, je vous conjure, dans cette louable pensée. Pour moi, j'en vais tout de ce pas porter l'heureuse nouvelle à votre mère, partager avec elle les doux transports du ravissement où je suis, et rendre grâce au Ciel des saintes résolutions qu'il a daigné vous inspirer.

SCÈNE II

DOM JUAN, SGANARELLE

SGANARELLE. — Ah! Monsieur, que j'ai de joie de vous voir converti! Il y a longtemps que j'attendais cela, et voilà, grâce au Ciel, tous mes souhaits accomplis.

DOM JUAN. — La peste le benêt!

SGANARELLE. — Comment, le benêt ?

DOM JUAN. — Quoi ? tu prends pour de bon argent ce

que je viens de dire, et tu crois que ma bouche était
d'accord avec mon cœur ?

SGANARELLE. — Quoi ? ce n'est pas... Vous ne... Votre...
Oh! quel homme! quel homme! quel homme!

DOM JUAN. — Non, non, je ne suis point changé, et
mes sentiments sont toujours les mêmes.

SGANARELLE. — Vous ne vous rendez pas à la surprenante merveille de cette statue mouvante et parlante ?

DOM JUAN. — Il y a bien quelque chose là-dedans que
je ne comprends pas; mais quoi que ce puisse être, cela
n'est pas capable ni d convaincre mon esprit, ni d'ébranler
mon âme, et si j'ai dit que je voulai corriger ma conduite et
me jeter dans un train de vie exemplaire, c'est un dessein
que j'ai formé par pure politique, un stratagème utile, une
grimace nécessaire où je veux me contraindre, pour
ménager un père dont j'ai besoin, et me mettre à couvert,
du côté des hommes, de cent fâcheuses aventures qui pourraient m'arriver. Je veux bien, Sganarelle, t'en faire
confidence, et je suis bien aise d'avoir un témoin du fond
de mon âme et des véritables motifs qui m'obligent à faire
les choses.

SGANARELLE. — Quoi ? vous ne croyez rien du tout, et
vous voulez cependant vous ériger en homme de bien ?

DOM JUAN. — Et pourquoi non ? Il y en a tant d'autres
comme moi, qui se mêlent de ce métier, et qui se servent
du même masque pour abuser le monde!

SGANARELLE. — Ah! quel homme! quel homme!

DOM JUAN. — Il n'y a plus de honte maintenant à cela :
l'hypocrisie est un vice à la mode, et tous les vices à la
mode passent pour vertus. Le personnage d'homme de
bien est le meilleur de tous les personnages qu'on puisse
jouer aujourd'hui, et la profession d'hypocrite a de merveilleux avantages. C'est un art de qui l'imposture est
toujours respectée; et quoiqu'on la découvre, on n'ose rien
dire contre elle. Tous les autres vices des hommes sont
exposés à la censure, et chacun a la liberté de les attaquer
hautement; mais l'hypocrisie est un vice privilégié, qui, de
sa main, ferme la bouche à tout le monde, et jouit en repos
d'une impunité souveraine. On lie, à force de grimaces,
une société étroite avec tous les gens du parti. Qui en
choque un se les jette tous sur les bras; et ceux que l'on sait
même agir de bonne foi là-dessus, et que chacun connaît
pour être véritablement touchés, ceux-là, dis-je, sont toujours les dupes des autres; ils donnent hautement dans le
panneau des grimaciers et appuient aveuglément les singes

de leurs actions. Combien crois-tu que j'en connaisse qui, par ce stratagème, ont rhabillé adroitement les désordres de leur jeunesse, qui se sont fait un bouclier du manteau de la religion, et, sous cet habit respecté, ont la permission d'être les plus méchants hommes du monde ? On a beau savoir leurs intrigues et les connaître pour ce qu'ils sont, ils ne laissent pas pour cela d'être en crédit parmi les gens ; et quelque baissement de tête, un soupir mortifié, et deux roulements d'yeux rajustent dans le monde tout ce qu'ils peuvent faire. C'est sous cet abri favorable que je veux me sauver, et mettre en sûreté mes affaires. Je ne quitterai point mes douces habitudes ; mais j'aurai soin de me cacher et me divertirai à petit bruit. Que si je viens à être découvert, je verrai, sans me remuer, prendre mes intérêts à toute la cabale, et je serai défendu par elle envers et contre tous. Enfin c'est là le vrai moyen de faire impunément tout ce que je voudrai. Je m'érigerai en censeur des actions d'autrui, jugerai mal de tout le monde, et n'aurai bonne opinion que de moi. Dès qu'une fois on m'aura choqué tant soit peu, je ne pardonnerai jamais et garderai tout doucement une haine irréconciliable. Je ferai le vengeur des intérêts du Ciel, et, sous ce prétexte commode, je pousserai mes ennemis, je les accuserai d'impiété, et saurai déchaîner contre eux des zélés indiscrets, qui, sans connaissance de cause, crieront en public contre eux, qui les accableront d'injures, et les damneront hautement de leur autorité privée. C'est ainsi qu'il faut profiter des faiblesses des hommes, et qu'un sage esprit s'accommode aux vices de son siècle.

Sganarelle. — O Ciel ! qu'entends-je ici ? Il ne vous manquait plus que d'être hypocrite pour vous achever de tout point, et voilà le comble des abominations. Monsieur, cette dernière-ci m'emporte et je ne puis m'empêcher de parler. Faites-moi tout ce qu'il vous plaira, battez-moi, assommez-moi de coups, tuez-moi, si vous voulez : il faut que je décharge mon cœur, et qu'en valet fidèle je vous dise ce que je dois. Sachez, Monsieur, que tant va la cruche à l'eau qu'enfin elle se brise ; et comme dit fort bien cet auteur que je ne connais pas, l'homme est en ce monde ainsi que l'oiseau sur la branche ; la branche est attachée à l'arbre ; qui s'attache à l'arbre suit de bons préceptes ; les bons préceptes valent mieux que les belles paroles ; les belles paroles se trouvent à la cour ; à la cour sont les courtisans ; les courtisans suivent la mode ; la mode vient de la fantaisie ; la fantaisie est une faculté de l'âme ; l'âme est ce qui nous donne la vie ; la vie finit par la mort ; la mort nous fait penser au Ciel ; le Ciel est au-dessus de la terre ; la terre n'est point la mer ; la mer est sujette aux orages ; les orages tourmentent les vaisseaux ; les vaisseaux ont besoin d'un bon pilote ; un bon pilote a de la prudence ; la prudence n'est point dans les jeunes gens ; les jeunes gens doivent obéissance aux vieux ; les vieux aiment les richesses ; les richesses font les riches ; les riches ne sont pas pauvres ; les pauvres ont de la nécessité, nécessité n'a point de loi ; qui n'a point de loi vit en bête brute ; et par conséquent, vous serez damné à tous les diables.

Dom Juan. — O beau raisonnement !

Sganarelle. — Après cela, si vous ne vous rendez, tant pis pour vous.

SCÈNE III

DOM CARLOS, DOM JUAN, SGANARELLE

Dom Carlos. — Dom Juan, je vous trouve à propos, et suis bien aise de vous parler ici plutôt que chez vous, pour vous demander vos résolutions. Vous savez que ce soin me regarde, et que je me suis en votre présence chargé de cette affaire. Pour moi je ne le cèle point, je souhaite fort que les choses aillent dans la douceur ; et il n'y a rien que je ne fasse pour porter votre esprit à vouloir prendre cette voie, et pour vous voir publiquement confirmer à ma sœur le nom de votre femme.

Dom Juan, *d'un ton hypocrite.* — Hélas ! je voudrais bien, de tout mon cœur, vous donner la satisfaction que vous souhaitez ; mais le Ciel s'y oppose directement : il a inspiré à mon âme le dessein de changer de vie, et je n'ai point d'autres pensées maintenant que de quitter entièrement tous les attachements du monde, de me dépouiller au plus tôt de toutes sortes de vanités, et de corriger désormais par une austère conduite tous les dérèglements criminels où m'a porté le feu d'une aveugle jeunesse.

Dom Carlos. — Ce dessein, Dom Juan, ne choque point ce que je dis ; et la compagnie d'une femme légitime peut bien s'accommoder avec les louables pensées que le Ciel vous inspire.

Dom Juan. — Hélas ! point du tout. C'est un dessein que votre sœur elle-même a pris : elle a résolu sa retraite, et nous avons été touchés tous deux en même temps.

Dom Carlos. — Sa retraite ne peut nous satisfaire,

pouvant être imputée au mépris que vous feriez d'elle et de notre famille; et notre honneur demande qu'elle vive avec vous.

DOM JUAN. — Je vous assure que cela ne se peut. J'en avais, pour moi, toutes les envies du monde, et je me suis même encore aujourd'hui conseillé au Ciel pour cela; mais, lorsque je l'ai consulté, j'ai entendu une voix qui m'a dit que je ne devais point songer à votre sœur, et qu'avec elle assurément je ne ferais point mon salut.

DOM CARLOS. — Croyez-vous, Dom Juan, nous éblouir par ces belles excuses ?

DOM JUAN. — J'obéis à la voix du Ciel.

DOM CARLOS. — Quoi ? vous voulez que je me paye d'un semblable discours ?

DOM JUAN. — C'est le Ciel qui le veut ainsi.

DOM CARLOS. — Vous aurez fait sortir ma sœur d'un couvent, pour la laisser ensuite ?

DOM JUAN. — Le Ciel l'ordonne de la sorte.

DOM CARLOS. — Nous souffrirons cette tache en notre famille ?

DOM JUAN. — Prenez-vous-en au Ciel.

DOM CARLOS. — Et quoi ? toujours le Ciel ?

DOM JUAN. — Le Ciel le souhaite comme cela.

DOM CARLOS. — Il suffit, Dom Juan, je vous entends. Ce n'est pas ici que je veux vous prendre, et le lieu ne le souffre pas; mais, avant qu'il soit peu, je saurai vous trouver.

DOM JUAN. — Vous ferez ce que vous voudrez; vous savez que je ne manque point de cœur, et que je sais me servir de mon épée quand il le faut. Je m'en vais passer tout à l'heure dans cette petite rue écartée qui mène au grand couvent; mais je vous déclare, pour moi, que ce n'est point moi qui me veux battre : le Ciel m'en défend la pensée; et si vous m'attaquez, nous verrons ce qui en arrivera.

DOM CARLOS. — Nous verrons, de vrai, nous verrons.

SCÈNE IV

DOM JUAN, SGANARELLE

SGANARELLE. — Monsieur, quel diable de style prenez-vous là ? Ceci est bien pis que le reste, et je vous aimerais bien mieux encore comme vous étiez auparavant. J'espérais toujours de votre salut; mais c'est maintenant que j'en désespère; et je crois que le Ciel, qui vous a souffert jusques ici, ne pourra souffrir du tout cette dernière horreur.

DOM JUAN. — Va, va, le Ciel n'est pas si exact que tu penses; et si toutes les fois que les hommes...

SGANARELLE. — Ah! Monsieur, c'est le Ciel qui vous parle, et c'est un avis qu'il vous donne.

DOM JUAN. — Si le Ciel me donne un avis, il faut qu'il parle un peu plus clairement, s'il veut que je l'entende.

SCÈNE V

DOM JUAN, UN SPECTRE, *en femme voilée*, SGANARELLE

LE SPECTRE. — Dom Juan n'a plus qu'un moment à pouvoir profiter de la miséricorde du Ciel; et s'il ne se repent ici, sa perte est résolue.

SGANARELLE. — Entendez-vous, Monsieur ?

DOM JUAN. — Qui ose tenir ces paroles ? Je crois connaître cette voix.

SGANARELLE. — Ah! Monsieur, c'est un spectre : je le reconnais au marcher.

DOM JUAN. — Spectre, fantôme, ou diable, je veux voir ce que c'est.

> *Le Spectre change de figure et représente le Temps avec sa faux à la main.*

SGANARELLE. — O Ciel! voyez-vous, Monsieur, ce changement de figure ?

DOM JUAN. — Non, non, rien n'est capable de m'imprimer de la terreur, et je veux éprouver avec mon épée si c'est un corps ou un esprit.

> *Le Spectre s'envole dans le temps que Dom Juan le veut frapper.*

SGANARELLE. — Ah! Monsieur, rendez-vous à tant de preuves, et jetez-vous vite dans le repentir.

DOM JUAN. — Non, non, il ne sera pas dit, quoi qu'il arrive, que je sois capable de me repentir. Allons, suis-moi.

SCÈNE VI

LA STATUE, DOM JUAN, SGANARELLE

LA STATUE. — Arrêtez, Dom Juan : vous m'avez hier donné parole de venir manger avec moi.

DOM JUAN. — Oui. Où faut-il aller ?

LA STATUE. — Donnez-moi la main.

DOM JUAN. — La voilà.

LA STATUE. — Dom Juan, l'endurcissement au péché traîne une mort funeste, et les grâces du Ciel que l'on renvoie ouvrent un chemin à sa foudre.

DOM JUAN. — O Ciel! que sens-je ? un feu invisible me brûle, je n'en puis plus, et tout mon corps devient un brasier ardent. Ah!

> *Le tonnerre tombe avec un grand bruit et de grands éclairs sur Dom Juan; la terre s'ouvre et l'abîme; et il sort de grands feux de l'endroit ou il est tombé.*

SGANARELLE. — Ah! mes gages! mes gages! Voilà par sa mort un chacun satisfait. Ciel offensé, lois violées, filles séduites, familles déshonorées, parents outragés, femmes mises à mal, maris poussés à bout, tout le monde est content; il n'y a que moi seul de malheureux, qui, après tant d'années de service, n'ai point d'autre récompense que de voir à mes yeux l'impiété de mon maître punie par le plus épouvantable châtiment du monde. Mes gages! mes gages! mes gages!

L'AMOUR MÉDECIN

NOTICE
SUR
L'AMOUR MÉDECIN

L'Amour médecin, créé à Versailles le 15 septembre 1665 et repris le 22 au Palais-Royal, mais, sans doute par économie, sans les intermèdes et la musique de l'« incomparable M. Lulli », est une des plus charmantes comédies-ballets de Molière, produit hâtif d'une nouvelle commande royale. Lui-même nous avertit que ce n'est qu' « un simple crayon; un petit impromptu... proposé, fait, appris et représenté en cinq jours ».

Les railleries contre les médecins faisaient partie de la tradition comique aussi bien française, avec les fabliaux, qu'italienne, avec la *commedia dell' arte* dont le Docteur est un des personnages classiques. Molière n'eut donc qu'à puiser à droite et à gauche pour faire, en toute hâte, sa comédie. Les farces italiennes, son propre *Médecin volant* lui fournirent plusieurs traits : le sujet, fort simple, peut avoir été emprunté à une nouvelle de Charles Sorel, *Olynthie*, et le dénouement est peut-être inspiré de celui du *Pédant joué* de Cyrano de Bergerac. Mais il ne s'agit que d'une pochade, menée avec entrain, où Sganarelle ne réapparaît encore que pour être, une fois de plus, berné.

Déjà, dans son *Dom Juan*, Molière avait lancé ses premiers traits contre les médecins; mais, cette fois, la raillerie allait être plus drôle puisqu'elle visait ouvertement les médecins de la cour, qui y étaient caricaturés sous des noms transparents, tirés du grec et forgés, dit-on, par Boileau. Des Fonandrès, c'est des Fougerais, célèbre médecin de Paris; Tomès, c'est d'Aquin, médecin du roi; Bahis, c'est Esprit, médecin de Monsieur, frère du roi; Filerin, c'est Yvelin, médecin de Madame. Ces personnages étaient, pour les contemporains, parfaitement reconnaissables, l'un par son bredouillement, l'autre par sa solennelle lenteur. Peut-être même les acteurs étaient-ils porteurs de masques faits à l'image des victimes.

La caricature était amusante, mais sans méchanceté ni portée; plus tard, s'en prenant, non plus aux médecins, mais à la médecine elle-même, Molière donnera à ses attaques un sens philosophique, celui d'une défense des modernes contre les anciens.

Il est bien évident qu'une telle comédie, entreprise « par ordre du roi », suppose une complicité de Louis XIV, qui prit même peut-être l'initiative de « proposer » le sujet à Molière. Dans ce cas, celui-ci eût été d'autant plus enclin à l'accueillir qu'il avait lui-même des démêlés avec d'Aquin: ce médecin en effet était son propriétaire rue Saint-Thomas du Louvre, et, sous la menace d'une expulsion, lui avait imposé une augmentation de loyer dont Mlle Molière s'était vengée en mettant à la porte du Palais-Royal la femme de d'Aquin.

Son actualité assura le succès de cette œuvre mineure; Guy Patin atteste que « tout Paris va en foule pour voir représenter les médecins de la cour ». L'Amour médecin, qu'on appelait couramment à l'époque les Médecins, avait, pour les spectateurs du XVIIe siècle, la saveur, aujourd'hui perdue, d'une scène de revue d'actualité.

L'AMOUR MÉDECIN

COMÉDIE

REPRÉSENTÉE POUR LA PREMIÈRE FOIS A VERSAILLES
PAR ORDRE DU ROI
LE 15ᵉ SEPTEMBRE 1665
ET DONNÉE DEPUIS AU PUBLIC
A PARIS SUR LE THÉATRE DU PALAIS-ROYAL
LE 22ᵉ DU MÊME MOIS DE SEPTEMBRE 1665

PAR LA

TROUPE DU ROI

AU LECTEUR

Ce n'est ici qu'un simple crayon, un petit impromptu dont le Roi a voulu se faire un divertissement. Il est le plus précipité de tous ceux que Sa Majesté m'ait commandés, et, lorsque je dirai qu'il a été proposé, fait, appris et représenté en cinq jours, je ne dirai que ce qui est vrai. Il n'est pas nécessaire de vous avertir qu'il y a beaucoup de choses qui dépendent de l'action : on sait bien que les comédies ne sont faites que pour être jouées, et je ne conseille de lire celle-ci qu'aux personnes qui ont des yeux pour découvrir dans la lecture tout le jeu du théâtre ; ce que je vous dirai, c'est qu'il serait à souhaiter que ces sortes d'ouvrages pussent toujours se montrer à vous avec les ornements qui les accompagnent chez le Roi. Vous les verriez dans un état beaucoup plus supportable, et les airs et les symphonies de l'incomparable M. Lulli, mêlés à la beauté des voix et à l'adresse des danseurs, leur donnent, sans doute, des grâces dont ils ont toutes les peines du monde a se passer.

PERSONNAGES DU PROLOGUE

LA COMÉDIE.
LA MUSIQUE.
LE BALLET.

PERSONNAGES DE LA COMÉDIE

SGANARELLE, père de Lucinde.
LUCINDE, fille de Sganarelle.
CLITANDRE, amant de Lucinde.
AMINTE, voisine de Sganarelle.
LUCRÈCE, nièce de Sganarelle.
LISETTE, suivante de Lucinde.
M. GUILLAUME, vendeur de tapisseries.
M. JOSSE, orfèvre.
M. TOMÈS
M. DES FONANDRÈS
M. MACROTON   médecins.
M. BAHYS
M. FILERIN
Un NOTAIRE.
CHAMPAGNE, valet de Sganarelle.

PERSONNAGES DU BALLET

Première entrée.

CHAMPAGNE, QUATRE MÉDECINS.

Deuxième entrée.

UN OPÉRATEUR, TRIVELINS ET SCARAMOUCHES.

Troisième entrée.

LA COMÉDIE, LA MUSIQUE, LE BALLET, JEUX, RIS, PLAISIRS.

La scène est à Paris dans une salle de la maison de Sganarelle.

PROLOGUE

LA COMÉDIE, LA MUSIQUE ET LE BALLET

LA COMÉDIE

Quittons, quittons notre vaine querelle,
Ne nous disputons point nos talents tour à tour,
Et d'une gloire plus belle
Piquons-nous en ce jour :
Unissons-nous tous trois d'une ardeur sans seconde,
Pour donner du plaisir au plus grand roi du monde.

TOUS TROIS

Unissons-nous...

LA COMÉDIE

De ses travaux, plus grands qu'on ne peut croire,
Il se vient quelquefois délasser parmi nous :
Est-il de plus grande gloire,
Est-il bonheur plus doux ?
Unissons-nous tous trois...

TOUS TROIS

Unissons-nous...

ACTE PREMIER

SCÈNE I

SGANARELLE, AMINTE, LUCRÈCE,
M. GUILLAUME, M. JOSSE

SGANARELLE. — Ah! l'étrange chose que la vie! et que je puis bien dire, avec ce grand philosophe de l'antiquité, que qui terre a guerre a, et qu'un malheur ne vient jamais sans l'autre! Je n'avais qu'une seule femme, qui est morte.

M. GUILLAUME. — Et combien donc en voulez-vous avoir ?

SGANARELLE. — Elle est morte, Monsieur mon ami. Cette perte m'est très sensible, et je ne puis m'en ressouvenir sans pleurer. Je n'étais pas fort satisfait de sa conduite, et nous avions le plus souvent dispute ensemble; mais enfin la mort rajuste toutes choses. Elle est morte : je la pleure. Si elle était en vie, nous nous querellerions. De tous les enfants que le Ciel m'avait donnés, il ne m'a laissé qu'une fille, et cette fille est toute ma peine. Car enfin je la vois dans une mélancolie la plus sombre du monde, dans une tristesse épouvantable, dont il n'y a pas moyen de la retirer, et dont je ne saurais même apprendre la cause. Pour moi, j'en perds l'esprit, et j'aurais besoin d'un bon conseil sur cette matière. Vous êtes ma nièce; vous, ma voisine; et vous, mes compères et mes amis : je vous prie de me conseiller tous ce que je dois faire.

M. JOSSE. — Pour moi, je tiens que la braverie et l'ajustement est la chose qui réjouit le plus les filles; et si j'étais que de vous, je lui achèterais, dès aujourd'hui, une belle garniture de diamants, ou de rubis, ou d'émeraudes.

M. GUILLAUME. — Et moi, si j'étais en votre place, j'achèterais une belle tenture de tapisserie de verdure, ou à personnages, que je ferais mettre à sa chambre, pour lui réjouir l'esprit et la vue.

AMINTE. — Pour moi, je ne ferais point tant de façon; et je la marierais fort bien, et le plus tôt que je pourrais, avec cette personne qui vous la fit, dit-on, demander il y a quelque temps.

Lucrèce. — Et moi, je tiens que votre fille n'est point du tout propre pour le mariage. Elle est d'une complexion trop délicate et trop peu saine, et c'est la vouloir envoyer bientôt en l'autre monde que de l'exposer, comme elle est, à faire des enfants. Le monde n'est point du tout son fait, et je vous conseille de la mettre dans un couvent, où elle trouvera des divertissements qui seront mieux de son humeur.

Sganarelle. — Tous ces conseils sont admirables assurément ; mais je les tiens un peu intéressés, et trouve que vous me conseillez fort bien pour vous. Vous êtes orfèvre, Monsieur Josse, et votre conseil sent son homme qui a envie de se défaire de sa marchandise. Vous vendez des tapisseries, Monsieur Guillaume, et vous avez la mine d'avoir quelque tenture qui vous incommode. Celui que vous aimez, ma voisine, a, dit-on, quelque inclination pour ma fille, et vous ne seriez pas fâchée de la voir la femme d'un autre. Et quant à vous, ma chère nièce, ce n'est pas mon dessein, comme on sait, de marier ma fille avec qui que ce soit, et j'ai mes raisons pour cela ; mais le conseil que vous me donnez de la faire religieuse est d'une femme qui pourrait bien souhaiter charitablement d'être mon héritière universelle. Ainsi, Messieurs et Mesdames, quoique tous vos conseils soient les meilleurs du monde, vous trouverez bon, s'il vous plaît, que je n'en suive aucun. Voilà de mes donneurs de conseils à la mode.

SCÈNE II

LUCINDE, SGANARELLE

Sganarelle. — Ah ! voilà ma fille qui prend l'air. Elle ne me voit pas ; elle soupire ; elle lève les yeux au ciel. Dieu vous garde ! Bonjour, ma mie. Hé bien ! qu'est-ce ? Comme vous en va ? Hé ! quoi ? toujours triste et mélancolique comme cela, et tu ne veux pas me dire ce que tu as. Allons donc, découvre-moi ton petit cœur. Là, ma pauvre mie, dis, dis ; dis tes petites pensées à ton petit papa mignon. Courage ! Veux-tu que je te baise ? Viens.

J'enrage de la voir de cette humeur-là. Mais, dis-moi, me veux-tu faire mourir de déplaisir, et ne puis-je savoir d'où vient cette grande langueur ? Découvre-m'en la cause, et je te promets que je ferai toutes choses pour toi. Oui,

tu n'as qu'à me dire le sujet de ta tristesse; je t'assure ici,
et te fais serment qu'il n'y a rien que je ne fasse pour te
satisfaire : c'est tout dire. Est-ce que tu es jalouse de quelqu'une de tes compagnes que tu vois plus brave que toi ?
et serait-il quelque étoffe nouvelle dont tu voulusses avoir
un habit ? Non. Est-ce que ta chambre ne te semble pas
assez parée, et que tu souhaiterais quelque cabinet de la
foire Saint-Laurent ? Ce n'est pas cela. Aurais-tu envie
d'apprendre quelque chose ? et veux-tu que je te donne un
maître pour te montrer à jouer du clavecin ? Nenni. Aime-
rais-tu quelqu'un, et souhaiterais-tu d'être mariée ?

Lucinde lui fait signe que c'est cela.

SCÈNE III

LISETTE, SGANARELLE, LUCINDE

LISETTE. — Hé bien! Monsieur, vous venez d'entretenir votre fille. Avez-vous su la cause de sa mélancolie ?

SGANARELLE. — Non. C'est une coquine qui me fait
enrager.

LISETTE. — Monsieur, laissez-moi faire, je m'en vais
la sonder un peu.

SGANARELLE. — Il n'est pas nécessaire; et puisqu'elle
veut être de cette humeur, je suis d'avis qu'on l'y laisse.

LISETTE. — Laissez-moi faire, vous dis-je. Peut-être
qu'elle se découvrira plus librement à moi qu'à vous.
Quoi ? Madame, vous ne nous direz point ce que vous
avez, et vous voulez affliger ainsi tout le monde ? Il me
semble qu'on n'agit point comme vous faites, et que, si
vous avez quelque répugnance à vous expliquer à un père,
vous n'en devez avoir aucune à me découvrir votre cœur.
Dites-moi, souhaitez-vous quelque chose de lui ? Il nous
a dit plus d'une fois qu'il n'épargnerait rien pour vous
contenter. Est-ce qu'il ne vous donne pas toute la liberté
que vous souhaiteriez, et les promenades et les cadeaux
ne tenteraient-ils point votre âme ? Heu. Avez-vous reçu
quelque déplaisir de quelqu'un ? Heu. N'auriez-vous
point quelque secrète inclination, avec qui vous souhaiteriez que votre père vous mariât ? Ah! je vous entends.
Voilà l'affaire. Que diable ? pourquoi tant de façons ?
Monsieur, le mystère est découvert; et...

SGANARELLE, *l'interrompant.* — Va, fille ingrate, je ne
te veux plus parler, et je te laisse dans ton obstination.

LUCINDE. — Mon père, puisque vous voulez que je vous dise la chose...

SGANARELLE. — Oui, je perds toute l'amitié que j'avais pour toi.

LISETTE. — Monsieur, sa tristesse...

SGANARELLE. — C'est une coquine qui me veut faire mourir.

LUCINDE. — Mon père, je veux bien...

SGANARELLE. — Ce n'est pas la récompense de t'avoir élevée comme j'ai fait.

LISETTE. — Mais, Monsieur...

SGANARELLE. — Non, je suis contre elle dans une colère épouvantable.

LUCINDE. — Mais, mon père...

SGANARELLE. — Je n'ai plus aucune tendresse pour toi.

LISETTE. — Mais...

SGANARELLE. — C'est une friponne.

LUCINDE. — Mais...

SGANARELLE. — Une ingrate.

LISETTE. — Mais...

SGANARELLE. — Une coquine, qui ne me veut pas dire ce qu'elle a.

LISETTE. — C'est un mari qu'elle veut.

SGANARELLE, *faisant semblant de ne pas entendre*. — Je l'abandonne.

LISETTE. — Un mari.

SGANARELLE. — Je la déteste.

LISETTE. — Un mari.

SGANARELLE. — Et la renonce pour ma fille.

LISETTE. — Un mari.

SGANARELLE. — Non, ne m'en parlez point.

LISETTE. — Un mari.

SGANARELLE. — Ne m'en parlez point.

LISETTE. — Un mari.

SGANARELLE. — Ne m'en parlez point.

LISETTE. — Un mari, un mari, un mari.

SCÈNE IV

LISETTE, LUCINDE

LISETTE. — On dit bien vrai : qu'il n'y a point de pires sourds que ceux qui ne veulent point entendre.

LUCINDE. — Hé bien! Lisette, j'avais tort de cacher mon déplaisir, et je n'avais qu'à parler pour avoir tout ce que je souhaitais de mon père! Tu le vois.

LISETTE. — Par ma foi! voilà un vilain homme; et je vous avoue que j'aurais un plaisir extrême à lui jouer quelque tour. Mais d'où vient donc, Madame, que jusqu'ici vous m'avez caché votre mal ?

LUCINDE. — Hélas! de quoi m'aurait servi de te le découvrir plus tôt ? et n'aurais-je pas autant gagné à le tenir caché toute ma vie ? Crois-tu que je n'aie pas bien prévu tout ce que tu vois maintenant, que je ne susse pas à fond tous les sentiments de mon père, et que le refus qu'il a fait porter à celui qui m'a demandée par un ami n'ait pas étouffé dans mon âme toute sorte d'espoir ?

LISETTE. — Quoi ? c'est cet inconnu qui vous a fait demander, pour qui vous...

LUCINDE. — Peut-être n'est-il pas honnête à une fille de s'expliquer si librement; mais enfin je t'avoue que, s'il m'était permis de vouloir quelque chose, ce serait lui que je voudrais. Nous n'avons eu ensemble aucune conversation, et sa bouche ne m'a point déclaré la passion qu'il a pour moi; mais, dans tous les lieux où il m'a pu voir, ses regards et ses actions m'ont toujours parlé si tendrement, et la demande qu'il a fait faire de moi m'a paru d'un si honnête homme que mon cœur n'a pu s'empêcher d'être sensible à ses ardeurs; et cependant tu vois où la dureté de mon père réduit toute cette tendresse.

LISETTE. — Allez, laissez-moi faire. Quelque sujet que j'aie de me plaindre de vous du secret que vous m'avez fait, je ne veux pas laisser de servir votre amour; et pourvu que vous ayez assez de résolution...

LUCINDE. — Mais que veux-tu que je fasse contre l'autorité d'un père ? Et s'il est inexorable à mes vœux...

LISETTE. — Allez, allez, il ne faut pas se laisser mener comme un oison; et pourvu que l'honneur n'y soit pas offensé, on peut se libérer un peu de la tyrannie d'un père. Que prétend-il que vous fassiez ? N'êtes-vous pas en âge d'être mariée ? et croit-il que vous soyez de marbre ? Allez, encore un coup, je veux servir votre passion; je prends, dès à présent, sur moi tout le soin de ses intérêts, et vous verrez que je sais des détours... Mais je vois votre père. Rentrons, et me laissez agir.

SCÈNE V

SGANARELLE

Il est bon quelquefois de ne point faire semblant d'entendre les choses qu'on n'entend que trop bien; et j'ai fait sagement de parer la déclaration d'un désir que je ne suis pas résolu de contenter. A-t-on jamais rien vu de plus tyrannique que cette coutume où l'on veut assujettir les pères ? rien de plus impertinent et de plus ridicule que d'amasser du bien avec de grands travaux, et élever une fille avec beaucoup de soin et de tendresse, pour se dépouiller de l'un et de l'autre entre les mains d'un homme qui ne nous touche de rien ? Non, non : je me moque de cet usage, et je veux garder mon bien et ma fille pour moi.

SCÈNE VI

LISETTE, SGANARELLE

LISETTE, *faisant semblant de ne pas voir Sganarelle.* — Ah! malheur! Ah! disgrâce! Ah! pauvre seigneur Sganarelle! où pourrai-je te rencontrer ?

SGANARELLE. — Que dit-elle là ?

LISETTE. — Ah! misérable père! que feras-tu, quand tu sauras cette nouvelle ?

SGANARELLE. — Que sera-ce ?

LISETTE. — Ma pauvre maîtresse!

SGANARELLE. — Je suis perdu.

LISETTE. — Ah!

SGANARELLE. — Lisette.

LISETTE. — Quelle infortune!

SGANARELLE. — Lisette.

LISETTE. — Quel accident!

SGANARELLE. — Lisette.

LISETTE. — Quelle fatalité!

SGANARELLE. — Lisette.

LISETTE. — Ah! Monsieur!

SGANARELLE. — Qu'est-ce ?

LISETTE. — Monsieur.

SGANARELLE. — Qu'y a-t-il ?

LISETTE. — Votre fille.

SGANARELLE. — Ah! ah!

LISETTE. — Monsieur, ne pleurez donc point comme cela; car vous me feriez rire.

SGANARELLE. — Dis donc vite.

LISETTE. — Votre fille, toute saisie des paroles que vous lui avez dites et de la colère effroyable où elle vous a vu contre elle, est montée vite dans sa chambre, et, pleine de désespoir, a ouvert la fenêtre qui regarde sur la rivière.

SGANARELLE. — Hé bien ?

LISETTE. — Alors, levant les yeux au ciel : « Non, a-t-elle dit, il m'est impossible de vivre avec le courroux de mon père, et puisqu'il me renonce pour sa fille, je veux mourir. »

SGANARELLE. — Elle s'est jetée ?

LISETTE. — Non, Monsieur : elle a fermé tout doucement la fenêtre, et s'est allée mettre sur son lit. Là elle s'est prise à pleurer amèrement; et tout d'un coup son visage a pâli, ses yeux se sont tournés, le cœur lui a manqué, et elle m'est demeurée entre les bras.

SGANARELLE. — Ah! ma fille!

LISETTE. — A force de la tourmenter, je l'ai fait revenir; mais cela lui reprend de moment en moment, et je crois qu'elle ne passera pas la journée.

SGANARELLE. — Champagne! Champagne! Champagne! vite, qu'on m'aille quérir des médecins, et en quantité : on n'en peut trop avoir dans une pareille aventure. Ah! ma fille! ma pauvre fille!

PREMIER ENTRACTE

Champagne, en dansant, frappe aux portes de quatre médecins, qui dansent et entrent avec cérémonie chez le père de la malade.

ACTE II

SCÈNE I

SGANARELLE, LISETTE

Lisette. — Que voulez-vous donc faire, Monsieur, de quatre médecins ? N'est-ce pas assez d'un pour tuer une personne ?

Sganarelle. — Taisez-vous. Quatre conseils valent mieux qu'un.

Lisette. — Est-ce que votre fille ne peut pas bien mourir sans le secours de ces Messieurs-là ?

Sganarelle. — Est-ce que les médecins font mourir ?

Lisette. — Sans doute; et j'ai connu un homme qui prouvait, par bonnes raisons, qu'il ne faut jamais dire : « Une telle personne est morte d'une fièvre et d'une fluxion sur la poitrine »; mais : « Elle est morte de quatre médecins et de deux apothicaires. »

Sganarelle. — Chut! N'offensez pas ces Messieurs-là.

Lisette. — Ma foi! Monsieur, notre chat est réchappé depuis peu d'un saut qu'il fit du haut de la maison dans la rue; et il fut trois jours sans manger, et sans pouvoir remuer ni pied ni patte; mais il est bien heureux de ce qu'il n'y a point de chats médecins, car ses affaires étaient faites, et ils n'auraient pas manqué de le purger et de le saigner.

Sganarelle. — Voulez-vous vous taire ? vous dis-je. Mais voyez quelle impertinence! Les voici.

Lisette. — Prenez garde, vous allez être bien édifié : ils vous diront en latin que votre fille est malade.

SCÈNE II

MESSIEURS TOMÈS, DES FONANDRÈS,
MACROTON ET BAHYS, médecins, SGANARELLE,
LISETTE

SGANARELLE. — Hé bien! Messieurs?

M. TOMÈS. — Nous avons vu suffisamment la malade,
et sans doute qu'il y a beaucoup d'impuretés en elle.

SGANARELLE. — Ma fille est impure?

M. TOMÈS. — Je veux dire qu'il y a beaucoup d'impuretés dans son corps, quantité d'humeurs corrompues.

SGANARELLE. — Ah! je vous entends.

M. TOMÈS. — Mais... Nous allons consulter ensemble.

SGANARELLE. — Allons, faites donner des sièges.

LISETTE. — Ah! Monsieur, vous en êtes?

SGANARELLE. — De quoi donc connaissez-vous Monsieur?

LISETTE. — De l'avoir vu l'autre jour chez la bonne amie
de Madame votre nièce.

M. TOMÈS. — Comment se porte son cocher?

LISETTE. — Fort bien : il est mort.

M. TOMÈS. — Mort!

LISETTE. — Oui.

M. TOMÈS. — Cela ne se peut.

LISETTE. — Je ne sais si cela se peut; mais je sais bien
que cela est.

M. TOMÈS. — Il ne peut pas être mort, vous dis-je.

LISETTE. — Et moi je vous dis qu'il est mort et enterré.

M. TOMÈS. — Vous vous trompez.

LISETTE. — Je l'ai vu.

M. TOMÈS. — Cela est impossible. Hippocrate dit que
ces sortes de maladies ne se terminent qu'au quatorze, ou
au vingt-et-un; et il n'y a que six jours qu'il est tombé
malade.

LISETTE. — Hippocrate dira ce qu'il lui plaira; mais le
cocher est mort.

SGANARELLE. — Paix! discoureuse; allons, sortons d'ici.
Messieurs, je vous supplie de consulter de la bonne
manière. Quoique ce ne soit pas la coutume de payer
auparavant, toutefois, de peur que je l'oublie, et afin que
ce soit une affaire faite, voici...

Il les paye, et chacun, en recevant l'argent, fait
un geste différent.

SCÈNE III

MESSIEURS DES FONANDRÈS, TOMÈS, MACROTON ET BAHYS

Ils s'asseyent et toussent.

M. DES FONANDRÈS. — Paris est étrangement grand, et il faut faire de longs trajets quand la pratique donne un peu.

M. TOMÈS. — Il faut avouer que j'ai une mule admirable pour cela, et qu'on a peine à croire le chemin que je lui fais faire tous les jours.

M. DES FONANDRÈS. — J'ai un cheval merveilleux, et c'est un animal infatigable.

M. TOMÈS. — Savez-vous le chemin que ma mule a fait aujourd'hui ? J'ai été premièrement tout contre l'Arsenal; de l'Arsenal au bout du faubourg Saint-Germain; du faubourg Saint-Germain au fond du Marais; du fond du Marais à la porte Saint-Honoré; de la porte Saint-Honoré au faubourg Saint-Jacques; du faubourg Saint-Jacques à la porte de Richelieu; de la porte de Richelieu, ici; et d'ici, je dois aller encore à la place Royale.

M. DES FONANDRÈS. — Mon cheval a fait tout cela aujourd'hui; et de plus, j'ai été à Rueil voir un malade.

M. TOMÈS. — Mais à propos, quel parti prenez-vous dans la querelle des deux médecins Théophraste et Artémius ? car c'est une affaire qui partage tout notre corps.

M. DES FONANDRÈS. — Moi, je suis pour Artémius.

M. TOMÈS. — Et moi aussi. Ce n'est pas que son avis, comme on a vu, n'ait tué le malade, et que celui de Théophraste ne fût beaucoup meilleur assurément; mais enfin il a tort dans les circonstances, et il ne devait pas être d'un autre avis que son ancien. Qu'en dites-vous ?

M. DES FONANDRÈS. — Sans doute. Il faut toujours garder les formalités, quoi qu'il puisse arriver.

M. TOMÈS. — Pour moi, j'y suis sévère en diable, à moins que ce soit entre amis; et l'on nous assembla un jour, trois de nous autres, avec un médecin de dehors, pour une consultation, où j'arrêtai toute l'affaire, et ne voulus point endurer qu'on opinât, si les choses n'allaient dans l'ordre. Les gens de la maison faisaient ce qu'ils pouvaient et la maladie pressait; mais je n'en voulus point démordre, et la malade mourut bravement pendant cette contestation.

M. DES FONANDRÈS. — C'est fort bien fait d'apprendre aux gens à vivre, et de leur montrer leur bec jaune.

M. TOMÈS. — Un homme mort n'est qu'un homme mort, et ne fait point de conséquence; mais une formalité négligée porte un notable préjudice à tout le corps des médecins.

SCÈNE IV

SGANARELLE, MESSIEURS TOMÈS, DES FONANDRÈS, MACROTON ET BAHYS

SGANARELLE. — Messieurs, l'oppression de ma fille augmente : je vous prie de me dire vite ce que vous avez résolu.

M. TOMÈS. — Allons, Monsieur.

M. DES FONANDRÈS. — Non, Monsieur, parlez, s'il vous plaît.

M. TOMÈS. — Vous vous moquez.

M. DES FONANDRÈS. — Je ne parlerai pas le premier.

M. TOMÈS. — Monsieur.

M. DES FONANDRÈS. — Monsieur.

SGANARELLE. — Hé! de grâce, Messieurs, laissez toutes ces cérémonies et songez que les choses pressent.

Ils parlent tous quatre ensemble.

M. TOMÈS. — La maladie de votre fille...

M. DES FONANDRÈS. — L'avis de tous ces Messieurs tous ensemble...

M. MACROTON. — Après avoir bien consulté...

M. BAHYS. — Pour raisonner...

SGANARELLE. — Hé! Messieurs, parlez l'un après l'autre, de grâce.

M. TOMÈS. — Monsieur, nous avons raisonné sur la maladie de votre fille, et mon avis, à moi, est que cela procède d'une grande chaleur de sang; ainsi je conclus à la saigner le plus tôt que vous pourrez.

M. DES FONANDRÈS. — Et moi, je dis que sa maladie est une pourriture d'humeurs, causée par une trop grande réplétion : ainsi je conclus à lui donner de l'émétique.

M. TOMÈS. — Je soutiens que l'émétique la tuera.

M. DES FONANDRÈS. — Et moi, que la saignée la fera
mourir.

M. TOMÈS. — C'est bien à vous de faire l'habile homme.

M. DES FONANDRÈS. — Oui, c'est à moi; et je vous
prêterai le collet en tout genre d'érudition.

M. TOMÈS. — Souvenez-vous de l'homme que vous fîtes
crever ces jours passés.

M. DES FONANDRÈS. — Souvenez-vous de la dame
que vous avez envoyée en l'autre monde, il y a trois
jours.

M. TOMÈS. — Je vous ai dit mon avis.

M. DES FONANDRÈS. — Je vous ai dit ma pensée.

M. TOMÈS. — Si vous ne faites saigner tout à l'heure
votre fille, c'est une personne morte.

M. DES FONANDRÈS. — Si vous la faites saigner, elle ne
sera pas en vie dans un quart d'heure.

SCÈNE V

SGANARELLE, MESSIEURS MACROTON
ET BAHYS, MÉDECINS

SGANARELLE. — A qui croire des deux ? et quelle résolution prendre, sur des avis si opposés ? Messieurs, je
vous conjure de déterminer mon esprit, et de me dire,
sans passion, ce que vous croyez le plus propre à soulager
ma fille.

M. MACROTON. *Il parle en allongeant ses mots.* —
Mon-si-eur, dans ces ma-ti-è-res-là, il faut pro-cé-der
a-vec-que cir-con-spec-tion, et ne ri-en fai-re, com-me
on dit, à la vo-lé-e, d'au-tant que les fau-tes qu'on y peut
fai-re sont, se-lon no-tre maî-tre Hip-po-cra-te, d'u-ne
dan-ge-reu-se con-sé-quen-ce.

M. BAHYS. *Celui-ci parle toujours en bredouillant.* — Il
est vrai, il faut bien prendre garde à ce qu'on fait; car
ce ne sont pas ici des jeux d'enfant, et quand on a failli,
il n'est pas aisé de réparer le manquement et de rétablir
ce qu'on a gâté : *experimentum periculosum.* C'est pourquoi
il s'agit de raisonner auparavant comme il faut, de peser
mûrement les choses, de regarder le tempérament des
gens, d'examiner les causes de la maladie, et de voir les
remèdes qu'on y doit apporter.

SGANARELLE. — L'un va en tortue, et l'autre court la
poste.

M. Macroton. — Or, Mon-si-eur, pour ve-nir au fait, je trou-ve que vo-tre fil-le a u-ne ma-la-die chro-ni-que, et qu'el-le peut pé-ri-cli-ter si on ne lui don-ne du se-cours, d'au-tant que les sym-ptô-mes qu'el-le a sont in-di-ca-tifs d'u-ne va-peur fu-li-gi-neu-se et mor-di-can-te qui lui pi-co-te les mem-bra-nes du cer-veau. Or, cet-te va-peur, que nous nom-mons en grec *at-mos*, est cau-sé-e par des hu-meurs pu-tri-des te-na-ces et con-glu-ti-neu-ses, qui sont con-te-nues dans le bas-ven-tre.

M. Bahys. — Et comme ces humeurs ont été là engen-drées par une longue succession de temps, elles s'y sont recuites et ont acquis cette malignité qui fume vers la région du cerveau.

M. Macroton. — Si bi-en donc que, pour ti-rer, dé-ta-cher, ar-ra-cher, ex-pul-ser, é-va-cuer les di-tes hu-meurs, il fau-dra u-ne pur-ga-tion vi-gou-reu-se. Mais, au pré-a-la-ble, je trou-ve à pro-pos, et il n'y a pas d'in-con-vé-nient, d'u-ser de pe-tits re-mè-des a-no-dins, c'est-à-dire de pe-tits la-ve-ments ré-mol-li-ents et dé-ter-sifs de ju-leps et de si-rops ra-fraî-chis-sants, qu'on mê-le-ra dans sa ti-sa-ne.

M. Bahys. — Après, nous en viendrons à la purgation, et à la saignée que nous réitérerons, s'il en est besoin.

M. Macroton. — Ce n'est pas qu'a-vec tout ce-la, vo-tre fil-le ne puis-se mou-rir, mais, au moins, vous au-rez fait quel-que cho-se et vous au-rez la con-so-la-tion qu'el-le se-ra mor-te dans les for-mes.

M. Bahys. — Il vaut mieux mourir selon les règles que de réchapper contre les règles.

M. Macroton. — Nous vous di-sons sin-cè-re-ment no-tre pen-sée.

M. Bahys. — Et vous avons parlé comme nous par-lerions à notre propre frère.

Sganarelle, *à M. Macroton.* — Je vous rends très hum-bles grâ-ces. *(A M. Bahys.)* Et vous suis infiniment obligé de la peine que vous avez prise.

SCÈNE VI

SGANARELLE

Me voilà justement un peu plus incertain que je n'étais auparavant. Morbleu! il me vient une fantaisie. Il faut

que j'aille acheter de l'orviétan, et que je lui en fasse
prendre; l'orviétan est un remède dont beaucoup de gens
se sont bien trouvés.

SCÈNE VII

L'OPÉRATEUR, SGANARELLE

SGANARELLE. — Holà! Monsieur, je vous prie de me
donner une boîte de votre orviétan, que je m'en vais vous
payer.

L'OPÉRATEUR *chantant.*

L'or de tous les climats qu'entoure l'Océan
Peut-il jamais payer ce secret d'importance?
Mon remède guérit, par sa rare excellence,
Plus de maux qu'on n'en peut nombrer dans tout un an :

La gale,
La rogne,
La tigne,
La fièvre,
La peste,
La goutte,
Vérole,
Descente,
Rougeole.
O grande puissance de l'orviétan !

SGANARELLE. — Monsieur, je crois que tout l'or du
monde n'est pas capable de payer votre remède; mais
pourtant voici une pièce de trente sols que vous prendrez
s'il vous plaît.

L'OPÉRATEUR *chantant.*

Admirez mes bontés, et le peu qu'on vous vend
Ce trésor merveilleux que ma main vous dispense.
Vous pouvez avec lui braver en assurance
Tous les maux que sur nous l'ire du Ciel répand :

La gale,
La rogne,
La tigne,
La fièvre,
La peste,
La goutte,
Vérole,
Descente,
Rougeole.
O grande puissance de l'orviétan !

DEUXIÈME ENTRACTE

*Plusieurs Trivelins et Scaramouches, valets de
l'opérateur, se réjouissent en dansant.*

ACTE III

SCÈNE I

MESSIEURS FILERIN, TOMÈS ET DES FONANDRÈS

M. FILERIN. — N'avez-vous point de honte, Messieurs,
de montrer si peu de prudence, pour des gens de votre
âge, et de vous être querellés comme de jeunes étourdis ?
Ne voyez-vous pas bien quel tort ces sortes de querelles
nous font parmi le monde ? et n'est-ce pas assez que les
savants voient les contrariétés et les dissensions qui sont
entre nos auteurs et nos anciens maîtres, sans découvrir
encore au peuple, par nos débats et nos querelles, la forfanterie de notre art ? Pour moi, je ne comprends rien du
tout à cette méchante politique de quelques-uns de nos
gens ; et il faut confesser que toutes ces contestations nous
ont décriés, depuis peu, d'une étrange manière, et que, si
nous n'y prenons garde, nous allons nous ruiner nous-
mêmes. Je n'en parle pas pour mon intérêt ; car, Dieu
merci, j'ai déjà établi mes petites affaires. Qu'il vente,
qu'il pleuve, qu'il grêle, ceux qui sont morts sont morts,
et j'ai de quoi me passer des vivants ; mais enfin toutes ces
disputes ne valent rien pour la médecine. Puisque le Ciel
nous fait la grâce que, depuis tant de siècles, on demeure
infatué de nous, ne désabusons point les hommes avec
nos cabales extravagantes, et profitons de leur sottise le
plus doucement que nous pourrons. Nous ne sommes pas
les seuls, comme vous savez, qui tâchons à nous prévaloir
de la faiblesse humaine. C'est là que va l'étude de la
plupart du monde, et chacun s'efforce de prendre les
hommes par leur faible, pour en tirer quelque profit. Les
flatteurs, par exemple, cherchent à profiter de l'amour
que les hommes ont pour les louanges, en leur donnant

tout le vain encens qu'ils souhaitent; et c'est un art où
l'on fait, comme on voit, des fortunes considérables. Les
alchimistes tâchent à profiter de la passion qu'on a pour
les richesses, en promettant des montagnes d'or à ceux
qui les écoutent; et les diseurs d'horoscope, par leurs
prédictions trompeuses, profitent de la vanité et de l'ambition des crédules esprits. Mais le plus grand faible des
hommes, c'est l'amour qu'ils ont pour la vie; et nous en
profitons, nous autres, par notre pompeux galimatias, et
savons prendre nos avantages de cette vénération que la
peur de mourir leur donne pour notre métier. Conser-
vons-nous donc dans le degré d'estime où leur faiblesse
nous a mis, et soyons de concert auprès des malades pour
nous attribuer les heureux succès de la maladie, et rejeter
sur la nature toutes les bévues de notre art. N'allons
point, dis-je, détruire sottement les heureuses préventions
d'une erreur qui donne du pain à tant de personnes.

M. Tomès. — Vous avez raison en tout ce que vous
dites; mais ce sont chaleurs de sang dont parfois on n'est
pas le maître.

M. Filerin. — Allons donc, Messieurs, mettez bas toute
rancune, et faisons ici votre accommodement.

M. des Fonandrès. — J'y consens. Qu'il me passe
mon émétique pour la malade dont il s'agit, et je lui passerai tout ce qu'il voudra pour le premier malade dont il
sera question.

M. Filerin. — On ne peut pas mieux dire, et voilà
se mettre à la raison.

M. des Fonandrès. — Cela est fait.

M. Filerin. — Touchez donc là. Adieu. Une autre
fois, montrez plus de prudence.

SCÈNE II

MESSIEURS TOMÈS, DES FONANDRÈS, LISETTE

Lisette. — Quoi ? Messieurs, vous voilà, et vous ne
songez pas à réparer le tort qu'on vient de faire à la médecine ?

M. Tomès. — Comment ? Qu'est-ce ?

Lisette. — Un insolent qui a eu l'effronterie d'entreprendre sur votre métier, et qui, sans votre ordonnance,
vient de tuer un homme d'un grand coup d'épée au travers
du corps.

M. Tomès. — Écoutez, vous faites la railleuse, mais vous passerez par nos mains quelque jour.

Lisette. — Je vous permets de me tuer, lorsque j'aurai recours à vous.

SCÈNE III

LISETTE, CLITANDRE

Clitandre. — Hé bien! Lisette, me trouves-tu bien ainsi?

Lisette. — Le mieux du monde; et je vous attendais avec impatience. Enfin le Ciel m'a faite d'un naturel le plus humain du monde, et je ne puis voir deux amants soupirer l'un pour l'autre, qu'il ne me prenne une tendresse charitable, et un désir ardent de soulager les maux qu'ils souffrent. Je veux, à quelque prix que ce soit, tirer Lucinde de la tyrannie où elle est, et la mettre en votre pouvoir. Vous m'avez plu d'abord; je me connais en gens, et elle ne peut pas mieux choisir. L'amour risque des choses extraordinaires; et nous avons concerté ensemble une manière de stratagème qui pourra peut-être nous réussir. Toutes nos mesures sont déjà prises : l'homme à qui nous avons affaire n'est pas des plus fins de ce monde; et si cette aventure nous manque, nous trouverons mille autres voies pour arriver à notre but. Attendez-moi là seulement, je reviens vous quérir.

SCÈNE IV

SGANARELLE, LISETTE

Lisette. — Monsieur, allégresse! allégresse!

Sganarelle. — Qu'est-ce?

Lisette. — Réjouissez-vous.

Sganarelle. — De quoi?

Lisette. — Réjouissez-vous, vous dis-je.

Sganarelle. — Dis-moi donc ce que c'est, et puis je me réjouirai peut-être.

Lisette. — Non : je veux que vous vous réjouissiez auparavant, que vous chantiez, que vous dansiez.

Sganarelle. — Sur quoi?

Lisette. — Sur ma parole.

SGANARELLE. — Allons donc, la lera la la, la lera la. Que diable !

LISETTE. — Monsieur, votre fille est guérie.

SGANARELLE. — Ma fille est guérie !

LISETTE. — Oui, je vous amène un médecin, mais un médecin d'importance, qui fait des cures merveilleuses, et qui se moque des autres médecins...

SGANARELLE. — Où est-il ?

LISETTE. — Je vais le faire entrer.

SGANARELLE. — Il faut voir si celui-ci fera plus que les autres.

SCÈNE V

CLITANDRE, *en habit de médecin*, SGANARELLE, LISETTE

LISETTE. — Le voici.

SGANARELLE. — Voilà un médecin qui a la barbe bien jeune.

LISETTE. — La science ne se mesure pas à la barbe, et ce n'est pas par le menton qu'il est habile.

SGANARELLE. — Monsieur, on m'a dit que vous aviez des remèdes admirables pour faire aller à la selle.

CLITANDRE. — Monsieur, mes remèdes sont différents de ceux des autres : ils ont l'émétique, les saignées, les médecines et les lavements ; mais moi, je guéris par des paroles, par des sons, par des lettres, par des talismans et par des anneaux constellés.

LISETTE. — Que vous ai-je dit ?

SGANARELLE. — Voilà un grand homme.

LISETTE. — Monsieur, comme votre fille est là toute habillée dans une chaise, je vais la faire passer ici.

SGANARELLE. — Oui, fais.

CLITANDRE, *tâtant le pouls à Sganarelle.* — Votre fille est bien malade.

SGANARELLE. — Vous connaissez cela ici ?

CLITANDRE. — Oui, par la sympathie qu'il y a entre le père et la fille.

SCÈNE VI

LUCINDE, LISETTE, SGANARELLE, CLITANDRE

LISETTE. — Tenez, Monsieur, voilà une chaise auprès d'elle. Allons, laissez-les là tous deux.

SGANARELLE. — Pourquoi ? Je veux demeurer là.

LISETTE. — Vous moquez-vous ? Il faut s'éloigner : un médecin a cent choses à demander qu'il n'est pas honnête qu'un homme entende.

CLITANDRE, *parlant à Lucinde à part.* — Ah! Madame, que le ravissement où je me trouve est grand! et que je sais peu par où commencer mon discours! Tant que je ne vous ai parlé que des yeux, j'avais, ce me semblait, cent choses à vous dire; et maintenant que j'ai la liberté de vous parler de la façon que je souhaitais, je demeure interdit; et la grande joie où je suis étouffe toutes mes paroles.

LUCINDE. — Je puis vous dire la même chose, et je sens, comme vous, des mouvements de joie qui m'empêchent de pouvoir parler.

CLITANDRE. — Ah! Madame, que je serais heureux s'il était vrai que vous sentissiez tout ce que je sens, et qu'il me fût permis de juger de votre âme par la mienne! Mais, Madame, puis-je au moins croire que ce soit à vous à qui je doive la pensée de cet heureux stratagème qui me fait jouir de votre présence ?

LUCINDE. — Si vous ne m'en devez pas la pensée, vous m'êtes redevable au moins d'en avoir approuvé la proposition avec beaucoup de joie.

SGANARELLE, *à Lisette.* — Il me semble qu'il lui parle de bien près.

LISETTE, *à Sganarelle.* — C'est qu'il observe sa physionomie et tous les traits de son visage.

CLITANDRE, *à Lucinde.* — Serez-vous constante, Madame, dans ces bontés que vous me témoignez ?

LUCINDE. — Mais vous, serez-vous ferme dans les résolutions que vous avez montrées ?

CLITANDRE. — Ah! Madame, jusqu'à la mort. Je n'ai point de plus forte envie que d'être à vous, et je vais le faire paraître dans ce que vous m'allez voir faire.

SGANARELLE. — Hé bien! notre malade, elle me semble un peu plus gaie.

CLITANDRE. — C'est que j'ai déjà fait agir sur elle un de ces remèdes que mon art enseigne. Comme l'esprit a grand empire sur le corps, et que c'est de lui bien souvent que procèdent les maladies, ma coutume est de courir à guérir les esprits, avant que de venir au corps. J'ai donc observé ses regards, les traits de son visage, et les lignes de ses deux mains; et par la science que le Ciel m'a donnée, j'ai reconnu que c'était de l'esprit qu'elle était malade, et que tout son mal ne venait que d'une imagination déréglée, d'un désir dépravé de vouloir être mariée. Pour moi je ne vois rien de plus extravagant et de plus ridicule que cette envie qu'on a du mariage.

SGANARELLE. — Voilà un habile homme!

CLITANDRE. — Et j'ai eu, et aurai pour lui, toute ma vie, une aversion effroyable.

SGANARELLE. — Voilà un grand médecin.

CLITANDRE. — Mais, comme il faut flatter l'imagination des malades, et que j'ai vu en elle de l'aliénation d'esprit, et même qu'il y avait du péril à ne lui pas donner un prompt secours, je l'ai prise par son faible, et lui ai dit que j'étais venu ici pour vous la demander en mariage. Soudain son visage a changé, son teint s'est éclairci, ses yeux se sont animés; et si vous voulez, pour quelques jours, l'entretenir dans cette erreur, vous verrez que nous la tirerons d'où elle est.

SGANARELLE. — Oui-da, je le veux bien.

CLITANDRE. — Après nous ferons agir d'autres remèdes pour la guérir entièrement de cette fantaisie.

SGANARELLE. — Oui, cela est le mieux du monde. Hé bien! ma fille, voilà Monsieur qui a envie de t'épouser, et je lui ai dit que je le voulais bien.

LUCINDE. — Hélas! est-il possible?

SGANARELLE. — Oui.

LUCINDE. — Mais tout de bon?

SGANARELLE. — Oui, oui.

LUCINDE. — Quoi? vous êtes dans les sentiments d'être mon mari?

CLITANDRE. — Oui, Madame.

LUCINDE. — Et mon père y consent?

SGANARELLE. — Oui, ma fille.

LUCINDE. — Ah! que je suis heureuse, si cela est véritable!

CLITANDRE. — N'en doutez point, Madame. Ce n'est pas d'aujourd'hui que je vous aime, et que je brûle de me voir votre mari. Je ne suis venu ici que pour cela; et si vous voulez que je vous dise nettement les choses comme elles sont, cet habit n'est qu'un pur prétexte inventé, et je n'ai fait le médecin que pour m'approcher de vous et obtenir ce que je souhaite.

LUCINDE. — C'est me donner des marques d'un amour bien tendre, et j'y suis sensible autant que je puis.

SGANARELLE. — Oh! la folle! Oh! la folle! Oh! la folle!

LUCINDE. — Vous voulez donc bien, mon père, me donner Monsieur pour époux?

SGANARELLE. — Oui. Çà, donne-moi ta main. Donnez-moi un peu aussi la vôtre, pour voir.

CLITANDRE. — Mais, Monsieur...

SGANARELLE, *s'étouffant de rire.* — Non, non : c'est pour... pour lui contenter l'esprit. Touchez là. Voilà qui est fait.

CLITANDRE. — Acceptez, pour gage de ma foi, cet anneau que je vous donne. C'est un anneau constellé, qui guérit les égarements d'esprit.

LUCINDE. — Faisons donc le contrat, afin que rien n'y manque.

CLITANDRE. — Hélas! je le veux bien, Madame. *(A Sganarelle.)* Je vais faire monter l'homme qui écrit mes remèdes, et lui faire croire que c'est un notaire.

SGANARELLE. — Fort bien.

CLITANDRE. — Holà! faites monter le notaire que j'ai amené avec moi.

LUCINDE. — Quoi ? vous aviez amené un notaire ?

CLITANDRE. — Oui, Madame.

LUCINDE. — J'en suis ravie.

SGANARELLE. — Oh! la folle! Oh! la folle!

SCÈNE VII

LE NOTAIRE, CLITANDRE, SGANARELLE, LUCINDE, LISETTE

Clitandre parle au Notaire à l'oreille.

SGANARELLE. — Oui, Monsieur, il faut faire un contrat pour ces deux personnes-là. Écrivez. *(Le Notaire écrit.)* Voilà le contrat qu'on fait : je lui donne vingt mille écus en mariage. Écrivez.

LUCINDE. — Je vous suis bien obligée, mon père.

LE NOTAIRE. — Voilà qui est fait : vous n'avez qu'à venir signer.

SGANARELLE. — Voilà un contrat bientôt bâti.

CLITANDRE. — Au moins...

SGANARELLE. — Hé! non, vous dis-je. Sait-on pas bien ? Allons, donnez-lui la plume pour signer. Allons, signe, signe, signe. Va, va, je signerai tantôt, moi.

LUCINDE. — Non, non : je veux avoir le contrat entre mes mains.

SGANARELLE. — Hé bien! tiens. Es-tu contente ?

LUCINDE. — Plus qu'on ne peut s'imaginer.

SGANARELLE. — Voilà qui est bien, voilà qui est bien.

CLITANDRE. — Au reste, je n'ai pas eu seulement la précaution d'amener un notaire; j'ai eu celle encore de faire venir des voix et des instruments pour célébrer la fête et pour nous réjouir. Qu'on les fasse venir. Ce sont des gens que je mène avec moi, et dont je me sers tous les jours pour pacifier avec leur harmonie les troubles de l'esprit.

SCÈNE DERNIÈRE

LA COMÉDIE, LE BALLET et LA MUSIQUE

TOUS TROIS, ensemble.

Sans nous tous les hommes
Deviendraient malsains,
Et c'est nous qui sommes
Leurs grands médecins.

LA COMÉDIE

Veut-on qu'on rabatte,
Par des moyens doux,
Les vapeurs de rate
Qui vous minent tous?
Qu'on laisse Hippocrate,
Et qu'on vienne à nous.

TOUS TROIS ensemble.

Sans nous...

> *Durant qu'ils chantent, et que les Jeux, les Ris et les Plaisirs dansent, Clitandre emmène Lucinde.*

SGANARELLE. — Voilà une plaisante façon de guérir. Où est donc ma fille et le médecin ?

LISETTE. — Ils sont allés achever le reste du mariage.

SGANARELLE. — Comment, le mariage ?

LISETTE. — Ma foi! Monsieur, la bécasse est bridée, et vous avez cru faire un jeu, qui demeure une vérité.

SGANARELLE *(Les danseurs le retiennent et veulent le faire danser de force).* — Comment, diable! Laissez-moi aller, laissez-moi aller, vous dis-je. Encore ? Peste des gens!

TABLE DES MATIÈRES

DERNIÈRES PARUTIONS

GF Flammarion

12/05/173376-V-2012 – Impr. MAURY Imprimeur, 45330 Malesherbes.
N° d'édition L.01EHPNFG0041.C019. – 1ᵉʳ trimestre 1965. – Printed in France.